COLLECTION PASSEURS DE TEXTES

Français 1re

langue et méthodes

SOUS LA DIRECTION DE **Corinne ABENSOUR** ET **Marie-Hélène DUMAÎTRE**

David GALAND, agrégé de Lettres modernes, lycée Mireille-Grenet, Compiègne
Grégory JOUANNEAU-DAMANCE, certifié de Lettres modernes et d'Histoire des arts, universités Paris 8 et Paris Nanterre
Valérie MONFORT, agrégée de Lettres modernes, lycée Galilée, Gennevilliers
Élodie PINEL, agrégée de Lettres modernes, certifiée de Lettres classiques, université Paris-Nanterre
Cécile RABOT, maîtresse de conférences, université Paris-Nanterre
Martine RODDE, certifiée de Lettres classiques
Nourhan SAFEY, agrégée de Lettres modernes, lycée Pierre-Mendès France, Savigny-le-Temple
Édith WOLF, agrégée de Lettres modernes

WebLettres LE ROBERT

Le tableau en couverture de votre manuel représente
un détail de *La Tour de Babel,* de **PIETER BRUEGHEL** (1563).

Pictogrammes renvoyant aux outils complémentaires :

Textes enregistrés à retrouver sur le manuel numérique et sur le site **lyceen.lerobert.com**

Compléments numériques à retrouver sur le manuel numérique et sur le site **lyceen.lerobert.com**

Direction éditoriale : Mélanie Louis
Édition : Gaëlle Mauduit
Conception graphique de la couverture : Laurence Durandau et Lauriane Tiberghien
Conception graphique de l'intérieur : Marina Delranc / Terre-Lune
Mise en pages : Nadine Aymard
Cartes mentales, frise chronologique : Emmanuelle Audebrand / Terre-Lune
Iconographie : Laetitia Jannin
Correction : Catherine Lainé
Fabrication : Stéphanie Parlange

ISBN : 978-2-32101-457-7

Cartes mentales

Étude de la langue

Méthodes

OUTILS D'ANALYSE LITTÉRAIRE

ÉCRITS D'APPROPRIATION

OUTILS POUR L'ORAL

Épreuves du Bac

ÉPREUVES DU BAC : LE COMMENTAIRE

ÉPREUVES DU BAC : LA DISSERTATION

Retrouvez des fiches d'entraînement à la prise de parole sur le site lyceen.lerobert.com

Ces fiches proposent des techniques et des exercices pour développer ses compétences orales et ses capacités à prendre la parole.

Elles abordent tous les domaines de l'expression orale :
- la rhétorique classique ;
- l'expression scénique ;
- la technique vocale et la respiration ;
- le slam et la poésie ;

et proposent des techniques oratoires efficaces pour :
- briser la glace ;
- susciter l'écoute active du groupe ;
- animer un débat.

© Benjamin Boccas

L'HUMANISME

Thèmes

- **Une nouvelle vision du monde :** l'homme n'est plus au centre de l'univers (fin du géocentrisme), mais il peut comprendre Dieu en étudiant la nature qu'il a créée et en lisant au plus près la Bible
- **Éloge de l'Antiquité** (sommet historique des arts et de la pensée)
- **Penser par soi-même en se nourrissant des auteurs grecs et latins**
- **Pacifisme** (l'Europe sera en paix grâce à la « République des Lettres » qui unira les esprits éclairés de tous les pays)
- **Relativité des valeurs et des coutumes**

Esthétique & Procédés

- **Valorisation de la poésie** (poète-prophète)
- **Poésie mythologique ; poésie amoureuse**
- **Fictions utopiques**
- **Récits où érudition et comique se mêlent (Rabelais)**
- **Genre de l'essai (Montaigne) :** essayer sa propre pensée en l'écrivant

L' huma

Origines

HISTOIRE

- **L'ère des grandes découvertes**
  - > Fin des grands fléaux du Moyen Âge (fin de la guerre de Cent Ans, recul de la peste)
  - > Essor européen (démographie, commerce, banque)
  - > Grandes découvertes des voyageurs (découverte de l'Amérique par Christophe Colomb, 1492 ; voyages de Fernand de Magellan, de Vasco de Gama)

PAYS

- **Italie**
  - > Suite à la prise de Constantinople par les Turcs (1453) : arrivée de manuscrits antiques en Occident
  - > *Quattrocento* italien : renaissance des arts par de nouvelles techniques en peinture (perspective, sfumato), en architecture (Filippo Brunelleschi)
  - > Progrès scientifiques (Léonard de Vinci)
  - > Une philosophie très ambitieuse : esprit de synthèse de Pic de la Mirandole ; audaces de Giordano Bruno contre la théologie catholique
  - > Un art de vivre raffiné : *Le Livre du courtisan* (1528) de Baldassare Castiglione
- **Allemagne / Pays-Bas / Pologne**
  - > Essor de la peinture flamande (Jan van Eyck) et allemande (Albrecht Dürer)
  - > Découverte de l'héliocentrisme (Nicolas Copernic)
  - > Invention de l'imprimerie par Gutenberg (v. 1450)
  - > Contestation de l'Église par la Réforme protestante (Luther)

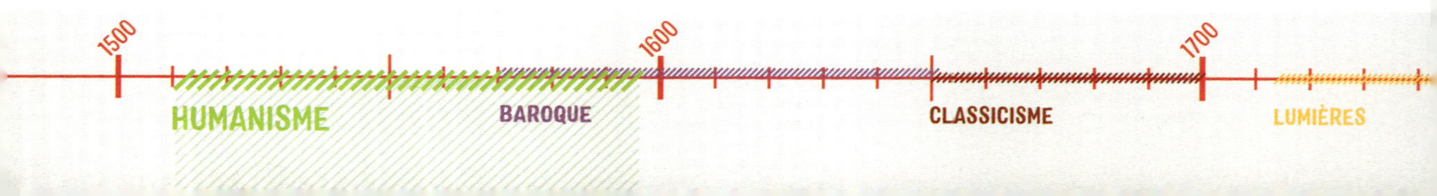

XVIe siècle

(1510-1595)

nisme

1500 – 1600

En littérature

- **Érasme (1467-1536)**
  > *Éloge de la folie* (1511)
- **Thomas More (1478-1535)**
  L'Utopie (1516)
- **Guillaume Budé (1467-1540)**
  L'Institution du Prince (1518-1519)
- **François Rabelais (1494-1553)**
  Pantagruel (1532) et *Gargantua* (1534)
- **Maurice Scève (1501-1564)**
  Délie (1544)
- **Joachim Du Bellay (1522-1560)**
  Défense et Illustration de la langue française (1549)
- **Michel de Montaigne (1533-1592)**
  Essais (1580-1588)

En peinture & dessin

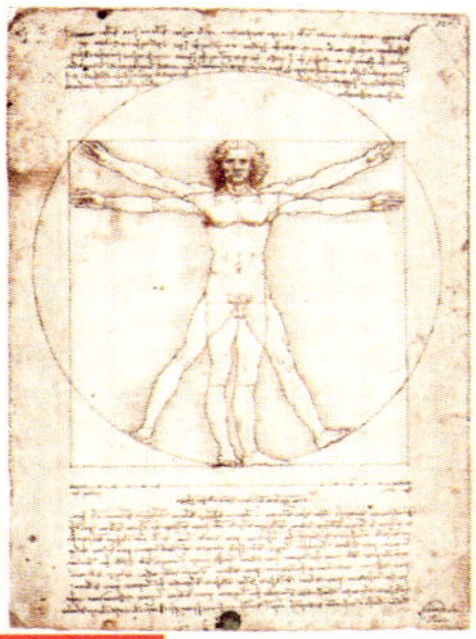

- **Léonard de Vinci (1452-1519)**
  > *L'Homme de Vitruve* (vers 1490)

- **Albrecht Dürer (1471-1528)**
  > *Melencolia* (1514)

- **Raphaël (1483-1520)**
  > *L'École d'Athènes* (1509-1510)

En sculpture

- **Michel-Ange (1475-1564)**
  > *Moïse* (1513-1515)

1800 1900 2000

ROMANTISME RÉALISME SYMBOLISME SURRÉALISME

LE BAROQUE

Le baro

Thèmes

- **Le mouvement** (l'eau, la bulle, le vent), **la métamorphose ; la dégénérescence et la mort**
- **La fragilité de la vie ; la fugacité des choses ; l'inquiétude spirituelle**
- **Le vrai et l'illusion ; l'être et le paraître** (le masque)
- **La théâtralité** (le monde comme théâtre : *theatrum mundi*) **; l'excès, la profusion, le foisonnement**

Esthétique & Procédés

- **Poésie à orientation spirituelle, religieuse**
- **Figures de rhétorique privilégiées :** l'antithèse et la métaphore (contradictions et complexité du monde et de l'être humain), l'hyperbole, l'énumération
- **Textes polémiques et dogmatiques** (angoisse contrée par l'affirmation de certitudes) ; **rhétorique persuasive**
- **Recours au fantastique, aux « visions »**
- **Théâtre dans le théâtre**

Origines

HISTOIRE

- **Des temps de troubles**
  > Réforme protestante (M. Luther, J. Calvin) et Contre-Réforme catholique (concile de Trente, 1545-1563)
  > Huit guerres de Religion en France entre 1562 et 1593
  > Massacre de la Saint-Barthélemy, 24 août 1572

SCIENCES ET CONNAISSANCES

- **Une déstabilisation de la vision du monde et de l'homme**
  > Impact progressif des grandes découvertes sur les mentalités : sentiment d'instabilité du savoir et des croyances
  > Le monde perçu comme *perpetuum mobile* (mouvement perpétuel)
  > Prise de conscience à partir de l'héliocentrisme de Copernic puis de Galilée : l'homme européen n'est pas le centre du cosmos

En musique

- **Monteverdi (1567-1643)**
  > *L'Orfeo* (1607)

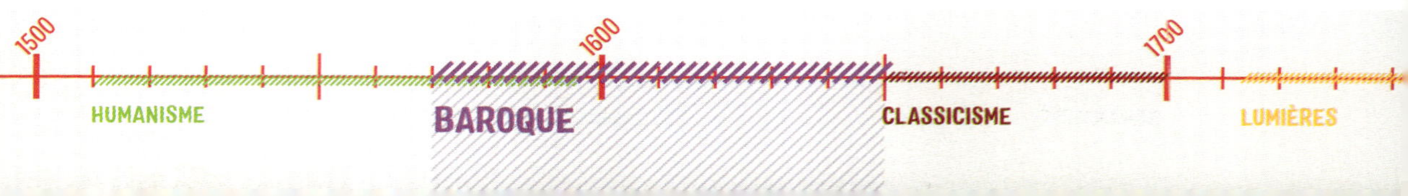

XVIe et XVIIe siècles (1570-1650)

que

1500 1600 1700

En littérature

- **Michel de Montaigne (1533-1592)**
  > *Essais* (1580-1588)
- **Guillaume de Salluste Du Bartas (1544-1590)**
  > *La Semaine ou Création du monde* (1578)
- **Jean de La Ceppède (1548 ?-1623)**
  > *Théorèmes spirituels* (1613)
- **Théodore Agrippa d'Aubigné (1552-1630)**
  > *Les Tragiques* (1616)
- **Jean de Sponde (1577-1595)**
  > *Essai de quelques poèmes chrétiens* (1588)
- **Théophile de Viau (1590-1626)**
  > *Œuvres*
- **Pierre Corneille (1606-1684)**
  > *L'Illusion comique* (1636)
- **Jean de Rotrou (1609-1650)**
  > *Le Véritable Saint Genest* (1647)

En peinture

- **Le Caravage (1571-1610)**
  > *Judith décapitant Holopherne* (1599)

- **Rubens (1577-1640)**
  > *La Chute des anges rebelles* (1620)

En sculpture

- **Le Bernin (1598-1680)**
  > *L'Extase de sainte Thérèse* (1647-1652)

En architecture

- **Le Bernin (1598-1680)**
  > Baldaquin de Saint-Pierre de Rome (1624-1633)

1800 1900 2000

ROMANTISME RÉALISME SYMBOLISME SURRÉALISME

Le classi…

Thèmes

- **Le modèle héroïque**
- **La réflexion politique :** la magnanimité, la tyrannie, la flatterie des courtisans…
- **Les vices (ridiculisés ou blâmés) et les vertus ; l'être et le paraître ; l'hypocrisie**
- **La beauté comme proportion et harmonie**

Esthétique & Procédés

- **Codification de la langue française :** *Remarques sur la langue française* de Vaugelas (1647), premier *Dictionnaire de l'Académie française* (1694)
- **La juste mesure, l'équilibre, l'harmonie**
- **Le goût de l'ordre, du vraisemblable, de la clarté :** Nicolas Boileau, *Art poétique* (1674)
- **Influence des auteurs de l'Antiquité** (débattue lors de la Querelle des Anciens et des Modernes, à partir de 1687) **et de la Bible**
- **Double objectif : « plaire et instruire »**
- **Modèle social de « l'honnête homme »**, sociable, modéré, cultivé, ayant du goût et s'exprimant brillamment

Origines

HISTOIRE

- **La monarchie absolue de Louis XIV**
  - > Centralisation du pouvoir
  - > Réformes économiques et militaires du ministre Colbert
  - > La Cour rassemblée à Versailles
  - > Louis XIV protecteur des arts et des lettres (mécénat royal, fondation de la Comédie-Française…)
  - > Problèmes religieux : essor du jansénisme (catholicisme austère), révocation de l'édit de Nantes qui relance la persécution des protestants (1685)
  - > Naissance de la science moderne (Descartes, Newton, Pascal, Galilée), importance des mathématiques et de l'expérimentation

HISTOIRE LITTÉRAIRE

- > Réaction face au baroque : mise à distance de l'esthétique de l'instabilité au profit de l'ordre et de la constance
- > Poursuite d'un certain idéal humaniste (importance du modèle des littératures de l'Antiquité)
- > Idéal de pureté et de clarté de la langue
- > La préciosité (1re moitié du XVIIe siècle) : raffinement de la langue et des sentiments, sociabilité des salons

En musique

- **François Couperin (1668-1733)**
  > *Sonates en trio* (1690)

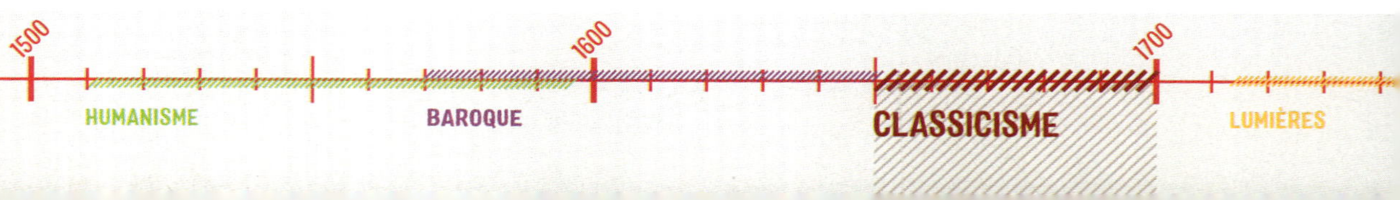

2de moitié du XVIIe siècle

cisme

1600 — 1700

En littérature

- **Pierre Corneille (1606-1684)**
  Horace (1640), *Polyeucte* (1642), *Suréna* (1674)
- **François de La Rochefoucauld (1613-1680)**
  Maximes (1665)
- **Jean de La Fontaine (1621-1695)**
  Fables (1668, 1678, 1694)
- **Molière (1622-1673)**
  L'École des femmes (1662), *Dom Juan* (1665), *Le Misanthrope* (1666)
- **Thomas Corneille (1625-1709)**
  Timocrate (1657)
- **Jacques-Bénigne Bossuet (1627-1704)**
  Sermons du Carême du Louvre (1662)
- **Mme de La Fayette (1634-1693)**
  La Princesse de Clèves (1678)
- **Jean Racine (1639-1699)**
  Andromaque (1667) et *Phèdre* (1677)
- **Jean de La Bruyère (1645-1696)**
  Les Caractères (1688)
- **Mme de Sévigné (1626-1696)**
  Lettres (1671-1696, publication posthume)

En peinture

- **Nicolas Poussin (1594-1665)**
  > *Le Jugement de Salomon* (1649)

- **Charles Le Brun (1619-1690)**
  > *Le Chancelier Séguier* (1661)

En architecture & Paysagisme

- **Libéral Bruand (1636-1697) et Jules Hardouin-Mansart (1646-1708)**
  > Hôtel et église des Invalides (1670-1679)

- **Antoine Le Nôtre (1613-1700)**
  > Les jardins du château de Versailles (1662-1687)

En sculpture

- **François Girardon (1628-1715)**
  > *Apollon servi par les nymphes* (1666-1675)

1800 — 1900 — 2000

ROMANTISME RÉALISME SYMBOLISME SURRÉALISME

LES LUMIÈRES

Les Lum

Thèmes

- **Idéologie du progrès, image des « Lumières » qui éclairent les consciences**
- **Éloge de la tolérance religieuse ; déisme** (existence de Dieu mais rejet des rites et des autorités religieuses)
- **Mise en valeur du bonheur matériel** (liberté du commerce, profit lié au travail, demande de réduction des inégalités sociales, dénonciation de l'esclavage)
- **Monarchie modérée** (voire despotisme éclairé)

Esthétique & Procédés

- **Prose polémique** (pamphlets, traités, discours, articles de l'*Encyclopédie*)
- **Récits à portée idéologique** (contes philosophiques, fables)
- **Emploi de l'ironie pour persuader le lecteur sans le heurter**
- **Fictions utopiques qui interrogent la société réelle** (Orient, îles)

Origines

HISTOIRE

- **Une monarchie absolue qui s'essouffle**
  > Mort de Louis XIV et régence de Philippe d'Orléans (1715-1723)
  > Règnes de Louis XV (1723-1774) et de Louis XVI (1774-1792)
  > Révolution française (1789-1799)

SCIENCES ET CONNAISSANCES

- **Une diffusion des idées plus large**
  > Vulgarisation des connaissances scientifiques : salons mondains (Mme du Deffand, Mme d'Épinay) ; académies de province ; ouvrages sur les découvertes scientifiques (Fontenelle, *Entretiens sur la pluralité des mondes*, 1686)
  > Émergence d'une pensée critique qui s'en tient aux faits et à l'expérience (Pierre Bayle, *Dictionnaire historique et critique*, 1697)

PAYS

Angleterre / Pays-Bas / Allemagne

- **« La crise de la conscience européenne » entre 1680 et 1720 (Paul Hazard, 1935)**
  > Mise en valeur des « monarchies modérées »
  > Promotion de la liberté de penser et de la tolérance religieuse (philosophie de John Locke)
  > Progrès scientifiques (Isaac Newton, Edmond Halley, Christian Huygens)
  > Grands systèmes philosophiques : panthéisme de Leibniz et de Spinoza, empirisme de Locke
  > Réflexion littéraire sur l'humain (Daniel Defoe, Jonathan Swift)

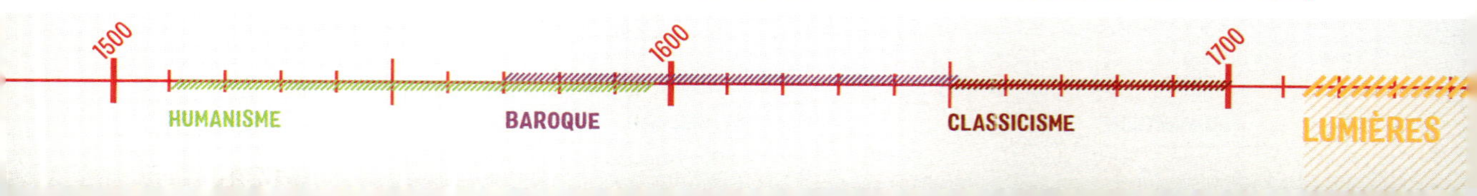

En littérature

- **Montesquieu (1689-1755)**
  > *Lettres persanes* (1721)
- **Voltaire (1694-1778)**
  > *Candide ou l'Optimisme* (1759)
  > *Dictionnaire philosophique* (1764)
- **Jean-Jacques Rousseau (1712-1778)**
  > *Discours sur l'origine et les fondements de l'inégalité parmi les hommes* (1755)
  > *Émile ou De l'éducation* (1762)
- **Denis Diderot (1713-1784)**
  > *Supplément au Voyage de Bougainville* (1796)
  > *L'Encyclopédie* dirigée par Diderot et D'Alembert (1751-1772)
- **Beaumarchais (1732-1796)**
  > *Le Mariage de Figaro* (1784)
- **Le marquis de Sade (1740-1814)**
  > *Aline et Valcour* (1795)

XVIIIe siècle (1715-1795)

ières

1700 — 1800

En peinture

- **L.-M. van Loo (1707-1771)**
  > *Denis Diderot, écrivain* (1767)

- **Jean-Honoré Fragonard (1732-1806)**
  > *La Liseuse* (vers 1770)

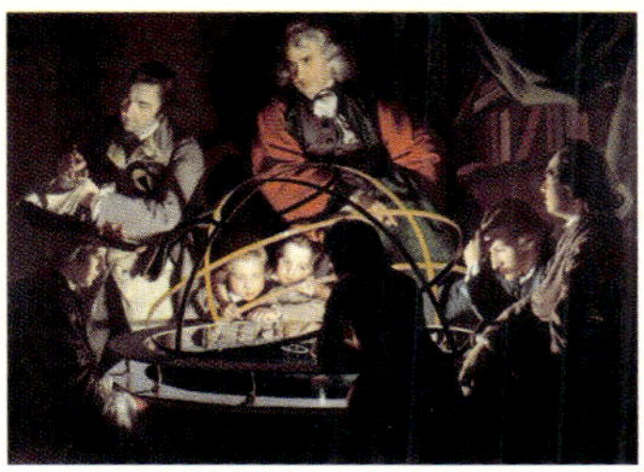

- **Joseph Wright of Derby (1734-1797)**
  > *Philosophe faisant un exposé sur la planétaire* (1764-1766)

En musique

- **Mozart (1756-1791)** et **Da Ponte (1749-1838)**
  > *Les Noces de Figaro* (1786)

1800 — 1900 — 2000

ROMANTISME RÉALISME SYMBOLISME SURRÉALISME

LE ROMANTISME

Le romantisme

Thèmes

- La souffrance ; le désenchantement ; la mélancolie
- Le moi sensible
- La nature, miroir de l'âme
- La fuite du temps
- L'imagination ; la rêverie ; l'ailleurs (l'exotisme)
- L'engagement politique et social : la révolte
- La spiritualité et le sacré

Esthétique & Procédés

- Le registre lyrique
- Le mélange des genres et des registres
- L'assouplissement du vers

Origines

HISTOIRE

- **Une époque à l'origine de la désillusion et de la révolte romantique**
  > Chute de Napoléon Ier en 1814
  > La Restauration : 1814-1830
  > La monarchie de Juillet : 1830-1848

PAYS

- **Angleterre**
  > La poésie : John Keats
  > Le roman gothique : *Frankenstein* (1818) de Mary Shelley
  > L'influence du théâtre de Shakespeare, modèle du drame romantique
- **France**
  > Le préromantisme français avec Jean-Jacques Rousseau : *Julie ou la Nouvelle Héloïse* (1761)
- **Allemagne**
  > Le mouvement « *Sturm und Drang* » (1770-1780), littéralement « tempête et passion » : *Les Souffrances du jeune Werther* (1774) de Goethe

- **Franz Schubert (1797-1828)**
  > *Quintette pour piano et cordes « La Truite »* (1828)
- **Hector Berlioz (1803-1869)**
  > *La Damnation de Faust* (1846)

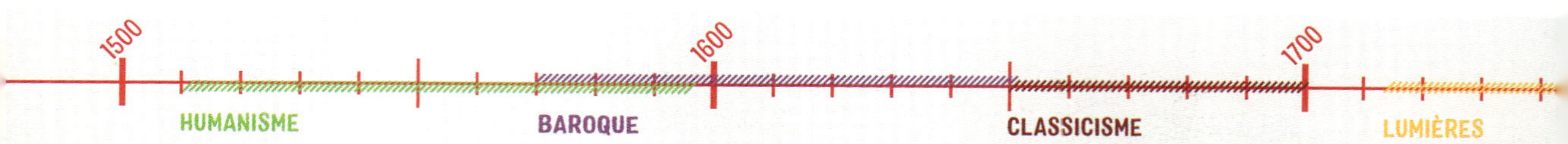

première moitié du XIXe siècle

tisme

1800 1900

En littérature

- **François-René de Chateaubriand (1768-1848)**
  > *René* (1802)
- **Alphonse de Lamartine (1790-1869)**
  > *Les Méditations poétiques* (1820)
- **Alfred de Vigny (1797-1863)**
  > *Les Destinées* (1864)
- **Alexandre Dumas (1802-1870)**
  > *Le Comte de Monte Cristo* (1846)
- **Victor Hugo (1802-1885)**
  > *Hernani* (1830)
- **George Sand (1804-1876)**
  > *La Mare au diable* (1846)
- **Gérard de Nerval (1808-1855)**
  > *Le Voyage en Orient* (1851)
- **Alfred de Musset (1810-1857)**
  > *Les Confessions d'un enfant du siècle* (1836)

En peinture

- **Francisco de Goya (1746-1828)**
  > *Saturne dévorant un de ses fils* (1823)

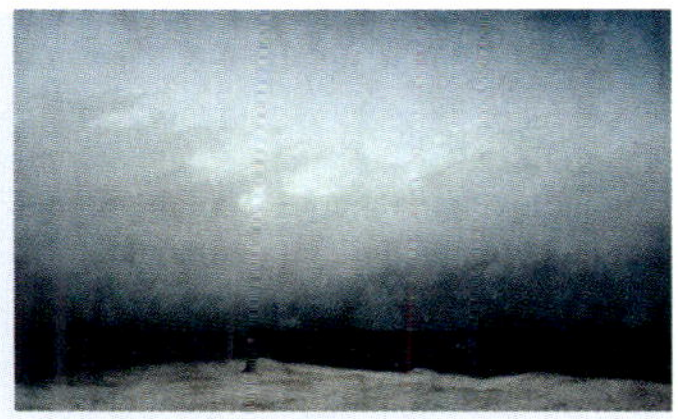

- **Caspar David Friedrich (1774-1840)**
  > *Le Moine au bord de la mer* (1808-1810)

- **William Turner (1775-1851)**
  > *L'Épave* (1839)

- **Théodore Géricault (1791-1824)**
  > *Le Radeau de la Méduse* (1818-1819)

- **Eugène Delacroix (1798-1863)**
  > *La Liberté guidant le peuple* (1830)

En musique

- **Frédéric Chopin (1810-1849)**
  > *Ballades* (1831-1835)
- **Franz Liszt (1811-1886)**
  > *Les Préludes* (1845-1853)

1800 1900 2000

ROMANTISME RÉALISME SYMBOLISME SURRÉALISME

LE RÉALISME ET LE NATURALISME

Thèmes

- La société comme ensemble de catégories sociales contrastées
- Le désir d'ascension sociale (souvent contrariée) et l'arrivisme
- L'individu face à la société
- Paris et la province
- Les désillusions amoureuses

Esthétique & Procédés

- **Volonté d'objectivité, refus d'embellir la réalité**
- **Importance des descriptions** (lieux, personnages)
- **Effet de réel** (détails apparemment insignifiants, précision du lexique, prise en compte des objets et actes banals)
- **Valorisation des dialogues ; emploi du discours indirect libre**
- **Désir de dresser un tableau d'ensemble de la société** (variété et typologie des personnages)

Origines

HISTOIRE

- **Ascension et désillusions de la bourgeoisie**
  - > Révolution industrielle : importance des mouvements ouvriers
  - > Restauration de la monarchie (1815-1830), monarchie de Juillet (1830-1848)
  - > Révolte populaire des Trois Glorieuses (1830) ; révolution de 1848 (échec)
  - > Second Empire (1852-1870) : rétablissement de la toute-puissance des notables

PAYS

- **Grande-Bretagne / France : vers le roman social**
  - > Sensibilité à la misère sociale (Charles Dickens, *Oliver Twist*, 1837-1839, Elizabeth Gaskell, *Nord et Sud*, 1854-1855 ; George Eliot, *Middlemarch*, 1871)
  - > Interrogations sociales romantiques (George Sand, *Le Meunier d'Angibault*, 1845 ; Victor Hugo, *Les Misérables*, 1862)

CONNAISSANCES

- > Avancées scientifiques (Charles Darwin, Claude Bernard)
- > Foi dans le progrès des sciences (Auguste Comte, *Cours de philosophie positive*, 1830-1842)
- > Renouveau de l'Histoire (Ernest Renan, *Histoire des origines du christianisme*, 1863-1883)
- > Débuts de la sociologie et de la science politique (Alexis de Tocqueville, *De la démocratie en Amérique*, 1835)

Le réa

et le

1500 — 1600 — 1700

HUMANISME — BAROQUE — CLASSICISME — LUMIÈRES

En littérature

- **Stendhal (1783-1842)**
  Le Rouge et le Noir (1830)
- **Honoré de Balzac (1799-1850)**
  La Comédie humaine (1834-1856, ensemble de plus de 90 récits, dont *Le Père Goriot*, 1842)
- **Gustave Flaubert (1821-1880)**
  Madame Bovary (1857), *L'Éducation sentimentale* (1869)
- **Champfleury (1821-1889)**
  Le Réalisme (1857), ouvrage théorique
- **Guy de Maupassant (1850-1893)**
  Les Contes de la bécasse (1883)
- **Louis Edmond Duranty (1823-1880) et Jules Assézat (1832-1876),** cofondateurs de la Revue *Réalisme* (1856-1857)
- **Jules (1830-1870) et Edmond (1822-1896) de Goncourt**
  Germinie Lacerteux (1865)
- **Joris-Karl Huysmans (1848-1907)**
  Les Sœurs Vatard (1879)
- **Émile Zola (1840-1902)**
  Germinal (1885), *La Bête humaine* (1890)

(1830-1900)

lisme
naturalisme

En peinture

- **Honoré Daumier (1808-1879)**
  > *La République* (1848)

- **Jean-François Millet (1814-1875)**
  > *Les Glaneuses* (1857)

- **Gustave Courbet (1819-1877)**
  > *L'Après-dînée à Ornans* (1848-1849)

- **Édouard Manet (1832-1883)**
  > *Le Déjeuner sur l'herbe* (1863)

- **Gustave Caillebotte (1848-1894)**
  > *Les Raboteurs de parquet* (1875)

En sculpture

- **Constantin Meunier (1831-1905)**
  > *Le Débardeur* (1905)

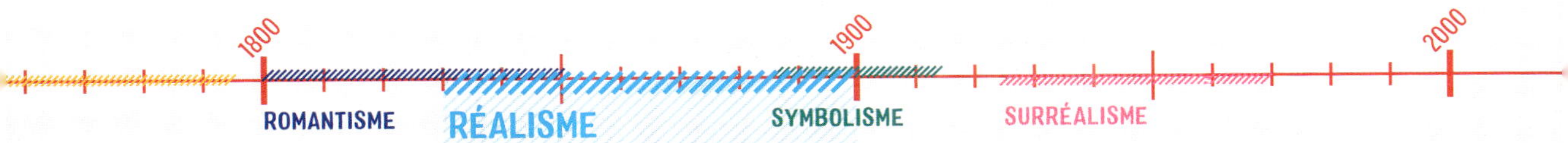

Le symbo

Thèmes

- Le rêve et l'inconscient
- L'Idéal et l'ailleurs
- La sensation
- La mythologie
- L'imaginaire
- La spiritualité et la mystique
- Le vague et la nuance
- La mélancolie

Esthétique & Procédés

- Les correspondances et la synesthésie
- L'œuvre d'art totale
- L'hermétisme et l'art pur

Origines

HISTOIRE

- **De profondes mutations sociétales, l'essor du positivisme et de l'industrie**
  > IIIe République : 1870
  > Première représentation cinématographique des frères Lumières : 1895

HISTOIRE LITTÉRAIRE

Contre le réalisme et le naturalisme :
Refus de la modernité et du matérialisme

- **États-Unis**
  > Edgar Allan Poe (traduit par Baudelaire et Mallarmé) : thème de l'âme, de l'étrangeté, de la mélancolie et de la mort.
  > Walt Whitman, *Feuilles d'herbe* (1855, traduit par Jules Laforgue) : liens entre l'homme et le cosmos, le visible et l'invisible.
- **France**
  > Charles Baudelaire, auteur de la théorie des « correspondances » et des *Fleurs du mal* (1857) : recherche amère de l'idéal, de l'infini
  > Paul Verlaine, *Romances sans paroles* (1874) : poésie musicale et suggestive
  > Arthur Rimbaud : « trouver une langue » qui soit « de l'âme pour l'âme »

En musique

- **Richard Wagner (1813-1883)**
  > *La Walkyrie* (1 870)
- **Gabriel Fauré (1845-1924)**
  > *Pelléas et Mélisande* (1898)
- **Claude Debussy (1862-1918)**
  > *Prélude à l'après-midi d'un faune* (1894)
- **Maurice Ravel (1875-1937)**
  > *Boléro* (1928)

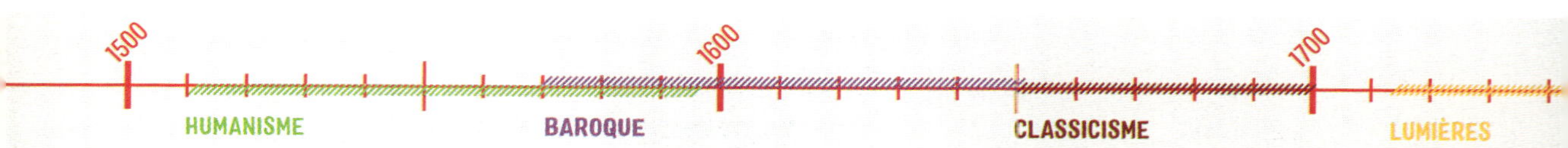

(1886-1914)

lisme

En littérature

- **Stéphane Mallarmé (1842-1898)**
  > *Poésies* (1887)
- **Joris-Karl Huysmans (1848-1907)**
  > *À Rebours* (1884)
- **Jean Moréas (1856-1910)**
  > *Poèmes et sylves* (1907)
- **Jules Laforgue (1860-1987)**
  > *L'Imitation de Notre-Dame de la Lune* (1886)
- **Maurice Maeterlinck (1862-1949)**
  > *Serres chaudes* (1889)
- **Henri de Régnier (1864-1936)**
  > *Tel qu'en songe* (1892)
- **Paul Valéry (1871-1945)**
  > *Album de vers anciens* (1920)

En peinture

- **Puvis de Chavannes (1824-1898)**
  > *Femme sur la plage* (1887)

- **Gustave Moreau (1826-1898)**
  > *Galatée* (vers 1880)

- **Odilon Redon (1840-1916)**
  > *Pégase blanc* (vers 1900)

- **Fernand Khnopff (1858-1921)**
  > *La Tentation de Saint-Antoine* (1883)

En sculpture

- **Auguste Rodin (1840-1917)**
  > *Le Baiser* (1886)

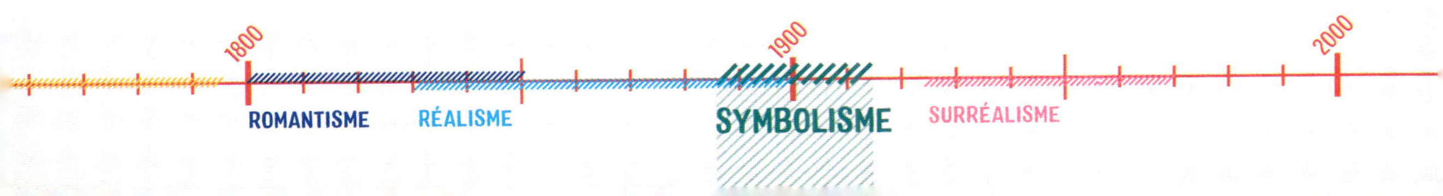

Thèmes

- La magie, le merveilleux et l'ésotérisme
- Les passions et les pulsions
- L'onirisme et l'imagination
- La révolte et la révolution
- L'inconscient
- L'amour
- La sauvagerie, la folie et la cruauté

Esthétique & Procédés

- L'écriture automatique et les cadavres exquis
- Les récits de rêve
- La transgression et la subversion des formes littéraires

Le surréa

Origines

HISTOIRE

- **Bouleversements extrêmes**
  > Première Guerre mondiale : 1914-1918
  > Révolution russe : 1917
  > Seconde Guerre mondiale : 1939-1945
  > Nouvelles idéologies
  > Économies mondialisées

HISTOIRE LITTÉRAIRE

Critique de toutes les productions artistiques et littéraires antérieures :
refus des normes et de la pensée bourgeoise

- **Italie**
  > Filippo Marinetti, *Manifeste du futurisme* (1909) : fondation d'une des premières avant-gardes européennes du xxe siècle favorable à une révolution esthétique profonde : célébrer la modernité urbaine et industrielle
- **Suisse**
  > Fondation du mouvement dada par Tristan Tzara, Hans Arp et Hugo Ball en 1916 au cabaret Voltaire.
  > À partir de 1918, internationalisation du mouvement : Francis Picabia, Man Ray et Marcel Duchamp forment un groupe dadaïste à New York ; André Breton, Louis Aragon, Robert Desnos et Paul Éluard quittent le mouvement dada en 1923 pour fonder le surréalisme

Au cinéma

- **Germaine Dulac (1882-1942)**
  > *La Coquille et le Clergyman* (1928)
- **Luis Buñuel (1900-1983)**
  > *Un chien andalou (1929)*

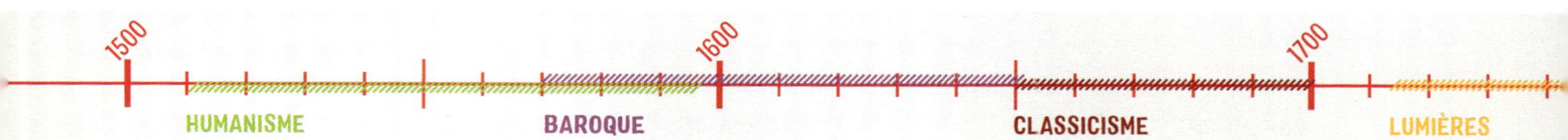

- **Paul Éluard (1895-1952)**
  > *Capitale de la douleur* (1926)
- **André Breton (1896-1966)**
  > *Nadja* (1928)
- **Louis Aragon (1897-1982)**
  > *Le Paysan de Paris* (1926)
- **Benjamin Perret (1899-1959)**
  > *Dormir, dormir dans les pierres* (1927)
- **Robert Desnos (1900-1945)**
  > *Corps et biens* (1930)
- **René Crevel (1900-1935)**
  > *L'Esprit contre la raison* (1927)
- **René Char (1907-1988)**
  > *Le Marteau sans maître* (1934)
- **Joyce Mansour (1928-1986)**
  > *Cris* (1954)

En littérature

(1924-1970)

lisme

1900 — 2000

En peinture

- **Giorgio de Chirico (1888-1978)**
  > *L'Incertitude du poète* (1913)
- **Max Ernst (1891-1976)**
- **André Masson (1896-1987)**

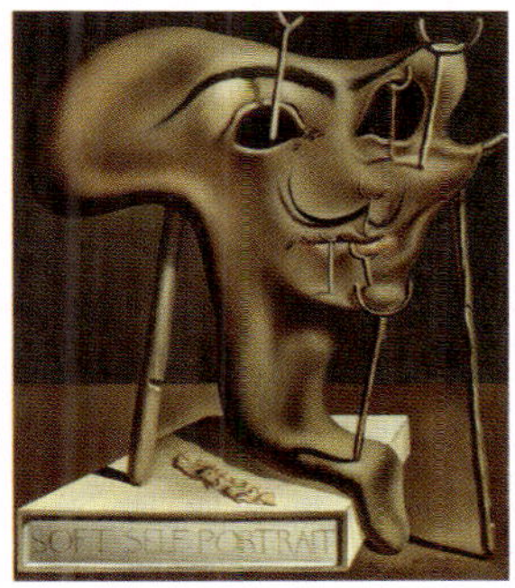

- **René Magritte (1898-1967)**
  > *Les Marches de l'été* (1938)
- **Salvador Dalí (1904-1989)**
  > *Autoportrait mou avec du lard grillé* (1941)

En photographie

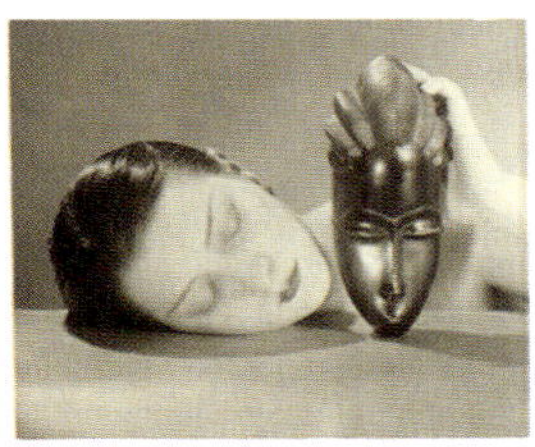

- **Man Ray (1890-1976)**
  > *Noire et Blanche* (1926)
- **Raoul Ubac (1910-1985)**

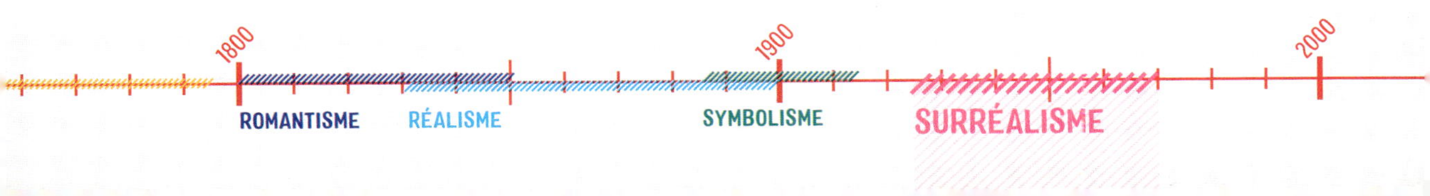

Sandro Botticelli, *La naissance de Vénus,* détail des visages de Zéphyr et Aura, soufflant de leur bouche, 1485, 1,72 x 2,78 m, Galerie Des Offices, Florence.

Étude de la langue

1. Classes grammaticales et fonction des mots

OUTILS DE LA LANGUE

Faire l'analyse grammaticale d'un mot consiste à préciser sa classe grammaticale et sa fonction dans la phrase.

LES CLASSES DE MOTS

Chaque mot appartient à une **classe grammaticale**. On distingue **dix classes grammaticales.**
- Classes de mots variables : verbes, qui se conjuguent ; **noms, pronoms, adjectifs, déterminants**, qui varient en genre et en nombre.
- Classes de mots invariables : adverbes, conjonctions de coordination, conjonctions de subordination, prépositions, interjections.

LES CLASSES DES GROUPES DE MOTS

Les mots peuvent former des groupes. Un groupe de mots appartient à la classe grammaticale du mot noyau du groupe. On distingue :
- le **groupe nominal** : *les romans balzaciens* ;
- le **groupe infinitif** : *pour lire le théâtre de Shakespeare* ;
- le **groupe adjectival** : *intéressants à étudier* ;
- le **groupe pronominal** : *ceux du chapitre suivant.*

LE CHANGEMENT DE CLASSE GRAMMATICALE

- Certains mots (adjectifs, verbes, adverbes) peuvent **changer de classe grammaticale et devenir des noms** (= des substantifs) si on les fait précéder d'un **déterminant**.

Ils peuvent passer :
- d'adjectif à nom : *faux, haut, bas* → *le faux, le haut, le bas* ;
- de verbe à nom : *déjeuner (infinitif)* → *le déjeuner ; passé (participe)* → *le passé* ;
- d'adverbe à nom : *pourquoi, comment (adverbes interrogatifs)* → je voudrais distinguer *le pourquoi du comment*.

- Il arrive qu'une proposition entière soit précédée d'un déterminant et ainsi transformée en nom : on dit qu'elle est **substantivée**.

> Son apparence a un je-ne-sais-quoi d'étrange. / Il ne se soucie pas du qu'en dira-t-on.

LA FONCTION DES MOTS ET GROUPES DE MOTS

- Un mot (ou un groupe de mots) joue un rôle grammatical par rapport aux autres mots de la phrase où il est employé. La **fonction** s'exerce :
- soit **par rapport à un nom** (épithète, complément du nom) **ou par rapport à un adjectif** (complément de l'adjectif) ;

> Leurs grands yeux sombres sont devenus tout à fait brillants. (Baudelaire)
> épithètes du nom yeux

- soit **par rapport au verbe de la proposition** (sujet, COD, COI, COS, complément d'agent) **ou par l'intermédiaire du verbe de la proposition** (attribut du sujet, attribut du COD) ;

> La maison d'étude était belle, car les habitants de la ville l'avaient construite de leurs mains.
> sujet — attribut du sujet — COD
> (S.J. Agnon)

- soit **par rapport à toute la proposition** (compléments circonstanciels).

> Le jour, ils étaient pris par leurs métiers, en ville. (S.J. Agnon)
> CC de temps — CC de lieu

VERS LE COMMENTAIRE

La répétition de mots ou groupes de mots appartenant à la même classe grammaticale ou ayant la même fonction peut être destinée à produire un effet.
Après avoir brouté, trotté, fait mille tours
Jeannot Lapin retourne au souterrain séjour. (La Fontaine)

S'ENTRAÎNER

EXERCICE 1

Précisez la classe grammaticale des mots soulignés.

Qui de nous n'a pas rêvé devant ces vieux édifices, qui n'ont plus de vivant que le lierre qui les enveloppe et qui pousse dans leurs blessures ? J'aime cette plante amie des ruines, dont les feuilles sont plus solides que les pierres qu'elles couvrent, moins éphémères que les acanthes de marbre qui ont aussi leur automne et leur caducité. Sa verdure sans jeunesse sympathise avec la vétusté des châteaux et des tours.

Jules Lefèvre-Deumier, « Le lierre », *Livre du promeneur*, 1854.

Le Couvent de La Coria, Espagne.

EXERCICE 2

Indiquez la fonction des mots soulignés sans oublier de préciser à quel élément se rapporte chaque mot.

Celui qui regarde du dehors à travers une fenêtre ouverte ne voit jamais autant de choses que celui qui regarde une fenêtre fermée. Il n'est pas d'objet plus profond, plus mystérieux, plus fécond, plus ténébreux, plus éblouissant qu'une fenêtre éclairée d'une chandelle. Ce qu'on peut voir au soleil est toujours moins intéressant que ce qui se passe derrière une vitre. Dans ce trou noir ou lumineux vit la vie, rêve la vie, souffre la vie.

Charles Baudelaire, *Petits poèmes en prose*, 1869.

EXERCICE 3

Combien y a-t-il d'adjectifs qualificatifs dans la deuxième phrase du texte de l'exercice 2 ? Quels adjectifs ont des sens qui s'opposent ? Commentez leur ordre. Quel effet produit la construction : « pas... plus... que » ? Concluez sur la visée de cette phrase.

EXERCICE 4

Faites l'analyse grammaticale des mots soulignés dans le texte suivant.

Oh ! Les temps de naufrage sont affreux ! Chacun court à ce qui lui est le plus cher et abandonne les autres. Mais encore une fois Rose, que pouvons-nous donc, nous pauvres femmes, qui ne savons que pleurer sur tout cela ?

George Sand, *Le Meunier d'Angibault*, 1845.

EXERCICE 5

Évoquez, en quelques lignes, une pièce de théâtre dont la lecture ou la représentation vous a intéressé(e). Votre texte comprendra les éléments grammaticaux suivants : un GN sujet, un pronom COD, un GN CC de temps, un pronom CC de cause, un CC de concession, un infinitif COD. Vous les soulignerez et les identifierez.

EXERCICE 6 : VERS L'ANALYSE

a. Relevez les adjectifs employés dans le portrait de l'homme. Relevez ceux qui servent à décrire la femme.

b. Quel rapport de sens voyez-vous entre ces deux listes ?

c. Quelle idée l'auteur exprime-t-il à la fin du texte ? Quel rôle les adjectifs jouent-ils par rapport à l'idée exprimée ?

Je vis venir rue de Tournon un homme que deux soldats emmenaient. Cet homme était blond, pâle, maigre, hagard ; trente ans à peu près, un pantalon de grosse toile, les pieds nus et écorchés dans des sabots avec des linges sanglants roulés autour des chevilles pour tenir lieu de bas ; une blouse courte, souillée de boue derrière le dos, ce qui indiquait qu'il couchait habituellement sur le pavé ; la tête nue et hérissée. Il avait sous le bras un pain. Le peuple disait autour de lui qu'il avait volé ce pain et que c'était à cause de cela qu'on l'emmenait. En passant devant la caserne de gendarmerie, un des soldats y entra, et l'homme resta à la porte, gardé par l'autre soldat. Une voiture était arrêtée devant la porte de la caserne. C'était une berline armoriée portant aux lanternes une couronne ducale, attelée de deux chevaux gris, deux laquais en guêtres derrière. Les glaces étaient levées, mais on distinguait l'intérieur tapissé de damas bouton d'or. Le regard de l'homme fixé sur cette voiture attira le mien. Il y avait dans la voiture une femme en chapeau rose, en robe de velours noir, fraîche, blanche, belle, éblouissante, qui riait et jouait avec un charmant petit enfant de seize mois enfoui sous les rubans, les dentelles et les fourrures. Cette femme ne voyait pas l'homme terrible qui la regardait.

Je demeurai pensif. Cet homme n'était plus pour moi un homme, c'était le spectre de la misère, c'était l'apparition, difforme, lugubre, en plein jour, en plein soleil, d'une révolution encore plongée dans les ténèbres, mais qui vient. Autrefois, le pauvre coudoyait le riche, ce spectre rencontrait cette gloire ; mais on ne se regardait pas. On passait. Cela pouvait durer ainsi longtemps. Du moment où cet homme s'aperçoit que cette femme existe, tandis que cette femme ne s'aperçoit pas que cet homme est là, la catastrophe est inévitable.

Victor Hugo, *Choses vues*, 1846.

2. Les accords dans le groupe nominal

OUTILS DE LA LANGUE

RÈGLE GÉNÉRALE

- Les **adjectifs qualificatifs** et les **déterminants** s'accordent en genre et en nombre avec le nom auquel ils se rapportent.

> une autobiographie révélatrice, un essai révélateur, tous les récits, toutes les nouvelles, quelle œuvre, quel auteur !

- Les **participes passés** employés seuls ont le rôle d'adjectifs qualificatifs et s'accordent avec le nom auquel ils se rapportent.

> On sait aujourd'hui que toutes les œuvres théâtrales attribuées à cet auteur ne sont pas forcément de lui.

LES ACCORDS DÉLICATS

- Si l'adjectif se rapporte à plusieurs noms ou pronoms de genres différents, on fait l'accord au masculin pluriel.

> Nous vous proposons des revues et des journaux passionnants.

⚠ • **Attention à l'accord des noms et des adjectifs composés.** Seuls les éléments constitués d'un adjectif ou d'un nom varient. On écrit : *des rouges-gorges, des réflexions douces-amères*.
Cependant, le sens doit permettre l'accord. On écrit au singulier : *un chasse-mouches* (pour chasser les mouches), *un vide-ordures*. Au pluriel, on écrit : *des timbres-poste* (de la poste), *des pots-au-feu* (qu'on met sur le feu), *des pur-sang* (qui ont le sang pur).
Si l'un des deux éléments est un verbe, une préposition, un adverbe, une abréviation, cet élément reste invariable : *des couvre-lits, des avant-scènes, des haut-parleurs, des tragi-comédies*.

QUESTION **Identifiez la classe grammaticale des éléments composant les mots de cette liste.**

- *Même, quelque, tout* sont tantôt déterminants indéfinis (et ils s'accordent) tantôt adverbes (et ils restent invariables).
- Déterminants : *Nous avons lu quelques* (un petit nombre de) *récits de Maupassant. Ce sont les mêmes histoires que nous avions lues au collège. Tous ses contes ne sont pas fantastiques.*
- Adverbes : *Nous avons appris la scène et nous avons même imaginé la mise en scène. Il y a quelque* (environ) *trois semaines que nous travaillons. Nos camarades sont tout* (complètement) *étonnés de notre enthousiasme.*

⚠ **Attention :** l'adverbe *tout* placé devant un adjectif au féminin qui commence par une consonne s'accorde comme cet adjectif.

> L'œuvre de Simone de Beauvoir eut une influence considérable, toute scandaleuse qu'elle ait paru en 1949.

DIFFICULTÉS À SURMONTER

- Si l'adjectif est éloigné du nom, il faut relire la phrase pour bien faire l'accord.
Ravie de ce prix littéraire auquel elle ne s'attendait pas, l'écrivaine...
- **Attention,** n'oubliez aucune marque de pluriel dans un groupe nominal étendu.
Violettes à courte tige, violettes blanches et violettes bleues, et violettes d'un blanc bleu veiné de nacre mauve, violettes de coucou anémiques et larges, qui haussent sur de longues tiges leurs pâles corolles inodores. (Colette, *Les Vrilles de la vigne*, 1908.)

QUESTION **Repérez les marques de pluriel des mots accordés au nom *violettes*.**

VERS LE COMMENTAIRE

Le choix du singulier ou du pluriel peut correspondre à une intention de l'auteur. Le singulier permet, par exemple, un effet de généralisation ou d'idéalisation. Le pluriel peut créer une impression d'abondance, ou même d'infini.

Les soleils mouillés / De ces ciels brouillés / Pour mon esprit ont les charmes / Si mystérieux / De tes traîtres yeux, / Brillant à travers leurs larmes. / Là, tout n'est qu'ordre et beauté, / Luxe, calme et volupté. (Charles Baudelaire, *L'invitation au voyage*, 1857.)

QUESTION **Quels sont les effets produits par l'emploi du pluriel puis par celui du singulier ?**

S'ENTRAÎNER

EXERCICE 1

Écrivez correctement les formes des mots entre parenthèses.

1. (Nul) père, (nul) mère pour l'aider à se diriger.
2. Elle roulait (tout) feux éteints et à (tout) allure.
3. Elle est (tout) angoissée par l'attente des résultats.
4. Félicité était (tout) troublée par la mort de son perroquet.
5. (Quelque) gentils que nous soyons, il ne nous accueille jamais aimablement.
6. Vous avez certainement (quelque) remarques à nous faire.
7. Les (même) qui l'ont admiré le méprisent à présent, (même) s'ils le craignent.

EXERCICE 2

Écrivez en toutes lettres les nombres suivants : 320, 700, 702, 824, 2 800, 2 525.

L'adjectif numéral cardinal est invariable sauf *vingt* et *cent*, qui prennent un *s* quand ils sont précédés d'un nombre qui les multiplie et qu'ils ne sont pas suivis d'une unité.

Quatre-vingts poèmes, quatre-vingt-six pages.

Trois cents marches, trois cent deux marches.

EXERCICE 3

Mettez au pluriel les expressions suivantes.

un semi-remorque – une sauce aigre-douce – un rayon infra-rouge – un perce-neige – un cerf-volant – un hors-d'œuvre – un cache-nez – un vide-poches – un rond-point – un oiseau-mouche – un chef-lieu – un gagne-petit

EXERCICE 4

Accordez les mots soulignés dans le texte suivant.

Isolé, la violence a le souffle court, elle frappe autour d'elle avec une rage aveugle, sans but ; son jugement est borné et après quelque brusque explosions, elle s'affaisse sur elle-même, impuissant. Même lorsqu'elle est contagieuse et soulève la foule, en créant chez celle-ci une espèce de psychose, elle ne réussit à former que des bande indiscipliné qui se dispersent dès que l'enthousiasme du début s'est refroidi. Jamais, dans le cours de l'Histoire, les révoltes ni les soulèvements populaire ne furent dangereux lorsqu'ils n'étaient pas dirigés par une organisation intelligent ; ce n'est que quand la violence se met au service d'une idée que [...] se produisent les révolutions sanglant et dévastateur.

Stefan Zweig, *Érasme, grandeur et décadence d'une idée*, Le livre de Poche, 1934.

EXERCICE 5

Justifiez l'accord des mots soulignés dans le texte suivant. Modifiez-le ensuite en remplaçant « les gamins » par « un gamin » et « quelque grande fillette de quatorze ou seize ans » par « deux grandes fillettes de quatorze et seize ans ». Faites les transformations nécessaires.

Les gamins, vêtus pareillement à leurs papas, semblaient incommodés par leurs habits neufs [...], et l'on voyait à côté d'eux, ne soufflant mot dans la robe blanche de sa première communion rallongée pour la circonstance, quelque grande fillette de quatorze ou seize ans, leur cousine ou leur sœur aînée sans doute, rougeaude, ahurie, les cheveux gras de pommade à la rose, et ayant bien peur de salir ses gants.

GUSTAVE FLAUBERT, *Madame Bovary*, 1857.

EXERCICE 6 : VERS L'ANALYSE

Dans le titre et dans les deux quatrains, relevez toutes les expressions écrites au singulier. Quels sont les singuliers les plus inattendus ? Expliquez l'intention de l'auteur et l'effet produit.

À une passante

La rue assourdissante autour de moi hurlait.
Longue, mince, en grand deuil, douleur majestueuse,
Une femme passa, d'une main fastueuse
Soulevant, balançant le feston et l'ourlet ;

Agile et noble, avec sa jambe de statue.
Moi, je buvais, crispé comme un extravagant,
Dans son œil, ciel livide où germe l'ouragan,
La douceur qui fascine et le plaisir qui tue.

Un éclair... puis la nuit ! – Fugitive beauté
Dont le regard m'a fait soudainement renaître,
Ne te verrai-je plus que dans l'éternité ?

Ailleurs, bien loin d'ici ! trop tard ! jamais peut-être !
Car j'ignore où tu fuis, tu ne sais où je vais,
Ô toi que j'eusse aimée, ô toi qui le savais !

CHARLES BAUDELAIRE, *Les Fleurs du mal*, 1855.

Jean Béraud, *La Parisienne*, XIXe siècle.

3. Les accords dans la phrase

OUTILS DE LA LANGUE

L'ACCORD DU VERBE ET DU SUJET : DIFFICULTÉS

- Le sujet peut être éloigné du verbe ou placé après lui.

> Je vais vous dire ce que me rappellent tous les ans **le ciel agité de l'automne et les feuilles** qui jaunissent. (Anatole France)

- Après le pronom relatif *qui,* le verbe s'accorde avec l'antécédent en genre, en nombre et en personne.

> Je t'adore, Soleil, **Toi** qui sèches les pleurs des moindres graminées. (Edmond Rostand)

- Après *peu, la plupart, assez, beaucoup, combien,* le verbe est au pluriel.
- Après *on, plus d'un, chacun,* le verbe est au singulier.

> Peu étaient présents, beaucoup déjà repartis.
> Chacun connaît le maire, plus d'un a eu affaire à lui.

- Quand plusieurs sujets sont reliés par *ni* et *ou,* le verbe se met au singulier si l'action exprimée concerne un seul sujet et au pluriel si l'action les concerne tous.

> Le lièvre ou la tortue gagnera la course.
> Ni Anastasie ni Delphine n'ont porté secours au père Goriot.

L'ACCORD DU PARTICIPE PASSÉ

- Employé comme adjectif, le participe passé s'accorde avec le nom auquel il se rapporte : *Une lettre bien écrite.*
- Employé avec le verbe *être,* le participe passé s'accorde avec le sujet : *Les exercices sont relus.*
- Employé avec le verbe *avoir,* le participe passé s'accorde avec le COD si celui-ci est placé avant le verbe : *J'ai écrit des lettres. / Les lettres, je les ai écrites.*

⚠ **Attention :** les COD placés avant le verbe sont les pronoms *le, la, les, que.* Il faut accorder le participe avec le nom que ces pronoms représentent : *Les résumés que j'ai faits. Les lectures que j'ai faites.*

⚠ **Attention :** si le verbe est suivi d'un infinitif, le participe passé s'accorde avec le COD uniquement si ce COD est aussi le sujet de l'infinitif.

> Les auteurs que j'ai vu présenter par ce journaliste. Les auteurs que j'ai vus présenter leurs livres.

DIFFICULTÉS À SURMONTER

Avec un verbe à la forme pronominale, le participe passé s'accorde en fonction de la catégorie à laquelle le verbe se rattache.

- Pour les **verbes essentiellement pronominaux** (qui n'existent pas à la forme active) : *s'enfuir, s'abstenir...* et les **verbes pronominaux de sens passif** : *se vendre* (= être vendu), *se boire* (= être bu)..., le participe passé s'accorde avec le sujet. *Elles se sont enfuies. Les livres se sont bien vendus.*
- Pour les **verbes de sens réfléchi** : *se laver...,* le participe passé s'accorde avec le COD si celui-ci est placé avant le verbe.

Elle s'est lavée (*se* est COD). Elle s'est lavé les mains (le COD est *les mains* ; *se* n'est pas COD mais COS).

- Pour les **verbes de sens réciproque** : *se regarder, s'aider...*

- Si le verbe actif correspondant est transitif direct, le participe s'accorde avec le COD : *Ils se sont regardés.* (on dit *regarder quelqu'un*).

- Si le verbe actif correspondant est transitif indirect, il n'y a pas d'accord : *Ils se sont plu* (on dit *plaire à*).

VERS LE COMMENTAIRE

Dans un texte complexe, les accords permettent de bien percevoir les liens entre les mots et les groupes de mots, donc le sens du texte.

Avant d'y arriver, nous rencontrions, venue au-devant des étrangers, l'odeur de ses lilas. Eux-mêmes, d'entre les petits cœurs verts et frais de leurs feuilles, levaient curieusement au-dessus de la barrière du parc leurs panaches de plumes mauves ou blanches que lustrait, même à l'ombre, le soleil où elles avaient baigné. (Marcel Proust)

QUESTION En quoi les accords des mots soulignés permettent-ils de mieux comprendre le texte ?

S'ENTRAÎNER

EXERCICE 1

Conjuguez les verbes entre parenthèses au temps indiqué.

1. Ronsard et Louise Labé (*vivre*, passé composé) tous deux au XVIe siècle.
2. Italo Calvino comme Umberto Eco (*connaître*, passé composé) la célébrité de leur vivant.
3. Certains poèmes de Baudelaire qui (*être publié*, plus-que-parfait) dans *Les Fleurs du mal* paraissaient scandaleux.
4. Plus d'un parmi ces écrivains (*condamner*, passé simple passif) par la presse.
5. Ni Balzac ni Zola ne (*écrire*, passé composé) d'autobiographie.
6. Vous tous qui (*être*, présent) grands lecteurs avez beaucoup aimé *Le Baron perché* d'Italo Calvino.
7. Les tragédies que Corneille (*écrire*, passé composé) font hélas oublier les comédies qu'il (*imaginer*, passé composé) aussi.

EXERCICE 2

Justifiez l'accord des formes soulignées.

1. Aussitôt, c'était moi qui faisais un pas en avant, qui concédais. (Albert Camus)
2. Alors ces paroles qui me semblaient stupides, je déclare aujourd'hui qu'elles étaient belles, nobles. (Roger Nimier)
3. Les cinq croisées percées à chaque étage ont de petits carreaux et sont garnies de jalousies dont aucune n'est relevée de la même manière. (Honoré de Balzac)
4. Lui, qu'une gêne gagnait à présent, l'avait examinée d'un regard oblique. Elle ne devait pas être trop mal. (Émile Zola)

EXERCICE 3

Formez et accordez le participe passé des verbes entre parenthèses.

1. (*Réveiller*) au milieu de la nuit par la lueur des flammes, elle avait sauté au bas de son lit. (Alexandre Dumas)
2. Une sorte de terreur constante m'est (*rester*) dans l'âme. (Guy de Maupassant)
3. Il m'est (*demeurer*) de ce jour-là une marque, une empreinte de peur. (Guy de Maupassant)
4. Ils sont (*passer*) par la route de Saint-Martin ; ça fait raccourci. (Jean Giono)
5. Puis il y a (*avoir*) le vent du soir qui les a (*rejoindre*). (Jean Giono)
6. (*Voir*) de haut, le corps de la cité semblait (*diviser*) comme un gâteau sec. (Henri Troyat)
7. Elle semblait vouloir effacer le souvenir des souffrances qu'il avait (*endurer*). (Honoré de Balzac)
8. Hier, nous avons eu une journée très (*agiter*) et nous en sommes encore tout (*exciter*). (Anne Frank)
9. Lorsqu'elle avait (*reprendre*) ses sens, son père était devant elle. (Alexandre Dumas)
10. Une de ces recrudescences de froid dont nous avons (*parler*) se manifesta. (Alexandre Dumas)

EXERCICE 4

Écrivez correctement le participe passé des verbes entre parenthèses. Dites si le pronom réfléchi est COD, COI ou COS.

1. Ils se sont (*rencontrer*) au cinéma mais ne se sont pas (*reconnaître*) tout de suite.
2. Elles se sont (*envoyer*) de nombreux SMS.
3. Jeanne s'est (*demander*) ce qu'elle allait faire.
4. Vous ne vous êtes donc pas (*téléphoner*) ?
5. La salle s'est (*vider*) rapidement.
6. Par prudence, elles se sont (*faire*) raccompagner.
7. Ils relurent ensemble les lettres qu'ils s'étaient (*envoyer*).

EXERCICE 5

À quelle catégorie les verbes pronominaux suivants appartiennent-ils ? Imaginez des phrases où ils seront conjugués à un temps composé et auront un sujet féminin pluriel.

se revoir – s'emparer de – se sauver – s'approcher – s'imaginer – se battre – se prélasser

EXERCICE 6

Formez le participe passé des verbes entre parenthèses et accordez-les.

Elle demeura (*saisir*) d'étonnement ; c'était un fouillis d'objets de toute nature, les uns (*briser*), les autres (*salir*) seulement, les autres (*monter*) là on ne sait pourquoi, parce qu'ils ne plaisaient plus, parce qu'ils avaient été (*remplacer*). Elle apercevait mille bibelots (*connaître*) jadis, et (*disparaître*) tout à coup sans qu'elle y eût (*songer*), des riens qu'elle avait (*manier*), ces vieux petits objets insignifiants qui avaient (*traîner*) quinze ans à côté d'elle, qu'elle avait (*voir*) chaque jour sans les remarquer, et qui, tout à coup, (*retrouver*) là, dans ce grenier, à côté d'autres plus anciens dont elle se rappelait parfaitement les places aux premiers temps de son arrivée, prenaient une importance soudaine de témoins (*oublier*), d'amis (*retrouver*). Ils lui faisaient l'effet de ces gens qu'on a (*fréquenter*) longtemps sans qu'ils se soient jamais (*révéler*) et qui soudain, un soir, à propos de rien, se mettent à bavarder sans fin, à raconter toute leur âme qu'on ne soupçonnait pas.

GUY DE MAUPASSANT, *Une vie*, 1883.

4. Les modes personnels et impersonnels

OUTILS DE LA LANGUE

Le **mode** verbal correspond à la **manière d'envisager les actions**. Un mode est **personnel** s'il **se conjugue**, **impersonnel** s'il **ne se conjugue pas aux différentes personnes**.

LES MODES PERSONNELS

• **L'indicatif** présente une action passée, présente ou future comme **réelle**. Il possède huit temps (voir p. 32) : c'est le mode du récit.

> Napoléon mourut à Sainte-Hélène où on l'avait exilé.

• **Le conditionnel** est le **mode du possible**. Il a deux temps :
- le présent : *On devrait connaître bientôt les résultats.*
- le passé : *On aurait dû avoir les résultats hier.*

• Quand il est lié à une condition, selon le temps choisi, ce mode exprime :
- que l'action est possible dans l'avenir : *Il viendrait demain s'il pouvait.*
- que l'action est irréalisable dans le présent : *S'il ne gelait pas, Paul se baignerait.*
- que l'action ne s'est pas réalisée dans le passé : *S'il n'avait pas gelé, Paul se serait baigné.*

• Le conditionnel peut prendre la valeur d'un temps et exprimer le **futur dans un contexte au passé.**

> Pierre ne savait pas s'il viendrait.

• L'**impératif** exprime l'**ordre** ou la **défense**, le **souhait**, la **prière**.

> Ne pars pas !

• **Le subjonctif** présente l'action comme **éventuelle**. On peut le trouver dans une indépendante pour exprimer le souhait, la volonté.

> Puissiez-vous réussir !

Employé surtout dans les subordonnées, il est :
- introduit par la conjonction ***que***, après des verbes de souhait, de doute ou de crainte, ou après une principale négative ;

> Je doute qu'il vienne demain. Je ne crois pas qu'il soit là.

- obligatoire après certains subordonnants (*avant que, pour que, bien que...*)

> Tu viendras afin que je t'explique mes intentions.

Dans les relatives, il introduit une nuance circonstancielle (but, conséquence...)

> Je cherche un manteau qui soit élégant.

• Le subjonctif possède quatre temps.
On emploie couramment le **présent** et le **passé**.

> Nous voulons que vous fassiez une déclaration. Il faut que vous ayez fini à temps.

On trouve à l'écrit l'**imparfait** et le **plus-que-parfait**.

> Il fallait que vous parlassiez/qu'il parlât au nom de tous.
> Il aurait fallu que vous eussiez parlé/qu'il eût parlé au nom de tous.

LES MODES IMPERSONNELS

• **L'infinitif** exprime le sens du verbe, au présent (*lire*) ou au passé (*avoir lu*).

• Il a souvent une valeur de nom et prend les fonctions d'un nom.

> Nager me détend (sujet).
> Il travaille pour réussir. (CC de but)

• Il peut remplacer l'impératif pour donner des conseils.

> Lire attentivement la notice.

• **Le participe et le gérondif** (*en* + participe présent) présentent l'action comme une **circonstance d'une autre action**, et peuvent jouer le rôle d'une subordonnée circonstancielle.

> La nuit tombant tôt (= comme la nuit tombait...), il fallait se dépêcher.
> En entrant dans la pièce (= quand il entra...), il salua l'assistance.

Le participe possède un présent, toujours actif (*voyant*), et un passé, actif ou passif (*ayant vu/ayant été vu*).

S'ENTRAÎNER

EXERCICE 1

Indiquez de quelle manière est exprimé l'ordre dans chaque phrase en précisant le mode et le temps des verbes.

1. Pour travailler un commentaire de texte, vous noterez d'abord vos premières impressions de lecteur/lectrice.
2. Relisez le texte et notez son sens global.
3. Relevez les procédés, les images, les expressions à analyser.
4. Pour organiser la réflexion, il faut qu'une problématique permette d'interroger le texte en fonction des éléments notés.
5. Élaborez un plan avant de commencer la rédaction du commentaire.

EXERCICE 2

Conjuguez les verbes entre parenthèses au temps et au mode qui conviennent.

1. Je (*mourir*) d'indigestion si j'avais seulement goûté à tout ce qu'on m'offrait. (Prosper Mérimée)
2. Si vous ne m'(*aider*) pas, je ne sais comment je dînerai ce soir. (André Gide)
3. Si je réussissais à revenir en Belgique, dit Hélène à M. Gaspard, et si M. Drapeur s'occupait de moi, nous (*pouvoir*) nous débrouiller ensemble. (André Dhôtel)
4. Elle m'(*aimer*) encore, si elle n'avait pas été mangée par un ours. (Voltaire)
5. S'il se (*mettre*) à parler de son jardin, nous n'en sortirons plus ! (Jean Giraudoux)

DIFFICULTÉS À SURMONTER

L'expression de la condition

- La **subordonnée** introduite par *si* est toujours à l'**indicatif** : elle exprime la condition dont dépend l'action exprimée dans la principale.
- Le verbe de la **principale** est au **conditionnel** puisque la réalisation de l'action demeure hypothétique, car soumise à la condition.

EXERCICE 3

Précisez le temps des verbes au subjonctif et expliquez les différents emplois de ce mode.

1. Vite, vite, qu'on selle mon âne ! (Alfred de Musset)
2. L'oiseau craint qu'en le suivant des yeux on n'apprenne trop bien le chemin de son nid. (Jules Michelet)
3. Il était impossible de rencontrer deux figures qui offrissent autant de contrastes. (Honoré de Balzac)
4. J'aurais voulu que, du moins, il marquât un peu de regret de m'avoir causé tant de peine. (André Gide)
5. Il voulait enfouir Belzébuth assez profondément pour que les bêtes de proie ne vinssent pas la déterrer. (Théophile Gautier)

EXERCICE 4

Voici des phrases incorrectes ou d'un sens équivoque : expliquez pourquoi. Reformulez-les ensuite pour corriger l'erreur et élucider le sens.

1. En partant, la pluie se mit à tomber.
2. Informés de l'incident, je ne jugeai pas nécessaire de les prévenir.
3. Entièrement restaurée, les fresques de l'église nous émerveillèrent.
4. Chantant faux, on me dispense de la chorale.
5. Parlant une langue rare, une épreuve spéciale du bac lui permettra de valoriser son niveau dans cette langue.

Le participe détaché en tête de phrase et le gérondif

Ils doivent toujours renvoyer au sujet, sinon la construction est incorrecte.

N'ÉCRIVEZ PAS	ÉCRIVEZ
Fatiguée, Pierre a reconduit Sylvie en voiture.	Fatiguée, Sylvie a demandé à Pierre de la reconduire en voiture.

EXERCICE 5 : ÉCRITURE

Vous êtes parent et vous réfléchissez à l'avenir de votre enfant. Imitez Rousseau pour expliquer ce que vous voulez pour lui : reprenez les expressions soulignées suivies du subjonctif, discutez avec un interlocuteur imaginaire.

<u>Je veux absolument qu</u>'Émile apprenne un métier. Un métier honnête, au moins, direz-vous ? Que signifie ce mot ? Tout métier utile au public n'est-il pas honnête ? <u>Je ne veux point qu</u>'il soit brodeur, ni doreur, ni vernisseur, comme le gentilhomme de Locke[1] ; <u>je ne veux</u> qu'il soit <u>ni</u> musicien, <u>ni</u> comédien, ni faiseur de livres[2]. À ces professions près et les autres qui leur ressemblent, <u>qu'il prenne</u> celle qu'il voudra ; je ne prétends le gêner en rien. <u>J'aime mieux qu</u>'il soit cordonnier que poète ; j'aime mieux qu'il pave les grands chemins que de faire des fleurs de porcelaine. Mais, direz-vous, les archers, les espions, les bourreaux sont des gens utiles. Il ne tient qu'au gouvernement qu'ils ne le soient point. Mais passons ; j'avais tort : il ne suffit pas de choisir un métier utile, il faut encore qu'il n'exige pas des gens qui l'exercent des qualités d'âme odieuses et incompatibles avec l'humanité. Ainsi, revenant au premier mot, prenons un métier honnête ; mais souvenons-nous toujours qu'il n'y a point d'honnêteté sans l'utilité.

Jean-Jacques Rousseau, *Émile ou De l'éducation*, 1762.

1. Le philosophe anglais Locke explique, dans un ouvrage sur l'éducation, que la profession de vernisseur pourrait être exercée par les membres de l'aristocratie.
2. Note de l'auteur : « Vous l'êtes bien, me dira-t-on ?... Je n'écris pas pour excuser mes fautes, mais pour empêcher mes lecteurs de les imiter. »

5. Les temps de l'indicatif

OUTILS DE LA LANGUE

LES TEMPS DE L'INDICATIF

L'indicatif a **quatre temps simples** (présent, futur, imparfait, passé simple) et **quatre temps composés** (passé composé, futur antérieur, plus-que-parfait, passé antérieur).

LE RÉCIT AU PRÉSENT : LA CONCORDANCE DES TEMPS

- **Dans un récit au présent**, on emploie le **présent** associé avec le **passé composé**, qui permet de rapporter les actions passées.

> Le vieil homme ouvre la lettre qu'on lui a apportée la veille.

- **Pour exprimer les actions futures**, on emploie le **futur simple**. Le **futur antérieur** sert à exprimer des actions futures ayant lieu avant celles rapportées au futur simple.

> Elle rêve à la vie qu'elle mènera lorsqu'elle aura réussi à gagner la capitale.

LE RÉCIT AU PASSÉ : LA CONCORDANCE DES TEMPS

- **Dans un récit au passé**, on emploie surtout le **passé simple** et l'**imparfait**. Le **plus-que-parfait** permet d'exprimer les actions passées par rapport à celles rapportées aux deux autres temps.

> Le vieil homme ouvrit la lettre qu'on lui avait apportée la veille.

DIFFICULTÉS À SURMONTER **La conjugaison du passé simple**

Au 1er groupe, la 1re personne du singulier est en *-ai*, la 3e du pluriel est en *-èrent*.
Au 3e groupe, **attention** à la voyelle du radical : *je lus, je fis, je dus, je mis*.
Au 3e groupe, *tenir*, *venir* et leurs composés se conjuguent ainsi : *je vins, tu vins, il vint, nous vînmes, vous vîntes, ils vinrent*.

- **Pour exprimer les actions futures**, on emploie le **conditionnel présent** (forme en *-rais*) et le **conditionnel passé** (forme composée avec l'auxiliaire au conditionnel présent).

> Elle rêvait à la vie qu'elle mènerait lorsqu'elle aurait réussi à gagner la capitale.

- Le **passé antérieur** s'emploie après une conjonction de temps pour exprimer une action terminée avant une autre action rapportée au passé simple.

> Lorsqu'il eut fait signe au chauffeur, la voiture démarra.

LES VALEURS D'ASPECT DES TEMPS DE L'INDICATIF

- Les temps ne servent pas seulement à ordonner les actions sur un axe chronologique, ils expriment aussi les différentes façons d'envisager le déroulement d'une action (**achèvement**, **répétition**, **durée**...) : ce sont les valeurs d'**aspect**.
- **Dans un récit au passé**, on rapporte au **passé simple** les actions présentées comme terminées ou successives. L'**imparfait** exprime les actions présentées comme durables, répétées, habituelles et les éléments descriptifs.

> Le jeune homme sortit précipitamment et monta dans une superbe voiture qui l'attendait devant la porte et dont les chromes brillaient.

QUESTION Justifiez l'emploi des temps dans la phrase.

- Le **présent** peut exprimer une vérité générale.

> Le roman est le genre littéraire le plus apprécié du public.

- **Dans un récit au passé**, le **présent de narration** donne de l'intensité à l'action.

> La bataille commença. Les soldats s'élancent vers les lignes ennemies.

VERS LE COMMENTAIRE

Pensez à commenter l'emploi du présent dans un texte au passé : présent de narration (effet d'intensité) ou vérité générale.

S'ENTRAÎNER

EXERCICE 1

Conjuguez les verbes suivants aux trois personnes du pluriel à l'imparfait puis au temps composé correspondant.

ranger – payer – essuyer – broyer – mourir – plier – scier – prendre

Coup de pouce

Attention : aux personnes *nous* et *vous*, les verbes qui ont un ***i*** au radical prennent **deux *i***. Les verbes qui ont un *y* au radical prennent **un *y* suivi d'un *i*.**

EXERCICE 2

Conjuguez les verbes de l'exercice 1 à la 1re personne du singulier et du pluriel : au futur simple, au futur antérieur, au conditionnel présent (forme en *-rais*).

Coup de pouce

Les verbes qui ont un ***e*** à l'infinitif le gardent au futur.

EXERCICE 3

a. Conjuguez les verbes suivants au passé simple à la 3e personne du singulier puis à la 1re personne du singulier et du pluriel.

être – avoir – aller – placer – avertir – ouvrir – dire – voir – croire – peindre – venir – tenir

b. Pourquoi connaît-on mieux la 3e personne que la 1re ?

EXERCICE 4

Justifiez le temps des formes soulignées. Pour deux formes, précisez leur valeur d'aspect.

Julien est le fils du propriétaire d'une scierie mais n'a aucun goût pour le métier de son père. Celui-ci n'aime guère le jeune homme et méprise son amour des livres.

À peine Julien fut-il à terre, que le vieux Sorel, le chassant rudement devant lui, le pousssa vers la maison. Dieu sait ce qu'il va me faire ! se disait le jeune homme. En passant, il regarda tristement le ruisseau où était tombé son livre ; c'était celui de tous qu'il affectionnait le plus, le *Mémorial de Sainte-Hélène*[1].
Il avait les joues pourpres et les yeux baissés. C'était un petit jeune homme de dix-huit à dix-neuf ans, faible en apparence, avec des traits irréguliers, mais délicats, et un nez aquilin. De grands yeux noirs, qui, dans les moments tranquilles, annonçaient de la réflexion et du feu, étaient animés en cet instant de l'expression de la haine la plus féroce. Des cheveux châtain foncé, plantés fort bas, lui donnaient un petit front, et, dans les moments de colère, un air méchant. Parmi les innombrables variétés de la physionomie humaine, il n'en est peut-être point qui se soit distinguée par une spécialité plus saisissante. Une taille svelte et bien prise annonçait plus de légèreté que de vigueur. Dès sa première jeunesse, son air extrêmement pensif et sa grande pâleur avaient donné l'idée à son père qu'il ne vivrait pas, ou qu'il vivrait pour être une charge à sa famille. Objet des mépris de tous à la maison, il haïssait ses frères et son père ; dans les jeux du dimanche, sur la place publique, il était toujours battu.

Stendhal, *Le Rouge et le Noir*, 1830.

1. Il s'agit du récit écrit par un fidèle de Napoléon et dans lequel l'auteur rapporte les entretiens qu'il a eus avec l'empereur déchu à la fin de sa vie. Napoléon est un modèle pour l'ambitieux Julien.

EXERCICE 5

Justifiez le changement d'emploi des temps dans le passage entre guillemets. Modifiez ensuite ce passage en complétant : « Il se dit qu'il fallait renoncer à tout cela […] Que son père […] qu'il […] Suisse. »

Une riche famille de la région souhaite que Julien devienne le précepteur des enfants. Le père du jeune homme voit là une occasion d'être débarrassé de lui. Julien accepte à condition de ne pas être traité en domestique.

Il voulait penser à cette annonce imprévue qui changeait son sort, mais il se sentit incapable de prudence : son imagination était tout entière à se figurer ce qu'il verrait dans la belle maison de M. de Rênal.
« Il faut renoncer à tout cela, se dit-il, plutôt que de se laisser réduire à manger avec les domestiques. Mon père voudra m'y forcer ; plutôt mourir. J'ai quinze francs huit sous d'économies, je me sauve cette nuit, en deux jours par des chemins de traverse où je ne crains nul gendarme, je suis à Besançon ; là, je m'engage comme soldat, et, s'il le faut, je passe en Suisse. »

Stendhal, *Le Rouge et le Noir*, 1830.

EXERCICE 6 : VERS LE COMMENTAIRE

En relisant les textes des exercices 4 et 5, et en vous aidant de vos réponses aux questions, dites quels moyens (narration, description, monologue intérieur) a employés l'auteur pour présenter le personnage.

EXERCICE 7 : ÉCRITURE

Écrivez un paragraphe de commentaire avec pour perspective d'étude la présentation du héros au début d'un roman.

6. La phrase et son analyse

OUTILS DE LA LANGUE

LA PHRASE

- Un auteur peut utiliser des phrases brèves (par exemple, dans le dialogue) ou longues.
- Une **phrase** peut être formée :

- d'**une seule proposition** ;
- de **deux propositions ou plus** (indépendantes, principales, subordonnées).

Il y a autant de propositions que de verbes conjugués.

> Vous n'êtes point gentilhomme, vous n'aurez pas ma fille (Molière) → deux propositions

QUESTION Dites combien de propositions contient cette phrase : *Candide approche, voit son bienfaiteur qui reparaît un moment et qui est englouti pour jamais.* (Voltaire)

LES DIFFÉRENTS TYPES DE PROPOSITIONS

Une **proposition** peut être :
- **indépendante** : elle ne dépend d'aucune proposition et aucune proposition ne dépend d'elle ;
- **principale** : elle commande une ou plusieurs propositions subordonnées ;
- **subordonnée** : elle dépend d'une autre proposition (principale ou autre subordonnée) et ne peut constituer une phrase.

> Elle me fait promettre d'apporter des livres de moi (proposition principale), [bien que je lui en déconseille fortement la lecture] (proposition subordonnée). (Breton)

DIFFICULTÉS À SURMONTER

Veillez à écrire des phrases complètes : une proposition commençant par une conjonction de subordination ne peut former une phrase.

N'ÉCRIVEZ PAS	ÉCRIVEZ
Elle veut sortir. Bien qu'il fasse froid.	Elle veut sortir bien qu'il fasse froid.

LES SUBORDONNÉES

Les **subordonnées** appartiennent à **trois familles** : les **relatives**, les **complétives** (conjonctives introduites par *que*, interrogatives indirectes), les **circonstancielles** (exprimant le temps, la cause, le but, la conséquence, l'opposition, la condition).

> Quand la classe se mit à rire (Sub. circonstancielle), le nouveau, qui venait d'arriver (sub. relative), crut qu'on se moquait de lui (sub. complétive).

LA JUXTAPOSITION, LA COORDINATION

Dans une même phrase, les **propositions sur le même plan** (plusieurs indépendantes, principales ou subordonnées) peuvent être :
- **juxtaposées**, c'est-à-dire séparées par une virgule ;
- **coordonnées** par une conjonction de coordination ou un adverbe.

> Tu ne veux pas aller (indépendante) et moi, mordieu, je dis (principale coordonnée) [que tu iras] (subordonnée). (Diderot)

L'ANALYSE LOGIQUE

Faire l'**analyse logique** d'une phrase, c'est identifier les différentes propositions et étudier les relations entre elles (indépendantes, principales, subordonnées) pour voir l'architecture de la phrase et en comprendre mieux le sens.

VERS LE COMMENTAIRE

La longueur de la phrase et sa structure donnent pour partie au texte son ton et son style : ce sont des éléments porteurs de sens.

S'ENTRAÎNER

EXERCICE 1

Indiquez si les phrases du texte sont simples ou complexes. Dans les phrases complexes, relevez les verbes conjugués et précisez le nombre de propositions.

Ils se taisaient. Quand la pluie commença de tomber, elle voulut rentrer. Il lui répondit qu'il ne fallait pas être si lâche, la prit dans ses bras et l'embrassa avec ferveur. L'ambre solaire, le rouge à lèvres, les grosses gouttes qui tombaient des pins donnaient à la jeune fille un bon goût de pain beurré et de journées sages.

Roger Nimier, *Les Enfants tristes*, Éd. Gallimard, 1951.

EXERCICE 2

Distinguez les différentes propositions et analysez les subordonnées en donnant leur nature exacte et leur fonction.

1. Nous tenterons plus loin de déterminer ce que peut être le but de la littérature. (Jean-Paul Sartre)

2. La chambre appartenait au gérant de l'immeuble qui, lorsque la maison était passée en copropriété, avait racheté à titre personnel la quasi-totalité des deux étages de combles. (Georges Perec)

3. Il ne venait pas absolument chaque soir mais je ne me souviens pas d'un seul où il nous quittât sans avoir parlé. (Vercors)

4. Ô toi, sage Dervis, dont l'esprit curieux brille de tant de connaissances, écoute ce que je vais te dire. (Montesquieu)

5. Ce prince ordonna que, dans toute l'étendue de l'Empire, on n'exécutât personne à mort avant que le procès criminel lui eût été envoyé, et même présenté trois fois. (Voltaire)

EXERCICE 3

Faites l'analyse logique des phrases du texte. Dans la deuxième phrase, les mots subordonnants sont soulignés.

J'avais quatre ans lorsque j'ai découvert que je pouvais lire. J'avais vu et revu les lettres dont je savais (parce qu'on me l'avait dit) qu'elles figuraient les noms des images au bas desquelles elles se trouvaient.

Je n'ai appris à écrire que beaucoup plus tard, à sept ans. Je pourrais vivre sans écrire. Je ne crois pas que je pourrais vivre sans lire. Une société peut exister – beaucoup existent – sans l'écriture, mais aucune société ne peut exister sans la lecture.

Alberto Manguel, *Une histoire de la lecture*, Éd. Actes Sud, 1998.

EXERCICE 4

Après avoir expliqué l'erreur commune à ces deux phrases, faites les modifications nécessaires en conservant le sens des textes.

1. Le narrateur du *Voyage au bout de la nuit* qui découvre l'absurdité de la guerre et à qui un périple en Afrique montre les horreurs de la colonisation.

2. Parce qu'il donne la parole à un narrateur qui dit je et qui exprime dans une langue proche de l'oral ses impressions immédiates si bien que cela crée un effet de proximité avec le lecteur.

EXERCICE 5 : VERS LE COMMENTAIRE

a. Faites une remarque sur la longueur et la construction des phrases dans les deux textes. Pour le premier, expliquez le choix de l'auteur en donnant un titre à l'extrait. Pour le second, expliquez quel est l'effet produit dans le rapport avec le lecteur.

b. À la lumière de vos réponses à la première question, expliquez en quoi la construction des phrases est au service du sens.

1. Il ne m'est jamais arrivé, je le regrette, de me trouver dans une campagne verdoyante, au moment que s'y abat la nuée de sauterelles qui va la transformer en désert, mais je fais souvent d'étranges rêveries, après avoir lu la description de cela dans les récits des voyageurs, quand il me tombe devant les pieds un de ces petits monstres beiges, repliant sous des ailes neutres les drapeaux de pourpre qui ont soutenu son vol laborieux, quand je pense aussi qu'il y a dans les eaux de certaines rivières de l'Amérique tropicale des myriades de poissons bouchers, menus et vrillants comme des dents en liberté, qui dépècent à la minute un cheval qu'on y aventure prudemment avant de tenter le passage.

André Pieyre de Mandiargues, *Le Musée noir*, Éd. Gallimard, 1946.

Sauterelle émigrante, planche d'Histoire naturelle, XIXe siècle.

2. Lui, notre colonel, savait peut-être pourquoi ces deux gens-là tiraient, les Allemands aussi peut-être qu'ils savaient, mais moi, vraiment, je savais pas. Aussi loin que je cherchais dans ma mémoire, je ne leur avais rien fait aux Allemands. J'avais toujours été bien aimable et bien poli avec eux. Je les connaissais un peu les Allemands, j'avais même été à l'école chez eux, étant petit, aux environs de Hanovre. J'avais parlé leur langue.

Louis-Ferdinand Céline, *Voyage au bout de la nuit*, Éd. Gallimard, 1932.

7. Les propositions subordonnées relatives

OUTILS DE LA LANGUE

QU'EST-CE QU'UNE PROPOSITION SUBORDONNÉE RELATIVE ?

- La proposition subordonnée relative est, comme l'adjectif épithète ou le complément du nom, une **expansion du nom**. Cette expansion enrichit le nom et en précise le sens. Elle permet d'apporter un complément d'information sur un nom ou un pronom.
- La subordonnée relative est introduite par un des **pronoms relatifs** *qui, que, quoi, dont, où* (pronoms simples), *lequel, duquel, auquel*... (pronoms composés).
- Ce pronom représente un mot que l'on appelle l'**antécédent** du pronom, et qui appartient à une autre proposition.

> Ce dernier fleuve, dans un cours de plus de mille lieues, arrose une délicieuse contrée que les habitants des États-Unis appellent le nouvel Éden, et à laquelle les Français ont laissé le doux nom de Louisiane. (Chateaubriand, *Atala*)
> → [*que les habitants des États-Unis appellent le nouvel Éden*] est une proposition subordonnée relative.
> → Le pronom relatif *que* représente l'antécédent *contrée*, qui appartient à une autre proposition, ici la proposition principale.
> → Cette proposition subordonnée relative est une expansion du nom *contrée*, mais ce n'est pas la seule : par exemple, l'adjectif épithète *délicieuse* constitue également une expansion de ce nom.

QUESTION Pour la deuxième proposition relative soulignée, identifiez le pronom relatif et son antécédent.

LA FONCTION DU PRONOM

Les pronoms relatifs ont une fonction dans la subordonnée relative.

> Dans l'exemple précédent, *que* est COD du verbe *appellent*.

DIFFICULTÉS À SURMONTER L'emploi de *dont*

Que ou *dont* ?

- *que* s'utilise avec un verbe construit avec un COD, et *dont* avec un verbe construit avec un COI.

N'ÉCRIVEZ PAS	ÉCRIVEZ
La soirée que je te parle	La soirée **dont** je te parle

- *dont* est l'équivalent de « *de* + antécédent » : on ne doit donc pas trouver *de* et *dont* à la suite.

N'ÉCRIVEZ PAS	ÉCRIVEZ
C'est de ta sincérité dont je doute	C'est **de** ta sincérité **que** je doute

Dont renvoyant à un possesseur

On n'utilise pas, dans la relative, *dont* et un déterminant possessif renvoyant au même possesseur.

N'ÉCRIVEZ PAS	ÉCRIVEZ
Regardez la maison dont on voit son toit.	Regardez la maison **dont** on voit **le** toit.

Dont et *en*

On ne peut pas trouver dans la relative *dont* et *en* renvoyant à un même terme.

N'ÉCRIVEZ PAS	ÉCRIVEZ
Voici des fruits dont on peut en faire une compote.	Voici des fruits dont on peut faire une compote.

LA FONCTION DE LA SUBORDONNÉE

- La proposition subordonnée relative a le plus souvent pour fonction de **compléter l'antécédent**.

> [*que... Éden*] et [*à laquelle... Louisiane*] complètent le nom *contrée*.

• Cependant, il arrive qu'une proposition relative n'ait pas d'antécédent exprimé. La proposition relative sans antécédent est l'équivalent d'un nom : on l'appelle parfois **relative substantive.**

« Qui va à la chasse perd sa place. » équivaut à : « L'homme allant à la chasse perd sa place. »

• La relative substantive se rencontre surtout dans des proverbes et des expressions figées. Elle ne peut être introduite que par les pronoms *qui, quoi, où, quiconque* et ne peut être supprimée. Étant l'équivalent d'un nom, elle remplit la fonction d'un nom dans une phrase.

- Qui m'aime me suive : « qui m'aime » est sujet du verbe « suive ».
- J'aime qui m'aime : « qui m'aime » est COD de « j'aime ».

LE MODE DU VERBE

• Le verbe de la relative est souvent à l'**indicatif** (fait présenté comme réel).

• Les autres modes permettent d'exprimer certaines **nuances** :
- le **subjonctif** exprime un fait recherché, ou bien il est utilisé quand l'antécédent comporte un mot exprimant un degré extrême ou la restriction ;

Je cherche quelqu'un [qui puisse m'aider].
C'est la seule personne [qui puisse m'aider].
Il lut quelques romans. Il en trouva peu [qui lui peignissent la situation de son âme]. (Voltaire)

- l'**infinitif** exprime la possibilité ;

Ah, c'est dur d'être toujours seule, et sans personne [à qui parler]. (Chamson)

- le **conditionnel** exprime un fait incertain.

C'est une aventure [qui ne saurait manquer de nous divertir]. (Marivaux)

BIEN DISTINGUER LES RELATIVES ET LES SUBORDONNÉES COMPLÉTIVES

• La **subordonnée relative** (qui complète un nom) est à distinguer de la **subordonnée interrogative indirecte** (qui complète un verbe).

Balzac est le grand auteur qui a écrit « La Comédie humaine ».
relative, complète *le grand auteur*, antécédent du pronom relatif *qui*

Lucien demande qui a écrit « La Comédie humaine ».
interrogative indirecte, complète le verbe *demande*, *qui* est alors un pronom interrogatif

• La **subordonnée relative** introduite par le **pronom relatif *que*** (qui représente le nom antécédent) est à distinguer de la **subordonnée conjonctive** introduite par la **conjonction de subordination *que*** (la conjonction ne représente aucun élément, elle relie la principale et la subordonnée qui complète le verbe de la principale).

Les romans qu'Émile Zola a écrits attirent l'attention du lecteur sur la misère du peuple.
relative, le pronom relatif *que* (*qu'*) représente l'antécédent *les romans*

Il est évident qu'Émile Zola a voulu attirer l'attention sur la misère du peuple.
conjonctive, *que* (*qu'*) est la conjonction qui relie la principale et la subordonnée

VERS LE COMMENTAIRE

Les subordonnées relatives peuvent avoir une nuance circonstancielle. Dans ce cas, elles peuvent être séparées de leur antécédent par une virgule.

Cause : *Ce commentaire, qui est très bien mené, suscite l'admiration.*
(= parce qu'il est très bien mené)

Conséquence : *Il cherche à écrire une dissertation qui soit solidement construite.* (= de telle manière qu'elle soit solidement construite)

Concession : *Ce commentaire, qui est assez confus, est pourtant parfois intéressant.* (= bien qu'il soit confus)

Condition : *Un élève qui ferait une lecture inexpressive de ce poème pourrait se le voir reprocher.* (= S'il faisait une lecture inexpressive de ce poème)

S'ENTRAÎNER

EXERCICE 1

Mettez au pluriel chaque groupe souligné et modifiez en conséquence le pronom qui suit.

1. La scène à laquelle vous vous référez.
2. Le roman sur lequel vous appuyez votre étude.
3. L'argument par lequel vous espérez nous convaincre.
4. Le critique duquel je tiens ces précisions.
5. La nouvelle de laquelle sont issues les citations.

EXERCICE 2

Insérez le pronom relatif qui convient.

1. Dans un roman d'aventures, les héros sont confrontés à de multiples obstacles ... ils triomphent le plus souvent.
2. Le roman d'apprentissage met l'accent sur les expériences intellectuelles et sentimentales ... le jeune héros accède à la maturité.
3. Le roman par lettres, né au XVIIe siècle, est la forme ... a reprise Laclos dans *Les Liaisons dangereuses*.
4. Les genres autobiographiques ... un auteur raconte sa propre vie peuvent prendre la forme du journal intime ou de mémoires.
5. L'atmosphère très sombre ... se déroulent les romans de Léo Malet les a fait appeler « romans noirs ».
6. Asimov a écrit des romans d'anticipation ... il souligne les dangers d'une société dominée par la technique et la science.

EXERCICE 3

Remplacez les adjectifs par des subordonnées relatives en faisant varier les pronoms.

un commentaire éclairant – une objection argumentée – une lecture expressive – une remarque essentielle – une digression savante – une réflexion inutile – une conclusion magistrale – un paragraphe bancal – une introduction pertinente

EXERCICE 4

Réunissez chaque couple de phrases en une seule phrase : la première phrase deviendra la principale, la seconde sera transformée en relative.

1. Romain Rolland est un écrivain français passionné de musique. On lui a remis le prix Nobel de littérature en 1915.
2. Léon Tostoï lui a inspiré un idéal humaniste omniprésent dans son œuvre. Romain Rolland admirait les romans de cet écrivain.
3. En 1924, il fit paraître un livre sur Gandhi. Grâce à ce livre, les idées de cet adepte de la non-violence se répandirent en Europe.
4. Ses idées socialistes le firent s'intéresser à la révolution russe. Il prit ses distances avec elle au moment des procès de Moscou.
5. Son œuvre la plus célèbre est un très long roman, *Jean-Christophe*. Le héros éponyme y est un musicien allemand à la recherche de la paix et de la fraternité.

EXERCICE 5

Les phrases suivantes contiennent des propositions introduites par *qui* ou *où*. Certaines sont des relatives avec antécédent, d'autres des relatives sans antécédent, d'autres des interrogatives indirectes. Distinguez-les.

Coup de pouce

- Une relative avec antécédent complète celui-ci.
- Une relative sans antécédent peut être remplacée par un GN (ou un pronom).
- Une interrogative indirecte peut être transformée en interrogation directe.

1. Je viens d'avoir en mains la revue où est parue une critique bienveillante de ton premier roman.
2. Nous qui aimons Claire Simon attendons avec impatience son prochain documentaire.
3. Il permet à qui le veut de lui faire des remarques sur sa mise en scène de *Don Juan*.
4. Qui a aimé *Ravel* aimera aussi *Zweig*, la dernière biographie romancée d'Echenoz.
5. Elle cherche où acheter le dernier roman de Pascal Quignard.
6. Vous savez à qui demander conseil pour vos lectures.

7. Où pourrait-elle continuer ses études, elle se le demandait avec inquiétude.

EXERCICE 6

Relevez dans cet extrait les subordonnées introduites par *qui, que* ou *qu'* ; donnez leur nature exacte et leur fonction.

Chactas jugea que la biche reconnaissante l'avait conduit au tombeau de son hôte. Il creusa sous la roche qui jadis servait d'autel, et il y trouva les restes d'un homme et d'une femme. Il ne douta point que ce ne fussent ceux du prêtre et de la vierge, que les anges avaient peut-être ensevelis dans ce lieu ; il les enveloppa dans des peaux d'ours, et reprit le chemin de son pays emportant les précieux restes, qui résonnaient sur ses épaules comme le carquois de la mort.

François-René de Chateaubriand, *Atala*, 1801.

EXERCICE 7

Justifiez le mode du verbe de la relative. Indiquez si la relative a une valeur circonstancielle et précisez quelle est cette valeur.

1. Quelques résistants, qui avaient caché des résistants, [...] furent arrêtés et fusillés. (Danièle Sallenave)
2. Je n'ai pas trouvé de femme qui m'eût compris, qui me comprenne, qui me comprendrait. (Eugène Ionesco)
3. Il en sortait une fumée noire et épaisse dont l'odeur empestée donnerait la mort si elle se répandait dans la demeure des vivants. (Fénelon)
4. Ma mère [...] était bien la ménagère la plus méthodique que j'aie jamais connue. (Alain-Fournier)
5. C'était un froid dimanche de novembre, le premier jour d'automne qui fît songer à l'hiver. (Alain-Fournier)

EXERCICE 8 : VERS L'ANALYSE

Dans le texte suivant, relevez les relatives. Écrivez ensuite un passage de commentaire pour expliquer comment elles enrichissent la description du personnage et ce qu'elles permettent au lecteur de deviner.

L'auteur décrit une troupe de comédiens ambulants.

Un jeune homme, aussi pauvre d'habits que riche de mine, marchait à côté de la charrette ; il avait un grand emplâtre sur le visage, qui lui couvrait un œil et la moitié de la joue, et portait un grand fusil sur son épaule, dont il avait assassiné plusieurs pies, geais et corneilles, qui lui faisaient comme une bandoulière, au bas de laquelle pendaient par les pieds une poule et un oison, qui avaient bien la mine d'avoir été pris à la petite guerre[1]. Au lieu de chapeau il n'avait qu'un bonnet de nuit, entortillé de jarretières de différentes couleurs ; et cet habillement de tête était une manière de turban qui n'était encore qu'ébauché et auquel on n'avait pas encore donné la dernière main.

Paul Scarron, *Le Roman comique*, 1651.

1. **D'avoir été pris à la petite guerre** : d'avoir été volés.

Jean-Baptiste Coulom, *L'arrivée des comédiens au Mans*, d'après *Le Roman comique* de Paul Scarron, 1713-1714.

EXERCICE 9 : VERS LE COMMENTAIRE

a. Relevez les subordonnées relatives ; expliquez ce qu'elles apportent à la description en vous interrogeant sur l'effet produit et sur les visées de l'écrivain.

b. Relevez d'autres formes d'expansion du nom (adjectif épithète, complément du nom) qui contribuent au même effet.

c. Rédigez un passage de commentaire reprenant ces éléments.

Gervaise, une ouvrière, attend son mari qui la délaisse et pour la première fois, n'est pas rentré de la nuit.

Elle resta assise au bord du lit, sous le lambeau de perse déteinte qui tombait de la flèche attachée au plafond par une ficelle. Et, lentement, de ses yeux voilés de larmes, elle faisait le tour de la misérable chambre garnie, meublée d'une commode de noyer dont un tiroir manquait, de trois chaises de paille et d'une petite table graisseuse, sur laquelle traînait un pot à eau ébréché. On avait ajouté, pour les enfants, un lit de fer qui barrait la commode et emplissait les deux tiers de la pièce. La malle de Gervaise et de Lantier, grande ouverte dans un coin, montrait ses flancs vides, un vieux chapeau d'homme tout au fond, enfoui sous des chemises et des chaussettes sales ; tandis que, le long des murs, sur le dossier des meubles, pendaient un châle troué, un pantalon mangé par la boue, les dernières nippes dont les marchands d'habits ne voulaient pas.

Émile Zola, *L'Assommoir*, 1876.

EXERCICE 10 : ÉCRITURE

Décrivez, à l'opposé du texte de Zola (exercice 9), une scène d'attente agréable dans une pièce accueillante et attirante. Vous emploierez au moins cinq propositions subordonnées relatives.

8. Cause, conséquence, but, crainte

OUTILS DE LA LANGUE

L'EXPRESSION DE LA CAUSE

• On peut exprimer la cause par une **subordonnée circonstancielle de cause** introduite par une conjonction de subordination.

> La justice sans la force est contredite **parce qu'**il y a toujours des méchants. (Pascal)

- Les **conjonctions** *parce que, comme, puisque, vu que, étant donné que* sont suivies de l'**indicatif**.
- Les **conjonctions** *soit que, non que* sont suivies du **subjonctif**.

> Soit qu'il se trompe, soit qu'il mente, sa version des faits est fausse.

• **Entre deux indépendantes**, l'idée de cause peut être indiquée par **deux-points**, un **adverbe** (ex. : *en effet*) ou la **conjonction de coordination** *car*.

> Vous ne pouvez pas le tuer **:** il est mort. (Hugo)
>
> Ils avançaient lentement **car** Wang-Fô s'arrêtait la nuit pour contempler les astres. (Yourcenar)

• **À l'intérieur d'une proposition**, la cause peut être indiquée de plusieurs manières :

- par un **GN précédé d'une locution** comme ***à cause de, grâce à, en raison de, du fait de*** ;

> [...] **grâce** à mes gros goûts, je me crois plus heureux qu'un autre. (Casanova)

QUESTION La cause invoquée est-elle présentée comme bonne ou mauvaise ?

- par un **infinitif ou un nom précédé de la préposition *pour*** ;

> **Pour** avoir volé, Claude Gueux est condamné à cinq ans de prison.
>
> Il a été condamné **pour** vol.

QUESTION Transformez une de ces deux phrases en remplaçant le groupe prépositionnel souligné par une subordonnée de cause.

- Par un **participe présent** ou un **gérondif.**

> Me sentant (participe présent) né pour le beau sexe, je l'ai toujours aimé. (Casanova)
>
> La pauvreté, en incitant (gérondif) Claude Gueux à voler, l'a conduit en prison.

L'EXPRESSION DE LA CONSÉQUENCE

• La conséquence peut s'exprimer au moyen d'une **subordonnée circonstancielle de conséquence.**

- Les **conjonctions de subordination** qui l'introduisent sont : ***de sorte que, si bien que, tellement... que, si... que,***... Ces conjonctions sont suivies de l'**indicatif** sauf si la conséquence est seulement envisagée (hypothèse ou volonté) : dans ce cas, on emploie le **subjonctif**.

> L'enfant était **si** bien enveloppé **qu'**il ne risquait rien.
>
> Je dois toujours agir **de telle sorte que** mon action puisse servir de règle universelle.

QUESTION Identifiez le mode du verbe de chaque subordonnée de conséquence et justifiez son emploi.

- Les conjonctions ***assez... pour... que / trop... pour... que*** entraînent l'emploi du **subjonctif** dans la subordonnée.

> Elle n'était pas **assez** haute **pour qu'**on s'y tînt debout. (Camus)

QUESTION À quel temps du subjonctif se trouve le verbe de la subordonnée ?

• **Entre deux propositions indépendantes,** les **conjonctions de coordination *et, donc,*** les **adverbes *alors, ainsi, aussi, par conséquent*** peuvent exprimer la conséquence. Les **deux-points** peuvent également introduire la conséquence.

VERS LE COMMENTAIRE

• L'insistance sur le lien cause/conséquence permet d'emporter l'adhésion du destinataire.

> Ce n'est pas sa faute [la faute du peuple]. Pourquoi ? Parce que les lumières lui manquent d'un côté, parce que le travail lui manque de l'autre. (Hugo)

• La mise en relief d'un lien cause/conséquence absurde est un procédé de l'ironie.

> Mais comme les mœurs commençaient à s'adoucir, elle ne fut brûlée qu'après avoir été pendue et étranglée. (Voltaire)

Les pierres ont été formées pour être taillées et pour en faire des châteaux ; **aussi** Monseigneur a un très beau château. (Voltaire)

• **À l'intérieur d'une proposition,** les compléments circonstanciels de conséquence sont introduits par les **prépositions *à, au point de, assez/trop... pour,*** suivies d'un **infinitif** ou d'un **GN**.

On était **trop** effrayé **pour** être ébloui. (Hugo)

LES DIFFICULTÉS À SURMONTER **Attention aux confusions !**

N'ÉCRIVEZ PAS	ÉCRIVEZ
par conséquence	par conséquent / en conséquence

L'EXPRESSION DU BUT

• Les **propositions subordonnées circonstancielles de but** sont introduites par les **conjonctions de subordination *pour que, afin que,*** suivies du **subjonctif**.

Pour que l'athlète soit en forme, il faut que la graisse, la lymphe, tout ce qui alourdit, se soit transformé en nerfs et en muscles. (Vaillant)

QUESTION Repérez la proposition principale de la phrase.

• **À l'intérieur d'une proposition,** les groupes nominaux, pronominaux et infinitifs compléments circonstanciels de but sont introduits par les **prépositions *pour, afin de, en vue de.***

Le coureur en forme est dans les règles **pour** gagner. (Vaillant)

Je n'écris mes rêveries que **pour** moi. (Rousseau)

L'EXPRESSION DE LA CRAINTE

• Les **subordonnées circonstancielles de crainte** sont introduites par les **conjonctions de subordination *de peur que, de crainte que,*** suivies du **subjonctif**.

Meaulnes, caché derrière les sapins, **de crainte qu'**on ne l'aperçût, examinait le désordre du lieu... (Alain-Fournier)

QUESTION Identifiez le mode et le temps du verbe *aperçût.*

• **À l'intérieur d'une proposition**, des groupes infinitifs, nominaux ou pronominaux introduits par ***de peur de, de crainte de*** peuvent exprimer la crainte.

Meaulnes avait fermé la fenêtre, tant à cause du froid que **par crainte d'**être aperçu du dehors. (Alain-Fournier)

LES PRINCIPAUX CONNECTEURS LOGIQUES

Relation logique	Conjonction de subordination	Conjonctions de coordination et adverbes	Prépositions et locutions prépositives
Cause	- parce que, puisque, étant donné que, comme **+ indicatif** - soit que... soit que, non que **+ subjonctif**	- car, en effet, effectivement	- à cause de, grâce à, à raison de **+ nom** - pour **+ infinitif**
Conséquence	- si bien que, de sorte que, tellement... que, si... que, de telle façon que **+ indicatif ou subjonctif**	- donc, alors, ainsi, par conséquent, c'est pourquoi, d'où - aussi **+ inversion du sujet**	assez/trop... pour, au point de **+ infinitif**
But	- pour que, afin que, de peur que, de crainte que **+ subjonctif**		- afin de **+ infinitif** - pour, en vue de, de peur de **+ infinitif / nom**

S'ENTRAÎNER

EXERCICE 1

Repérez les expressions du but et de la crainte. Précisez s'il s'agit de propositions subordonnées ou de groupes infinitifs.

1. Il ne faut pas un grand art, une éloquence bien recherchée pour prouver que des chrétiens doivent se tolérer les uns les autres. (Voltaire)

2. Nous portons aussi un habit peu différent des autres hommes afin que ce soit pour nous un avertissement continuel de leur ressembler. (Voltaire)

3. Le soir, mon chapeau rabattu sur mes yeux de peur qu'on ne reconnût le grand homme, j'allais lire à la dérobée mon éloge dans quelque petit journal inconnu. (François-René de Chateaubriand)

4. Que de belles choses ! s'écria Colomba. Je vais bien vite les serrer de peur qu'elles ne se gâtent. (Prosper Mérimée)

EXERCICE 2

Distinguez les expressions de la cause de celles de la conséquence. Relevez les expressions qui introduisent les groupes de cause et de conséquence.

1. Nous n'allons jamais à la guerre : ce n'est pas que nous craignions la mort, au contraire nous bénissons le moment qui nous unit à l'Être des êtres ; mais c'est que nous ne sommes ni loups, ni tigres, ni dogues, mais hommes, mais chrétiens. (Voltaire)

2. Autrefois, en France, le peuple était regardé comme la partie la plus utile, la plus précieuse, et par conséquent la plus respectable de la nation. (*Encyclopédie* de Diderot et d'Alembert)

3. Enfin je méritais votre cœur : encore une fois, je meurs sans regret, puisque je n'ai pu l'avoir et que je ne puis plus le désirer. (Madame de La Fayette)

4. Par vanité ou par goût, toutes les femmes souhaitent de vous attacher. (Madame de La Fayette)

5. Vous m'estimez assez pour croire que je n'abuserai pas de cet aveu. (Madame de La Fayette)

6. Il attribua cette vision à la fatigue de sa tête pour avoir trop peu dormi. (Gustave Flaubert)

EXERCICE 3 : VERS L'ÉCRITURE

a. Dans le texte 1, relevez deux expressions du but et dites à quelles classes grammaticales elles appartiennent.

b. Dans le texte 2, relevez trois expressions différentes de la conséquence et dites à quelles classes grammaticales elles appartiennent. Laquelle est répétée ? Pourquoi, selon vous ? Relevez deux subordonnées de but.

c. Reformulez, en les résumant, les deux conceptions opposées de l'éducation que proposent les deux auteurs. Vous utiliserez une expression de cause, une expression de conséquence et deux expressions de but.

Texte 1

La nature a, pour fortifier le corps et le faire croître, des moyens qu'on ne doit jamais contrarier. Il ne faut point contraindre un enfant de rester quand il veut aller, ni d'aller quand il veut rester en place. Quand la volonté des enfants n'est point gâtée par notre faute, ils ne veulent rien inutilement. Il faut qu'ils sautent, qu'ils courent, qu'ils crient, quand ils en ont envie. Tous leurs mouvements sont des besoins de leur constitution, qui cherche à se fortifier ; mais on doit se défier de ce qu'ils désirent sans le pouvoir faire eux-mêmes, et que d'autres sont obligés de faire pour eux. Alors il faut distinguer avec soin le vrai besoin, le besoin naturel, du besoin de fantaisie qui commence à naître, ou de celui qui ne vient que de la surabondance de vie dont j'ai parlé.

Jean-Jacques Rousseau, *Émile ou De l'éducation,* 1762.

Texte 2

L'état sauvage, c'est l'indépendance de toute loi. La discipline astreint l'homme aux lois de l'humanité et commence à lui faire sentir leur pouvoir contraignant. Mais il faut que cette expérience ait lieu très tôt. C'est pourquoi, au début, on envoie les enfants à l'école, non pas tant pour qu'ils s'y instruisent, mais pour qu'ils s'habituent à rester assis immobiles et à se conformer scrupuleusement à ce qu'on leur prescrit, de sorte que dans la suite ils ne mettent pas à exécution sur le champ toutes leurs fantaisies.

L'homme, par nature, à une telle propension à la liberté, que lorsqu'il y a pris goût, il lui sacrifie tout. C'est pourquoi, comme je l'ai dit, il faut très tôt l'habituer à une discipline.

Emmanuel Kant, *Pédagogie,* 1776-1777.

JEAN-BAPTISTE SIMONET, *Voilà la règle de la nature, pourquoi la contrariez-vous ?*, gravure d'après un dessin de Jean-Michel Moreau pour *Émile ou De l'Éducation*, 1778.

9. Opposition, concession, condition, comparaison

OUTILS DE LA LANGUE

L'EXPRESSION DE LA CONCESSION ET DE L'OPPOSITION

- La **subordonnée d'opposition** (opposition entre deux faits) est à l'**indicatif** après *tandis que, alors que*.
- La **subordonnée de concession** (contradiction entre un fait et un élément qui aurait dû l'empêcher) est au **subjonctif** après *bien que, quoique, quelque… que, tout… que, si… que, sans que*. Elle est à l'**indicatif** après *même si* et est au **conditionnel** après *quand bien même*.

> Quoique le marchand fût seul dans sa boutique, on entendait le son de sa voix […]. (Marcel Aymé)
>
> Bouvard marchait à grandes enjambées, tandis que Pécuchet, multipliant les pas, […] semblait glisser sur des roulettes. (Gustave Flaubert)

QUESTION Laquelle de ces subordonnées exprime la concession ? laquelle l'opposition ?

- Il existe d'**autres moyens** d'exprimer l'opposition et la concession :

– entre **deux indépendantes,** le lien d'opposition ou de concession peut être exprimé par la conjonction *mais* et les adverbes *pourtant, néanmoins, toutefois, cependant* ;
- un **GN** introduit par *malgré* ou *en dépit de* est complément de concession ;
- la **locution verbale** *avoir beau* exprime un rapport de concession.

> On a beau chercher, on ne trouve jamais que soi-même. (Anatole France)

DIFFICULTÉS À SURMONTER

- *Malgré que* est incorrect.

N'ÉCRIVEZ PAS	ÉCRIVEZ
malgré qu'il ait fait froid	bien qu'il ait fait froid

- Ne confondez pas *quoique* (conjonction) et *quoi que* (pronom = *quelle que soit la chose que…*)

N'ÉCRIVEZ PAS	ÉCRIVEZ
Quoiqu'il arrive, nous t'aiderons.	Quoi qu'il arrive, nous t'aiderons.

L'EXPRESSION DE LA CONDITION

- La **subordonnée de condition** peut être introduite par *si* suivi de l'**indicatif** avec l'emploi du futur ou du conditionnel dans la principale.

Suivant le **degré de probabilité de la condition**, on distingue :

– *si* + présent, avec futur simple dans la principale : **éventuel**, très probable ;

> Si le plan est bien fait, le devoir suivra une démarche claire.

– *si* + imparfait, avec conditionnel présent dans la principale : **potentiel** (possible dans le futur) ;

> S'il obtenait un tiers-temps, il serait dans de meilleures conditions pour l'examen.

– *si* + imparfait, avec conditionnel présent dans la principale : **irréel du présent** (impossibilité dans le présent) ;

> Si les imbéciles volaient, tu serais chef d'escadrille.

– *si* l'on avait pu prévoir cet incident, on aurait évité bien des ennuis : **irréel du passé** (impossibilité dans le passé).

- La **subordonnée de condition** peut être introduite par *à condition que, pourvu que, pour peu que, que… que*, suivis du **subjonctif** ou par *au cas où, quand (bien) même,* suivis du **conditionnel.**

> Elle se soucie peu d'avoir de la peine et de la misère, pourvu qu'elle contente son cœur. (George Sand)
> Quand bien même un lion pourrait parler, nous ne le comprendrions pas. (Ludwig Wittgenstein).

• On peut exprimer la condition autrement que dans des subordonnées.

> Un peu plus, il se serait endormi. (Victor Hugo)
> Retranchez ces faits, vous n'ôtez rien à l'histoire. (Fénelon)

QUESTION **Reformulez ces phrases afin de faire apparaître clairement la condition.**

DIFFICULTÉS À SURMONTER

• *Si* n'est jamais suivi du conditionnel.

N'ÉCRIVEZ PAS	ÉCRIVEZ
Si j'aurais su	Si j'avais su

• *Si il* est incorrect.

N'ÉCRIVEZ PAS	ÉCRIVEZ
Si il avait su	S'il avait su

L'EXPRESSION DE LA COMPARAISON

VERS LE COMMENTAIRE

La comparaison est un des procédés majeurs de la poésie mais on peut en trouver également dans tous les autres genres de texte. Les comparaisons correspondent à une intention de l'auteur et sont donc à commenter.

• Pour exprimer la **ressemblance**, on emploie *comme, de même que, tel... que, aussi... que, autant... que* suivis de l'**indicatif** ou du **conditionnel**.

> Papa alors nous annonçait tranquillement, comme quelqu'un qui a reçu des nouvelles de gens en voyage, que le tonnerre était très loin. (Marie Noël)

• Pour exprimer la **différence**, on emploie *plus... que, moins... que, autrement... que* suivis de l'**indicatif** ou du **conditionnel**.

> Les questions de nationalité n'ont pas plus d'importance pour les mathématiciens que pour les chercheurs dans d'autres sciences. (Jean Dieudonné)

• Souvent, la subordonnée de comparaison se réduit à un GN, sans verbe exprimé. On parle alors de **subordonnée elliptique du verbe**.

• On exprime avec *comme si* + indicatif imparfait ou plus-que-parfait, la **comparaison hypothétique**.

> Il était encore, comme autrefois, gai et violent mais sa gaieté avait une dureté convulsive comme si elle contenait de la douleur et de la colère. (Victor Hugo)

QUESTION **Ajoutez le verbe qui a été élidé dans la subordonnée elliptique. Repérez l'expression de la comparaison hypothétique.**

LES PRINCIPAUX CONNECTEURS LOGIQUES

Relation logique	Conjonction de subordination	Conjonctions de coordination et adverbes	Prépositions et locutions prépositives
Opposition concession	– *bien que, quoique* **+ subjonctif** – *alors que, tandis que* **+ indicatif** – *aussi/si* + **adjectif** + que **+ subjonctif**	*or, mais, cependant, pourtant, toutefois, en revanche, au contraire, néanmoins*	– *malgré, en dépit de* **+ nom** – *au lieu de, loin de* **+ infinitif**
Condition hypothèse	– *si, même si, sauf si, comme si* **+ indicatif** – *pourvu que, pour peu que, pour autant que, à condition que* **+ subjonctif** – *au cas où* **+ conditionnel**	*sinon*	– *faute de* **+ nom** – *à condition de, à moins de* **+ infinitif**

S'ENTRAÎNER

EXERCICE 1

Employez dans des phrases les expressions de l'opposition et de la concession suivantes.

malgré – quoi que – quoique – tout... que – toutefois – avoir beau – cependant – bien que – tandis que

EXERCICE 2

Conjuguez les verbes entre parenthèses. Précisez le mode et le temps que vous avez employés.

1. Il y a les gens du village et les autres ; et les autres, quoi qu'ils (*faire*) n'en seront jamais. (Jules Renard)
2. Tout riche qu'il (*être*) il avait de la peine à rassembler chez lui des flatteurs. (Voltaire)
3. La richesse rend tout supportable tandis qu'il n'y (*avoir*) pas de bonheur qui ne succombe à la misère. (Honoré de Balzac)
4. On déclarait à la frontière trois veaux et une vache boiteuse, alors que (*passer*) par la haute montagne cent taureaux auxquels il était défendu de mugir. (Jules Supervielle)
5. Le fait, quelque dommageable qu'il (*être*) aux intérêts, se pardonne à la longue ; mais l'amour-propre ne pardonne jamais à l'idée. (Honoré de Balzac)

EXERCICE 3

Conjuguez les verbes entre parenthèses. Précisez le temps et le mode que vous avez employés.

1. Si la grève était générale, il y a longtemps que nous (*être*) les maîtres. (Émile Zola)
2. Si rien ne l'arrête en chemin, il (*gagner*) peut-être un million. (Honoré de Balzac)
3. Si je n'aimais pas cet homme, avouons que je (*être*) bien ingrate. (Pierre de Marivaux)
4. Elle m'aimerait encore, si elle n'(*être mangée*) par un ours. (Voltaire)
5. Qu'importe, pourvu que tu (*parler*) et que je t'(*écouter*). (Denis Diderot)

EXERCICE 4

Remplacez les groupes exprimant la condition par des subordonnées de même sens.

1. Sans argent, nul moyen de fuite. (François-René de Chateaubriand)
2. J'attire en me vengeant sa haine et sa colère
J'attire ses mépris en ne me vengeant pas. (Pierre Corneille)
3. J'ai, me dit la princesse de Polignac, un petit meuble, qui, agrandi, vous conviendrait tout à fait. (Colette)
4. Un homme d'esprit serait souvent bien embarrassé sans la compagnie des sots. (François de La Rochefoucauld)
5. De recourir aux rois, vous seriez de grands fous. (Jean de La Fontaine)

EXERCICE 5

Dites par quels moyens grammaticaux sont exprimées les comparaisons.

1. L'amour-propre est le plus grand de tous les flatteurs. (François de La Rochefoucauld)
2. La bouteille était verte comme ache[1], le vin était rouge comme sang. (Gérard de Nerval)
3. Elle était belle, mais plus jolie que belle, et plus gentille que jolie. (Victor Hugo)
4. Mais il était aussi affable et charmant de caractère que l'autre était soupçonneux et jaloux. (Marcel Proust)
5. Sur le pas de la porte, elle s'était arrêtée brusquement comme si elle s'était heurtée au mur de lumière qui se dressait là. (Raymond Queneau)

1. **Ache :** plante

EXERCICE 6

Faites l'analyse logique des phrases du texte. Certaines subordonnées sont elliptiques.

Quand on aime une femme autant que j'aimais la mienne, tout ce qui est lié à son image se trouve paré par notre amour de qualités et de vertus imaginaires et, comme la ville où nous l'avons rencontrée nous semble plus belle qu'elle l'est réellement, et le restaurant où nous avons dîné avec elle soudain meilleur que tous les autres, le rival lui-même, bien que détesté, participe de cette lumière. [...] Si elle avait changé comme je le lui demandais, aurais-je continué à l'aimer autant ?

André Maurois, *Climats*, Éd. Grasset, 1928.

EXERCICE 7

a. Relevez deux comparaisons et une métaphore.

b. Expliquez la différence de fonctionnement de ces deux procédés.

Que j'aime voir, chère indolente,
De ton corps si beau,
Comme une étoffe vacillante,
Miroiter la peau !

Sur ta chevelure profonde
Aux âcres parfums,
Mer odorante et vagabonde
Aux flots bleus et bruns,

Comme un navire qui s'éveille
Au vent du matin,
Mon âme rêveuse appareille
Pour un ciel lointain. [...]

Charles Baudelaire, « Le Serpent qui danse »,
Les Fleurs du mal, 1857.

10. La forme interrogative

OUTILS DE LA LANGUE

INTERROGATION DIRECTE ET INDIRECTE

- L'**interrogation directe** est exprimée dans une phrase qui finit, à l'écrit, par un point d'interrogation. À l'oral, on monte la voix à la fin de la phrase.

> Êtes-vous poète ? (Alfred de Vigny) Tu écris des poèmes, toi ? (Raymond Queneau)

- L'**interrogation indirecte** est exprimée dans une proposition subordonnée introduite par un verbe principal comme *demander, ignorer, savoir, dire*... sans point d'interrogation.

> De sorte qu'aucun d'eux ne savait plus comment rompre le silence. (Roger Martin du Gard)

QUESTION Faites de l'interrogation indirecte ci-dessus une phrase interrogative directe.

INTERROGATION TOTALE ET PARTIELLE

- L'**interrogation totale** porte sur l'ensemble de la phrase. On y répond par « oui », « non » ou un synonyme.

> La connaissez-vous ?... Assurément. (Alfred de Musset)

- Dans l'**interrogation indirecte totale**, la conjonction *si* introduit la subordonnée.

> Je ne savais, moi, si je devais rester ou fuir, rire ou m'indigner. (Denis Diderot)

- L'**interrogation partielle** porte sur un élément de la phrase, qui peut être le sujet, un complément ou un attribut. On y répond par un groupe de mots ou une phrase.

> Pourquoi t'adresses-tu à moi ? (Montesquieu)

LES MOTS INTRODUISANT L'INTERROGATION

En tête des phrases ou subordonnées interrogatives, on trouve :

- des **pronoms** : *qui, que, quoi, où* (ex. : Où vas-tu seul si tard ?) ;
- des **adjectifs** : *quel/quelle* (ex. : Quel était ce combat ?) ;
- des **adverbes :** *comment, quand, combien* (ex. : Comment avez-vous deviné ?).

QUESTION Transformez les questions en interrogations indirectes.

FORMES DE L'INTERROGATION DIRECTE ET NIVEAUX DE LANGUE

- Dans un **niveau de langue soutenu**, on inverse le sujet.

> Pourrais-je savoir de vous, maître Jacques, ce que l'on dit de moi ? (Molière)

Si le sujet est un nom, on ajoute après le verbe un pronom personnel de même personne.

> À midi, dans la chaleur, l'abeille restera-t-elle inactive ? (Jules Michelet)

- Dans un **niveau de langue courant**, on peut mettre en début de phrase la tournure : *est-ce que ?*

> Est-ce que tu y étais connu ? (Denis Diderot)

- Dans un **niveau de langue courant ou familier**, la montée de la voix en fin de phrase à l'oral et le point d'interrogation à l'écrit suffisent pour marquer l'interrogation.

> Tu as donc été amoureux ? (Denis Diderot)

L'INTERROGATION, UN MOYEN D'AGIR SUR LE DESTINATAIRE

- En posant une question, on suscite une réponse de son destinataire, on agit sur lui.
- Dans un **texte argumentatif**, poser une question au destinataire de l'argumentation permet de l'impliquer, de le mettre en demeure de se prononcer. En réalité, il s'agit souvent d'une affirmation renforcée. On parle alors de **question rhétorique**.

> Êtes-vous bien sûrs que tant d'hommes sans pain vous laisseront tranquillement savourer les mets dont vous n'aurez voulu diminuer ni le nombre ni la délicatesse ? (Robespierre)

- La **forme interro-négative** a souvent cette valeur.

> Car ne faut-il pas qu'un petit nombre périsse pour sauver la masse du peuple ? (Robespierre).

S'ENTRAÎNER

EXERCICE 1

Indiquez quelles interrogations sont totales, quelles interrogations sont partielles.

Quel était ce combat ? Était-il définitif ? Napoléon était-il là en personne ? Le monde, comme la robe du Christ, était-il jeté au sort ? Succès ou revers de l'une ou de l'autre armée, quelle serait la conséquence de l'événement pour les peuples, liberté ou esclavage ?

François-René de Chateaubriand, *Mémoires d'outre-tombe*, 1849.

Giuseppe Rava, *Le 2e régiment de chevaux-légers, lanciers de la Garde impériale de Napoléon lors de la bataille de Waterloo*, 1815.

EXERCICE 2

a. Repérez les interrogations indirectes et précisez si elles sont totales ou partielles.

b. Dites à quelle classe grammaticale appartiennent les mots interrogatifs.

1. Sans avenir, ne sachant quel état prendre, il vit une petite guerre amusante à faire dans les fonctions qui lui furent proposées. (Honoré de Balzac)
2. Monsieur de Clèves ne pouvait comprendre qui était cette belle personne qu'il ne connaissait point. (Madame de La Fayette)
3. Le maître et le valet s'étaient séparés et je ne sais auquel des deux m'attacher de préférence. (Denis Diderot)
4. L'automate allait devant lui, se retournant pour voir si Jacques ne revenait pas. (Denis Diderot)
5. Je lui demandai ce qui l'amenait à Amiens et si elle y avait quelques personnes de connaissance. (Abbé Prévost)

EXERCICE 3

Transformez ces interrogations directes en subordonnées interrogatives indirectes en utilisant les éléments introducteurs indiqués entre parenthèses.

1. Qui a fini de lire les œuvres au programme ? (Le professeur veut savoir)
2. Certains d'entre vous ont-ils lu le roman dont ce film est une adaptation ? (L'élève qui fait l'exposé demande)
3. Qu'est-ce qui est intéressant dans cette mise en scène de la pièce ? (Les spectateurs se demandent)
4. Quelle section du recueil porte le nom d'un personnage ? (Pouvez-vous nous dire)
5. Comment le poète évoque-t-il la guerre ? (Nous étudierons)
6. Quelle figure de style structure le texte ? (Il faut repérer)
7. L'auteur recourt-il à la persuasion ou essaie-t-il avant tout de convaincre le lecteur ? (Nous pouvons nous demander)
8. Qu'est-ce que cette autobiographie nous apprend sur l'éducation des jeunes filles au début du XXe siècle ? (Vous vous demanderez)

Coup de pouce

Dans l'interrogation indirecte, « qui est-ce qui ? » devient « qui », « qu'est-ce qui ? » devient « ce qui », « qu'est-ce que ? » devient « ce que ».

N'ÉCRIVEZ PAS	ÉCRIVEZ
On peut se demander qu'est-ce qui change dans l'action de la pièce.	On peut se demander ce qui change dans l'action de la pièce.

EXERCICE 4

Formulez des problématiques de commentaire à partir des éléments suivants. Faites varier les verbes des débuts de phrase pour introduire les subordonnées interrogatives.

Exemple : une pièce de théâtre, la fonction de la scène dans l'action.
Nous étudierons quelle est la fonction de cette scène dans l'action de la pièce.

1. Une scène de théâtre, les sources du comique.
2. La préface d'un recueil de poèmes, la conception de la parole poétique définie par l'auteur.
3. Un récit satirique, les moyens de la critique politique.
4. Un discours, la visée de l'orateur.
5. Un début de roman, les informations données sur le cadre et les personnages, les éléments qui peuvent susciter la curiosité du lecteur.
6. Un poème, la tradition de la poésie amoureuse, l'expression des sentiments personnels du poète.

Ne mélangez pas les constructions des interrogations directe et indirecte.

N'ÉCRIVEZ PAS	ÉCRIVEZ
On peut se demander comment l'auteur fait-il pour persuader le lecteur.	On peut se demander comment l'auteur fait pour persuader le lecteur.

EXERCICE 5

a. À qui s'adressent les questions d'Oreste ? Quelle question révèle le plus grand désarroi ?

b. Montrez qu'il y a une progression du début de la tirade jusqu'à cette question.

c. Citez deux questions qui montrent davantage l'indignation et la colère du personnage.

d. Concluez sur le rôle des questions dans ce monologue.

Oreste, ambassadeur des Grecs auprès du roi Pyrrhus, aime Hermione, qui aime Pyrrhus mais celui-ci la repousse. À la demande d'Hermione, furieuse d'être rejetée, Oreste assassine Pyrrhus. Mais Hermione, au lieu de lui en être reconnaissante et de partir avec lui comme elle le lui a promis, lui reproche son crime et le renvoie. Oreste reste seul en scène.

ORESTE

Que vois-je ? Est-ce Hermione ? Et que viens-je d'entendre ?
Pour qui coule le sang que je viens de répandre ?
Je suis, si je l'en crois, un traître, un assassin.
Est-ce Pyrrhus qui meurt ? et suis-je Oreste enfin ?
Quoi ? j'étouffe en mon cœur la raison qui m'éclaire,
J'assassine à regret un roi que je révère,
Je viole en un jour les droits des souverains,
Ceux des ambassadeurs, et tous ceux des humains,
Ceux même des autels où ma fureur l'assiège :
Je deviens parricide, assassin, sacrilège.
Pour qui ? pour une ingrate à qui je le promets,
Qui même, s'il ne meurt, ne me verra jamais,
Dont j'épouse la rage ! Et quand je l'ai servie,
Elle me redemande et son sang et sa vie !

Jean Racine, *Andromaque*, acte V, scène 4, 1667.

Henry Geoffroy, *Oreste*, illustration pour *Andromaque* de Jean Racine, 1870.

EXERCICE 6 : VERS L'ÉCRITURE D'IMAGINATION

a. Montrez que ce début de nouvelle présente à la fois des éléments précis d'information et des énigmes.

b. Quel est le rôle de la forme interrogative dans cette double caractéristique ?

c. Écrivez une suite et une fin pour ce récit en tenant compte de tous les aspects relevés.

Comment s'était formée cette rue flottante ? Quels marins, avec l'aide de quels architectes, l'avaient construite dans le haut Atlantique à la surface de la mer, au-dessus d'un gouffre de six mille mètres ? Cette longue rue aux maisons de briques rouges si décolorées qu'elles prenaient une teinte gris-de-France, ces toits d'ardoise, de tuile, ces humbles boutiques immuables ? Et ce clocher très ajouré ? Et ceci qui ne contenait que de l'eau marine et voulait sans doute être un jardin clos de murs, garnis de tessons de bouteilles, par-dessus lesquels sautait parfois un poisson ? Comment cela tenait-il debout sans même être ballotté par les vagues ?
Et cette enfant de douze ans si seule qui passait en sabots d'un pas sûr dans la rue liquide, comme si elle marchait sur la terre ferme ? Comment se faisait-il… ?
Nous dirons les choses au fur et à mesure que nous les verrons et que nous saurons. Et ce qui doit rester obscur le sera malgré nous.

Jules Supervielle, *L'Enfant de la haute mer*, Éd. Gallimard, 1931.

EXERCICE 7 : VERS LE COMMENTAIRE

a. Dites sur quelles questions philosophiques portent les interrogations de ce texte.

b. L'auteur est le même que celui du texte de l'exercice précédent. Que peut-on en déduire sur une thématique propre à cet écrivain ?

En pays étranger

Ces visages sont-ils venus de ma mémoire,
Et ces gens ont-ils touché terre ou le ciel ?
Cet homme est-il vivant comme il semble le croire,
Avec sa voix, avec cette fumée aux lèvres ?
Chaises, tables, bois dur, vous que je peux toucher
Dans ce pays neigeux dont je ne sais la langue,
Poêle, et cette chaleur qui chuchote à mes mains,
Quel est cet homme devant vous qui me ressemble
Jusque dans mon passé, sachant ce que je pense,
Touchant si je vous touche et comblant mon silence,
Et qui soudain se lève, ouvre la porte, passe
En laissant tout ce vide où je n'ai plus de place ?

Jules Supervielle, *Le Forçat innocent*, Éd. Gallimard, 1969.

11. L'expression de la négation

OUTILS DE LA LANGUE

LA FORME NÉGATIVE

- La négation **totale** porte sur l'ensemble de la proposition.

> Je ne veux pas avoir raison. (Jean Anouilh)

- La négation **partielle** porte seulement sur un des éléments de la proposition (sujet ou complément…). On emploie les expressions *ne… plus, ne… guère, ne… jamais, rien ne, nul ne, personne ne*.

> Antigone, c'est la petite maigre qui est assise là-bas et qui ne dit rien. (Jean Anouilh)
> Les filles, chez nous, ne poussent guère vite. (Émile Zola)

- La **double** négation se construit avec : *ni… ni, ne… ni…, ne… pas… ni*.
Son emploi est délicat. N'oubliez aucun des adverbes.

> Les « poètes maudits » n'étaient ni appréciés du grand public, ni reconnus par les critiques.

QUESTION Mettez la phrase à la forme affirmative. Par quel(s) mot(s) les participes sont-ils reliés ?

- Attention, *ne… que* a un sens restrictif et non pas négatif

> Entre les haies, parmi les buissons, il *n'*y avait *qu'*un frottement léger (Émile Zola) = il y avait *seulement* un frottement léger.

PARTICULARITÉS D'EMPLOI DE LA NÉGATION

- Dans un niveau de langue **familier**, le *ne* est souvent omis.

> C'est pas parce qu'on est de la campagne qu'on est plus bête que d'autres. (Annie Ernaux)

QUESTION Quel type de personnage peut prononcer cette phrase ?

- Dans la langue **soutenue** et dans la langue courante du XVIIe siècle, après les verbes *cesser, oser, savoir, pouvoir, vouloir, ne* suffit à exprimer la négation.

> Ôte-moi cet objet, je ne le puis souffrir. (Pierre Corneille)

- La phrase négative peut être à la forme **interrogative.**

> Ne m'avais-tu pas dit qu'elle était en ces lieux ? (Jean Racine)

LE LEXIQUE EXPRIMANT LA NÉGATION

- L'adverbe négatif *non* est l'équivalent d'une phrase et constitue une réponse.
- Les antonymes sont des mots de sens contraires (*libre/prisonnier* ; *accorder/refuser*).
- Certains préfixes permettent de former des mots de sens négatif : *possible/impossible* ; *licite/illicite* ; *fonctionnement/dysfonctionnement* ; *thèse/antithèse*…
- La préposition *sans* a un sens négatif.
- La locution conjonctive *sans que* est suivie du subjonctif.

> À vaincre sans péril on triomphe sans gloire. (Pierre Corneille)
> Comment souffrirons-nous… / Que le jour recommence et que le jour finisse / *Sans que* jamais Titus *puisse* voir Bérénice ? (Jean Racine)

LA NÉGATION, UNE ACTION POLÉMIQUE ; L'IRONIE, UNE NÉGATION IMPLICITE

- En utilisant une **négation**, on peut exercer une action d'**opposition** contre un autre locuteur. Au théâtre, dans un dialogue, la négation peut avoir le rôle d'une arme dans un combat de paroles.

> Ismène.– Il est le roi, il faut qu'il donne l'exemple.
> Antigone.– Moi, je ne suis pas le roi. Il ne faut pas que je donne l'exemple. (Jean Anouilh)

- **L'ironie** est un procédé qui fait appel à l'**implicite**. Elle consiste à dire le contraire de ce qu'on veut faire comprendre.

> Bien entendu, puisque tu as passé ton jeudi à t'amuser, j'imagine que tu as fait tes devoirs ? (Marcel Aymé)

S'ENTRAÎNER

EXERCICE 1

Mettez les phrases affirmatives à la forme négative.

1. On écrit encore aujourd'hui des pièces de théâtre en alexandrins.
2. Les acteurs sont toujours considérés comme des marginaux.
3. Beaumarchais et Victor Hugo sont des auteurs du XXe siècle.
4. Armande Béjart était-elle la femme de Molière ?
5. Tout le monde faisait silence au théâtre au XVIIe siècle.

CONSEIL

- Dans un niveau de langue soutenu (et dans une copie), veillez à ne pas oublier le *ne* de la négation.
- Certaines conjonctions (*avant que, sans que, à moins que, de peur que*) et certains verbes (*redouter, craindre, empêcher*) peuvent être suivis d'un *ne* sans valeur négative appelé « ne explétif ».

> Le tribunal qui condamna Flaubert pour son roman Madame Bovary craignait que cette œuvre ne nuise à la moralité publique.

BERTALL, *Armande Béjart (en haut au milieu) et le reste de la troupe de Molière,* 1863.

EXERCICE 2

Indiquez si les négations sont totales ou partielles.

1. Ni la coquetterie ni l'affectation n'avaient jamais approché de ce cœur. (Stendhal)
2. Je n'avais plus à lui parler de Julie, il n'avait plus à me parler de Mademoiselle. (Eugène Fromentin)
3. Comment l'aurais-je fait si je n'étais pas né ? (Jean de La Fontaine)
4. Est-ce que je ne t'aime pas ? [...] Ne t'aimé-je pas aussi comme il faut ? (Molière)
5. Il paraît que vous ne vous êtes point ennuyée à Marseille. Ne manquez pas de me mander comme vous aurez été reçue à Grignan. (Madame de Sévigné)

EXERCICE 3

Précisez si les éléments soulignés ont un sens négatif.

1. Moi je suis plus raisonnable que tu ne penses, je ne veux point forcer ton inclination. (Molière)
2. Je n'ai pu percer sans frémir ces portes d'ivoire ou de corne qui nous séparent du monde invisible. (Gérard de Nerval)
3. Ce terrible don fit frémir toute la compagnie, il n'y eut personne qui ne pleurât. (Charles Perrault)
4. Malgré vos soins, j'ai bien peur que la mort ne soit entrée chez moi pour tout m'emporter. (Honoré de Balzac)
5. Si vous tombiez malade dans le pays où vous êtes, je ne m'en consolerais jamais. (Jean-Jacques Rousseau)
6. La septième lune ne se passerait pas sans qu'il fût accouru près d'elle pour ne plus la quitter. (Jules Verne)

EXERCICE 4

Trouvez les antonymes des mots suivants.

indigent – véloce – hostile – altruiste – sobre – *a posteriori* – davantage – en même temps – gracieusement – diligence – gourmandise – gravité – lassitude – laxisme – enseigner – familiariser – galoper – fonctionner – flancher

EXERCICE 5

Proposez un ou plusieurs antonymes pour chacun des mots suivants en utilisant des préfixes.

orienter – joindre – tromper – connaître – inflammable – conformiste – légitime – réel – utopie

EXERCICE 6

a. Dites quel est le niveau de langue de chacune des phrases.

b. Modifiez la tournure négative et opérez les autres modifications nécessaires pour changer ce niveau de langue.

1. Je ne sais lequel me fait le plus d'horreur. (Denis Diderot).
2. J'espère qu'on attendra pas jusque-là, dit Théo. (Raymond Queneau)
3. Et si j'vous donnais rien ? (Raymond Queneau)
4. On ne saurait envoyer ici des gens qui aient trop d'esprit. (Montesquieu)
5. Allez, encore un coup je n'ose m'y trouver. (Jean Racine)

EXERCICE 7

Relevez les tournures négatives et une tournure exprimant la restriction. Dites si les négations sont totales ou partielles.

Monsieur, vous me demandez de venir passer une huitaine de jours chez vous, c'est-à-dire auprès de ma fille que j'adore. [...] Pourtant je n'accepterai pas votre aimable invitation, du moins pas maintenant. Voici pourquoi : mon cactus rose va probablement fleurir. C'est une plante très rare, que l'on m'a donnée, et qui, m'a-t-on dit, ne fleurit sous nos climats que tous les quatre ans. Or je suis déjà une très vieille femme et si je m'absentais pendant que mon cactus va fleurir, je suis certaine de ne pas le voir refleurir une autre fois...

Colette, *La Naissance du jour*, Éd. Flammarion, 1928.

EXERCICE 8 : VERS LE COMMENTAIRE

a. Dites à quelle idée le texte s'oppose. Relevez toutes les formes négatives et expliquez pourquoi elles sont aussi nombreuses.

b. Comment appelle-t-on les textes qui ont cette visée ?

c. Expliquez ce que signifie l'expression soulignée. Qualifiez la tonalité de cette phrase.

d. Par quelle figure de style certaines négations sont-elles mises en valeur ?

Ce texte est extrait d'un dialogue imaginaire entre un abbé et une aristocrate qui s'oppose à la vision traditionnelle du mariage. Saint Paul, auquel renvoie le « il » de la première phrase, est le théoricien de la soumission de la femme au mari.

— Était-il marié ?

— Oui, madame.

— Il fallait que sa femme fût une bien bonne créature : si j'avais été la femme d'un pareil homme, je lui aurais fait voir du pays. *Soyez soumises à vos maris !* Encore s'il s'était contenté de dire : *Soyez douces, complaisantes, attentives, économes*, je dirais : Voilà un homme qui sait vivre ; et pourquoi soumises, s'il vous plaît ? Quand j'épousai M. de Grancey, nous nous promîmes d'être fidèles : je n'ai pas trop gardé ma parole, ni lui la sienne ; mais ni lui ni moi ne promîmes d'obéir. Sommes-nous donc des esclaves ? N'est-ce pas assez qu'un homme, après m'avoir épousée, ait le droit de me donner une maladie de neuf mois, qui quelquefois est mortelle ? N'est-ce pas assez que je mette au jour avec de très grandes douleurs un enfant qui pourra me plaider quand il sera majeur ? Ne suffit-il pas que je sois sujette tous les mois à des incommodités très désagréables pour une femme de qualité, et que, pour comble, la suppression d'une de ces douze maladies par an soit capable de me donner la mort sans qu'on vienne me dire encore : *Obéissez* ?

« Certainement la nature ne l'a pas dit ; elle nous a fait des organes différents de ceux des hommes ; mais en nous rendant nécessaires les uns aux autres, elle n'a pas prétendu que l'union formât un esclavage. »

Voltaire, *Femmes, soyez soumises à vos maris*, 1759-1768.

1. m'attaquer en justice.

VERS LE COMMENTAIRE

La présence d'un grand nombre de tournures grammaticales ou lexicales exprimant la négation dans un texte doit être commentée : cela peut révéler un conflit, une référence à une réalité niée, une visée polémique.

EXERCICE 9

a. Relevez le lexique péjoratif par lequel Alceste exprime sur les hommes un jugement négatif. Quels reproches leur adresse-t-il ?

b. Relevez toutes les tournures grammaticales exprimant la négation.

c. Commentez leur nombre. Quelle attitude du personnage face à la société exprime cette accumulation de négations ?

d. Établissez un rapprochement entre cette tirade, le personnage qui la prononce et le titre de la comédie.

Alceste reproche à son ami Philinte son attitude en société

ALCESTE

Non, je ne puis souffrir cette lâche méthode
Qu'affectent la plupart de vos gens à la mode ;
Et je ne hais rien tant que les contorsions
De tous ces grands faiseurs de protestations,
Ces affables donneurs d'embrassades frivoles,
Ces obligeants diseurs d'inutiles paroles,
Qui de civilités avec tous font combat,
Et traitent du même air l'honnête homme et le fat.
Quel avantage a-t-on qu'un homme vous caresse,
Vous jure amitié, foi, zèle, estime, tendresse,
Et vous fasse de vous un éloge éclatant,
Lorsqu'au premier faquin il court en faire autant ?
Non, non, il n'est point d'âme un peu bien située
Qui veuille d'une estime ainsi prostituée ;
Et la plus glorieuse a des régals peu chers,
Dès qu'on voit qu'on nous mêle avec tout l'univers :
Sur quelque préférence une estime se fonde,
Et c'est n'estimer rien qu'estimer tout le monde.
Puisque vous y donnez, dans ces vices du temps,
Morbleu ! vous n'êtes pas pour être de mes gens ;
Je refuse d'un cœur la vaste complaisance
Qui ne fait de mérite aucune différence ;
Je veux qu'on me distingue ; et pour le trancher net,
L'ami du genre humain n'est point du tout mon fait.

Molière, *Le Misanthrope*, acte I, scène 1, 1666.

12. Origine et formation de la langue française

OUTILS DE LA LANGUE

ORIGINE ET FORMATION DU FRANÇAIS

- Le français est une langue issue du **latin** comme d'autres langues européennes (roumain, italien, espagnol...). Après la conquête romaine, le latin s'est mêlé aux **langues de la Gaule**.
- Le mélange du latin et des langues locales a formé les **langues d'oc** au sud de la France et les **langues d'oïl** au nord, ainsi appelées d'après les façons de dire *oui* : *oc* et *oïl*. La poésie des troubadours est écrite en langue d'oc, celle des trouvères, et les romans courtois en langue d'oïl.

QUESTION Quel nom de région rappelle le nom d'un de ces groupes de langues ?

HISTOIRE DE LA LANGUE FRANÇAISE : LES GRANDES ÉTAPES

Le français est devenu progressivement la langue prépondérante. Voici les étapes de cette évolution.

Moyen Âge

On appelle « **ancien français** » la langue parlée jusqu'au XIVe siècle.
Le **concile de Tours** (813) oblige les prêtres à prononcer les sermons non plus en latin mais dans les langues parlées locales. Le premier texte écrit en français est celui des **serments de Strasbourg** qu'ont prêtés les petits-fils de Charlemagne au IXe siècle.

XVIe siècle

On appelle en général « **moyen français** » la langue parlée aux XVe et XVIe siècles.
Par l'**ordonnance de Villers-Cotterêts** (1539), François Ier fait du français la langue officielle : désormais, tous les textes officiels seront rédigés dans cette langue, au lieu du latin.
Les poètes de la Renaissance, notamment ceux de la **Pléiade**, cherchent à enrichir la langue : Joachim Du Bellay publie *Défense et illustration de la langue française*.

XVIIe siècle

On appelle « **français classique** » la langue parlée aux XVIIe et XVIIIe siècles.
Louis XIV crée en 1654 l'**Académie française**, chargée de rédiger le **premier dictionnaire** de la langue française. En 1660, paraît la **première grammaire** : la *Grammaire* de Port-Royal.

XVIIIe siècle

Le français est la langue pratiquée par les cours et les élites de toute l'Europe. Dans les universités françaises, il supplante définitivement le latin.

XIXe siècle

Les lois Jules Ferry créent, en 1881 et 1882, l'école primaire publique, gratuite et obligatoire.

XXe–XXIe siècle

1925 : les « patois » et les langues locales sont interdits dans l'enceinte de l'école.
1960 : l'école devient mixte.
2017 : un décret du Premier ministre appelle à féminiser les noms de professions.

QUESTION Selon vous, quelles motivations ont poussé les pouvoirs publics successifs à prendre des mesures en faveur de l'utilisation du français ?

LA CONSTITUTION DU LEXIQUE FRANÇAIS

Le français est une langue **romane**, c'est-à-dire une langue issue du latin vulgaire (parlé par le peuple) dans laquelle subsistent quelques mots issus du gaulois.

> *chanter* vient du latin *cantare* ; *bruyère* est d'origine gauloise.

Par emprunt

- Au cours du temps, **des mots étrangers ont été empruntés à d'autres langues** : italien, espagnol, arabe, anglais, allemand, langues régionales (breton, provençal...).

> *cigale* provient du provençal *cigala* ; *sucre* a été emprunté à l'arabe, qui lui-même l'avait emprunté au sanscrit (langue de l'Inde ancienne) !

- Ces mots introduits ont été assimilés et on a créé à partir d'eux d'autres mots.

sucre → sucrer, sucré, sucrerie, sucrette, sucrier, sucrière, sucrin...

Par création

On a aussi créé des **néologismes** (nouveaux mots) à partir de racines latines ou grecques, en particulier pour désigner de nouvelles réalités techniques et scientifiques, pour lesquelles il n'existait encore aucun mot.

téléphone a été créé à partir de deux racines grecques : *télé* (au loin) et *phôné* (voix) ; *télévision* joint la racine grecque *télé* au mot *vision* qui est issu du latin (*videre* : voir).

- Faire l'**étymologie** d'un mot, c'est donner sa racine (latine, grecque...). Cette origine éclaire le sens et l'orthographe du mot français.

QUESTION Le verbe latin *aperire* a donné *ouvrir*. Un autre verbe, *operare*, signifiant *travailler*, a donné les verbes *ouvrer* (rare) et *œuvrer*.
À quelle étymologie rattachez-vous l'expression *un jour ouvrable* ? Que signifie-t-elle ?

Par dérivation

- De nombreux mots se sont créés par dérivation, c'est-à-dire en ajoutant des **affixes** à un mot servant de **radical**. Le mot-radical donne le sens principal que l'affixe vient modifier.
- L'affixe placé devant le radical se nomme **préfixe**. Le préfixe modifie le sens du mot, mais pas sa classe grammaticale.

Habile / malhabile

- L'affixe placé après le radical se nomme **suffixe**. Le suffixe permet de transformer la classe grammaticale du mot.

coiffer (vb) → coiffeur (nom) ; manger (vb) → mangeable (adj.) ; patient (adj.) → patiemment (adv)

- Au même mot-radical s'ajoutent souvent à la fois un préfixe et un suffixe.

Mot radical : doute → mot dérivés : redouter, redoutable.
Mot radical : égal → mots dérivés : inégalable, inégalité

Par composition

D'autres mots sont créés par composition, c'est-à-dire à partir de deux mots-racines.

quelquefois, un portefeuille, une chaise longue, un gagne-pain.

LES FAMILLES DE MOTS

Les **mots issus d'une même racine** (grecque, latine...) forment une **famille** de mots. Le radical des mots d'une même famille peut présenter des formes variées de la racine.

Les mots *aqueduc*, *aquatique*, *aquarelle*, *Aix* (*Aix-les-Bains* ou *Aix-en-Provence*), *eau*, *évier*, *Évian* forment une même famille issue du latin *aqua*, signifiant *eau*.

LES DIFFICULTÉS À SURMONTER

- L'**orthographe** de certains mots ne s'explique que par leur origine : le mot *temps* s'écrit ainsi parce qu'il est issu du latin *tempus*.
- Il peut être utile de connaître l'origine de certains mots pour en comprendre vraiment le **sens**.

Par exemple, l'étymologie du mot *théâtre*, qui vient d'un verbe grec signifiant *voir*, rappelle l'importance de la représentation. On lira donc le texte d'une pièce en ayant conscience qu'il ne s'agit là que d'une des dimensions de l'œuvre, amenée à être complétée par le jeu des acteurs, le décor, la musique, des projections.

VERS LE COMMENTAIRE

Dans les textes antérieurs au XIXe siècle, certains mots ont un sens différent de celui qu'ils ont aujourd'hui. Le sens a pu s'affaiblir ou s'élargir. Il faut donc se montrer vigilant.

Ainsi, le mot *charme* signifie, dans la langue du XVIIe siècle, *pouvoir magique*, le mot *gêne* signifie *torture*, tandis qu'*ennui* est l'équivalent de *malheur*.

S'ENTRAÎNER

EXERCICE 1

Voici un texte latin et sa traduction. Cicéron fut avocat, homme politique et philosophe ; il souligne ici chez l'homme son appétit pour la connaissance. Comparez le texte et sa traduction.

a. Selon vous, quels mots sont traduits par *inné, savoir, douter, nature* ?

b. Que signifie en français le mot latin « *rebus* » ?

c. Dans quels mots du vocabulaire français retrouve-t-on « *pueri* » (*enfants*), « *nullo* » (*aucun*), « *contemplandis* » (*à regarder*), « *cognitionis* » (*de la connaissance*) ?

Texte latin

Tantus est igitur innatus in nobis cognitionis amor et scientiae ut nemo dubitare possit quin ad eas res hominum natura nullo emolumento invitata rapiatur. Videmusne ut pueri ne verberibus quidem a contemplandis rebus perquirendisque deterreantur ?

Cicéron, *Des termes extrêmes des biens et des maux*, 45 av. J.-C.

Traduction

Il y a donc en nous un tel amour inné de connaissance et de savoir que personne ne peut douter que la nature humaine n'y est portée par l'attrait d'un profit. Ne voyons-nous pas que même les coups ne peuvent détourner les enfants de regarder et de rechercher des choses ?

EXERCICE 2

Voici le début du texte des *Serments de Strasbourg*. Faites correspondre jusqu'à « *salvament* » le texte et la traduction. L'ordre des mots est-il le même ? Faites une remarque sur les déterminants dans le texte ancien. Retrouvez dans la suite les mots *savoir, pouvoir, frère, chose*.

Texte en ancien français

Pro Deo amur et pro christian poblo et nostro commun salvament, d'ist di in avant, in quant Deus savir et podir me dunat, si salvarai eo cist meon fradre Karlo et in aiudha et in cadhuna cosa, sicum om per dreit son fradra salvar dift [...].

Serments de Strasbourg, 842.

Traduction

Pour l'amour de Dieu et pour le salut du peuple chrétien et de nous-mêmes, à partir de ce jour, autant que Dieu me donne savoir et pouvoir, je soutiendrai mon frère Charles que voici, et par mon aide et en toute chose, comme on doit en toute justice soutenir son frère [...].

EXERCICE 3

a. Transposez en français moderne cet extrait où Du Bellay défend le français.

b. Quels manques Du Bellay constate-t-il dans la langue française ? D'où viennent-ils ?

c. Que désigne l'expression imagée « les plumes d'autrui » ?

Et si notre langue n'est si copieuse et riche que la grecque ou latine, cela ne doit être imputé au défaut d'icelle, comme si d'elle-même elle ne pouvait jamais être sinon pauvre et stérile : mais bien on le doit attribuer à l'ignorance de nos majeurs[1], qui [...] nous ont laissé notre langue si pauvre et nue qu'elle a besoin des ornements, et (s'il faut ainsi parler) des plumes d'autrui.

Joachim Du Bellay, *La Défense et illustration de la langue française*, 1549.

1. **Nos majeurs :** nos aïeux

EXERCICE 4

Le vocabulaire de la médecine doit beaucoup au grec et les médecins se réfèrent encore aujourd'hui au « serment » d'Hippocrate, le père grec de la médecine. Cherchez sur quels mots grecs ont été forgés les mots suivants et expliquez en quoi l'étymologie est éclairante.

anatomie – psychosomatique – psychothérapie – prophylaxie – sympathique – bioéthique – pandémie

EXERCICE 5

Trouvez à quelles langues sont empruntés les mots suivants.

raquette – sport – berceau – quai – cravache – mousseline – blaireau – interview – laque – mazout – cacahuète – cafétéria – mesquin – kidnapping – nouille

EXERCICE 6

Le sens des mots évolue.

a. Recherchez quel était le sens médiéval et quel est le sens actuel des mots suivants.

vilain – bourgeois – clerc

b. Recherchez quels sens différents a un même mot dans ces expressions actuelles.

1. une foule compacte – un véhicule compact
2. un enfant gourmand – des recettes gourmandes
3. un homme valide – un mot de passe valide
4. le culte de Cybèle – un film culte.

EXERCICE 7

C'est au préfet Poubelle que l'on doit les services de nettoyage urbain et le nom « poubelle », donné par antonomase. Indiquez de quel nom propre viennent les mots suivants :

dobermann – guillemets – braille – barème – frangipane – sandwich – bougie – strass

EXERCICE 8

a. Regroupez les mots suivants par familles.

pieds – bûcher – innocent – caprin – vaincre – cavalier – cœur – gastéropode – vainqueur – chevalier – bosquet – victoire – pédestre – nuisible – chèvre – cabriole – cardiologie – bois – cheval – nuire

b. Identifiez, pour chaque famille, les variations de radical, puis enrichissez chaque liste avec d'autres mots de même famille.

Exemple : *insoluble*, *insolvable*, *résoudre* → radical *solu-* / *solv-* / *sou* → *solution*, *solvant*, *absoudre*…

Coup de pouce

Les variations de radical s'expliquent par l'histoire des mots. Certains, présents dans la langue depuis la naissance du français (ex. : *eau*), ont évolué au fil du temps. D'autres, plus savants (ex. : *aqueduc*), ont été empruntés plus tard au latin et restent proches de l'étymologie (latin : *aqua*).

EXERCICE 9

Chaque série de mots relève d'un même champ lexical. De quelles langues proviennent-ils et quel est leur sens premier ?

a. théâtre – scène – aparté – sketch – saynète
b. personnage – protagoniste – héros éponyme
c. poète – troubadour – quête – aventure

EXERCICE 10

Donnez l'origine des mots suivants et expliquez en quoi l'étymologie en éclaire le sens.

a. récit – roman – nouvelle – autobiographie
b. sommaire – analyse – digression – commentaire
c. analepse – prolepse – métaphore – euphémisme – comparaison

EXERCICE 11

Des héros de légendes antiques ont laissé leurs noms dans la langue courante.

a. Quels personnages de la mythologie grecque se retrouvent dans les noms suivants ?

b. Expliquez le point commun entre le nom propre grec et le nom commun français.

acanthe – dédale – écho – égérie – médusé – méduse – mercure – panacée – hygiène.

EXERCICE 12

Voici un extrait d'une tragédie de Racine. Le sens courant des mots soulignés est aujourd'hui différent ou a perdu en intensité. Après avoir fait les recherches nécessaires, rédigez, pour chacun de ces mots, une note d'explication qui pourrait figurer dans une édition scolaire.

ANDROMAQUE
Je ne viens point ici, par de jalouses larmes,
Vous envier un cœur qui se rend à vos <u>charmes</u>.
Par une main <u>cruelle</u>, hélas ! j'ai vu percer
Le seul où mes regards prétendaient s'adresser.
Ma <u>flamme</u> par Hector fut jadis allumée ;
Avec lui dans la tombe elle s'est enfermée.
Mais il me reste un fils. Vous saurez quelque jour,
Madame, pour un fils jusqu'où va notre amour ;
Mais vous ne saurez pas, du moins je le souhaite,
En quel <u>trouble</u> mortel son <u>intérêt</u> nous jette,
Lorsque de tant de biens qui pouvaient nous <u>flatter</u>,
C'est le seul qui nous reste, et qu'on veut nous l'ôter.

Jean Racine, *Andromaque*, acte III, scène 4, 1667.

EXERCICE 13 : VERS LE COMMENTAIRE

Dans *Les Misérables*, Victor Hugo fait le portrait de l'inspecteur Javert.

a. Cherchez le sens étymologique de l'adjectif *formidable*. Aujourd'hui, quel sens ce mot a-t-il ? Citez au moins quatre notations dans le portrait de Javert qui montrent que *formidable* a bien ici son sens premier. Quelle place occupe cet adjectif dans le texte ? Pourquoi ?

b. Relevez, dans la première partie du texte, les mots qui appartiennent au champ lexical de la religion puis expliquez, dans un paragraphe rédigé, ce que Hugo veut faire comprendre en recourant à ce vocabulaire.

[Javert] était stoïque, sérieux, austère ; rêveur triste ; humble et hautain comme les fanatiques. Son regard était une vrille. Cela était froid et cela perçait. Toute sa vie tenait dans ces deux mots : veiller et surveiller. Il avait la conscience de son utilité, la religion de ses fonctions, et il était espion comme on est prêtre. Malheur à qui tombait sous sa main ! Il eût arrêté son père s'évadant du bagne.

Toute la personne de Javert exprimait l'homme qui épie et qui se dérobe. On ne voyait pas son front qui disparaissait sous son chapeau, on ne voyait pas ses yeux qui se perdaient sous ses sourcils, on ne voyait pas son menton qui plongeait dans sa cravate, on ne voyait pas ses mains qui rentraient dans ses manches, on ne voyait pas sa canne qu'il portait sous sa redingote. Mais l'occasion venue, on voyait tout à coup sortir de toute cette ombre, comme d'une embuscade, un front anguleux et étroit, un regard funeste, un menton menaçant, des mains énormes ; et un gourdin monstrueux.

On comprendra sans peine que Javert était l'effroi de toute cette classe que la statistique annuelle du ministère de la justice désigne sous la rubrique : *Gens sans aveu*. Le nom de Javert prononcé les mettait en déroute ; la face de Javert apparaissant les pétrifiait.

Tel était cet homme formidable.

Victor Hugo, *Les Misérables*, 1862.

13. Les relations lexicales

OUTILS DE LA LANGUE

LES MOTS DE MÊME SENS : SYNONYMES ET HYPERONYMES

- **Les synonymes** sont des mots de **même sens** appartenant à la **même classe grammaticale**.

se rappeler/se souvenir ; lexique/vocabulaire ; fictif/imaginaire.

- Les synonymes exacts sont rares. Le plus souvent, ce sont des synonymes partiels que distinguent des nuances : intensité, valeur péjorative ou méliorative, emploi en contexte, niveau de langue...

jouer/s'amuser/représenter ; maison/demeure/baraque ; bleu/bleuâtre.

QUESTION Expliquez les différences de sens ou d'emploi entre les mots de chaque liste.

- **Un hyperonyme** a un **sens plus général** que le terme remplacé et englobe un ou plusieurs mots.

Le *Malade imaginaire* est la dernière comédie de Molière. Cette pièce est une comédie-ballet.

QUESTION Quel est l'hyperonyme des mots suivants : *écarlate, cramoisi, vermillon, carmin* ?

LES MOTS DE SENS CONTRAIRE : ANTONYMES

- **Les antonymes** sont des mots de **sens contraire** appartenant à la **même classe grammaticale**.
- Deux antonymes peuvent être formés sur le même radical et différer par l'ajout ou le changement d'un préfixe : *juste/injuste* ; *emmêler/démêler*. Mais parfois, ils diffèrent entièrement : *laid/beau*.
- La connaissance de l'antonyme aide à comprendre le sens d'un mot.

QUESTION Trouvez le sens de *mystifier* et *facétieux* à partir de leurs antonymes respectifs : *détromper* et *sérieux*.

LES MOTS DE PRONONCIATION SEMBLABLE MAIS DE SENS DIFFÉRENT : HOMONYMES

- **Les homonymes** sont des mots qui ont la **même prononciation** mais **pas le même sens**.
- Quand ils s'écrivent de la même manière, ce sont des **homographes** : *glace* (miroir)/*glace* (eau gelée).
- Lorsqu'ils n'ont pas la même orthographe, on parle d'**homophones** : *teint/tint/tain/thym*.
- **Attention** aux homophones grammaticaux : *quelle/qu'elle* ; *quoique/quoi que* ; *quand/quant à*.

LA POLYSÉMIE ET LE CHAMP LEXICAL

- Quand un mot a plusieurs sens, on parle de **polysémie**.

un poisson frais/une boisson fraîche/un accueil plutôt frais

- Les mots polysémiques ont donc plusieurs **antonymes**.

un poisson pourri/une boisson chaude/un accueil plutôt chaleureux

- On appelle **champ lexical** l'ensemble des mots qui, dans un texte, **renvoient à la même notion**.

Il fait tellement froid que le vin gèle dans les bidons. Le liquide violet, glacé et âcre (comme si le goût était lui aussi violet, déteint comme ces taches délavées, lilas tournant au bleuâtre, que laissent sur les nappes les mauvais vins). (Claude Simon) → Les termes soulignés appartiennent au champ lexical du froid et à celui de la couleur violette.

VERS LE COMMENTAIRE

Les choix lexicaux doivent souvent être commentés dans un texte. La présence d'un champ lexical dominant, s'il ne relève pas directement du sujet abordé par le texte, est toujours un procédé visant un certain effet sur le lecteur.

QUESTION Dans l'extrait de Claude Simon donné lors de l'étude du champ lexical, expliquez quelle sensation veut communiquer l'auteur et en quoi les deux champs lexicaux dominants concourent à produire cet effet.

S'ENTRAÎNER

EXERCICE 1

a. Expliquez les nuances de sens entre les mots de la liste et employez-en quatre dans une phrase qui présentera une gradation.

b. Trouvez un hyperonyme pour définir le champ lexical auquel ils appartiennent.

c. Cherchez des antonymes pour trois d'entre eux. Appartiennent-ils au même champ lexical ?

joli – merveilleux – sublime – splendide – magnifique – somptueux.

EXERCICE 2

Pour éviter les répétitions, utilisez des hyperonymes. Dans certaines phrases, vous devrez introduire des adjectifs dans le groupe employé. Vous pourrez donner un seul hyperonyme pour un ensemble de mots.

1. Samuel Beckett est un dramaturge du XXe siècle. Ce dramaturge montre une attention particulière au jeu des acteurs dans des didascalies développées.

2. Le roman, contrairement au théâtre, n'a pas été défini dans l'Antiquité. On a longtemps considéré le roman comme spécialement destiné à un lectorat féminin.

3. Victor Hugo a écrit des recueils de poèmes, des drames et des romans. Ces poèmes, ces drames et ces romans ont connu pour la plupart un immense succès.

EXERCICE 3

Choisissez l'orthographe qui convient pour les mots entre parenthèses.

1. Sachons du moins (*quelle que/quelque*) soit notre tâche, l'accomplir d'un cœur simple, avec bonne volonté. (Anatole France)

2. Je ne perdrais pas courage pour (*quel que/quelque*) ouvrage que ce fût. (George Sand)

3. Car toi, loup, tu te plains (*quoiqu'/quoi qu'*) on ne t'ait rien pris. (Jean de La Fontaine)

4. (*Quoi qu'/quoiqu'*) il fasse, le savant s'approche toujours du monde comme l'astronome s'approche de la nébuleuse : avec un télescope. (Jean Giono)

5. Et (*quand/quant*) à cette idée d'être marin, elle me charmait et m'épouvantait. (Pierre Loti)

6. Nous passâmes donc sans dire un mot, et nous avions fait quelque chemin en les laissant sous le vent ; (*quand/quant*) à l'improviste, ils nous tirèrent deux coups de canon. (Cervantès)

EXERCICE 4

Remplacez les mots trop polysémiques par d'autres, plus précis. N'employez qu'une fois chacun des termes que vous aurez trouvés.

1. Ionesco a fait *La Cantatrice chauve* en reprenant des expressions qu'il a trouvées dans des méthodes de langue. Les choses absurdes qu'échangent les personnages sont comiques parce qu'elles n'ont pas de sens.

2. Diderot et d'Alembert ont fait l'essentiel du travail colossal qu'a représenté l'*Encyclopédie*.

3. Les choses qu'évoque Apollinaire dans le poème « Zone » renvoient à la fois à la tradition poétique et à la modernité.

4. Dans le film *Orfeu negro* qu'a fait Marcel Camus, il fait une réinterprétation du mythe d'Orphée en le situant dans le cadre du carnaval de Rio de Janeiro.

EXERCICE 5 : VERS LE COMMENTAIRE

Le personnage de ce portrait va procurer au héros un talisman qui lui donnera la toute-puissance tout en le menant vers la mort. Quel champ lexical présent dans le texte annonce au lecteur l'issue du roman ? Relevez les mots qui en font partie.

Figurez-vous un petit vieillard sec et maigre, vêtu d'une robe en velours noir, serrée autour de ses reins par un gros cordon de soie. Sur sa tête, une calotte en velours également noir laissait passer, de chaque côté de la figure, les longues mèches de ses cheveux blancs et s'appliquait sur le crâne de manière à rigidement encadrer le front. La robe ensevelissait le corps comme dans un vaste linceul, et ne permettait de voir d'autre forme humaine qu'un visage étroit et pâle. Sans le bras décharné, qui ressemblait à un bâton sur lequel on aurait posé une étoffe et que le vieillard tenait en l'air pour faire porter sur le jeune homme toute la clarté de la lampe, ce visage aurait paru suspendu dans les airs. Une barbe grise et taillée en pointe cachait le menton de cet être bizarre, et lui donnait l'apparence de ces têtes judaïques qui servent de types aux artistes quand ils veulent représenter Moïse. Les lèvres de cet homme étaient si décolorées, si minces, qu'il fallait une attention particulière pour deviner la ligne tracée par la bouche dans son blanc visage. Son large front ridé, ses joues blêmes et creuses, la rigueur implacable de ses petits yeux verts, dénués de cils et de sourcils, pouvaient faire croire à l'inconnu que le *Peseur d'or* de Gérard Dow était sorti de son cadre.

Honoré de Balzac, *La Peau de chagrin*, 1831.

Gérard Dov (ou Dow), *Le Peseur d'or*, 1664.

KLEE

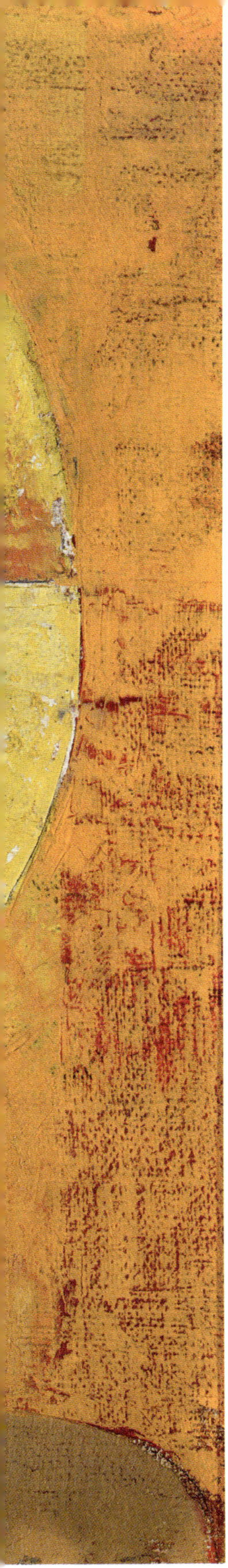

PAUL KLEE, *Senecio*, 1922, huile sur gaze enduite de craie sur carton, 40,3 x 37,4 cm, Kunstmuseum, Bâle

Méthodes

OUTILS D'ANALYSE LITTÉRAIRE

ÉCRITS D'APPROPRIATION

OUTILS POUR L'ORAL

1. Analyser une œuvre d'art

OUTILS D'ANALYSE

L'analyse d'une œuvre d'art comporte généralement trois parties : une description, une interprétation et une contextualisation.

PREMIÈRE PARTIE : DÉCRIRE L'ŒUVRE D'ART

Consulter la légende ou le cartel

Léonard de Vinci, *La Vierge, l'enfant Jésus et Sainte Anne,* crayon et encre sur papier, vers 1501.

- Sur la légende ou le **cartel** qui accompagne l'œuvre d'art, sont indiqués le nom de l'artiste, le titre de l'œuvre, la matière dont elle est faite, ses dimensions, la date de sa réalisation, le lieu où elle est actuellement conservée et la mention de la personne ou de l'institution l'ayant photographiée.
- L'ensemble de ces éléments doivent être cités en guise d'introduction.

Exemple : Hyacinthe Rigaud, *Louis XIV, roi de France*, portrait en pied en costume royal, huile sur toile, 277 x 194 cm, 1701, Musée du Louvre, Paris. Crédit photographique : RMN – Grand Palais.

Préciser le type d'œuvre

S'agit-il d'une **sculpture**, d'une **estampe**, d'une **peinture**, d'un **dessin**, d'une **affiche** ?

Étudier la technique employée

Dans le cas du dessin, généralement sur papier ou carton, on mentionne l'usage du **graphite**, des **stylos-feutres**, de l'**encre de chine** donnant l'impression du volume à l'aide de traits et de hachures ; le **fusain**, la **craie** ou la **sanguine** permettent de rendre le **modelé** par des effets d'estompements.

- En ce qui concerne l'estampe, il existe des **gravures** sur plaques de bois ou de cuivre, appelées **matrices**, réalisées à l'aide d'un **burin** ou d'une **pointe-sèche**, ainsi que des **eaux-fortes**, où le métal est mordu avec différentes intensités par un **acide**.
- Pour la peinture, on distingue l'**aquarelle**, où les pigments sont délayés avec de l'eau, la **fresque**, où ils sont appliqués directement sur un mur recouvert d'un enduit de chaux, la **gouache**, qui résulte du mélange des pigments avec de la résine ou de la colle, et enfin la **peinture à l'huile**, qui utilise cette substance en guise de **liant**.

Le Parmesan, *Tête d'homme barbu*, sanguine, XVIe siècle.

Définir si l'œuvre est abstraite ou figurative

- **Abstraite**, elle ne représente rien d'autre que de pures formes et des couleurs.

Francisco Goya, *Le Colosse*, eau-forte, 36 x 26 cm, vers 1814.

- **Figurative**, elle se sert de modèles et vise à représenter des objets réels ou imaginaires. Les peintures académiques, figuratives, peuvent être classées en différentes catégories : le **portrait**, le **paysage**, la **peinture d'histoire**, la **peinture religieuse** ou **mythologique**, la **nature morte** et la **scène de genre**. Généralement, plus le sujet traité est prestigieux, plus les dimensions de la toile sont grandes.
- L'analyse de l'œuvre figurative demande de décrire avec précision l'ensemble des éléments dont celle-ci est composée : le décor, les figures, leurs actions, les objets, en prêtant la plus grande attention aux détails. Il faut, de plus, rendre compte des jeux d'ombre et de lumière, qui peuvent aller jusqu'au **clair-obscur** ; des couleurs, dont les tons peuvent être **chauds** ou **froids**, **complémentaires** ou **contrastés**, **vifs** ou **ternes** ; du **tracé** du dessin, **fin** ou **appuyé** ; en peinture, des touches **en aplat**, **fluides** ou **pâteuses**.

Émile Bernard,
La Moisson,
huile sur bois,
55 x 46 cm, 1888.

Étudier la composition

- Devant une œuvre, voici quelques questions à se poser :
- Certaines parties de l'œuvre sont-elles mises en valeur ? Comment ?
- S'il s'agit d'une peinture ou d'un dessin, l'artiste a-t-il essayé de représenter une **perspective** ?
- Est-il possible de distinguer un **premier plan**, un **deuxième plan**, un **arrière-plan** ?
- Quelle est l'**échelle** du sujet représenté ?

- Analyser la composition d'une œuvre, c'est observer la cohésion des parties qui la structurent : le **vide** et le **plein**, les **lignes de force** (verticales, horizontales, obliques ou serpentines), la **disposition** de ses différents éléments, qui peut être équilibrée ou déséquilibrée, symétrique ou non. L'image est-elle **statique** ou, au contraire, l'artiste a-t-il cherché à rendre compte d'un **mouvement** ?

DEUXIÈME PARTIE : INTERPRÉTER L'ŒUVRE D'ART

- Interpréter une œuvre, c'est chercher à comprendre sa signification.
- Dans une œuvre figurative, on **identifie** les personnages, les symboles ou les scènes représentés, et la manière dont ils sont figurés : à quel épisode de la mythologie ou de l'histoire le tableau, le dessin ou la sculpture se rattachent-ils ? Une telle représentation est-elle **traditionnelle** ou **inédite** ? Les **thèmes** abordés par l'artiste se retrouvent-ils dans d'autres de ses œuvres ?
- On s'intéresse aux **effets** que l'œuvre provoque chez le spectateur : l'artiste a-t-il voulu susciter un sentiment de plaisir ou d'effroi, de malaise ou de surprise ?
- On cherche les motivations de l'artiste : a-t-il voulu partager une **vision singulière** du monde ? porter un jugement critique ou élogieux sur la société ? montrer la **réalité** telle qu'elle est ou décrire une **beauté idéale** ?

Odilon Redon,
Le Cyclope,
huile sur toile,
65 x 52 cm, 1914.

TROISIÈME PARTIE : CONTEXTUALISER L'ŒUVRE D'ART

- Il s'agit de mesurer la **portée** historique, politique et/ou esthétique de l'œuvre. L'auteur a-t-il employé de nouvelles techniques, inventé des manières de représenter le monde ou de penser l'acte artistique ? S'est-il imposé comme un **maître** et la tête de file d'une école ? Ou, au contraire, est-il l'**héritier** de modèles anciens ? Quelles relations entretient-il avec les autres artistes et écrivains de son époque ?
- On peut **comparer** l'œuvre étudiée avec d'autres œuvres, contemporaines, antérieures ou postérieures, afin de la situer dans une **histoire**, des **pratiques**, mais également et surtout des **mouvements culturels** et des **courants d'idées**.

LE CAS PARTICULIER DE LA PHOTOGRAPHIE

- De nombreux éléments employés pour décrire un dessin ou une peinture se retrouvent dans l'analyse de la photographie : l'attention portée à la **couleur**, à la **composition**, à **l'échelle du sujet**, au **genre** (le portrait, la photographie de presse ou de mode…).
- Cependant, d'autres éléments sont spécifiques à cette pratique artistique. Il convient d'étudier le **champ**, c'est-à-dire l'espace de réel délimité par le **cadrage**, et le **hors-champ**, l'environnement qui n'apparaît pas dans le cliché ; la **profondeur de champ**, qui repose sur des oppositions entre le net et le flou ; l'**angle de prise de vue**, qui peut être frontal, en plongée, vu de dessus (ou en contre-plongée, vu de dessous) ; l'**éclairage**, artificiel ou naturel, direct ou diffus, permettant des jeux de contraste, d'ombre et de relief.

Brassaï, *Chimère, vue nocturne de Notre-Dame sur Paris et la tour Saint-Jacques,* 1933.

S'ENTRAÎNER

EXERCICE 1

Nicolas Poussin, *Et in Arcadia ego*, huile sur toile, 87 x 120 cm, 1637.

***Et in Arcadia ego*, réalisée en 1637 par Nicolas Poussin, se réfère à l'Arcadie mythique, chantée par les poètes latins Virgile et Ovide.**

a. Étudiez la composition de ce tableau. En quoi est-il de facture classique ?

b. Pourquoi la présence d'un tombeau au cœur de l'Arcadie est-elle surprenante ?

c. Que symbolisent la figure féminine à droite de la toile et l'ombre que désigne du doigt un des bergers ?

d. Pour quelle raison est-il possible d'affirmer que Poussin célèbre ici la victoire de l'art sur la mort ?

EXERCICE 2

Antoine Watteau, *Pèlerinage à l'île de Cythère*, huile sur toile, 129 x 194 cm, 1717.

Dans l'Antiquité, l'île de Cythère était dédiée à Aphrodite, déesse de l'Amour.

a. Décrivez les couleurs employées par Watteau dans cette toile. À quels sentiments et émotions sont-elles associées ?

b. Quels sont les symboles mythologiques disséminés dans le tableau ?

c. Quelle représentation de l'amour le peintre propose-t-il ici ?

EXERCICE 3

Charles-Émile de Tournemine, *Habitations turques près d'Adalia*, huile sur toile, 69 x 124 cm, 1861.

Étudiez la composition de ce paysage peint par Charles-Émile de Tournemine.

a. Quels sont les teintes et les coloris associés à la représentation de l'Orient ?

b. Quels éléments confèrent à ce tableau une atmosphère exotique ?

c. Que symbolise « l'ailleurs » aux yeux des peintres orientalistes ?

EXERCICE 4

Auguste Rodin, *La Cathédrale*, marbre sculpté, 1893.

Analysez cette sculpture d'Auguste Rodin.

a. Quel effet produit l'inachèvement de ce marbre ?

b. Pour quelle raison cette œuvre est-elle symboliste ? Expliquez son titre.

c. « L'artiste est celui à qui il revient [...] à partir de la moindre partie d'une seule chose d'en faire un monde » : en quoi cette formule de Rilke éclaire-t-elle son sens ?

EXERCICE 5

Man Ray, *Explosante fixe*, épreuve gélatino-argentique, vers 1926.

a. Que représente cette photographie ?

b. Étudiez la composition de cette image.

c. En quoi illustre-t-elle la conception surréaliste de la beauté comme « explosante fixe » ?

EXERCICE 6

Shiraga Kazuo, *Planète Nature*, huile sur toile, 1,6 x 1,3 m, 1960.

Le peintre Shiraga Kazuo appartient au mouvement avant-gardiste Gutaï, qui rejette toutes les conventions picturales.

a. En quoi cette toile peut-elle être qualifiée de « corps à corps avec la couleur » ?

b. Comment s'exprime ici la violence des sentiments du peintre ?

c. Pour quelle raison Kazuo a-t-il choisi le titre *Planète Nature* ? Quel sens donner à l'abstraction « lyrique » du Groupe Gutaï ?

EXERCICE 7

René Magritte, *Le Château des Pyrénées*, huile sur toile, 200 x 140 cm, 1959.

Analysez la composition de cette toile de René Magritte.

a. Montrez comment le peintre cherche à provoquer ici un effet de choc visuel.

b. Que symbolise, selon vous, le château fort représenté dans ce tableau.

c. En quoi cette image est-elle surréaliste ?

2. Analyser une œuvre cinématographique

OUTILS D'ANALYSE

LE SCÉNARIO ET LE SCRIPT

• Avant que le film ne soit **tourné**, le **réalisateur** écrit un **scénario** détaillant son sujet et les grandes étapes du **schéma actanciel.** Il le soumet alors au **producteur** chargé de financer le film. Un scénario peut être **original** (*Star Wars* de George Lucas) ou constituer une **libre adaptation** d'une nouvelle, d'un roman, d'une pièce de théâtre, d'une bande-dessinée… (*La Bête humaine* de Jean Renoir).

• Le scénario prend la forme d'un **script** : on y trouve les **répliques** prononcées par les acteurs, des **didascalies** (indications de mise en scène et directives sur la manière de filmer).

LE JEU DES ACTEURS ET LE DÉCOR

• Il convient de prêter attention à la **dramaturgie** (le **jeu des acteurs**) en tenant compte du ton, du phrasé, des postures, des expressions ou des déplacements.

• On s'intéresse également aux **accessoires**, qui deviennent parfois iconiques, comme le vélo dans *E.T.* ou le chapeau d'Indiana Jones.

• On analyse le décor, naturel ou artificiel : certaines scènes du film peuvent être tournées en **extérieur**, en **studio**, ou réalisées à l'aide d'**images de synthèse**. L'acteur peut être filmé indépendamment du décor ; les deux sont alors réunis au **montage** par un procédé d'**incrustation**.

LA CONSTRUCTION DU FILM

• Le réalisateur et le **chef opérateur** opèrent des choix techniques pour construire les **prises de vues** (éclairage, palette des couleurs, **composition de l'image** et **cadrage**).

Les plans

• Un plan est une portion de film comprise entre deux points de coupe.

Plan	Définition	Effet
Plan général	Il cadre la totalité des décors.	D'ordre descriptif, il montre au spectateur un grand espace, souvent situé en extérieur.
Plan d'ensemble	Il est plus resserré que le plan général et montre des personnages perdus dans le décor.	Il établit de façon plus précise le lieu de l'action.
Plan de demi-ensemble	Il situe des personnages dans leur décor.	Les personnages, souvent présentés en groupe, sont plus importants que le décor.
Plan moyen	Il cadre un ou des personnages en entier, dans un décor réduit.	Moins descriptif et plus narratif, il met l'accent sur le personnage en action dans cet arrière-plan.
Plan américain	Le personnage est cadré jusqu'aux cuisses.	Il a une valeur bien plus dramatique que les précédents.
Plan rapproché	Il montre un acteur en buste.	La caméra porte son attention sur le personnage comme si elle sondait son intériorité, sa psychologie. Ici, l'action est moins importante.
Gros plan	Il isole un élément du décor ou une partie du corps du personnage.	Marcel Martin, dans *Le Langage cinématographique* (1962), indique : « C'est dans le gros plan du visage humain que se manifeste le mieux la puissance de signification psychologique et dramatique du film. »
Plan serré	Il se focalise sur un élément précis du décor ou du personnage (yeux, lèvres…).	Il a une forte valeur dramatique et participe à créer une certaine tension ou un effet de suspens.

Les mouvements de la caméra

La caméra peut être fixe, montée sur des rails ou portée à l'épaule.

• Le **panoramique** est un mouvement de la caméra sur sa position. Horizontal ou vertical, il rend compte des dimensions d'un paysage.

• Le **travelling** donne l'impression d'un déplacement rectiligne de la caméra. Lorsque la caméra se rapproche, on parle de **travelling avant** ; lorsqu'elle s'en éloigne, de **travelling arrière**.

• Le **zoom** joue sur le grossissement de l'image.

Le cadrage

Il est porteur de sens.

• Le **champ** est la portion d'espace imaginaire contenue à l'intérieur du cadre de l'image.

• Le **contrechamp** est un plan qui en montre une autre partie, située à l'opposé de la scène vue au plan précédent.

• Le **hors-champ** n'existe qu'en fonction du champ. C'est l'ensemble des éléments (personnages, décor...) qui ne sont pas inclus dans le champ mais qui lui sont tout de même rattachés. Le réalisateur choisit de laisser des éléments de l'action hors du cadre.

• L'**angle de prise de vues :** on peut filmer en **plongée** (en se plaçant au-dessus du sujet) ou en **contre-plongée** (en se plaçant au-dessous du sujet).

L'éclairage

Il met en avant ou dissimule les personnages ou le décor ; il participe à la construction d'une atmosphère. Il donne du volume à l'image et oriente le regard du spectateur. Il apporte un sens et crée des effets.

• La **lumière frontale :** le projecteur est placé exactement dans l'axe de la caméra, juste au-dessus d'elle. La lumière est semblable à un flash en photographie. Elle peut être aveuglante pour le personnage.

• La **lumière de 3/4 :** le projecteur est placé à 45° par rapport à l'axe de la caméra. L'ombre du nez apparaît sur le visage.

• La **lumière latérale :** le projecteur est placé à 90° par rapport à l'axe de la caméra. Une moitié du visage disparaît dans l'ombre.

• Le **contre-jour :** le projecteur est placé exactement à 120° ou 180° de l'axe caméra. Le visage disparaît dans l'ombre. Cette technique est utilisée dans les interviews à visage caché.

• La **douche :** le projecteur est placé juste au-dessus du sujet à la verticale. Les yeux sont dans l'ombre. Le visage perd son regard.

• L'**éclairage par-dessous :** le projecteur est placé juste au-dessous du sujet.

LA NARRATION CINÉMATOGRAPHIQUE

• Les prises de vues sont retravaillées pour construire une narration : cette opération se nomme le **montage**. Les **raccords** sont des manières de monter le passage d'un plan à l'autre :
- le **jump cut** (ou la **coupe sautée**) produit une impression de rupture du flux audiovisuel ;
- le **match cut** ou **raccord par analogie**, passe d'un plan à l'autre en montrant une similitude de formes, de couleurs ou de lumière ;
- le **raccord mouvement** établit une relation entre deux plans en suggérant un mouvement continu de l'un à l'autre ;
- le **raccord regard** donne l'impression de voir au plan 2 ce que le personnage regardait au plan 1.

• Reliés entre eux, les différents plans composent des **séquences** : l'action y est habituellement présentée sous différents angles et suivant un déroulé chronologique. Le réalisateur peut également composer des **séquences alternées** pour montrer le déroulement de plusieurs événements simultanés. La multiplication des plans impose au film un **rythme** qui épouse celui de l'action. Le film peut comporter des **ellipses**, parfois des **flash-back** et des **flash-forward**.

• Le **son** (musiques, paroles, bruits) peut servir la narration soit en délivrant des informations, soit en participant à créer une ambiance. Il peut donner l'impression de réalité et/ou avoir une fonction symbolique.

• L'histoire peut être racontée par un narrateur, sous la forme d'une **voix off**, et ponctuée par des **bruitages** et une **bande originale**, dont les **thèmes** sont associés à certains personnages ou à des émotions et des péripéties.

S'ENTRAÎNER

EXERCICE 1

En 1976, Jack Nicholson reçoit l'oscar du meilleur acteur pour *Vol au-dessus d'un nid de coucou.* Celui-ci interprète le rôle d'un homme simulant la folie afin d'échapper à la prison.

a. Analysez la posture de Nicholson, son jeu et son expression. En quoi contrastent-elles avec l'attitude des autres personnages ?

b. En quoi cette prise de vue peut-elle être interprétée comme une critique du monde psychiatrique et de la violence qui y règne ?

c. Pour quelle raison le rôle de Nicholson est-il extrêmement compliqué à jouer pour un acteur ?

MILOS FORMAN, *Vol au-dessus d'un nid de coucou,* 1975.

EXERCICE 2

Dans *Play Time,* Jacques Tati s'intéresse au paysage de la ville moderne, métamorphosé par l'américanisation de la société et l'opulence des Trente Glorieuses, comme Fritz Lang dans *Metropolis* et Jean-Luc Godard dans *Alphaville.*

a. Analysez cette scène, en prêtant attention au cadrage, à la lumière, à l'angle de prise de vue et à la construction du décor.

b. En quoi Tati propose-t-il ici une critique du mode de vie de ses contemporains ?

c. À quelles émotions le personnage au premier plan semble-t-il en proie ? En quoi le rire est-il profondément lié, chez le cinéaste, à la question du regard ?

d. Relisez le poème « Le Cygne » des *Fleurs du Mal.* En quoi Tati et Charles Baudelaire semblent-ils partager le même désarroi face aux mutations du paysage urbain ?

JACQUES TATI, *Play Time,* 1967.

EXERCICE 3

Le film *Vertigo* d'Alfred Hitchcock – connu en France sous le titre *Sueurs froides* – met en scène James Stewart jouant le rôle d'un ancien policier hanté par la peur du vide.

a. Étudiez la composition du plan proposé.

b. Par le biais de quels choix artistiques et techniques Hitchcock s'est-il efforcé de filmer la sensation du vertige dans ce plan ?

c. Analysez l'affiche du film, réalisée par Saul Bass. Quel motif a-t-elle en commun avec la prise de vue ? En quoi la répétition de ce dispositif visuel participe-t-elle au suspens que cherche à susciter le réalisateur ?

ALFRED HITCHCOCK, *Vertigo,* 1958.

Affiche du film *Vertigo* d'**Alfred Hitchcock**, 1958.

EXERCICE 4

***Le Cabinet du Dr Caligari*, de Robert Wiene, est considéré comme l'un des chefs-d'œuvre du cinéma expressionniste allemand.**

a. Étudiez le cadrage et l'éclairage de cette scène. En quoi permettent-ils de créer une atmosphère onirique ?

b. Par quels autres moyens Wiene lui confère-t-il une dimension inquiétante et fantastique ?

c. Pour Hermann Warm, directeur artistique et chef décorateur de ce long-métrage, « les films doivent être des gravures rendues vivantes ». En quoi cette idée explique-t-elle les choix esthétiques de cette prise de vue ?

Robert Wiene, *Le Cabinet du Dr Caligari*, 1922.

EXERCICE 5

Avec la bande-annonce, l'affiche d'un film présente les informations essentielles permettant d'identifier son sujet, son genre et d'assurer sa publicité. Elle peut cependant comporter une part d'ambiguïté ou de mystère.

a. Étudiez la composition de cette affiche, en prêtant une attention toute particulière aux caractères d'imprimerie choisis et aux couleurs employées.

b. Sur quels jeux de contrastes et d'oppositions l'image est-elle construite ? Quels effets produit-elle sur le spectateur ?

c. À quel genre, selon vous, le film de Jean Renoir appartient-il ? À quelle époque se déroule-t-il ? Comment interprétez-vous son titre ?

d. Quelles informations les costumes apportent-ils sur l'identité de ces deux personnages de la *Grande Illusion* ? Quelle semble être leur relation ? Pour quelle raison est-ce surprenant ? Montrez comment l'ambiguïté de l'affiche illustre l'ambiguïté de cette scène.

Jean Renoir, *La Grande Illusion*, 1937.

Pierre Fresnay et Erich von Stoheim dans *La Grande Illusion* de **Jean Renoir**, 1937.

3. Le récit : la narration, la focalisation

OUTILS D'ANALYSE LITTÉRAIRE

LA VOIX NARRATIVE ET LA PERSONNE

- On distingue l'**auteur** (une personne réelle) du **narrateur** (la voix fictive racontant l'histoire).
- Dans un **récit à la première personne**, on peut hésiter sur l'identité du narrateur. Dans une **autobiographie**, le **narrateur est l'auteur**.

> Sur un des plus hauts rayons de la bibliothèque, je revois encore une série de tomes cartonnés, à dos de toile noire. (Colette, *Sido*, 1930)

- Quand **le récit n'est pas une autobiographie**, le **narrateur** de première personne n'est pas l'auteur mais **un des personnages de l'histoire**. L'emploi de la première personne dans une fiction donne l'impression que l'histoire est véridique.

> Ô combien j'ai pleuré de fois de ne pas être née laide, bête, sotte, orgueilleuse. (Denis Diderot *La Religieuse,* 1796.)

QUESTION **Quels indices révèlent qu'il s'agit d'un roman et non d'une autobiographie ?**

LE NARRATEUR DANS UN RÉCIT À LA TROISIÈME PERSONNE

Le narrateur peut **raconter l'histoire** sans manifester sa présence dans le récit. Mais il peut, au contraire, **être présent par ses jugements**, en passant du récit au discours, en commentant l'action et en jugeant les personnages.

> Ma bohémienne ne pouvait prétendre à tant de perfections. (Prosper Mérimée, *Carmen*, 1847.)

LE POINT DE VUE

Le narrateur peut adopter **différents points de vue** (ou focalisations).

Le point de vue interne

Le narrateur raconte ou décrit en se plaçant du **point de vue d'un personnage**. Des verbes de perception, de pensée ou de sentiment introduisent souvent ce point de vue. Le lexique, porteur de connotations mélioratives ou péjoratives, reflète la sensibilité du personnage.

> Charles se tut [...] il la **voyait** par-derrière, dans la glace, entre deux flambeaux. Ses yeux noirs semblaient plus noirs. Ses bandeaux, doucement bombés vers les oreilles, luisaient d'un éclat bleu ; une rose à son chignon tremblait sur une tige mobile, avec des gouttes d'eau factices. (Gustave Flaubert, *Madame Bovary*, 1857.)

QUESTION **Quelle expression introduit le point de vue interne ? Quels termes connotent la douceur et la délicatesse ? Que peut-on deviner des sentiments de Charles ?**

Le point de vue externe

Le narrateur limite le récit à ce qu'**un spectateur** percevrait. Ce procédé, très présent au XXe siècle par imitation du cinéma, est surtout employé dans les débuts de récit.

> Vers la fin de l'année 1612, par une froide matinée de décembre, un jeune homme dont le vêtement était de très mince apparence, se promenait devant la porte d'une maison située rue des Grands-Augustins, à Paris. (Honoré de Balzac, *Le chef-d'œuvre inconnu*, 1831.)
>
> Le personnage est anonyme et rien n'explique sa présence. Seule son apparence est décrite.

Le point de vue omniscient

Le narrateur peut jouer de **toutes les positions** : adopter différents points de vue internes, un point de vue externe, ou se placer en surplomb et en savoir plus que les personnages.

> Cosette était rouée de coups, cela venait de la femme ; elle allait pieds nus l'hiver, cela venait du mari. **Cosette** montait, descendait, lavait, brossait, frottait, balayait, courait, trimait, [...] (Victor Hugo, *Les Misérables*, 1862.)

QUESTION **Pourquoi peut-on dire qu'il s'agit d'un point de vue omniscient ?**

S'ENTRAÎNER

EXERCICE 1

a. Dans cet extrait, le narrateur est-il l'auteur ?

b. Quels éléments du paratexte permettent de répondre ?

c. Que vous apprend le texte sur l'identité du narrateur ?

Mais reprenons vite mon récit ; je suis toute honteuse du raisonnement que je viens de faire, et j'étais toute glorieuse en le faisant : vous verrez que j'y prendrai goût ; car dans tout il n'y a, dit-on, que le premier pas qui coûte. Eh ! pourquoi n'y reviendrais-je pas ? Est-ce à cause que je ne suis qu'une femme, et que je ne sais rien ? Le bon sens est de tout sexe ; je ne veux instruire personne ; j'ai cinquante ans passés…

MARIVAUX, *La Vie de Marianne*, 1731.

EXERCICE 2

Dans le texte suivant, « je » désigne-t-il un personnage de fiction ou l'écrivain ? Vous justifierez votre réponse.

Tout allait à merveille. J'avais obtenu, presque arraché l'estime de tout le monde : les épreuves étaient finies, et l'on me regardait généralement dans la maison comme un jeune homme de la plus grande espérance, qui n'était pas à sa place et qu'on s'attendait d'y voir arriver. Mais ma place n'était pas celle qui m'était assignée par les hommes, et j'y devais parvenir par des chemins bien différents. Je touche à un de ces traits caractéristiques qui me sont propres, et qu'il suffit de présenter au lecteur sans y ajouter de réflexion.

JEAN-JACQUES ROUSSEAU, *Confessions*, livre 3, 1765-1767.

ANTOINE COLBET, *Jean-Jacques Rousseau écrivant*, 1934.

EXERCICE 3

a. Identifiez, dans cet incipit de roman, les passages narratifs, d'une part, et ceux qui sont un commentaire du narrateur, d'autre part.

b. Dans les commentaires, que veut faire comprendre le narrateur ?

c. Quels éléments de la description de Georges sont dépréciatifs ?

d. Que peut imaginer le lecteur pour la suite du récit ?

Elle avait été élevée dans une de ces familles qui vivent enfermées en elles-mêmes, et qui semblent toujours loin de tout. […] Les enfants ne se doutent de rien, et ils arrivent à l'âge de vivre à leur tour, avec un bandeau sur les yeux et sur l'esprit, sans soupçonner les dessous de l'existence, sans savoir qu'on ne pense pas comme on parle, et qu'on ne parle point comme on agit ; sans savoir qu'il faut vivre en guerre avec tout le monde, ou du moins en paix armée, sans deviner qu'on est sans cesse trompé quand on est naïf, joué quand on est sincère, maltraité quand on est bon. […] Les Savignol marièrent leur fille Berthe à dix-huit ans. Elle épousa un jeune homme de Paris, Georges Baron, qui faisait des affaires à la Bourse. Il était beau garçon, parlait bien, avec tous les dehors probes qu'il fallait ; mais, au fond du cœur, il se moquait un peu de ses beaux-parents attardés, qu'il appelait entre amis : « Mes chers fossiles ».

GUY DE MAUPASSANT, *Le Pardon*, 1882.

EXERCICE 4

a. Dans le texte suivant, relevez les expressions qui décrivent la moustiquaire et le dormeur.

b. Relevez les éléments de modalisation qui font comprendre les sentiments éprouvés par Tchen.

c. Relevez les termes de vocabulaire connotés dans un sens négatif.

d. Nommez le point de vue choisi et expliquez quel est son intérêt.

La scène se déroule en Chine. Un jeune révolutionnaire se prépare à tuer un homme.

Tchen tenterait-il de lever la moustiquaire ? Frapperait-il au travers ? L'angoisse lui tordait l'estomac ; il connaissait sa propre fermeté, mais n'était capable en cet instant que d'y songer avec hébétude, fasciné par ce tas de mousseline blanche qui tombait du plafond sur un corps moins visible qu'une ombre, et d'où sortait seulement ce pied à demi incliné par le sommeil, vivant quand même – de la chair d'homme. La seule lumière venait du building voisin : un grand rectangle d'électricité pâle, coupé par les barreaux de la fenêtre dont l'un rayait le lit juste au-dessous du pied comme pour en accentuer le volume et la vie. Quatre ou cinq klaxons grincèrent à la fois. Découvert ? Combattre, combattre des ennemis qui se défendent, des ennemis éveillés ! La vague de vacarme retomba : quelque embarras de voitures (il y avait encore des embarras de voitures, là-bas, dans le monde des hommes…).

ANDRÉ MALRAUX, *La Condition humaine*, Éd. Gallimard, 1933.

4. Le temps dans le récit

OUTILS D'ANALYSE LITTÉRAIRE

TEMPS DE LA NARRATION, TEMPS DU RÉCIT

Un récit suppose la rencontre de deux chronologies : le **temps de la narration** et le **temps du récit**. Le **temps de la narration** correspond au nombre de pages consacrées au récit. Le **temps du récit** correspond au temps de la fiction, c'est-à-dire à la durée attribuée à l'histoire racontée.

> *Un cœur simple* de Flaubert, nouvelle qu'on lit en quelques heures (temps de la narration), raconte la vie entière de la servante Félicité (temps de la fiction).

LE RYTHME DU RÉCIT

Le récit change de **rythme** : le narrateur peut le condenser, le ralentir, l'accélérer...

La scène

Elle correspond à un **ralentissement**, comme si les événements racontés étaient représentés sur une scène de théâtre. On y trouve des dialogues. L'auteur raconte dans les scènes les **moments importants** de l'action.

> MOBILISATION GÉNÉRALE
> LE PREMIER JOUR DE LA MOBILISATION
> EST LE DIMANCHE 2 AOÛT
>
> Jenny serrait contre son buste la main que Jacques avait glissée sous son bras. Lui, il restait immobile. Comme les autres, il pensait : « Ça y est. » (Roger Martin du Gard, *Les Thibaut*)

QUESTIONS Pourquoi ce moment est-il important ? Que révèle l'attitude des personnages ?

La pause

Elle marque un **arrêt** de l'action. Ce peut être une description ou une intervention du narrateur.

Le résumé (ou sommaire)

Il marque une **accélération**. Il **concentre** en une notation brève un épisode temporel assez long ne méritant pas d'être détaillé. Il peut aussi avoir une fonction expressive.

L'ellipse

Le narrateur **passe sous silence** certains moments, soit parce qu'ils sont sans intérêt pour l'évolution de l'intrigue, soit pour ménager un effet de surprise. Il obtient ainsi un effet de **concentration dramatique**. L'ellipse est indiquée par des expressions de temps comme *vingt ans plus tard, le lendemain*...

L'ORDRE DE LA NARRATION

Ordre chronologique

Le narrateur peut raconter les événements de manière chronologique. Parfois, cependant, il choisit de perturber l'ordre du récit par rapport à celui de la fiction pour produire certains effets.

Le retour en arrière (ou analepse)

Dans le cas d'un retour en arrière, le narrateur raconte des épisodes qui ont déjà eu lieu dans le temps de la fiction. Cela permet de faire comprendre une situation à la lumière du passé.

> Dès la cinquantaine, elle ne marqua plus aucun âge [...] Elle avait eu, comme une autre, son histoire d'amour. (Gustave Flaubert, *Un cœur simple*, 1877.)

QUESTIONS Citez la phrase où se situe l'analepse. Relevez les deux verbes qui expriment cette évocation. Quel est leur temps ?

L'anticipation (ou prolepse)

C'est le procédé contraire : le narrateur anticipe le développement du récit en décrivant des faits qui se déroulent dans le futur de la fiction leur donnant une valeur de destin.

> Il part en direction de la gare maritime du Havre afin de se rendre en Amérique du Nord. C'est la première fois qu'il y va, ce sera la dernière. Il lui reste aujourd'hui, pile, dix ans à vivre. (Jean Echenoz, *Ravel*, 2006.)

QUESTION Quel élément du futur de la vie de Ravel est annoncé conjointement à l'évocation du voyage du musicien ? Quel est l'effet produit ?

S'ENTRAÎNER

EXERCICE 1

a. Identifiez le rythme du récit dans l'extrait suivant. Quelle durée de sa vie l'empereur évoque-t-il en quelques phrases ? Pourquoi l'écrivain a-t-il fait le choix de ce rythme ?

b. Relevez les notations temporelles. Que montrent-elles sur la façon dont l'empereur occupe son temps ? Qu'est-ce que cela lui apporte ?

L'empereur de Chine raconte son enfance à un peintre qu'il admire.

« Les quelques vieux serviteurs qu'on m'avait octroyés se montraient le moins possible ; les heures tournaient en cercle ; les couleurs de tes peintures s'avivaient avec l'aube et pâlissaient avec le crépuscule. La nuit, quand je ne parvenais pas à dormir, je les regardais et, pendant près de dix ans, je les ai regardées toutes les nuits. Le jour, assis sur un tapis dont je savais par cœur le dessin, reposant mes paumes vides sur mes genoux de soie jaune, je rêvais aux joies que me procurerait l'avenir. »

MARGUERITE YOURCENAR, *Comment Wang-Fô fut sauvé*, Éd. Gallimard, 1936.

EXERCICE 2

a. Identifiez le rythme du récit.

b. Justifiez le choix d'un tel rythme.

c. Que peut-on imaginer à partir de l'opposition entre la situation du père et celle de sa fille ?

Eugène, qui se trouvait pour la première fois chez le père Goriot, ne fut pas maître d'un mouvement de stupéfaction en voyant le bouge où vivait le père, après avoir admiré la toilette de la fille. La fenêtre était sans rideaux ; le papier de tenture collé sur les murailles s'en détachait en plusieurs endroits par l'effet de l'humidité, et se recroquevillait en laissant apercevoir le plâtre jauni par la fumée.

HONORÉ DE BALZAC, *Le Père Goriot*, 1835.

EXERCICE 3 : ÉCRITURE

a. Quel est le rythme du récit adopté dans le passage souligné ? Et dans le reste du texte ?

b. Transformez le passage souligné en scène. Vous alternerez moments au style direct et moments descriptifs. Vous pourrez introduire, dans des pauses narratives, des interventions d'un narrateur omniscient qui commentera les sentiments ressentis par les personnages.

Le jeune Étienne Lantier cherche du travail dans les mines

– Il y a des fabriques à Montsou ? demanda le jeune homme.
Le vieux cracha noir, puis répondit dans le vent :
– Oh ! ce ne sont pas les fabriques qui manquent. Fallait voir ça, il y a trois ou quatre ans ! Tout ronflait, on ne pouvait trouver des hommes, jamais on n'avait tant gagné... Et voilà qu'on se remet à se serrer le ventre. Une vraie pitié dans le pays, on renvoie le monde, les ateliers ferment les uns après les autres... Ce n'est peut-être pas la faute de l'empereur ; mais pourquoi va-t-il se battre en Amérique ? Sans compter que les bêtes meurent du choléra, comme les gens.
Alors, en courtes phrases, l'haleine coupée, tous deux continuèrent à se plaindre. Étienne racontait ses courses inutiles depuis une semaine ; il fallait donc crever de faim ? Bientôt les routes seraient pleines de mendiants. Oui, disait le vieillard, ça finirait par mal tourner, car il n'était pas Dieu permis de jeter tant de chrétiens à la rue.
– On n'a pas de la viande tous les jours.
– Encore si l'on avait du pain !
– C'est vrai, si l'on avait du pain seulement !

ÉMILE ZOLA, *Germinal*, 1885.

EXERCICE 4 : ÉCRITURE

Voici le début d'une comédie. Transformez-le en récit à la troisième personne. Vous utiliserez les didascalies pour imaginer les lieux et décrire les personnages. Vous pourrez introduire des commentaires du narrateur.

Scène première

Une rue devant la maison de Claudio.

MARIANNE, sortant de chez elle un livre de messe à la main ; CIUTA, l'abordant.

CIUTA.– Ma belle dame, puis-je vous dire un mot ?

MARIANNE.– Que me voulez-vous ?

CIUTA.– Un jeune homme de cette ville est éperdument amoureux de vous ; depuis un mois entier, il cherche vainement l'occasion de vous l'apprendre ; son nom est Cœlio ; il est d'une noble famille et d'une figure distinguée.

MARIANNE.– En voilà assez. Dites à celui qui vous envoie qu'il perd son temps et sa peine, et que, s'il a l'audace de me faire entendre une seconde fois un pareil langage, j'en instruirai mon mari.

Elle sort.

CŒLIO, *entrant.* – Eh bien ! Ciuta, qu'a-t-elle dit ?

CIUTA. – Plus dévote et plus orgueilleuse que jamais. Elle instruira son mari, dit-elle, si on la poursuit plus longtemps.

CŒLIO. – Ah ! malheureux que je suis, je n'ai plus qu'à mourir. Ah ! la plus cruelle de toutes les femmes ! Et que me conseilles-tu, Ciuta ? Quelle ressource puis-je encore trouver ?

CIUTA. – Je vous conseille d'abord de sortir d'ici, car voici son mari qui la suit.

Ils sortent. — Entrent Claudio et Tibia.

ALFRED DE MUSSET, *Les Caprices de Marianne*, 1833.

5. Le théâtre : structure, visées, espace, temps

OUTILS D'ANALYSE LITTÉRAIRE

LE THÉÂTRE, UN TEXTE À VOIR

• **Le théâtre s'adresse avant tout à un spectateur.** Il est écrit en vue d'une **représentation**. Le mot « théâtre » vient d'une racine grecque signifiant « regarder ».

• Les **didascalies**, destinées au metteur en scène et aux acteurs, donnent des **indications** pour le décor, le jeu des comédiens. Si elles sont contenues dans les répliques, on parle de didascalies **internes**.

LA STRUCTURE D'UNE PIÈCE DE THÉÂTRE

• L'**action dramatique** est souvent répartie en **actes** (cinq dans le théâtre classique) qui correspondent parfois à des changements de lieu. Les **scènes**, contenues dans chaque acte, correspondent aux entrées et sorties des personnages.

• Au début de la pièce, les scènes d'exposition permettent de comprendre la situation de départ (lieu, époque, personnages, intrigue). Les **péripéties** font avancer l'action. Le **dénouement** occupe les dernières scènes et fixe le sort des personnages. Le **coup de théâtre** est un événement inattendu qui fait changer le cours de l'action. Le **quiproquo** est un malentendu entre les personnages. Le procédé est souvent employé dans la comédie où il fait rire.

LES VISÉES DU TEXTE THÉÂTRAL

Le théâtre, qui s'adresse à un public collectif, peut avoir des **visées** diverses : l'auteur peut vouloir divertir, faire rire, peindre les passions humaines, faire réfléchir.

> Démokos. – Quelle est cette lâcheté ? Tu rends Hélène ? Troyens, aux armes ! On nous trahit... Rassemblez-vous... Et votre chant de guerre est prêt ! Écoutez votre chant de guerre !
> Hector. – Voilà pour ton chant de guerre !
> Démokos *tombant*. – Il m'a tué !
> Hector. – La guerre n'aura pas lieu, Andromaque !
> (Jean Giraudoux, *La guerre de Troie n'aura pas lieu*, 1935.)

QUESTIONS **Quand la pièce a-t-elle été écrite ? En quoi son sujet est-il lié à l'actualité ? Sur quoi le dramaturge veut-il faire réfléchir ?**

L'ESPACE ET LE TEMPS AU THÉÂTRE

• L'**espace scénique** est l'espace représenté sur la scène et où se déroule la représentation. Il peut imiter un espace réel ou avoir une dimension symbolique.

• Les pièces du théâtre classique respectent la règle d'unité de lieu et se déroulent dans un espace scénique neutre : par exemple, les tragédies ont souvent pour décor l'antichambre d'un palais. Au contraire, le théâtre romantique multiplie les lieux représentés ; on en compte ainsi dix-sept dans *Lorenzaccio* de Musset.

• L'**espace dramatique** est l'espace fictif auquel renvoient les répliques des personnages et où se déroule l'ensemble de l'action dramatique. Il permet d'élargir l'action à des lieux **non représentés.** Les actions **hors scène** sont connues grâce aux propos des personnages et peuvent prendre la forme d'un **récit**.

• Le **temps de la représentation** (deux ou trois heures) est celui pendant lequel les spectateurs sont réunis. Il ne correspond presque jamais avec le **temps de l'action**. L'idéal classique vise à rapprocher les deux temps et impose une durée maximale de vingt-quatre heures pour l'action. Mais l'action peut durer beaucoup plus longtemps. Les coupures entre les actes sont des ellipses théâtrales qui passent sous silence une partie de la vie des personnages et reprennent plus tard la représentation de l'action. Dans ce cas, les propos des personnages apprennent au public ce qui s'est passé hors scène, entre les actes.

S'ENTRAÎNER

EXERCICE 1

Voici une scène d'exposition de comédie.

a. Analysez les didascalies et dites sur quoi elles apportent des indications.

b. Précisez quels sont les personnages sur scène et ceux qui sont évoqués. Qu'apprend-on des liens qui les unissent, de leur caractère, de leur passé ? Quelle est la situation dramatique mise en place ?

ACTE I

Un salon chez Lucette Gautier. Ameublement élégant [...]

Scène première

FIRMIN, MARCELINE

Au lever du rideau, Marceline est debout, à la cheminée sur laquelle elle s'appuie de son bras droit, en tambourinant du bout des doigts comme une personne qui s'agace d'attendre [...].

MARCELINE, *allant s'asseoir sur le canapé.*

Non, écoutez, Firmin, si vous ne servez pas, moi je tombe !

FIRMIN, *descendant à elle.*

Mais, Mademoiselle, je ne peux pas servir tant que madame n'est pas sortie de sa chambre.

MARCELINE, *maussade.*

Oh ! bien, elle est ennuyeuse, ma sœur ! vraiment, moi qui la félicitais hier, ... qui lui disais : « Enfin, ma pauvre Lucette, si ton amant t'a quittée... si ça t'a fait beaucoup de chagrin, au moins, depuis ce temps-là, tu te lèves de bonne heure, et on peut déjeuner à midi ! » C'était bien la peine de la complimenter.

FIRMIN

Qui sait ? madame a peut-être trouvé un successeur à M. de Bois-d'Enghien !

MARCELINE, *avec conviction.*

Ma sœur !... Oh ! non ! elle n'est pas capable de faire ça !... Elle a la nature de mon père ! c'est une femme de principes ! si elle avait dû le faire, *(changeant de ton)* je le saurais au moins depuis deux jours.

FIRMIN, *persuadé par cet argument.*

Ah ! alors !...

MARCELINE, *se levant.*

Et puis, quand cela serait ! ce ne serait pas encore une raison pour ne pas être debout à midi et quart !... Je comprends très bien que l'amour vous fasse oublier l'heure !... *(Minaudant.)* Je ne sais pas... je ne connais pas la chose !

FIRMIN

Ah ?

MARCELINE

Non.

FIRMIN

Ah ! ça vaut la peine !

GEORGES FEYDEAU, *Un fil à la patte*, 1894.

EXERCICE 2

a. Quel est le thème de la réplique de Clitandre ? Quel en est le propos ?

b. Quelles questions le spectateur est-il conduit à se poser ?

c. Quelles positions de Clitandre peuvent être approuvées ou, au contraire, contestées ?

d. Quelle est la visée du texte ?

Clitandre s'adresse à Henriette, fille de Philaminte, une des femmes savantes.

CLITANDRE

Mon cœur n'a jamais pu, tant il est né sincère,
Même dans votre sœur flatter leur caractère,
Et les femmes docteurs ne sont point de mon goût.
Je consens qu'une femme ait des clartés de tout ;
Mais je ne lui veux point la passion choquante
De se rendre savante afin d'être savante ;
Et j'aime que souvent, aux questions qu'on fait,
Elle sache ignorer les choses qu'elle sait ;
De son étude enfin je veux qu'elle se cache,
Et qu'elle ait du savoir sans vouloir qu'on le sache,
Sans citer les auteurs, sans dire de grands mots,
Et clouer de l'esprit à ses moindres propos.

MOLIÈRE, *Les Femmes savantes*, acte I, scène 3, 1672.

EXERCICE 3

Dans cet extrait de tragédie, quel est l'espace scénique ? Quel est l'espace dramatique ?

ANTIOCHUS

Arrêtons un moment. La pompe de ces lieux,
Je le vois bien, Arsace, est nouvelle à tes yeux.
Souvent ce cabinet superbe et solitaire
Des secrets de Titus est le dépositaire.
C'est ici quelquefois qu'il se cache à sa cour,
Lorsqu'il vient à la reine expliquer son amour.
De son appartement cette porte est prochaine,
Et cette autre conduit dans celui de la reine.

JEAN RACINE, *Bérénice*, acte I, scène 1, 1670.

EXERCICE 4

Lisez les didascalies d'ouverture des actes IV et V de *Cyrano de Bergerac*. Quelle partie de l'action n'est pas représentée ? À quel changement d'espace correspond cette ellipse ?

Acte IV. *Le poste qu'occupe la compagnie de Carbon de Castel-Jaloux au siège d'Arras.*

Acte V. *Quinze ans après, en 1655. Le parc du couvent que les Dames de la Croix occupaient à Paris.*

EDMOND ROSTAND, *Cyrano de Bergerac*, 1897.

6. Le fonctionnement de la parole au théâtre

OUTILS D'ANALYSE LITTÉRAIRE

LA DOUBLE ÉNONCIATION

Les personnages échangent des paroles sur la scène mais le public est le destinataire véritable de ce discours. Le texte de théâtre est donc fondamentalement un dialogue « surpris », écrit pour être écouté par d'autres.

> *Suzanne est la fiancée de Figaro.*
> Figaro. – Dix-neuf pieds sur vingt-six.
> Suzanne. – Tiens, Figaro, voilà mon petit chapeau ; le trouves-tu mieux ainsi ?
> Figaro *lui prend les mains*. – Sans comparaison, ma charmante. Oh ? que ce joli bouquet virginal, élevé sur la tête d'une belle fille, est doux, le matin des noces, à l'œil amoureux d'un époux !...
> Suzanne *se retire*. – Que mesures-tu donc là, mon fils ?
> Figaro. – Je regarde, ma petite Suzanne, si ce beau lit que Monseigneur nous donne aura bonne grâce ici.
> (Pierre-Augustin de Beaumarchais, *Le Mariage de Figaro*, acte I, scène 1, 1784.)

QUESTIONS **Relevez les informations que cette scène d'exposition est destinée à donner au lecteur/spectateur. Pourquoi peut-on parler de « dialogue surpris » ?**

L'ORGANISATION DE LA PAROLE THÉÂTRALE

Au théâtre, la parole est action, les personnages échangent des répliques.

- L'**aparté** est une réflexion qu'un personnage s'adresse à lui-même ; le véritable destinataire est le public.
- Le **monologue** joue le même rôle que l'aparté : dit par un personnage seul en scène, il fait comprendre ses pensées et ses sentiments.
- La **tirade**, fréquente dans la tragédie classique, est une longue réplique où un personnage fait comprendre ses pensées à un autre personnage présent sur scène. C'est un passage particulièrement travaillé, à étudier de près.
- La **stichomythie**, dans un texte en vers, est un échange de répliques vives et courtes (un vers ou moins). Elle sert à exprimer un moment de vive émotion ou de conflit.

LA PAROLE, ÉLÉMENT CONSTITUTIF DU PERSONNAGE DE THÉÂTRE

Niveaux de langue et style

- Le personnage existe à travers son niveau de langue et le style de son discours. Au valet de comédie, un langage familier ou idiomatique ; au héros tragique, une langue noble et travaillée.
- Les figures du discours (comparaison, anaphore, antithèse...) sont nombreuses et donnent aux répliques leur force expressive.

> Phèdre. – Je reconnus Vénus et ses feux redoutables,
> D'un sang qu'elle poursuit, tourments inévitables. (Jean Racine, *Phèdre*, 1677.)

QUESTION **En quoi le niveau de langue correspond-il à la fois à la catégorie sociale représentée et à l'état d'esprit du personnage ?**

Registres employés

Si de **nombreux registres** se rencontrent au théâtre (lyrique, pathétique, satirique...), **deux** d'entre eux correspondent à des **genres dramatiques**.

- Le **registre comique** repose sur des procédés employés dans la comédie. On distingue le comique de mots, le comique de répétition, le comique de gestes, le comique de situation (déguisements, quiproquos...) et le comique de caractère.
- Le **registre tragique** exprime la conscience qu'a le héros tragique de son malheur. Le héros lutte contre le destin mais en vain. Le registre tragique se caractérise donc par certains thèmes (le destin, la mort...). Dans l'écriture, il se caractérise par le lexique de la mort et du désespoir, et par une syntaxe expressive (exclamations, interrogations...).

S'ENTRAÎNER

EXERCICE 1

Étudiez, dans cet extrait d'une scène d'exposition, les indices de la double énonciation.

a. Relevez les passages qui apprennent au public le nom des personnages sur scène, leur statut social, leur lien avec deux autres personnages cités.

b. Quels éléments de la situation dramatique sont portés à la connaissance du spectateur ?

c. Comment la personnalité de Don Juan précède-t-elle son arrivée sur la scène ?

SGANARELLE, *tenant une tabatière.* – Quoi que puisse dire Aristote et toute la philosophie, il n'est rien d'égal au tabac : c'est la passion des honnêtes gens, et qui vit sans tabac n'est pas digne de vivre. Non seulement il réjouit et purge les cerveaux humains, mais encore il instruit les âmes à la vertu, et l'on apprend avec lui à devenir honnête homme. Ne voyez-vous pas bien, dès qu'on en prend, de quelle manière obligeante on en use avec tout le monde, et comme on est ravi d'en donner à droite et à gauche, partout où l'on se trouve ? On n'attend pas même qu'on en demande, et l'on court au-devant du souhait des gens : tant il est vrai que le tabac inspire des sentiments d'honneur et de vertu à tous ceux qui en prennent. Mais c'est assez de cette matière. Reprenons un peu notre discours. Si bien donc, cher Gusman, que done Elvire, ta maîtresse, surprise de notre départ, s'est mise en campagne après nous, et son cœur, que mon maître a su toucher trop fortement, n'a pu vivre, dis-tu, sans le venir chercher ici. Veux-tu qu'entre nous je te dise ma pensée ? J'ai peur qu'elle ne soit mal payée de son amour, que son voyage en cette ville produise peu de fruit, et que vous eussiez autant gagné à ne bouger de là.

GUSMAN. – Et la raison encore ? Dis-moi, je te prie, Sganarelle, qui peut t'inspirer une peur d'un si mauvais augure ? Ton maître t'a-t-il ouvert son cœur là-dessus, et t'a-t-il dit qu'il eût pour nous quelque froideur qui l'ait obligé à partir ?

SGANARELLE. – Non pas ; mais, à vue de pays, je connais à peu près le train des choses ; et sans qu'il m'ait encore rien dit, je gagerais presque que l'affaire va là. Je pourrais peut-être me tromper ; mais enfin, sur de tels sujets, l'expérience m'a pu donner quelques lumières.

GUSMAN. – Quoi ? ce départ si peu prévu serait une infidélité de don Juan ? Il pourrait faire cette injure aux chastes feux de done Elvire ?

MOLIÈRE, *Dom Juan ou le Festin de pierre*, acte I, scène 1, 1665.

EXERCICE 2

a. Qu'est-ce qui donne sa tonalité tragique au monologue ? Quels doutes exprime le personnage ?

b. Expliquez pourquoi Musset a recours ici au monologue. Quels procédés utilise-t-il ?

Lorenzo s'apprête à tuer le tyran de Florence, Alexandre de Médicis, dont il est le cousin. Pour y parvenir, il a dû se rapprocher de lui, et même devenir son favori.

LORENZO, *seul.*

De quel tigre a rêvé ma mère enceinte de moi ? Quand je pense que j'ai aimé les fleurs, les prairies et les sonnets de Pétrarque, le spectre de ma jeunesse se lève devant moi en frissonnant. Ô Dieu ! pourquoi ce seul mot « à ce soir », fait-il pénétrer jusque dans mes os cette joie brûlante comme un fer rouge ? De quelles entrailles fauves, de quels velus embrassements suis-je donc sorti ? Que m'avait fait cet homme ? Quand je pose ma main là, et que je réfléchis, – qui donc m'entendra dire demain : je l'ai tué, sans me répondre : Pourquoi l'as-tu tué ? Cela est étrange. Il a fait du mal aux autres, mais il m'a fait du bien, du moins à sa manière. Si j'étais resté tranquille au fond de mes solitudes de Cafaggiuolo, il ne serait pas venu m'y chercher, et moi, je suis venu le chercher à Florence. Pourquoi cela ? Le spectre de mon père me conduisait-il, comme Oreste, vers un nouvel Égisthe ? M'avait-il offensé alors ? Cela est étrange, et cependant pour cette action, j'ai tout quitté ; la seule pensée de ce meurtre a fait tomber en poussière les rêves de ma vie ; je n'ai plus été qu'une ruine, dès que ce meurtre, comme un corbeau sinistre, s'est posé sur ma route et m'a appelé à lui. Que veut dire cela ? Tout à l'heure, en passant sur la place, j'ai entendu deux hommes parler d'une comète. Sont-ce bien les battements d'un cœur humain que je sens là, sous les os de ma poitrine ? Ah ! pourquoi cette idée me vient-elle si souvent depuis quelque temps ? Suis-je le bras de Dieu ? Y a-t-il une nuée au-dessus de ma tête ? Quand j'entrerai dans cette chambre, et que je voudrai tirer mon épée du fourreau, j'ai peur de tirer l'épée flamboyante de l'archange, et de tomber en cendres sur ma proie. *(Il sort.)*

ALFRED DE MUSSET, *Lorenzaccio*, acte IV, scène 3, 1834.

ALFRED DE MUSSET, *Lorenzaccio*, 1834.

7. Le texte argumentatif

OUTILS D'ANALYSE LITTÉRAIRE

ARGUMENTER : THÈME, THÈSE, ARGUMENT, EXEMPLE

- **Argumenter**, c'est faire valoir son point de vue sur un sujet en justifiant sa position.
- Celui qui argumente défend la **thèse** qui lui semble la meilleure et critique la thèse adverse.
- L'**argument** est un **raisonnement** au moyen duquel on explique pourquoi telle thèse est valide.
- L'**exemple** est un **fait** qui peut servir de **preuve** ou d'**illustration**.

L'ÉNONCIATION DANS UNE ARGUMENTATION

Identifier l'**énonciation** est essentiel : Qui parle ? À qui ? Dans quel contexte ? On s'intéressera particulièrement à l'**étude des pronoms** identifiant l'énonciateur :
– ***Je*** : s'agit-il d'un personnage ou de l'auteur ?
– ***Nous*** : ce pronom inclut-il l'auteur seul ? l'auteur et un groupe de personnes particulières ? l'auteur et l'ensemble des lecteurs ?
– ***On*** : signifie-t-il *nous* (moi et d'autres), *vous* (mes contradicteurs), *tout le monde* (y compris mes lecteurs et moi ; ou, au contraire : tout le monde sauf mes lecteurs, et moi) ?

> Ce n'est donc plus aux hommes que je m'adresse ; c'est à toi, Dieu [...]. Tu ne nous as point donné un cœur pour nous haïr, et des mains pour nous égorger. (Voltaire)

QUESTIONS **Qui est l'énonciateur de ce texte ? Qui est désigné par le pronom *toi* ? À qui renvoie le *nous* employé ? Quelle est la visée du texte ? S'adresse-t-il réellement à Dieu ou aux humains ?**

LA MODALISATION

- La modalisation est le jugement exprimé par l'auteur sur ce qu'il dit, au moyen d'indices de modalisation. L'auteur peut évaluer le degré de certitude de ce qu'il avance (*peut-être*) ou donner son opinion (*une heureuse/triste nouvelle*).
- Les indices peuvent être des adverbes (*sûrement*), des propositions (*il est probable que*), des verbes (*s'étonner, sembler*), des modes (le conditionnel), un lexique mélioratif ou péjoratif. L'ironie est une manière indirecte de faire comprendre l'opinion de l'auteur.

> Je n'ignore pas cette croyance fort répandue : les affaires de ce monde sont gouvernées par Dieu [...]. Si bien qu'en y réfléchissant moi-même, il m'arrive parfois de l'accepter. (Nicolas Machiavel, *Le Prince*, 1532.)

QUESTIONS **Relevez le passage où l'auteur donne son opinion sur la question évoquée. Résumez sa position. Est-elle claire ?**

L'ARGUMENTATION ET LES GENRES LITTÉRAIRES

- Certains **genres littéraires** sont, par nature, **argumentatifs** : le **discours** ; la **fable** ; la **maxime**, qui énonce avec brièveté une vérité morale ; l'**essai**, qui rassemble les idées personnelles d'un auteur sur un sujet ; le **pamphlet**, qui attaque une institution ou une personne.
- Des œuvres relevant d'**autres genres** peuvent contenir des **passages argumentatifs** : tirade et échange de répliques au **théâtre**, portrait ou description dans un **récit**, un **poème**.

> 1. Le refus des louanges est un désir d'être loué deux fois. (François de La Rochefoucauld)
>
> 2. Une Montagne en mal d'enfant
> Jetait une clameur si haute
> Que chacun au bruit accourant
> Crut qu'elle accoucherait, sans faute,
> D'une ville comme Paris :
> Elle accoucha d'une souris. (Jean de La Fontaine)

QUESTIONS **Dites quel défaut critique chaque extrait. Précisez le genre littéraire auquel ces extraits appartiennent.**

S'ENTRAÎNER

EXERCICE 1

Voici des titres d'œuvres qui véhiculent des idées.

Dites, pour chacune, quel est le domaine dont elle traite et, quand c'est possible, à qui elle s'adresse.

Jacques-Bénigne Bossuet : *Oraison funèbre de Henriette-Anne d'Angleterre* ;
Nicolas Boileau : *Art poétique* ;
Jean-Jacques Rousseau : *Discours sur l'origine et les fondements de l'inégalité parmi les hommes* ;
Montesquieu : *Considérations sur les causes de la grandeur des Romains et de leur décadence*.

EXERCICE 2

a. En utilisant la présentation du texte, dites qui sont les énonciateurs et les destinataires véritables et supposés. Quel autre personnage prend la parole aux lignes 3 à 7 ?

b. Dites à qui renvoie chacun des pronoms soulignés.

c. En multipliant les énonciateurs et les destinataires, quelle idée Montesquieu cherche-t-il à faire admettre ? Cherchez un argument fort dans la dernière phrase.

Montesquieu feint de citer l'ouvrage d'un auteur juif. Cet ouvrage aurait été écrit à la suite de l'exécution par le feu à Lisbonne d'une jeune fille juive de dix-huit ans condamnée par les inquisiteurs parce qu'elle pratiquait sa religion, interdite alors en Espagne et au Portugal.

Vous vous plaignez, dit-il aux inquisiteurs, de ce que l'empereur du Japon fait brûler à petit feu tous les chrétiens qui sont dans ses États ; mais il vous répondra : Nous vous traitons, vous qui ne croyez pas comme nous, comme vous traitez ceux qui ne croient pas comme vous ; vous ne pouvez vous plaindre que de votre faiblesse, qui vous empêche de nous exterminer, et qui fait que nous vous exterminons. Mais il faut avouer que vous êtes bien plus cruels que cet empereur. Vous nous faites mourir, nous qui ne croyons que ce que vous croyez, parce que nous ne croyons pas tout ce que vous croyez. Nous suivons une religion que vous savez vous-mêmes avoir été autrefois chérie de Dieu ; nous pensons que Dieu l'aime encore, et vous pensez qu'il ne l'aime plus ; et, parce que vous jugez ainsi, vous faites passer par le fer et par le feu ceux qui sont dans cette erreur si pardonnable, de croire que Dieu aime encore ce qu'il a aimé.

MONTESQUIEU, « Très humble remontrance aux inquisiteurs d'Espagne et du Portugal », *De l'esprit des lois*, 1748.

EXERCICE 3

Expliquez en quoi les éléments soulignés sont ironiques. Pourquoi peut-on dire qu'il s'agit là d'indices de modalisation ?

On lui demanda juridiquement ce qu'il aimait le mieux d'être fustigé trente-six fois par tout le régiment, ou de recevoir à la fois douze balles de plomb dans la cervelle. Il eut beau dire que les volontés sont libres, et qu'il ne voulait ni l'un ni l'autre, il fallut faire un choix : il se détermina, en vertu du don de Dieu qu'on nomme *liberté*, à passer trente-six fois par les baguettes ; il essuya deux promenades.

VOLTAIRE, *Candide ou l'Optimisme*, 1759.

EXERCICE 4

a. Quel est le sujet de la scène ?

b. Que représente chacun des personnages ?

c. Reformulez les arguments d'Arlequin.

d. Son maître présente-t-il des arguments ? Pourquoi, selon vous ?

Le valet Arlequin et son maître Iphicrate se retrouvent, après un naufrage, sur l'île des esclaves. Des esclaves fugitifs y ont fondé une société sans maître ni serviteur.

IPHICRATE. – Eh ! Ne sais-tu pas que je t'aime ?

ARLEQUIN. – Oui ; mais les marques de votre amitié tombent toujours sur mes épaules, et cela est mal placé. Ainsi, tenez, pour ce qui est de nos gens, que le ciel les bénisse ! s'ils sont morts, en voilà pour longtemps ; s'ils sont en vie, cela passera, et je m'en goberge.

IPHICRATE, *un peu ému*. – Mais j'ai besoin d'eux, moi.

ARLEQUIN, *indifféremment*. – Oh ! cela se peut bien, chacun a ses affaires ; que je ne vous dérange pas !

IPHICRATE. – Esclave insolent !

ARLEQUIN, *riant*. – Ah ! Ah ! vous parlez la langue d'Athènes ; mauvais jargon que je n'entends plus.

IPHICRATE. – Méconnais-tu ton maître, et n'es-tu plus son esclave ?

ARLEQUIN, *se reculant d'un air sérieux*. – Je l'ai été, je le confesse à ta honte ; mais va, je te pardonne ; les hommes ne valent rien. Dans le pays d'Athènes, j'étais ton esclave, tu me traitais comme un pauvre animal, et tu disais que cela était juste, parce que tu étais le plus fort. Eh ! bien, Iphicrate, tu vas trouver ici plus fort que toi ; on va te faire esclave à ton tour ; on te dira aussi que cela est juste, et nous verrons ce que tu penseras de cette justice-là ; tu m'en diras ton sentiment, je t'attends là.

MARIVAUX, *L'Île des esclaves*, acte I, scène 1, 1725.

Marivaux, *L'île des esclaves* mise en scène de Irina Brook au théâtre de l'Atelier, 2005, avec Sidney Wernicke (Arlequin) et Fabio Zenomi (Iphicrate).

8. La démarche argumentative

OUTILS D'ANALYSE LITTÉRAIRE

DÉMARCHE ET PROGRESSION D'UN TEXTE ARGUMENTATIF

Dans une argumentation, l'auteur veut conduire le lecteur d'un point de départ à un point d'arrivée en suivant une certaine **démarche** : il conteste ou réinterprète les propos d'autres personnes sur le même thème. La **progression** argumentative se fonde donc sur la **discussion**.

> Il faut commencer par se dire à soi-même et par se bien convaincre que nous n'avons rien à faire dans ce monde qu'à nous y procurer des sensations et des sentiments agréables. Les moralistes qui disent aux hommes : réprimez vos passions, et maîtrisez vos désirs, si vous voulez être heureux, ne connaissent pas le chemin du bonheur. (Madame du Châtelet, *Discours sur le bonheur*, 1779.)

QUESTIONS **Quelle est l'idée que veut faire adopter l'auteure ? Avec qui entre-t-elle en discussion ?**

LES MOYENS DE L'ARGUMENTATION

- L'auteur peut s'adresser à la raison du lecteur et tenter de le convaincre par des arguments.

Types d'argument	Exemples
L'argument cause/conséquence : on met en relation une cause et sa conséquence.	Si on connaît les malheurs liés aux passions plus que les bonheurs, c'est que les malheureux ont besoin de parler aux autres. (Madame du Châtelet) **QUESTION** **Quelle cause fait que l'on connaît les malheurs liés aux passions ?**
L'argument par dissociation : on distingue deux éléments. Son contraire est l'**amalgame** : on montre qu'une distinction est fausse.	Il ne faut pas confondre les préjugés avec les bienséances. Les préjugés n'ont aucune vérité [...]. Les bienséances ont une vérité de convention. (Madame du Châtelet) **QUESTION** **Réfutez l'argument par dissociation en faisant un amalgame.**
L'argument sur les valeurs : on invoque ce que l'on juge bon, on condamne ce que l'on juge mauvais.	L'amour de la gloire [...] est entièrement fondé sur l'illusion, donc il est vain. (Madame du Châtelet) **QUESTIONS** **Quelle valeur est déniée ? Quelle valeur implicite sous-tend l'argument ?**
L'argument par définition : la forme de la définition donne une impression de vérité.	La guerre [...] est une maladie convulsive et violente du corps social. (Étienne Noël Damilaville et Denis Diderot)
L'appel à la logique, en particulier la réciprocité (se mettre à la place de l'autre).	Rentre en toi-même, Octave, et cesse de te plaindre Quoi ! tu veux qu'on t'épargne, et n'as rien épargné ! (Pierre Corneille, *Cinna*, 1641.)
L'argument d'autorité : c'est l'autorité de celui qu'on cite qui convainc.	Un voyant m'a dit que les vaccins étaient dangereux. **QUESTION** **Réfutez l'affirmation en contestant l'autorité invoquée.**

- L'auteur peut agir sur les émotions du lecteur et tenter de le persuader :

– il peut **susciter sa pitié ou sa frayeur** grâce à une description ou un récit qui le rendront spectateur d'une scène émouvante ;
– il peut l'**impliquer** dans son discours : il s'adresse au lecteur, utilise des phrases expressives (interrogatives, injonctives, exclamatives), il peut recourir à l'ironie ;
– il peut **agir sur les sens** du lecteur : il suscite des images (métaphores, analogies, comparaisons), utilise les sons et les rythmes de la phrase (parallélismes, répétitions, anaphores).

> Un homme est accusé d'un crime, vous l'enfermez d'abord dans un cachot affreux. [...] Quel est l'homme que cette procédure n'épouvante pas ? Quel est l'homme juste qui puisse être sûr de n'y pas succomber ? Ô juges ! Voulez-vous que l'innocent accusé ne s'enfuie pas, facilitez-lui les moyens de se défendre. (Voltaire)

QUESTIONS **Qui est le destinataire ? Comment l'auteur l'implique-t-il ?**

S'ENTRAÎNER

EXERCICE 1

a. Quelle est l'idée de la maréchale sur les liens entre la morale et la religion ? Et celle de Crudeli ? Relevez une réplique ironique.

b. Selon vous, quel avis correspond à celui de l'auteur ?

LA MARÉCHALE
C'est donc vous qui ne croyez rien ?
CRUDELI
Moi-même.
LA MARÉCHALE
Cependant votre morale est d'un croyant.
CRUDELI
Pourquoi non, quand il est honnête homme ?
LA MARÉCHALE
Et cette morale-là, vous la pratiquez ?
CRUDELI
De mon mieux.
LA MARÉCHALE
Quoi ! vous ne volez point, vous ne tuez point, vous ne pillez point ?
CRUDELI
Très rarement.
LA MARÉCHALE
Que gagnez-vous donc à ne pas croire ?
CRUDELI
Rien du tout, madame la maréchale. Est-ce qu'on croit, parce qu'il y a quelque chose à gagner ?

DENIS DIDEROT, *Entretien d'un philosophe avec la Maréchale de ****, 1776.

EXERCICE 2

Identifiez les types d'argument utilisés dans ces extraits.

1. Pourquoi cet homme si fortuné vivra-t-il dans une telle abondance et pourra-t-il contenter jusqu'aux désirs les plus inutiles d'une curiosité étudiée pendant que ce misérable, homme toutefois aussi bien que lui, ne pourra soutenir sa pauvre famille, ni soulager la faim qui le presse ? (Jacques-Bénigne Bossuet) (**1 type d'argument**)

2. Les prétendus sauvages d'Amérique ont des souverains qui reçoivent des ambassadeurs de nos colonies transplantées auprès de leur territoire par l'avarice et la légèreté. Ils connaissent l'honneur dont jamais nos sauvages d'Europe n'ont entendu parler. (Voltaire) (**1 type d'argument**)

3. Ce que j'appelle du nom de gloire est une espèce de joie fondée sur l'amour qu'on a pour soi-même et qui vient de l'opinion ou de l'espérance qu'on a d'être loué par quelques autres. Ainsi elle est différente de la satisfaction intérieure qui vient de l'opinion qu'on a d'avoir fait quelque bonne action. (René Descartes) (**2 types d'argument**)

4. En leur règle n'était que cette clause : « Fais ce que voudras », parce que les gens libres, bien nés, bien instruits, conversant en compagnie honnête, ont par nature un instinct et un aiguillon, qui toujours les pousse à accomplir des faits vertueux et les éloigne du vice, aiguillon qu'ils nommaient honneur. (François Rabelais) (**2 types d'argument**)

EXERCICE 3

a. Que combat l'auteur ?

b. Quels sentiments veut-il faire naître chez le lecteur ?

c. Quels moyens emploie-t-il pour cela ?

Il est bien cruel que, depuis Moscou jusqu'au Rhin, on dise que, n'ayant su nous[1] défendre ni sur mer ni sur terre, nous avons eu le courage de rouer l'innocent Calas, de pendre en effigie et de ruiner en réalité la famille Sirven, de disloquer dans les tortures le petit-fils d'un lieutenant général, un enfant de dix-neuf ans ; de lui couper la main et la langue, de jeter sa tête d'un côté, son corps de l'autre, dans les flammes, pour avoir chanté deux chansons grivoises, et avoir passé devant une procession sans ôter son chapeau.

VOLTAIRE, *Lettre à M. Chardon*, 5 avril 1767.

1. **Nous :** renvoie à la France et aux Français.

Voltaire promettant son appui à la famille Calas, lithographie d'après Bergeret, XIXe siècle.

EXERCICE 4 : ÉCRITURE

Préparez un discours qui sera prononcé devant les Nations unies pour défendre la cause animale et lutter contre la cruauté des traitements qui sont infligés aux animaux. Vous parlerez en tant que représentant(e) de la jeunesse d'un pays riche. Entraînez-vous à prononcer votre discours et adressez-le à la classe.

Coup de pouce

Préparez votre intervention en faisant des recherches sur les moyens d'abattage des animaux et sur les conditions de vie des bêtes dans certains élevages. Faites appel à la logique, à des valeurs, à des autorités, au lien cause/conséquence. Faites appel aussi aux sentiments en évoquant des situations concrètes pour faire réagir l'auditoire.

9. La poésie, un art du langage

OUTILS D'ANALYSE LITTÉRAIRE

LE LANGAGE POÉTIQUE

La poésie est un art du langage.

- La poésie travaille les mots comme une **matière sonore**, en jouant sur le retour, la répétition de mots et de sons. Dire « Je m'en vais » donne une information. Mais dire « Je m'en vais, je m'en vais, je m'en vais » crée un effet poétique.
- La poésie sollicite aussi la **sensibilité visuelle** : par la disposition du texte sur la page, mais surtout en faisant naître des images dans l'esprit du lecteur.
- La poésie utilise également cette propriété du langage qui s'appelle la **polysémie** (voir p. 56).
- La poésie joue enfin sur les **connotations** : le fait que les mots, au-delà de leur sens, entraînent des associations d'idées, sont liés à des souvenirs, éveillent des échos affectifs.

> Florence est ville et fleur et femme, elle est ville-fleur et ville-femme et fille-fleur tout à la fois. Et l'étrange objet qui paraît ainsi possède la liquidité du fleuve, la douce ardeur fauve de l'or et, pour finir, s'abandonne avec décence et prolonge indéfiniment par l'affaiblissement continu de l'e muet son épanouissement plein de réserve. À cela s'ajoute l'effort insidieux de la biographie. Pour moi, Florence est aussi une certaine femme, une actrice américaine [...] dont j'ai tout oublié, sauf [...] que je l'aimais et qu'elle s'appelait Florence. (Jean-Paul Sartre, *Qu'est-ce que la littérature ?*, Éd. Gallimard, 1947.)

QUESTIONS **Expliquez les associations d'idées de la première phrase : comment se mêlent réalité et imagination ? Sur quel aspect du mot portent les connotations analysées dans la deuxième phrase ? Quand l'auteur parle-t-il d'un point de vue individuel ?**

VISÉES ET THÈMES DE LA POÉSIE

- La poésie peut viser à **raconter**, **décrire**, **persuader**. Mais elle a une capacité propre : celle d'évoquer et de **célébrer** des éléments du monde. Un poème fait exister sentiments, choses et gens dans le présent de l'écriture et de la lecture.
- Les thèmes poétiques traditionnels sont la **nature**, l'**amour**, les **sentiments**, la **poésie** elle-même.

L'ÉNONCIATION

Le « je » du poète renvoie, plus qu'à sa personne, à sa voix dans le texte. C'est le « je » du lyrisme et de l'élégie. Parfois, le poète fait parler d'autres voix. Si cet énonciateur ne peut pas réellement parler (animal, objet, idée, humain mort), le procédé s'appelle une **prosopopée**.

> Un soir, l'âme du vin chantait dans les bouteilles :
> « Homme, vers toi je pousse, ô cher déshérité... » (Charles Baudelaire)

SONORITÉS ET RYTHMES DANS L'ÉCRITURE POÉTIQUE

Le **travail sur les sons** est fondé d'abord sur la **répétition** : répétition de phrases (refrain), d'expressions, de mots, de sons (allitérations pour les consonnes, assonances pour les voyelles). C'est le principe de la **rime**. Les **régularités** sont aussi **rythmiques** : on a un nombre fixe de syllabes dans les vers d'un même type.

> J'ai cueilli ce brin de bruyère
> L'automne est morte souviens-t'en
> Odeur du temps brin de bruyère
> Et souviens-toi que je t'attends
> (Guillaume Apollinaire, *Alcools*, 1913.)

QUESTIONS **Quel est le type de vers ? Quelle consonne présente à la rime est répétée ? Et quelle voyelle nasale ? À quel mot présent dans le poème cette voyelle renvoie-t-elle ?**

S'ENTRAÎNER

EXERCICE 1

a. Relevez deux images qui vous plaisent particulièrement. Quel objet naturel peut faire fonctionner l'image du vers 3 ?

b. Qu'est-ce qui relie, dans le sens et dans les sons, les mots *paresse* et *caresse* ?

c. Les femmes et la lune sont associées dans certaines croyances et traditions populaires. Comment cet élément est-il utilisé ici ?

d. Quelles connotations associées au lait sont utilisées dans le poème ?

Un nuage de paresse
Une moisson de caresses
Midi ouvert comme un œil
Aux délices de la terre
De la chaleur idéale
Et d'une femme de lait
De lait de lilas de lune
Tiède de lait fraîche de lune
La langue sucrée de lilas.

PAUL ÉLUARD, « Le lit la table », *Le Livre ouvert*, Éd. Gallimard, 1938-1944.

EXERCICE 2

a. Quelle assonance domine les sonorités de l'extrait ? Indiquez les deux mots comportant cette assonance autour desquels est construit le sens du texte.

b. Quel est le type de vers employé ?

C'est une nuit d'été ; nuit dont les vastes ailes
Font jaillir dans l'azur des milliers d'étincelles ;
Qui, ravivant le ciel comme un miroir terni,
Permet à l'œil charmé d'en sonder l'infini [...]

ALPHONSE DE LAMARTINE, « L'infini dans les cieux », *Harmonies poétiques et religieuses*, 1830.

EXERCICE 3

À qui le poète donne-t-il la parole ? Comment s'appelle ce procédé ?

Je suis belle, ô mortels ! comme un rêve de pierre,
Et mon sein, où chacun s'est meurtri tour à tour,
Est fait pour inspirer au poète un amour
Éternel et muet ainsi que la matière.

CHARLES BAUDELAIRE, *Spleen et Idéal*, *Les Fleurs du mal*, 1857.

EXERCICE 4

a. Quelle est la visée de cet extrait ?

b. La forme du texte vous paraît-elle adaptée à cette visée ?

Ce que j'ai voulu c'est garder les mots de tout le monde ;
Un passant parmi d'autres, puis plus personne (sinon
Ce bâton d'aveugle qui sonde au fond toute mémoire)
Afin que chacun dise est-ce moi, oui, c'est moi qui parle –
Mais avec ce léger décalage de la musique
À jamais solitaire et distraite qui le traverse.

JACQUES RÉDA, *La Tourne*, Éd. Gallimard, 1975.

EXERCICE 5

a. Première strophe. Quels passages du texte constituent une description ? Quelle vision de l'amour exprime le dernier vers ? Quel élément et quelle comparaison font le lien entre ces deux thèmes ? Concluez sur la visée du poème et les moyens de l'atteindre.

b. Deuxième strophe. Relevez deux vers dont le sens est obscur. Qu'évoquent-ils ? Puis étudiez cette strophe en suivant la méthode employée pour la première. Quel type de notation était absent au début du poème et apparaît ici ? Quelle est son importance dans un texte poétique ?

c. Strophe finale. Montrez en quoi, dans le thème et la forme, la fin ramène le lecteur au début du poème.

d. Proposez une étude au fil du texte.

Le pré est vénéneux mais joli en automne
Les vaches y paissant
Lentement s'empoisonnent
Le colchique couleur de cerne et de lilas
Y fleurit tes yeux sont comme cette fleur-là
Violâtres comme leur cerne et comme cet automne
Et ma vie pour tes yeux lentement s'empoisonne

Les enfants de l'école viennent avec fracas
Vêtus de hoquetons[1] et jouant de l'harmonica
Ils cueillent les colchiques qui sont comme des mères
Filles de leurs filles et sont couleur de tes paupières
Qui battent comme les fleurs battent au vent dément

Le gardien du troupeau chante tout doucement
Tandis que lentes et meuglant les vaches abandonnent
Pour toujours ce grand pré mal fleuri par l'automne

GUILLAUME APOLLINAIRE, « Les colchiques », *Alcools*, 1913.

1. **Hoqueton** : manteau à manches larges.

EXERCICE 6 : ÉCRITURE

Proposez un paragraphe de commentaire pour le poème de l'exercice 1. Vous montrerez qu'il s'agit de l'évocation d'une femme. Vous qualifierez cette évocation et vous montrerez, en utilisant vos réponses aux questions de l'exercice 1 et d'autres remarques, de quelle manière cette évocation est transmise au lecteur.

EXERCICE 7 : ÉCRITURE

Écrivez un poème-collage. Empruntez des groupes de trois mots maximum aux poèmes des exercices 1 à 4 et collez-les ensemble au moyen de mots que vous ajouterez. Donnez un titre à votre poème.

10. La poésie : formes et versification

OUTILS D'ANALYSE LITTÉRAIRE

LES RÈGLES DE LA MÉTRIQUE FRANÇAISE

Les différents types de vers

- Jusqu'à la seconde moitié du XIXe siècle, et la parution des *Petits Poèmes en prose* de Charles Baudelaire, la poésie française était exclusivement une poésie **versifiée**.
- Le **vers**, par opposition à la **prose**, est une unité visuelle et rythmique demandant un retour à la ligne une fois atteint un nombre de syllabes fixé par les règles de la **métrique**.
- Les **vers pairs** possèdent un nombre égal de syllabes et constituent, jusqu'au XXe siècle, les vers les plus fréquents. Un vers composé de six syllabes se nomme un **hexasyllabe**, de huit un **octosyllabe**, de dix un **décasyllabe** et de douze un **alexandrin**.
- Les **vers impairs**, plus rares, sont employés entre autres par Paul Verlaine, pour leur valeur musicale. L'**heptasyllabe** compte sept syllabes, l'**ennéasyllabe** en compte neuf et l'**hendécasyllabe** onze.
- Les **vers libres** sont dépourvus de mètres et de rimes, mais toujours caractérisés par le retour à la ligne. Si ces derniers apparaissent à la Renaissance, ils se répandent à partir de la fin du XIXe siècle, à mesure que les poètes s'émancipent des règles de la versification.

> La solitude m'a semblé plus vive que le sang
> Je voulais désunir la vie
> Je voulais partager la mort avec la mort (Paul Éluard)
>
> Dans ce poème d'Éluard, on trouve successivement un vers de quatorze syllabes, un hexamètre et un alexandrin, à chaque fois non rimés. Il s'agit donc de vers libres.

Comment identifier un vers ?

Pour identifier un vers, on compte le **nombre de syllabes** qui sont toutes prononcées, à l'exception de celles qui comportent un « e » caduc, également appelé « e » muet. En effet, le « e » est toujours muet lorsqu'il est situé à la fin du vers ou lorsque, placé à la fin d'un mot, le mot suivant commence par une voyelle ; il est alors élidé. On le prononce uniquement quand il est suivi d'un mot commençant par une consonne ou un « h » aspiré.

> Quelque ville mauresque, éclatante, inouïe (Victor Hugo).
>
> Dans cet alexandrin, les « e » de *quelq**u**e* et de *vill**e*** sont prononcés, puisqu'ils sont suivis de mots qui commencent par des consonnes, à savoir *ville* et *mauresque*. Toutefois, les « e » de *mauresqu**e*** et d'*éclatant**e*** sont caducs : les deux mots qui les suivent commencent par des voyelles. De plus, le « e » d'*inouï**e*** est également muet car situé à la fin du vers.
> On obtient donc le découpage suivant : *Quel/que/vi/lle/mau/res/que, é/cla/tan/te, i/nou/ïe*.

DIFFICULTÉS À SURMONTER

Il est possible de prononcer de deux manières différentes des groupes de voyelles commençant par « i », « u » ou « y », comme dans « l*io*n », « ambit*ieu*x » ou « n*ui*t ».

- On peut choisir de prononcer ces groupes comme une seule syllabe : c'est la **synérèse**.

> Mon/ sein/, **vier**/ge/ de/ preu/ves, a/ttes/te u/ne/ mor/sure (Stéphane Mallarmé).
> Dans cet alexandrin, le mot *vierge* ne compte que deux syllabes, le « i » et le « e » étant prononcés ensemble ; il s'agit d'une synérèse.

- Lorsque l'on prononce séparément les voyelles de ces groupes, et qu'on les compte pour deux syllabes, on réalise une **diérèse**. Celle-ci met en valeur ces mots du poème, dont elle accentue la diction.

> Bru/meu/se/, den/te/ler/ l'ho/ri/zon/ vi/**o**/let (Victor Hugo).
> Ici, on décompose *violet* en trois syllabes, et on prononce de manière distincte le « i » et le « o ».

LES CÉSURES ET LES COUPES

- Les vers les plus longs (à partir de neuf syllabes) sont généralement **composés**. Les groupes de mots sont répartis dans des **hémistiches** que sépare une **césure**. Celle-ci implique soit de marquer une pause à la lecture, soit de baisser la voix, soit d'accentuer le premier mot du second hémistiche.
- Dans la versification classique, les césures sont **fixes** :

- l'alexandrin possède deux hémistiches de six syllabes : 6 // 6.

> Aux humides brouillards // qui nagent dans ses yeux (Charles Baudelaire)

- Le décasyllabe fait suivre un hémistiche de quatre syllabes et un de six : 4 // 6.

> Et ces œillets, // et ces roses aussi (Pierre de Ronsard)

- La césure ne tombe jamais au milieu d'un mot, ni ne sépare les éléments d'un même groupe grammatical dans **la poésie classique** qui cherchait à faire coïncider harmonieusement le rythme et la syntaxe, le sens et la forme. Cette même règle est d'ailleurs applicable au vers entier, dont la fin doit correspondre à la fin d'un groupe ou d'une proposition.
- Toutefois, des poètes ont cherché à rompre un tel rapport pour obtenir des effets d'**amplification**, de **rupture** ou d'**insistance** : c'est ce que l'on nomme l'**enjambement**.
- Lorsque la fin d'un groupe grammatical déborde sur le vers ou l'hémistiche suivant, on parle de **rejet**.

> Et dès lors, je me suis baigné dans le poème
> **De la mer**, infusé d'astres et lactescent (Arthur Rimbaud).
> Ici, le complément *de la mer* est séparé du nom qu'il détermine puisqu'il est situé au début du second vers. Il s'agit d'un **rejet externe**.

- Lorsque le début d'un groupe grammatical commence au vers ou à l'hémistiche précédent, on parle de **contre-rejet**.

> Puis s'asseyait **parmi** // les écharpes soyeuses (Victor Hugo)
> La césure sépare la préposition *parmi* du groupe nominal qu'elle introduit et qui se trouve placé dans le second hémistiche. Il s'agit d'un **contre-rejet interne**.

- Les vers sont également structurés par des **coupes**. Ces dernières matérialisent leur rythme, issu de la répartition des **accents toniques**, qui frappent en français la dernière syllabe non muette d'un mot ou groupe de mots. On place généralement la coupe juste après l'accent tonique.

> C'est la m<u>o</u>rt, /ou la m<u>o</u>rt(e)... //O dél<u>i</u>c(e)/! ô tourm<u>e</u>nt ! (Gérard de Nerval)

- Le rythme peut être **binaire**, **ternaire**, **croissant**, **décroissant** ou **accumulatif**.

> L'alexandrin de Nerval possède ainsi un rythme binaire : chacun des deux hémistiches est divisé en deux mesures égales de trois syllabes chacune.

LES RIMES

- On définit la **rime** comme la répétition, en fin de vers, d'une sonorité déjà présente à la fin d'un vers précédent. Il est alors possible de classer les rimes selon leurs **qualités** :

- les **rimes pauvres** ne comptent qu'un seul son en commun, la voyelle accentuée ;
- les **rimes suffisantes** ont deux sons en commun, une voyelle et une consonne ;
- les **rimes riches** ont trois sons ou plus en commun.

> Rome de Rome est le seul monu**<u>ment</u>** / Et Rome Rome a vaincu seule**<u>ment</u>** (Joachim Du Bellay)
> Ces rimes partagent deux sons, « m » et « en » ; ce sont des rimes suffisantes.

- La disposition des rimes peut suivre des schémas précis :

- les **rimes plates ou suivies** ont une structure en AABB ;
- les **rimes embrassées** en ABBA ;
- les **rimes croisées** en ABAB.

- Les règles de la versification classique demandent de respecter, en fonction du schéma, l'alternance de **rimes féminines**, terminées par un « e » muet, et de **rimes masculines**.

> La tribu prophétique aux prunelles ar**dentes** / Hier s'est mise en route emportant ses **petits** / Sur son dos, ou livrant à leurs fiers ap**pétits** / Le trésor toujours prêt des mamelles pen**dantes** (Charles Baudelaire).

S'ENTRAÎNER

EXERCICE 1

Combien de syllabes prononcées comporte chacun de ces vers ? Justifiez à chaque fois en vous appuyant sur la règle du « e » muet.

1. D'une si belle vie osent noircir le cours (Jean Racine)
2. Ô vase de tristesse, ô grande taciturne (Charles Baudelaire)
3. Et que l'herbe amoureuse adresse au ciel charmant. (Victor Hugo)

EXERCICE 2

De combien de syllabes les vers suivants sont-ils formés ? Justifiez en vous aidant des règles du « e » muet, de la diérèse et de la synérèse.

1. Vous seule avez percé ce mystère odieux (Jean Racine)
2. Tu peux, comme il te plaît, me faire jeune ou vieux. (Victor Hugo)

EXERCICE 3

Relevez et expliquez les enjambements dans ces trois vers en vous appuyant sur leur analyse grammaticale.

1. Tout conjugue le verbe aimer. Voici les roses. (Victor Hugo)
2. Quand la nature, grande en ses desseins cachés (Charles Baudelaire)
3. Oh ! Quand donc aurez-vous fini, petits oiseaux (Victor Hugo).

EXERCICE 4

Déterminez la qualité des rimes de ces couples de vers. Justifiez.

1. Sur le rouet, où pend un fil souple et lié,
Fixent de loin, dans l'ombre, un œil humilié. (Victor Hugo)
2. L'onde approche, se brise, et vomit à nos yeux
Parmi des flots d'écume, un monstre furieux
(Jean Racine)

LES GROUPES DE VERS

Au sein d'un poème, les vers peuvent être répartis en différents ensembles, séparés par un **blanc typographique**, qui demande une pause à la lecture. Un groupe de deux vers se nomme un **distique**. On trouve ensuite, par ordre croissant, le **tercet**, le **quatrain**, le quintil, le **sizain**, le septain, le huitain, le neuvain, le **dizain**... Ces derniers peuvent alors former des **strophes** lorsque chaque schéma de rime employé est achevé.

EXERCICE 5

En quoi ces vers sont-ils des vers hétérométriques ? Pour quelle raison peut-on parler plus exactement ici de vers libres ?

C'est le beau lys que tous nous cultivons
C'est la torche aux cheveux roux que n'éteint pas le vent
C'est le fils pâle et vermeil de la douloureuse mère
C'est la double potence de l'honneur et de l'éternité

GUILLAUME APOLLINAIRE

Coup de pouce

Lorsqu'une strophe regroupe des vers de taille identique, elle est **isométrique**. Lorsque les vers possèdent des mètres différents, elle est **hétérométrique**.

LES FORMES FIXES LES PLUS COURANTES

- Le **sonnet** est constitué de quatre groupes de vers, deux quatrains et deux tercets, que l'on schématise traditionnellement de la manière suivante : ABBA // ABBA // CCD // EED.
- La **ballade** est composée de trois strophes identiques terminées par un **refrain** et d'une demi-strophe que l'on nomme l'**envoi**.
- L'**ode** est constituée de trois strophes, que l'on nomme **strophe**, **antistrophe** et **épode**.
- Le **rondeau** est formé de trois strophes, dont les deux dernières comportent un refrain, consistant en une reprise du tout premier vers du poème.

EXERCICE 6 : SYNTHÈSE

a. Identifiez le type de vers employé dans ce quatrain d'un sonnet de Ronsard. Justifiez en vous aidant de la règle du « e » muet et de la place des césures.

b. Étudiez la qualité des rimes et leur schéma. Les règles et les usages de la versification classique sont-ils respectés ?

c. Quel rythme domine dans ce passage ? Analysez l'effet que ce dernier produit.

d. Quels mots sont mis en valeur par leur place et le jeu des sonorités ? En quoi se rattachent-ils au thème du poème ?

e. Vous proposerez une lecture expressive de cet extrait.

Je n'ai plus que les os, un squelette je semble,
Décharné, dénervé, démusclé, dépoulpé,
Que le trait de la mort sans pardon a frappé ;
Je n'ose voir mes bras que de peur je ne tremble.

PIERRE DE RONSARD

11. Les figures de style

OUTILS D'ANALYSE LITTÉRAIRE

LES FIGURES DE L'ANALOGIE ET DE LA COMPARAISON

Comparer, c'est rapprocher un élément (le comparé) d'un autre (le comparant) en trouvant un **point commun**. Ce procédé permet de faire voir au lecteur un élément familier sous un jour nouveau.

> Quand le ciel bas et lourd pèse comme un couvercle (Charles Baudelaire)

- Dans la **comparaison**, un mot-outil (*comme, plus que*…) rapproche le comparé et le comparant.
- La **métaphore** est une comparaison qui n'utilise pas de mot-outil. On parle de **métaphore filée** si la comparaison est développée.

> Madame cependant a passé du matin au soir, ainsi que l'herbe des champs (comparaison) : le matin elle fleurissait, avec quelles grâces vous le savez ; le soir nous la vîmes séchée (métaphore filée). (Jacques-Bénigne Bossuet)

- La **personnification** fait d'une chose inanimée un être humain ou une créature imaginaire.

> Vieil océan, ô grand célibataire, quand tu parcours la solitude solennelle de tes royaumes (Lautréamont)

- L'**allégorie** présente une idée abstraite comme un personnage. On la reconnaît par l'emploi fréquent de majuscules.

> Et Nemrod disparu n'emporta pas la Guerre / Elle resta, parlant plus haut que le tonnerre (Victor Hugo)

QUESTION **Les allégories peuvent faire l'objet de tableaux, ou, plus fréquemment, de sculptures.Voici une représentation allégorique de la Justice. Expliquez les éléments symboliques de cette représentation.**

LES FIGURES DE L'OPPOSITION

Les **figures d'opposition** établissent un **contraste** qui met en valeur une idée ou une vision du monde. Leur effet est lié à la vigueur du contraste et peut aboutir à un paradoxe.

- L'**antithèse** permet de rapprocher dans une même phrase des mots ou des idées opposés.

> Je l'adorais vivant, et je le pleure mort. (Pierre Corneille)

- L'**oxymore** unit dans un même groupe syntaxique deux mots de sens contraire.

> Ces noms de roi des rois et de chef de la Grèce
> Chatouillaient de mon cœur l'orgueilleuse faiblesse. (Jean Racine)

- L'**antiphrase** consiste à exprimer l'opposé de ce que l'on veut faire comprendre. C'est un procédé de l'**ironie**.

> Il se pourrait, dans la suite des temps, que de misérables philosophes, sous le prétexte spécieux mais punissable d'éclairer les hommes et de les rendre meilleurs […]. (Voltaire)

QUESTION **Soulignez tous les mots employés par antiphrase.**

LES FIGURES DE L'EXAGÉRATION ET DE L'ATTÉNUATION

• L'**hyperbole** est une exagération.

Benjamin, *Caricature de Victor Hugo*, XIXe siècle.

[...] un cri, qui ne peut être comparé qu'au rugissement du Niagara, retentit longuement, hautement, furieusement, à travers toute la cité et tous les environs de Rotterdam. (Edgar Poe, trad. Charles Baudelaire.)

La caricature et le dessin de presse utilisent fréquemment l'hyperbole.

QUESTION **Repérez les hyperboles présentes dans ce dessin représentant Victor Hugo.**

• La **litote** consiste à dire moins pour suggérer plus.

Il n'est pas mal tourné, au moins ; ton cœur n'a qu'à se bien tenir, Lisette. (Marivaux)

LES FIGURES DE LA RÉPÉTITION ET DE L'INSISTANCE

• L'**énumération** crée l'idée d'une totalité en détaillant les différents éléments d'un ensemble.

Elle faisait tout dans le logis, les lits, les chambres, la lessive, la cuisine, la pluie, le beau temps, le diable. (Victor Hugo)

• La **gradation** est une énumération où les éléments sont classés par ordre croissant ou décroissant.

C'est un roc !... C'est un pic !... C'est un cap !
Que dis-je, c'est un cap ?... C'est une péninsule !
(Edmond Rostand)

• L'**anaphore** est la répétition d'une même expression en tête de plusieurs groupes syntaxiques ou de plusieurs vers.

Comme un bizarre objet perdu dont nul ne peut dire l'usage
Comme l'algue sur un sextant qu'échoie à terre la marée
Comme à la fenêtre un brouillard qui ne demande qu'à entrer
(Louis Aragon, *Le Roman inachevé*, éd. Gallimard, 1956.)

LES FIGURES DE LA SYMÉTRIE

• Le **parallélisme** est une figure de disposition qui consiste à reprendre des éléments construits de la même façon pour créer un effet de symétrie (ABAB).

Écouter ton amour, obéir à sa voix,
C'était m'en rendre indigne et diffamer ton choix. (Pierre Corneille)

QUESTION **Combien de parallélismes contient cet extrait ?**

• Le **chiasme** est un parallélisme dont les éléments sont disposés en croix (ABBA).

Et plus le mal amer plus merveilleux le bien (Louis Aragon)

S'ENTRAÎNER

EXERCICE 1

Repérez des anaphores, une gradation, une comparaison, des éléments de lexique hyperboliques. Quelle est la visée de ces procédés sur les auditeurs de ce discours ?

Ô nuit désastreuse ! Ô nuit effroyable où retentit tout à coup comme un éclat de tonnerre cette étonnante nouvelle : Madame[1] se meurt ! Madame est morte ! [...] Le roi, la reine, Monsieur, toute la cour, tout le peuple, tout est abattu, tout est désespéré. [...]

JACQUES-BÉNIGNE BOSSUET,
Oraison funèbre de Henriette-Anne d'Angleterre, 1670.

1. **Madame :** on appelait « Monsieur » le frère du roi Louis XIV et « Madame » sa femme.

EXERCICE 2

a. Repérez les figures de la comparaison : comparaisons, métaphores, personnification (filée).

b. Relevez une énumération et un parallélisme.

c. Quelle impression vous laissent ces vers ?

L'Océan resplendit sous sa vaste nuée
L'onde, de son combat sans fin exténuée,
S'assoupit, et, laissant l'écueil se reposer,
Fait de toute la rive un immense baiser.
On dirait qu'en tous lieux, en même temps, la vie
Dissout le mal, le deuil, l'hiver, la nuit, l'envie,
Et que le mort couché dit au vivant debout :
Aime ! et qu'une âme obscure, épanouie en tout,
Avance doucement sa bouche vers nos lèvres.

VICTOR HUGO, « Éclaircie », *Les Contemplations*, 1856.

EXERCICE 3

a. Montrez que, dans les deux caricatures suivantes, on trouve une hyperbole. Qu'est-ce qui est amplifié ? Pourquoi ?

b. Quelle figure de style est employée dans la caricature de Gil (image 2) ? Cherchez une biographie de Hugo pour comprendre le sens de ce procédé.

1. HONORÉ DAUMIER, *Victor Hugo*, lithographie au crayon, 1849.

2. GILL, *Amnistie ! : le vieux briseur de fer*, in *La petite lune*, 1879.

EXERCICE 4 : ÉCRITURE

a. Relevez toutes les expressions hyperboliques qui désignent la femme : lexique intensif, superlatifs, gradations, énumérations avec des antithèses.

b. Repérez toutes les figures de la comparaison qui transforment la femme en symbole ou en être légendaire. À quoi tendent toutes les expressions ?

c. Rédigez une partie de commentaire dont l'axe de lecture sera une poésie qui fait l'éloge de la femme aimée.

Que diras-tu ce soir, pauvre âme solitaire,
Que diras-tu, mon cœur, cœur autrefois flétri,
À la très belle, à la très bonne, à la très chère,
Dont le regard divin t'a soudain refleuri ?

– Nous mettrons notre orgueil à chanter ses louanges :
Rien ne vaut la douceur de son autorité ;
Sa chair spirituelle a le parfum des Anges,
Et son œil nous revêt d'un habit de clarté.

Que ce soit dans la nuit et dans la solitude,
Que ce soit dans la rue et dans la multitude,
Son fantôme dans l'air danse comme un flambeau.

Parfois il parle et dit : « Je suis belle, et j'ordonne
Que pour l'amour de moi vous n'aimiez que le Beau ;
Je suis l'Ange gardien, la Muse et la Madone. »

CHARLES BAUDELAIRE, *Les Fleurs du mal*, 1857.

12. Rendre compte d'une exposition

ÉCRITS D'APPROPRIATION

Pour rendre compte d'une visite d'exposition, pour la garder en mémoire, en tirer le meilleur profit et la faire découvrir, on doit tout d'abord préparer sa visite. On peut ensuite en rédiger un compte rendu mêlant texte et images.

COMMENT VISITER ACTIVEMENT UNE EXPOSITION ?

Informez-vous en amont

- **Repérez** autour de vous les expositions qui vous intéressent.
- **Organisez** votre visite d'un point de vue pratique.
- **Visitez le site institutionnel** pour voir comment l'exposition est présentée.

Visitez activement

- Lors de la visite, **glanez** le maximum d'informations sur l'exposition elle-même :
  - Qui l'a conçue ?
  - Comment est-elle structurée ?
  - Quels objets donne-t-elle à voir ?
  - Quels supports propose-t-elle ?

  ainsi que sur son contenu :
  - De quoi parle-t-elle ?
  - Que nous apprend-elle ?
- Prenez des notes, faites des photographies, des dessins, des croquis.

Complétez la visite

- À votre retour, **écrivez** ce que vous n'avez pas eu le temps de noter sur place.
- **Racontez** votre visite à vos proches en tentant de décrire le propos de l'exposition, de justifier vos impressions et, le cas échéant, de donner envie à vos interlocuteurs de s'y rendre.
- **Retournez** sur le site de l'institution organisatrice pour rassembler toute documentation utile.
- **Recherchez** d'autres documents dans des livres ou sur Internet. Pensez à utiliser le CDI.

QUELS ÉLÉMENTS COMPOSENT UN COMPTE RENDU ?

- Un **titre**, qui ne reprend pas celui de l'exposition mais essaie d'en suggérer l'intérêt.
- Un **chapeau** en une phrase, souvent nominale.
- Une **image** : par exemple, une photographie prise lors de l'exposition, en respectant la réglementation, ou, à défaut, une image significative trouvée sur Internet, sur le site de l'institution (en particulier dans le communiqué de presse et le dossier de presse), en respectant les règles de reproduction en fonction du statut du document et du droit d'auteur.
- Une **entrée en matière** montrant que cette exposition fait écho à des expériences ou des questions que l'on se pose.
- Des **informations** sur l'exposition autour des questions « où, qui, quoi, comment » : quelle est l'institution organisatrice ? Quel est le sujet/l'intitulé ? Qu'est-ce qui est exposé ? Comment l'exposition est-elle organisée ?
- Une **analyse des perspectives et des intérêts** de cette exposition : problématique, point de vue, thèse, idées fortes. Qu'est-il possible d'en retenir ? Certaines attentes restent-elles en suspens ?
- Des **échos** avec des lectures, des films, des faits historiques...
- Des **exemples** précis qui donnent de la consistance au compte rendu.
- D'autres **images**, photographies ou croquis, avec une légende.
- Un encadré ou une note avec des **informations pratiques**.
- Des **liens** ou des **références** (bibliographiques ou filmographiques) pour prolonger.

S'ENTRAÎNER

EXERCICE 1

Le quotidien *Libération* consacrait en novembre 2018 un compte rendu à l'exposition « L'art du chantier ». Retrouvez dans cet extrait les différents éléments propres au compte rendu puis proposez trois images pour illustrer l'article.

« L'art du chantier » Enjeux de constructions

Évolution des techniques, impacts sociopolitiques, réflexions esthétiques : à travers 450 documents d'archives et des œuvres d'artistes, une exposition pédagogique propose à Paris un panorama sur cinq siècles des défis architecturaux en Occident.

Au hasard d'une rue, un trou à hauteur de vue dans une palissade bordant un chantier : on y approche son visage, on y enfouit son regard et, dans ce petit interstice, ce qui s'offre à nous est soudain immense. C'est un chantier, et en même temps beaucoup plus que ça. C'est entre la ruine et l'édifice, entre le passé et le futur, une petite société affairée, un effort collectif en vue de transformer le monde. Sous le titre « L'art du chantier. Construire et démolir du XVIe au XXIe siècle », l'exposition de la Cité de l'architecture et du patrimoine (Paris XVIe) s'attaque à un sujet passionnant en racontant comment les hommes en Occident ont regardé, conçu et représenté le lieu où l'on bâtit depuis la Renaissance. Servie par près de 450 œuvres et documents provenant de sources très diverses (archives et documents d'architectes, ingénieurs, commanditaires mais aussi artistes, illustrateurs, journalistes et ouvriers), cette vaste et périlleuse entreprise livre une lecture anthropologique et historique du chantier, envisagé à la fois sous ses aspects techniques, sociopolitiques et esthétiques. Ce sont là les trois piliers de l'exposition, qui débute bien solidement avec les grands travaux matérialisant à eux seuls les idées de pouvoir et de progrès. La tour Eiffel ou l'Empire State Building s'érigent ainsi en quelques photographies prises d'un même angle. Des vues spectaculaires qui s'attachent moins à documenter l'avancée des opérations qu'à faire étalage de puissance et d'ingéniosité. S'élever toujours plus haut, vaincre la gravité, franchir l'infranchissable : le grand chantier repousse bien souvent les limites, comme en témoigne la vertigineuse vidéo de la construction du pont du Golden Gate à San Francisco. Cadrée en plongée, on y voit des ouvriers comme des araignées suspendues sur leur toile à plusieurs dizaines (centaines ?) de mètres au-dessus de l'eau. Ici, il n'est pas seulement question de l'homme face au possible, mais aussi, plus modestement et plus intimement, d'hommes face à leur quotidien. […]

L'Art du chantier. Construire et démolir du XVIe au XXIe siècle – Cité de l'Architecture et du Patrimoine, 75016 Paris, jusqu'au 11 mars 2018.

DIANE LISARELLI, « L'art du chantier » Enjeux de constructions, *Libération*, 12 novembre 2018.

EXERCICE 2

Au CDI ou à la bibliothèque, recherchez des comptes rendus d'expositions dans les pages « Culture » des quotidiens ou des magazines. Choisissez-en un qui vous plaît et répondez aux questions suivantes.

a. Sur quel genre d'exposition porte-t-il ?

b. Comment est-il structuré ?

c. Où et comment comprend-on :
- qu'il s'agit d'une exposition ?
- où elle a lieu ?
- ce qu'elle expose ?
- ce qu'elle démontre ?

d. Ce compte rendu vous paraît-il objectif ou subjectif ?

e. Quels documents iconographiques accompagnent le texte ? Quelle est leur nature ? Où sont-ils placés ? Comment s'articulent-ils avec le texte ? Quelle légende portent-ils ?

f. Ce compte rendu vous donne-t-il envie de visiter cette exposition ? Ou d'en savoir plus sur le sujet ?

g. Qu'est-ce qui vous paraît bien fait dans ce compte rendu ? Quelles suggestions d'amélioration feriez-vous :
- pour donner une idée plus précise du contenu ?
- pour donner au lecteur l'envie d'aller voir cette exposition ?
- pour faciliter la visite ?

EXERCICE 3

Menez une veille pour repérer une exposition, puis préparez votre visite et collectez de l'information non seulement pendant la visite, mais aussi en amont et en aval.

EXERCICE 4

À partir d'une visite complétée par quelques recherches, rédigez un compte rendu en vous reportant aux indications page 88.

a. Insérez des intertitres pour structurer le texte et guider la lecture.

b. Sélectionnez les documents qui vous semblent significatifs.

c. Retravaillez vos photographies, scannez vos croquis ou autres documents papier utiles.

d. Mettez votre texte en page en y insérant vos documents.

e. Relisez plusieurs fois l'ensemble, sur support électronique et si possible en imprimé.

13. Rédiger une critique

ÉCRITS D'APPROPRIATION

Une critique n'est pas seulement une appréciation (du type « j'aime » ou « je n'aime pas »), mais un jugement étayé, parfois objectif, parfois ouvertement subjectif.

LES DIFFÉRENTES FONCTIONS D'UNE CRITIQUE

- Une critique **rend compte** de quelque chose (une œuvre, une exposition, un spectacle…), c'est-à-dire qu'elle permet au destinataire de s'en faire une image conforme.
- Elle permet au destinataire de se faire un avis de seconde main, en lui fournissant des éléments sur les **points forts** et les **points faibles** d'une œuvre.
- Elle peut **inciter à découvrir ou à lire** l'œuvre.
- Elle **soutient** une œuvre ou ceux qui l'ont produite, ou, au contraire, elle les disqualifie.
- Elle peut également **mettre en valeur** le critique lui-même (celui qui a écrit cette critique) en soulignant son bon goût, ses compétences d'écriture ou d'analyse, sa culture.

ANALYSER UNE CRITIQUE

Voici les questions à se poser quand on analyse une critique :

- Par qui cette critique a-t-elle été écrite ?
- Comment la critique est-elle structurée ?
- Où trouve-t-on les informations pratiques ou bibliographiques ?
- Cette critique paraît-elle subjective ou objective ?
- La critique donne-t-elle une idée précise de l'œuvre ? de son contenu ? de sa forme ?
- Compare-t-elle l'œuvre à d'autres (du même auteur, du même genre ou relevant d'autres arts) ?
- Sur quel(s) aspect(s) de l'œuvre la critique met-elle l'accent ?
- La critique donne-t-elle envie de se plonger dans l'œuvre ? Pourquoi ?

QU'EST-CE QU'UNE CRITIQUE SUBJECTIVE ?

Une critique peut être ouvertement subjective :
– elle fait apparaître le **sujet de l'énonciation** (« je ») ;
– elle relate une **expérience** de l'œuvre et ses **sentiments** (plaisir, ennui…) ;
– elle comporte de nombreux termes mélioratifs (*passionnant*, *palpitant*, *génie*) ou **péjoratifs** (*décevant*, *fallacieux*, *usurpateur*) ;
– elle s'appuie sur des outils rhétoriques participant à l'**expressivité** (phrases nominales, phrases interrogatives ou exclamatives, points de suspension, hyperboles, procédés de mise en relief) ;
– elle interpelle le lecteur (*vous*) ou tente de l'inclure (*nous*) pour **convaincre** ;
– elle développe une **argumentation partiale**, c'est-à-dire qui prend parti et ne prend en compte qu'un aspect de la réalité ;
– elle comprend des énoncés **idéologiques**, c'est-à-dire des affirmations non justifiées porteuses de jugements et qui renvoient à un système de valeurs.

COMMENT RÉDIGER UNE CRITIQUE ?

Une critique est souvent plus percutante quand elle s'appuie sur une analyse précise des qualités et des défauts d'une œuvre. Pour analyser les points forts ou les points faibles d'une œuvre, on peut notamment porter l'attention sur :
– la correction et la précision de la **langue**, les trouvailles d'écriture (quand il s'agit d'une œuvre littéraire) ;
– la **cohérence**, la **vraisemblance** et le **rythme** du récit ;
– l'épaisseur des **personnages** ;
– l'**actualité** (ou l'universalité) des thèmes traités et la manière de les traiter ;
– l'**originalité** de l'œuvre (par rapport à d'autres du même genre ou traitant du même thème).

S'ENTRAÎNER

EXERCICE 1

Dites si l'auteur de la critique ci-dessous a porté l'attention aux critères indiqués page 90).

Frère d'âme de David Diop, critique de Bruno Corty, *Le Figaro*, 15/11/2018

Le personnage principal et narrateur de son roman a pour nom Alfa Ndiaye. Lorsque son récit débute, il a déjà vécu l'enfer sur la « terre de personne ». Sa vie a basculé le jour où Mademba Dop, son « plus que frère », son « ami d'enfance » est mort sous ses yeux, hurlant de douleur, éventré par la baïonnette d'un « ennemi d'en face aux yeux bleus ». Au nom de leur amitié, de leur jeunesse sénégalaise à Gandiol, Mademba l'a supplié de l'achever, de mettre fin à sa terrible souffrance mais Alfa Diaye a refusé : « J'ai pensé à mon vieux père, à ma mère, à la voix intérieure qui ordonne, et je n'ai pas su couper le fil barbelé de ses souffrances. Je n'ai pas été humain avec Mademba, mon plus que frère, mon ami d'enfance. »

À partir de là, le soldat Ndiaye ne sera plus que vengeance et férocité. Au péril de sa vie, la nuit tombée, il se glissera dans le camp adverse, sans bruit, couvert de boue, attendra sa proie, la ligotera, lui ouvrira le ventre et l'égorgera. [...] Dans ses mains, deux trophées, le fusil de l'ennemi et la main qui tenait le fusil. Au début, ses copains « Toubabs et les Chocolats » salueront ses exploits, son courage. Puis, lorsque sa moisson de mains tranchées commencera à grossir, ils s'inquiéteront, s'écarteront peu à peu de lui, persuadés d'avoir affaire à un sorcier, un « dévoreur du dedans des gens, un dëmm ». Bientôt, son capitaine ne pourra plus couvrir ses agissements (couper des mains, « ce n'est pas réglementaire ») et l'enverra se faire soigner à l'arrière.

C'est là qu'Alfa Ndiaye racontera les horreurs de la guerre, la sauvagerie. Il dira aussi l'enfance au Sénégal et cette partie du récit sera moins ténèbres que lumière. Il racontera sa mère peule et Fary Thiam, la fille à « la voix douce comme les clapotis du fleuve sillonné par les pirogues les matins de pêche silencieuse ». Il dira ses fesses « aussi rebondies que les dunes du désert de Lampoul ».

Avec son style oral, naïf, ses expressions répétées comme un mantra, le roman de Diop envoûte plus sûrement qu'un classique roman sur la guerre. Il est original car il donne la voix à ceux qu'on a peu entendus, ces Africains recrutés pour leur courage et leur capacité à terrifier l'ennemi.

EXERCICE 2

Au CDI ou à la bibliothèque, dans les pages « Livres » des quotidiens ou des magazines, collectez trois critiques de format différent portant sur des œuvres littéraires (romans, bandes dessinées, autobiographies).

a. Répondez aux questions page 90 (« Analyser une critique »).

b. Laquelle de ces critiques vous semble la plus réussie ? Pourquoi ?

EXERCICE 3

Sélectionnez un livre que vous avez détesté ou trouvé mauvais.

a. Résumez son propos en une ou deux phrases aussi objectivement que possible.

b. Précisez le sentiment qu'il a provoqué en vous : ennui ? incompréhension ?

c. Analysez les raisons qui ont provoqué en vous ce sentiment.

d. Qu'est-ce qui, parmi ces raisons, tient à des questions de goût ? Qu'est-ce qui peut être considéré comme une insuffisance de l'ouvrage ?

EXERCICE 4

Choisissez un livre que vous avez apprécié et un que vous avez trouvé mauvais.

a. Pour chacun, résumez d'abord son propos en une ou deux phrases.

b. Exprimez, de manière synthétique et aussi objective que possible, deux ou trois raisons qui vous l'ont fait apprécier ou juger négativement.

c. Rédigez votre « coup de cœur » ou « coup de griffe » en 6 à 8 lignes.

EXERCICE 5

Sur un livre que vous avez apprécié, essayez de changer de point de vue.

a. Résumez en une ou deux phrases le propos de l'ouvrage aussi objectivement que possible.

b. Cherchez au moins deux arguments allant à l'encontre de votre propre perception, c'est-à-dire deux raisons qui pourraient conduire à critiquer ce livre.

c. Rédigez le « coup de griffe » que quelqu'un d'autre aurait pu écrire sur ce livre.

EXERCICE 6

Sur une œuvre de votre choix que vous jugez importante, rédigez une critique longue.

a. Résumez son propos en quelques phrases.

b. Analysez ses caractéristiques, ses points forts et ses points faibles.

c. Ordonnez ces différents éléments.

d. Choisissez le type d'écriture qui vous paraît le plus adapté, avec une subjectivité affirmée ou, au contraire, une présentation aussi neutre que possible.

e. Rédigez votre critique.

14. Choisir des extraits pour une anthologie

ÉCRITS D'APPROPRIATION

Choisir des extraits d'une ou de plusieurs œuvres est une manière de s'approprier ces œuvres, d'en garder la mémoire et de les partager dans une anthologie ou un exposé. La nature des textes, leur longueur, leur articulation doivent être réfléchies en fonction des buts que l'on se donne.

L'EXTRAIT COMME PREMIER APERÇU

- Pouvoir lire ou entendre des extraits d'une œuvre est souvent une manière efficace de s'en faire une **première idée**.
- Accompagné de quelques éléments de présentation de l'œuvre, de l'auteur et du contexte de production, l'extrait donne un **premier niveau de connaissance d'une œuvre**.
- La culture générale est faite des livres lus intégralement, mais aussi de la somme de ces aperçus, qui permettent de **situer les œuvres** les unes par rapport aux autres et d'avoir une vision globale de l'histoire littéraire.
- L'extrait **suscite le désir d'aller plus loin**, en l'occurrence de lire le texte dans son entier. La lecture d'extraits, ne serait-ce que l'incipit ou une page prise au hasard à l'intérieur du livre, entre fréquemment dans le choix et la décision de lecture d'un livre. L'extrait doit donc éveiller la curiosité, toucher, interpeller.

QUELS EXTRAITS CHOISIR ?

- Pour donner une idée de l'œuvre, on cherche de préférence des extraits **significatifs** et **représentatifs**. L'extrait doit donner à voir à petite échelle ce qui caractérise l'œuvre dans son ensemble. Il livre un aperçu thématique, mais surtout stylistique : il permet d'apercevoir la singularité d'une écriture sur laquelle une critique peut aussi attirer l'attention, mais de manière plus abstraite.
- L'extrait est aussi un « morceau choisi », censé **représenter le meilleur de ce que l'auteur a pu produire**. Les recueils de « morceaux choisis » sont ainsi parfois nommés « anthologies » (du grec *anthos*, la fleur, et *lego*, choisir) ou « florilège » (du latin, selon la même étymologie). L'anthologue s'efforce donc de choisir ce qu'il considère comme les passages les plus réussis ou les plus forts.
- La **longueur de l'extrait** peut varier d'un projet à l'autre. Mais l'extrait doit **former un tout**, c'est-à-dire être compréhensible en soi et posséder une unité.

DES EXTRAITS POUR QUELS PROJETS ?

- Un extrait peut être utilisé pour **illustrer un propos**. C'est un usage que l'on rencontre dans les dissertations ou les études littéraires. L'extrait sert le propos de l'énonciateur : il est second par rapport à celui-ci ; il constitue par exemple une preuve dans une démonstration.
- Dans une démarche anthologique, l'extrait est au contraire la **matière principale**, que le propos de l'énonciateur met en valeur et en perspective.
- L'**anthologie** peut être plus ou moins longue, de quelques textes à plusieurs centaines. Elle peut rassembler des extraits d'un seul livre (ce que proposent certaines collections parascolaires), ou de l'ensemble de l'œuvre d'un auteur (par exemple, dans un exposé sur un auteur), ou d'ouvrages de plusieurs auteurs, appartenant à un même mouvement littéraire (anthologie du surréalisme), ou traitant, de manière différenciée, d'un même thème (par exemple, la ville en poésie).

UN ENSEMBLE ORGANISÉ

Le choix des extraits implique d'en évaluer la qualité propre. Il nécessite de penser aussi leur **complémentarité**, leur **articulation**, leur **ordre** de présentation. La collection d'extraits, quelles que soient sa taille et sa composition, doit fonctionner comme un tout organisé. Elle a donc une **structure** et une **problématique** d'ensemble, qui en constitue le fil rouge. Cela n'empêche pas qu'elle soit ensuite subdivisée en **axes**. C'est même souvent le cas des anthologies longues.

S'ENTRAÎNER

EXERCICE 1

Vous allez sélectionner des extraits d'un livre pour le présenter sous forme d'exposé.

a. Choisissez le livre que vous voulez présenter pour en donner un aperçu à vos camarades.

b. Renseignez-vous sur l'auteur, le contexte d'écriture et le projet. Pour cela, consultez manuels et encyclopédies pour les auteurs canoniques, recherchez des critiques ou des interviews pour les auteurs contemporains.

c. Notez ce qui vous semble constituer les points d'intérêt majeurs du livre et préparez votre exposé.

d. Parcourez le livre pour trouver trois ou quatre extraits d'une ou deux pages. Faites en sorte que les extraits évoquent les points d'intérêt majeurs du livre et soient représentatifs de celui-ci.

e. Délimitez précisément les extraits de manière qu'ils soient assez courts et constituent des ensembles cohérents.

f. Préparez une ou deux phrases d'introduction pour situer chaque extrait.

g. Entraînez-vous à lire les textes avec une diction claire.

h. Choisissez les moments de votre exposé où vous insérerez les lectures.

EXERCICE 2

a. Choisissez un auteur classique ou contemporain que vous appréciez et dont l'œuvre vous paraît mériter d'être connue.

b. Renseignez-vous sur l'auteur, sa vie, son œuvre, ses conditions d'écriture, son évolution, sa réception.

c. Sélectionnez cinq textes, pris dans cinq livres différents, de manière à illustrer les différentes facettes de cet auteur.

d. Rédigez une introduction de 5 à 8 lignes pour présenter chacune de ces facettes et introduire le texte.

e. Choisissez l'ordre de présentation (par exemple, chronologique, générique ou thématique).

f. Mettez l'ensemble en page en prenant soin de préciser les références des textes, y compris des éditions, et de bien distinguer typographiquement les extraits et les textes introductifs.

EXERCICE 3

a. Choisissez un thème qui vous intéresse, en lien avec le programme ou à partir de textes que vous avez déjà repérés.

b. Menez quelques recherches sur ce thème pour en identifier les enjeux.

c. Recherchez des auteurs qui ont traité ce thème. Identifiez leur point de vue par rapport au thème choisi.

d. Procurez-vous leurs ouvrages ou recherchez, dans des anthologies ou en ligne, des textes significatifs du traitement de ce thème par tel ou tel auteur. Délimitez précisément les extraits.

e. Introduisez chaque texte en donnant toutes les informations utiles pour le situer (auteur, contexte) et en présentant ce qui vous paraît constituer l'intérêt de ce texte par rapport au thème choisi.

f. Choisissez un ordre logique d'agencement des textes sélectionnés, suivant la chronologie ou en fonction de votre problématique générale.

g. Mettez l'ensemble en page.

EXERCICE 4

a. Suivez les indications de l'exercice 3 de manière à sélectionner et présenter des extraits significatifs d'un courant littéraire particulier.

b. Choisissez un des courants littéraires présentés dans les cartes mentales de votre manuel (p. 6 à 21).

c. Cherchez un extrait d'œuvre pour quatre des écrivains de la carte mentale. Ces extraits doivent permettre d'illustrer quatre problématiques du courant littéraire choisi.

d. Introduisez chaque texte en une ou deux phrases.

e. Cherchez une illustration pour chaque texte.

f. Mettez l'ensemble en page.

CARL SPITZWEG, *Le Rat de bibliothèque*, dit aussi *Le Bibliothécaire*, vers 1850, huile sur toile, 0,495 x 0,268 m.

15. Appareiller un texte pour une anthologie

ÉCRITS D'APPROPRIATION

Dans une anthologie ou tout autre ensemble de morceaux choisis, les textes sont non seulement sélectionnés soigneusement (voir fiche 14), mais aussi accompagnés d'un **paratexte** (selon le terme proposé par Gérard Genette). Voici quelques pistes pour vous aider à appareiller les textes que vous aurez choisis.

LES ENJEUX DU PARATEXTE

Le paratexte est fait de l'ensemble des éléments qui, dans un livre, accompagnent le texte proprement dit. Il remplit plusieurs fonctions, notamment :
- **faciliter** la compréhension, **expliquer** ;
- **situer**, contextualiser ;
- **orienter** la lecture ;
- **aiguiser** la curiosité ;
- **agrémenter** le texte.

LES DIFFÉRENTS ÉLÉMENTS CONSTITUTIFS DU PARATEXTE

● Dans un livre, le paratexte peut comporter les éléments suivants :
- le **titre général**, puis les **titres intérieurs** (parties, chapitres) ;
- la **couverture** (en particulier une image figurant sur le premier plat de couverture et un texte de quatrième de couverture) ;
- les **notes de bas de page** ;
- le **sommaire**, la **table des matières**, la **table des illustrations**, les **index** ;
- les **préface**, **postface**, **textes introductifs**, **commentaires** ;
- l'**iconographie** ;
- des **notices biographiques** et autres documents (cartes, chronologies, textes complémentaires...).

● Le paratexte est plus ou moins riche et complexe selon les types de livres et selon les éditions. Les textes classiques, par exemple, sont souvent assortis d'un paratexte volumineux. Les livres scientifiques et les éditions savantes comportent souvent aussi des éléments paratextuels divers.

APPAREILLER UN TEXTE

Dans une anthologie, comme dans un manuel, les textes sont appareillés, c'est-à-dire que chaque extrait est entouré de son propre paratexte. Celui-ci peut comporter :
- un **titre** ;
- une **introduction** ;
- la **référence** du texte et de l'édition choisie ;
- des **notes** de bas de page ;
- une **numérotation** des lignes ou des paragraphes ;
- une **illustration** ;
- des **encadrés** documentaires pour aider à contextualiser, éclairer un point technique, fournir une biographie de l'auteur.

APPAREILLER POUR QUI ET POUR QUOI FAIRE ?

● Le type d'appareil et son contenu sont à définir en fonction du **projet** général : que cherche-t-on à faire ? Que s'agit-il de faire comprendre, de démontrer ou d'illustrer ?

● Il faut ensuite se poser la question des **destinataires** ciblés : à quelles sortes de lecteurs s'adresse-t-on ? Que connaissent-ils déjà sur la question ? Quels types de difficulté peuvent se poser à eux ? Comment peut-on faire pour se mettre à leur portée ? Qu'est-ce qui est susceptible de les attirer et de leur plaire ?

S'ENTRAÎNER

EXERCICE 1

a. Faites des recherches sur Montesquieu et les *Lettres persanes*.

b. Repérez tout ce qui pourrait faire obstacle à la compréhension de certains lecteurs (vocabulaire, références internes au texte ou externes, contexte historique...).

c. Consultez dictionnaires, encyclopédies et manuels pour élucider toutes les difficultés.

d. Rédigez des notes de bas de page claires et concises pour lever les difficultés du texte. Veillez à ne pas introduire dans les notes des difficultés complémentaires.

e. À l'aide d'un logiciel de traitement de texte, épinglez les notes à votre texte en mode « notes de bas de page » ou « notes de fin ». Relisez soigneusement et vérifiez la lisibilité.

RICA AU MÊME.
À Smyrne.

Les habitants de Paris sont d'une curiosité qui va jusqu'à l'extravagance. Lorsque j'arrivai, je fus regardé comme si j'avais été envoyé du ciel : vieillards, hommes, femmes, enfants, tous voulaient me voir. Si je sortais, tout le monde se mettait aux fenêtres ; si j'étais aux Tuileries, je voyais aussitôt un cercle se former autour de moi ; les femmes mêmes faisaient un arc-en-ciel nuancé de mille couleurs, qui m'entourait ; si j'étais aux spectacles, je trouvais d'abord cent lorgnettes dressées contre ma figure : enfin jamais homme n'a tant été vu que moi. Je souriais quelquefois d'entendre des gens qui n'étaient presque jamais sortis de leur chambre, qui disaient entre eux : « Il faut avouer qu'il a l'air bien persan. » Chose admirable ! Je trouvais de mes portraits partout ; je me voyais multiplié dans toutes les boutiques, sur toutes les cheminées, tant on craignait de ne m'avoir pas assez vu.

MONTESQUIEU, *Lettres persanes*, Lettre XXX, 1721.

EXERCICE 2

a. Faites des recherches sur Victor Hugo et le poème « Demain dès l'aube ».

b. Identifiez différents aspects du texte que vous pourriez mettre en avant.

c. Réfléchissez à des types d'images que vous pourriez choisir : photographies, reproductions de peintures, de dessins ou d'estampes, affiches, dessins. Réfléchissez à des artistes que vous connaissez, feuilletez des ouvrages spécifiques ou encyclopédiques, menez des recherches sur Internet à partir de mots-clés incluant des noms d'artistes ou des types d'images, recherchez spécifiquement dans des bases d'images comme la base « Joconde ».

d. Choisissez une image que vous trouvez à la fois belle et intéressante par rapport à votre projet, c'est-à-dire à ce que vous voulez montrer.

e. Donnez un titre à l'image et rédigez une légende qui permette d'identifier le document et qui en oriente la lecture.

f. Mettez en page le texte, l'image et les éléments qui l'accompagnent.

Demain, dès l'aube, à l'heure où blanchit la campagne,
Je partirai. Vois-tu, je sais que tu m'attends.
J'irai par la forêt, j'irai par la montagne.
Je ne puis demeurer loin de toi plus longtemps.

Je marcherai les yeux fixés sur mes pensées,
Sans rien voir au-dehors, sans entendre aucun bruit,
Seul, inconnu, le dos courbé, les mains croisées,
Triste, et le jour pour moi sera comme la nuit.

Je ne regarderai ni l'or du soir qui tombe,
Ni les voiles au loin descendant vers Harfleur,
Et, quand j'arriverai, je mettrai sur ta tombe
Un bouquet de houx vert et de bruyère en fleur.

3 septembre 1847.

VICTOR HUGO, « Aujourd'hui », *Les Contemplations*, volume II, *Pauca Meae*, 1830-1843.

EXERCICE 3

a. Choisissez un texte pour une anthologie et précisez la raison pour laquelle vous l'avez choisi.

b. Rédigez une ou deux phrases pour relier ce texte à la problématique d'ensemble et indiquer ainsi l'axe de lecture que vous avez choisi.

c. Écrivez une phrase permettant d'identifier le document et son producteur, et de comprendre le point de vue adopté.

d. Donnez, si possible en une phrase, tous les éléments de contexte nécessaires pour permettre à un lecteur de comprendre le texte alors même qu'il n'a pas lu la partie de l'œuvre qui précède.

e. Agencez ces trois parties et harmonisez l'ensemble en veillant à la clarté et à la lisibilité.

16. Rédiger une préface

ÉCRITS D'APPROPRIATION

Voici des conseils pour rédiger une préface afin d'introduire une anthologie ou un texte long que l'on souhaite faire connaître.

UN ÉLÉMENT DU PARATEXTE

- La préface est un des éléments de ce que Gérard Genette nomme le « **paratexte** » (voir fiche 15). C'est un texte long de plusieurs pages, qui **précède** le texte proprement dit ou l'anthologie de textes, et qui en **oriente** la lecture.
- La préface est le plus souvent écrite par un énonciateur différent de l'auteur du texte ou des textes rassemblés : un **éditeur**, un **traducteur**, un **anthologue**, un **chercheur**. Dans le livre cohabitent alors l'énonciation de l'auteur, celle de l'éditeur et celle du préfacier.
- Il peut aussi arriver qu'un auteur écrive *a posteriori* une préface à son propre texte (par exemple, pour une réédition). La préface fait alors partie du « paratexte auctorial » et permet à l'auteur d'expliciter son projet, de marquer la distance qu'il a prise par rapport à ce texte ou, au contraire, de montrer comment ce texte ancien contenait déjà les prémices de son œuvre future.

UNE PRÉFACE POUR QUOI FAIRE ?

- Une préface est l'équivalent, à l'échelle d'un livre, du chapeau qui introduit chaque texte dans une anthologie (voir fiche 15). Elle vise :
  - à **situer** le texte ou l'ensemble des textes choisis en les replaçant dans l'histoire littéraire, en particulier dans l'histoire du genre dans lequel ils s'inscrivent, et en précisant le projet de l'auteur et sa démarche ;
  - à **aider** à la compréhension factuelle, *via* des éléments de contexte historique, politique, social ;
  - à **soutenir** le texte, c'est-à-dire à en montrer la richesse, la pertinence, l'originalité, l'intérêt, l'actualité ;
  - à **donner envie** de lire le texte ;
  - à **orienter** la lecture, c'est-à-dire à définir une problématique et des axes de lecture ;
  - à **justifier** et expliquer le projet d'édition de ce ou ces textes (choix de traduire ou d'éditer un texte inédit, choix de retraduire différemment un texte déjà traduit précédemment, choix de rassembler dans un même livre des textes différents...).
- Ces différentes fonctions sont plus ou moins remplies selon les livres, c'est-à-dire selon les textes, mais surtout selon les projets éditoriaux, ceux qui les portent et ceux qui les mettent en œuvre.

LA PRÉFACE COMME FAIRE VALOIR

- La préface participe à **produire la valeur du texte** ou des textes présentés, et donc de leur auteur, en soulignant leur intérêt et leur qualité.
- Quand le préfacier est lui-même quelqu'un de très reconnu, sa réputation rejaillit sur la perception qu'on a du texte. On peut parler de **transfert de capital symbolique.**
- À l'inverse, quand la réputation de l'auteur n'est plus à faire, par exemple dans le cas des classiques, le préfacier peut chercher à **capter à son profit** le capital symbolique de l'auteur édité.
- La préface participe aussi à **mettre en valeur le préfacier**, son bon goût, sa culture, son intelligence, son talent de découvreur et d'analyste.

PRÉFACER UNE ANTHOLOGIE

Dans une anthologie, la préface remplit les fonctions générales énumérées ci-dessus, mais avec quelques spécificités :
- elle développe les **enjeux du thème** choisi, pour en montrer l'intérêt et l'actualité ;
- elle met en avant la **cohérence** de l'ensemble, c'est-à-dire les raisons pour lesquels il a été considéré comme pertinent d'inclure tel ou tel texte et éventuellement d'exclure telle ou telle autre possibilité ;
- elle justifie aussi la **logique de composition**, c'est-à-dire la structure d'ensemble.

S'ENTRAÎNER

EXERCICE 1

Expliquez en quoi cette préface remplit les six fonctions définies page 96 « Une préface pour quoi faire ? ».

Nous vivons à l'âge d'or du roman graphique, du neuvième art et de l'illustration en général. Les artistes talentueux sont légion ! Recourant à toutes les techniques, tous les styles et toutes les approches imaginables, ils créent un tel flux de matériau incroyable, formidable, divertissant et révolutionnaire qu'il est pratiquement impossible de suivre le rythme. Et si parmi eux un groupe d'artistes utilisait comme source les plus grandes œuvres jamais écrites. Telle était la question qui m'avait traversé l'esprit il y a quelques années, alors que j'étais à la section Romans graphiques d'une librairie. Ayant feuilleté la version graphique du *Procès* de Kafka (adapté par Mairowitz et Montellier), j'eus une sorte de révélation. Je pris conscience que de nombreuses adaptations graphiques extraordinaires d'œuvres littéraires avaient été publiées ces dernières années. Mes instincts d'anthologiste entrèrent alors en action. Il me fallait répertorier le meilleur de ce qui avait été déjà fait, commander de nombreuses nouvelles adaptations et assembler le tout.

RUSS KICK, Préface de l'anthologie des adaptations des classiques en bande dessinée, *Le Canon graphique*, éd. SW Télémaque, 2013.

EXERCICE 2

a. Qui est l'auteur de la préface ci-dessous ? Quel est son statut ?

b. Quel est le projet de l'anthologie ? Comment la préface justifie-t-elle ce projet ? Que pensez-vous de cette justification ?

c. Quels éléments la préface apporte-t-elle pour aider à la compréhension des poèmes ?

d. Dans quelle mesure vous paraît-elle orienter la lecture ?

e. La préface vous donne-t-elle envie de passer à la lecture des textes ? Pourquoi ?

La poésie est du domaine de l'intime et les femmes ont une relation privilégiée à l'intime. Celles qui avaient accès à l'écriture et à la maîtrise des mots ont chanté depuis très tôt les sentiments, le registre affectif. L'amour en est le grand thème, et l'attente – de l'homme parti à la guerre, l'attente de l'homme inconstant, volage –, mais aussi l'amour conjugal, la joie d'aimer. Le foyer, les joies de la vie domestique, l'enfant, l'amour maternel, demeurent des thèmes prédominants. Louise Labé, Marceline Desbordes-Valmore, Cécile Sauvage, Andrée Chedid chantent le don, l'attention, la tendresse. [...]
Naissance, renaissance, renouveau, cycles de la vie : la poésie féminine, sensible aux couleurs et aux bruits, souvent élégiaque, entretient un rapport privilégié et particulier avec les saisons, le règne végétal, la nature, qui demeure une source d'inspiration inépuisable. Y aurait-il un principe féminin et un principe masculin, même en poésie ? L'inspiration féminine se différencie de celle des hommes, et c'est enrichissant. Petites ou grandes différences, leur chant n'est pas le même, et c'est heureux.

CAMILLE WEIL, Préface de l'anthologie *Poésie au féminin*, Éd. Folio junior, 2007.

EXERCICE 3

a. Choisissez, parmi les textes du domaine public ou les textes au programme, un texte long, une nouvelle, un roman ou une pièce de théâtre, que vous avez envie de faire découvrir.

b. Recherchez des informations sur ce texte, son contexte d'écriture, son projet d'écriture.

c. Situez ce texte dans l'histoire littéraire et, en particulier, dans l'histoire de son genre.

d. Identifiez et développez de manière structurée ce qui vous semble constituer les points d'intérêt majeurs de ce texte.

e. Rédigez la préface en ordonnant et en articulant ces différents éléments.

EXERCICE 4

a. Rassemblez une série de textes pour une anthologie autour d'un thème ou d'un mouvement littéraire (voir fiche 14).

b. Dégagez les points d'intérêt de chaque texte et rédigez les chapeaux introductifs (voir fiche 15).

c. Exposez le projet de constitution de l'anthologie, c'est-à-dire ce qui justifie que vous ayez rassemblé ces textes.

d. Présentez rapidement les textes sélectionnés pour la préface sans reprendre les chapeaux introductifs.

e. Soulignez l'intérêt qu'il y a à lire les textes sélectionnés mais aussi à les voir rassemblés.

f. Faites des recherches complémentaires de manière à apporter tout élément de compréhension et de contextualisation des textes, du thème ou du mouvement littéraire.

g. Ordonnez ces différents éléments, complétez et harmonisez l'ensemble de manière à obtenir une préface qui éclaire votre anthologie et donne au lecteur l'envie de s'y plonger.

17. Créer une couverture

ÉCRITS D'APPROPRIATION

LE RÔLE D'UNE COUVERTURE

• La couverture d'un livre a **deux rôles :**
- elle informe sur l'ouvrage : auteur, titre de l'œuvre, aperçu du contenu ;
- elle permet de reconnaître la maison d'édition et la collection dans laquelle l'ouvrage est publié.

• Créer une couverture est donc un travail important, qui relève du marketing comme de la création graphique.

• La **première de couverture** (souvent désignée comme « la couverture ») est la première page extérieure d'un livre : on y trouve le nom de l'auteur, le titre de l'ouvrage, souvent une illustration, ainsi que le nom de l'éditeur et celui de la collection, le cas échéant.

• La **quatrième de couverture** (souvent désignée comme « la quatrième ») se situe au dos du livre et contient, en général, un résumé ou une présentation de l'œuvre et des informations légales comme le prix, l'ISBN (*International Standard Book Number*) et le code-barres du livre. On y trouve parfois aussi une présentation de l'auteur ou de la collection dans laquelle s'insère le titre.

LA CRÉATION D'UNE PREMIÈRE DE COUVERTURE

• Créer la couverture d'un livre implique d'accorder les **choix graphiques** (police de caractères, taille du titre et du nom de l'auteur, couleurs du fond et des lettres, emplacement de l'image...) et l'**image d'illustration** (s'il y en a) d'une part avec le contenu de l'ouvrage, et d'autre part avec la charte graphique de la maison d'édition.

• La création d'une couverture revient au **graphiste**, mais fait aussi intervenir le directeur de collection et engage l'éditeur. La réalisation du fichier (qui peut être confiée à un assistant d'édition) s'effectue au moyen d'un logiciel de programmation assistée par ordinateur (PAO). Les logiciels de PAO, comme Xpress ou InDesign, sont des programmes professionnels souvent coûteux ; il en existe néanmoins des versions libres (ex. : Scribus).

• Les **formes** prises par les premières de couverture sont très variables :
- dans le temps (d'une époque à l'autre) et dans l'espace (d'un pays à l'autre) ;
- selon la maison d'édition ;
- dans une même maison d'édition : en fonction des titres, des genres littéraires et des formats (poche, grand format...).

LA RÉDACTION D'UNE QUATRIÈME DE COUVERTURE

• Par métonymie, on appelle le texte présentant le titre en quatrième de couverture une... quatrième de couverture (parfois désignée seulement comme « la quatrième ») ! Diverses personnes peuvent être amenées à la rédiger : des assistants éditoriaux, des rédacteurs ou, parfois, les auteurs eux-mêmes. Ce texte donne au lecteur qui consulte l'ouvrage au hasard en librairie l'envie de l'acheter... ou de le reposer sur la table !

• Pour composer ce texte, il y a quelques contraintes à prendre en compte :
- un **format court** (environ 500 caractères maximum, soit une centaine de mots) ;
- une **présentation succincte du contenu** (intrigue pour un roman, thèse défendue pour un essai...) ;
- une indication rapide des **qualités de l'ouvrage**.

• Sont éventuellement ajoutés :
- des **citations de critiques**, si elles sont élogieuses et originales ;
- des **arguments-clés** permettant de savoir quelles attentes avoir vis-à-vis de l'ouvrage (suspense, sentiments, réflexion...), comment le situer (premier roman, classique, chef-d'œuvre...) et, dans le cas d'une œuvre publiée chez d'autres éditeurs également, quels sont les atouts de l'édition qui en est proposée (dossier explicatif, illustrations, nouvelle traduction...).

S'ENTRAÎNER

EXERCICE 1

Voici des premières de couverture de *La Princesse de Clèves*, de Madame de Lafayette.

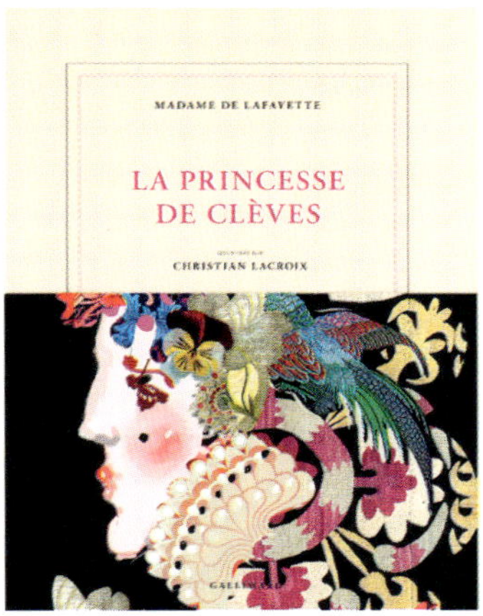

a. Relevez les caractéristiques de ces couvertures en vous référant aux éléments indiqués p. 98.

b. Évaluez la pertinence des choix opérés par le graphiste et la maison d'édition. Vous pouvez classer ces couvertures en leur accordant une note ou une appréciation, comme si vous étiez l'éditeur / éditrice en charge du choix d'une couverture parmi plusieurs possibilités.

EXERCICE 2

a. Cherchez sur Internet différentes couvertures du roman *Les Liaisons dangereuses* de Pierre Choderlos de Laclos publié en France et à l'étranger : par exemple, en anglais sous le titre *Dangerous Liaisons*, en italien *Le Relazioni pericolose*, en allemand *Gefährliche Liebshaften*, en espagnol *Las Relaciones peligrosas* ou *Las Amistades peligrosas*.

b. Évaluez, comme dans l'exercice 1 b, la pertinence des choix.

c. Qu'en déduisez-vous sur la réception de l'œuvre à travers le temps et en fonction des pays ?

EXERCICE 3

a. Choisissez un roman, une pièce de théâtre ou un recueil de poésie que vous avez lu(e) et apprécié(e), ou que vous avez étudié(e) en cours.

b. En reprenant les critères énumérés page 98 pour construire une couverture de livre, faites des choix graphiques pour en créer une.

c. Associez-vous à un(e) élève de la classe et partagez-vous la tâche de la réalisation de cette couverture :
- recherche de visuel (photographie ou dessin original) sur les sites Internet des musées ou dans des livre) ;
- composition de la maquette (place du titre, du nom de l'auteur, du nom de la maison d'édition, taille et place de l'image).

EXERCICE 4

Choisissez une œuvre que vous connaissez.

> **Coup de pouce**
> Quelques exemples :
> Montaigne, *Essais* ; Jean de La Bruyère, *Les Caractères* ; Voltaire, *Candide* ; Victor Hugo, *Le Dernier Jour d'un condamné*.

a. Au CDI ou sur Internet, collectez plusieurs quatrièmes de couverture du texte choisi.

b. Quelles sont les différences entre ces quatrièmes de couverture ? Quelles sont leurs ressemblances ?

c. Quels sont les atouts et les défauts de chacune de ces quatrièmes de couverture ? Justifiez.

EXERCICE 5

a. Vous devez rédiger la quatrième de couverture d'une nouvelle édition d'un recueil de poésie de votre choix. Quels adjectifs allez-vous utiliser ? Quels arguments allez-vous mettre en avant pour indiquer au lecteur les attentes qu'il peut avoir vis-à-vis de ce texte ?

b. Composez cette quatrième de couverture. Vous contrôlerez ensuite la pertinence de votre texte en vérifiant que les critères énumérés page 98 ont bien été respectés.

> **Coup de pouce**
> Quelques exemples : *Fables* de Jean La Fontaine, *Les Contemplations* de Victor Hugo, *Les Fleurs du mal* de Charles Baudelaire, *Poésies* d'Arthur Rimbaud.

18. Rédiger une note d'intention de mise en scène

ÉCRITS D'APPROPRIATION

QU'EST-CE QU'UNE NOTE D'INTENTION DE MISE EN SCÈNE ?

• Dans le milieu théâtral, la note d'intention est un **texte généralement rédigé par le metteur en scène de la pièce**. Elle peut être accompagnée de notes du scénographe, du créateur lumière, du créateur son. Il s'agit d'une parole d'artiste qui rend compte d'un projet personnel, celui de mettre en scène une pièce de théâtre déjà écrite, un texte *a priori* non destiné à la scène ou un texte original, c'est-à-dire écrit pour l'occasion.

• Les notes d'intention figurent souvent dans les dossiers de presse qui accompagnent une création ou dans le programme distribué aux spectateurs. Elles sont, pour les créations les plus récentes, consultables sur les sites des théâtres, des compagnies, du metteur en scène ou sur le site www.theatre-contemporain.net.

Que permet-elle de faire ?

• La note d'intention permet à l'artiste de rendre compte :
- de son **projet** (en précisant la finalité et les enjeux du spectacle), de ses envies et ambitions ;
- de la **démarche** de travail adoptée ;
- des **partis pris** artistiques et esthétiques (sujet, décors, lumières, costumes, son...) ;
- de la lecture ou de l'**interprétation** que l'artiste a de la pièce – s'il s'agit d'un texte déjà écrit.

• Son objectif est d'expliquer l'intérêt d'une nouvelle mise en scène ou du travail proposé. Elle donne des **clés de compréhension** du travail mené et fait partager le **processus de création**.

COMMENT RÉDIGER UNE NOTE D'INTENTION DE MISE EN SCÈNE ?

Rédiger une note d'intention de mise en scène permet de comprendre et de restituer le processus de création qu'a mené un artiste.

Le travail préparatoire

• Tout d'abord, il convient de réunir des documents permettant de **dégager les idées essentielles liées aux choix scéniques** opérés. Il faut :
- réunir ou consulter des documents iconographiques ou des extraits vidéo ;
- identifier précisément la date de création du spectacle et rechercher, dans l'actualité de l'époque de création, des événements qui auraient inspiré le metteur en scène ;
- procéder à une analyse de ces documents (voir p. 104) ;
- chercher dans l'œuvre des citations directes ou indirectes que l'on peut associer aux documents réunis.

• Pour élaborer une note d'intention de mise en scène personnelle, il faut :
- réunir des documents iconographiques ou des esquisses que l'on souhaite associer au texte choisi et qui sont inspirantes pour les costumes, les décors, les lumières, les personnages... ;
- identifier un élément de l'actualité associé au texte par le thème ou la problématique envisagée ;
- procéder à une analyse de ces documents, notamment en cherchant dans l'œuvre des citations entrant en écho avec ces documents ;
- élaborer les grandes lignes du projet en partant de l'idée générale (la genèse de votre projet, votre parti pris) pour aller vers les détails de la mise en scène.

Les éléments constitutifs de la note d'intention

• **Expliquez l'origine du projet**, son point de départ. La pièce peut entrer en résonance avec l'actualité, la société, votre personnalité, vos réactions ou opinions.

> « J'ai entendu dernièrement, lors d'une interview... », « Aujourd'hui, on parle beaucoup de... », « Ce fait divers... ».

Vous pouvez aussi évoquer, dans le cadre d'une note de mise en scène originale, le lien que vous avez avec l'histoire proposée par la pièce, le(s) thème(s), le(s) personnage(s)...

• **Définissez clairement le projet.**

• **Évoquez le traitement que vous faites de l'histoire, de l'univers, des personnages.**

• **Proposez des choix artistiques, esthétiques et techniques**, inventifs et cohérents avec la mise en scène et le parti pris choisis.

S'ENTRAÎNER

EXERCICE 1

Dans la pièce *Ça ira (1) Fin de Louis*, Joël Pommerat choisit de raconter le début de la Révolution française. À travers une multitude de personnages, il met en scène les débats de l'époque autour des enjeux de la crise économique, la rédaction d'une nouvelle Constitution ou la montée en puissance du mécontentement populaire. Il représente notamment trois groupes qui s'opposent : le roi et son entourage noble, les députés du tiers état et les habitants de Paris.

(1) Arrivée du roi à Paris, place de l'Hôtel-de-Ville.

(2) Lutte entre députés du tiers état pour prendre la parole.

a. Photographie 1 : Où les personnages se situent-ils dans le théâtre ? Que pouvez-vous conclure sur la place que le metteur en scène donne aux spectateurs ? Pourquoi ?

b. Observez puis commentez les costumes sur les deux photographies. En quoi ces choix sont-ils en lien avec les sujets abordés dans la pièce ?

c. En quoi ces photographies résonnent-elles avec notre époque ? Observez le jeu, les costumes, les personnages les gestes et les postures.

d. Comment Joël Pommerat choisit-il de mettre en scène la parole (photographie 2) ? Vous vous intéresserez au jeu des comédiens, notamment au travail sur les corps et aux accessoires présents sur scène. Qu'y a-t-il d'épique dans cette photographie ?

e. Dans un entretien accordé à *Alternatives théâtrales* (2011), l'auteur et metteur en scène affirme : « Le spectateur d'aujourd'hui n'a pas envie qu'on réfléchisse à sa place. Il a envie qu'on lui laisse un espace. » Illustrez cette affirmation à partir de vos réponses précédentes.

EXERCICE 2

Complétez la note d'intention de Joël Pommerat en insérant des exemples de sa mise en scène à partir des deux photographies ci-contre ou à partir d'extraits vidéo du spectacle.

Note d'intention de Joël Pommerat, août 2015

J'ai commencé à réfléchir à *Ça ira (1) Fin de Louis* en décembre 2013.

Je souhaitais travailler sur une matière épique, avec de l'amplitude, pour continuer à aborder ce thème qui m'intéresse : le point de rencontre entre la pensée, l'imagination et l'action. Qu'est-ce que l'idéologie ? Comment opère-t-elle dans le réel ? Mes lectures m'ont conduit assez vite à la Révolution française, qui est comme le point zéro de la démocratie, un moment d'émergence pour les idéologies et représentations politiques contemporaines. Cette période, ce sont nos racines, nos mythes, nos grands héros. Je voulais donner à voir ce travail politique, ce bousculement de la réalité, avec toutes les émotions qu'il contient, non seulement le travail de la pensée mais aussi la peur, l'épuisement, l'effort incroyable et le tragique. Pour faire cette sorte d'archéologie de l'imaginaire politique, entre la réalité historique et la fiction, je cherche à déployer une dramaturgie de la parole et des lieux qui nous mette au cœur des choses, qui fasse ressortir le vivant sous les images figées. Je cherche à rendre présent le passé non pour le juger avec notre regard d'aujourd'hui, mais pour essayer peut-être de mieux le comprendre.

EXERCICE 3

Choisissez une mise en scène d'une pièce en faisant une recherche sur Internet à partir du titre de l'œuvre. Vous pouvez choisir une captation vidéo de l'ensemble de l'œuvre, d'un extrait ou exploiter un *trailer*. Identifiez précisément la mise en scène que vous avez choisie (noms du théâtre, de la compagnie, du metteur en scène, date). Rédigez la note d'intention du metteur en scène à partir de votre recherche.

EXERCICE 4 : PROLONGEMENT

Réalisez un tableau d'inspiration de la mise en scène choisie en variant les formes et les supports (nuages de mots, collages, photographies, extraits, citations, musiques...). Vous pouvez le faire sur format papier ou numérique, notamment en utilisant un mur collaboratif virtuel (Lire : linoit.com, netboard.me, padlet : fr.padlet. com).

19. Donner des indications de mise en scène

ÉCRITS D'APPROPRIATION

LE THÉÂTRE, UN GENRE ENTRE TEXTE ET REPRÉSENTATION

• Étymologiquement, le mot « théâtre » signifie « lieu où l'on regarde ». Le terme « mise en scène » recouvre la globalité du processus qui porte l'œuvre écrite sur la scène.

• Le **metteur en scène** assume la responsabilité artistique du spectacle. Il établit la **distribution**, détermine avec l'aide de ses collaborateurs la **structure de la représentation** en fonction de son point de vue sur le texte. Il ne se borne pas à assurer la réalisation matérielle du spectacle. Il lui confère une **signification**. En plus de faire appel à un collectif d'artisans spécialisés (décorateurs, costumiers, éclairagistes…) , le travail du metteur en scène sur le texte participe à la représentation de la pièce.

• On considère donc que le texte est une donnée virtuelle, non accomplie ou vide. Le metteur en scène fait parler l'auteur dans ses intentions et à la lumière de son interprétation du texte, et les personnages au-delà des répliques prononcées et du texte imprimé. **Par ses choix esthétiques et la direction des acteurs, il agit en créateur.** Il écrit au sens propre le spectacle et comble les trous de la pièce. Les choix esthétiques n'ont pas pour seule vocation de fournir un cadre au spectacle ou d'afficher les goûts du metteur en scène ou du décorateur. Ils révèlent un parti pris de travail ainsi qu'un point de vue sur l'œuvre.

LES DIDASCALIES

• Il s'agit de l'ensemble des « éléments, y compris dans le dialogue, qui ont une fonction de commande dans la représentation » (Anne Ubersfeld dans *Lire le théâtre*).
Les didascalies permettent :
– d'**organiser l'espace scénique**, de fournir des informations sur le **décor**, le **lieu**, le **temps**… ;
– de **diriger le jeu des comédiens sur les paroles des personnages**. Elles précisent alors le travail à faire sur la **voix** (rythme, écoute, pauses, silences, modalité, etc.) ;
– de préciser le jeu des comédiens sur le **corps**, les **déplacements**, les **postures**, le rapport à l'espace ou aux autres personnages, à la salle.

• Même si l'écriture théâtrale contient de nombreuses indications qui permettent de guider le metteur en scène ainsi que le jeu des acteurs, il convient de traduire le texte de la pièce qui s'incarne par une parole et un corps dans un espace scénique. Jean Vilar (1912-1972), comédien et metteur en scène du XXe siècle, affirmait : « On doit proposer un théâtre total, par l'utilisation totale de tous les moyens d'expression que peut apporter l'être humain : chant, diction lyrique, diction prosaïque, art du geste, geste symbolique, geste lyrique et danse… »

COMMENT ANNOTER UNE SCÈNE DE THÉÂTRE ?

On porte **en marge du texte** des notes différentes suivant l'objectif poursuivi.

Pour faire entendre le texte

• Notes liées à la **voix** : rythme, modalités, tonalité, nature (micro, quel type de micro ?, déclamation).

• Notes liées au **son** : bruitage ou musiques choisis pour illustrer le texte, une situation, pour rendre une atmosphère.

• Notes liées au **phrasé** du personnage.

Pour faire voir le texte

• Notes liées aux **lumières**.

• Notes liées aux **accessoires**.

• Notes sur le **jeu du comédien** : gestuelle (pour soutenir une réplique, pour interagir avec un autre personnage ou un objet), travail sur le corps, situation et déplacements.

S'ENTRAÎNER

EXERCICE 1

a. Comment pourriez-vous rendre, par le langage corporel et la situation dans l'espace des deux personnages, la didascalie externe « *imperturbable* ». Réalisez un schéma simple de la scène accompagné de notes qui guideront le jeu du comédien incarnant Cyrano, le placement des personnages, le travail sur le corps, etc.

b. Quelle intention se dissimule derrière l'emploi de la conjonction « mais » (2e réplique) ? Pour répondre à cette question, imaginez ce que le vicomte pourrait répondre à Cyrano après avoir entendu la 1re réplique : « C'est tout ? ».

c. Repérez, dans la longue réplique de Cyrano, toutes les didascalies internes. Quelles indications proposent-elles à Cyrano, qui se fait ici à la fois metteur en scène, comédien et auteur ? Pour quatre d'entre elles, proposez des notations de mise en scène en vous concentrant sur la gestuelle, les déplacements, les postures, les accessoires et les costumes.

CYRANO, *imperturbable.*

C'est tout ?

LE VICOMTE

Mais…

CYRANO

Ah ! non ! c'est un peu court, jeune homme !
On pouvait dire… Oh ! Dieu !… bien des choses en somme…
En variant le ton, – par exemple, tenez :
Agressif : « Moi, monsieur, si j'avais un tel nez,
Il faudrait sur-le-champ que je me l'amputasse ! »
Amical : « Mais il doit tremper dans votre tasse !
Pour boire, faites-vous fabriquer un hanap ! »
Descriptif : « C'est un roc !… c'est un pic !… c'est un cap !
Que dis-je, c'est un cap ?… C'est une péninsule ! »
Curieux : « De quoi sert cette oblongue capsule ?
D'écritoire, monsieur, ou de boîte à ciseaux ? »
Gracieux : « Aimez-vous à ce point les oiseaux
Que paternellement vous vous préoccupâtes
De tendre ce perchoir à leurs petites pattes ? »
Truculent : « Ça, monsieur, lorsque vous pétunez,
La vapeur du tabac vous sort-elle du nez
Sans qu'un voisin ne crie au feu de cheminée ? »
Prévenant : « Gardez-vous, votre tête entraînée
Par ce poids, de tomber en avant sur le sol ! »
Tendre : « Faites-lui faire un petit parasol
De peur que sa couleur au soleil ne se fane ! »
Pédant : « L'animal seul, monsieur, qu'Aristophane
Appelle Hippocampelephantocamélos
Dut avoir sous le front tant de chair sur tant d'os ! »
Cavalier : « Quoi, l'ami, ce croc est à la mode ?
Pour pendre son chapeau, c'est vraiment très commode ! »
Emphatique : « Aucun vent ne peut, nez magistral,
T'enrhumer tout entier, excepté le mistral ! »
Dramatique : « C'est la Mer Rouge quand il saigne ! »
Admiratif : « Pour un parfumeur, quelle enseigne ! »
Lyrique : « Est-ce une conque, êtes-vous un triton ? »
Naïf : « Ce monument, quand le visite-t-on ? »
Respectueux : « Souffrez, monsieur, qu'on vous salue,
C'est là ce qui s'appelle avoir pignon sur rue ! »
Campagnard : « Hé, ardé ! C'est-y un nez ? Nanain !
C'est queuqu'navet géant ou ben queuqu'melon nain ! »
Militaire : « Pointez contre cavalerie ! »
Pratique : « Voulez-vous le mettre en loterie ?
Assurément, monsieur, ce sera le gros lot ! »
Enfin, parodiant Pyrame en un sanglot :
« Le voilà donc ce nez qui des traits de son maître
A détruit l'harmonie ! Il en rougit, le traître ! »

EDMOND ROSTAND, *Cyrano de Bergerac*, acte I, scène 4, 1897.

AUGUSTE FRANÇOIS-MARIE GORGUET (1862-1927), illustration de 1910 pour *Cyrano de Bergerac* d'**EDMOND ROSTAND** (1868-1918).

Photogramme du film *Cyrano de Bergerac* de Jean-Jacques Rappeneau, 1990.

EXERCICE 2 : PROLONGEMENT

Choisissez un texte théâtral et annotez-le en vous aidant des indications données page 102.

20. Analyser et comparer des mises en scène

ÉCRITS D'APPROPRIATION

QU'EST-CE QU'UNE MISE EN SCÈNE ?

- Mettre en scène un texte de théâtre ou un autre texte *a priori* non destiné à la mise en scène (roman, correspondances…) est un travail qui relève du **processus de création** et dont le chef d'orchestre est le **metteur en scène**. Ce dernier utilise tous les outils propres au théâtre. On parle alors de grammaire scénique. Celle-ci est au service d'une **interprétation du texte**.
- La mise en scène est une traduction de cette conception de l'œuvre.

QUE FAUT-IL OBSERVER DANS UNE MISE EN SCÈNE ?

- **L'espace :** les décors. L'espace est-il historicisé ou pas ? Chargé ou pas ? Comment se déplacent les acteurs dans l'espace ?
- **Les lumières :** observer leurs propriétés (intensité, couleurs rendues par les gélatines, distribution sur scène). Quelles sont leurs fonctions (isoler, cacher, accentuer, mettre en évidence) ? Construisent-elles une atmosphère ? Laquelle ?
- **Les objets :** la mise en scène présente-t-elle de nombreux objets ? Quelles fonctions ont-ils (fonction réaliste, dramatique, symbolique, vecteur d'illusion d'un espace-temps) ?
- **Les musiques :** quelles sont les sources ? Quels sont les effets recherchés ? Construisent-elles un décor acoustique ? Y a-t-il un bruitage pour faire reconnaître une situation, une ponctuation de la mise en scène pendant les pauses de jeu ou les changements de décor ?
- **Le temps :** La mise en scène actualise-t-elle la pièce ou propose-t-elle une représentation historicisée ?

Les personnages

- **Les costumes :** dans un entretien daté du 1er novembre 1983, Antoine Vitez, metteur en scène français, explique, au sujet des costumes au théâtre : « Il n'y a pas de costume zéro. Tous les costumes ont un sens au théâtre. Il y a deux grandes possibilités. On essaie d'habiller une pièce soit en costume d'Histoire, soit en costume d'Éternité. Dans le cas de l'Histoire, il y a trois possibilités : le temps de la fable – *Britannicus* en costume romain –, le temps de l'écriture – *Phèdre* ou *Britannicus* en costume du XVIIe siècle –, le temps actuel – *Le Misanthrope* en habit de soirée. […] Le costume d'Éternité est difficile à trouver […]. Un très beau costume d'éternité, c'est le vêtement de travail, d'exercice […] où l'acteur est dans une sorte de bleu. »
Il est possible d'interroger les costumes choisis à la lumière de ces distinctions.
- **Le jeu des comédiens :** observer la gestuelle, la diction (est-on dans la déclamation ?), le travail sur le corps.
- **Le maquillage :** construit-il un déguisement ? Souligne-t-il les traits existants ou les refuse-t-il ?
- **Les masques :** quelles sont leurs fonctions ? À quoi renvoient-ils ? Soulignent-ils des traits humains ? Que représentent-ils ?

COMMENT COMPARER DES MISES EN SCÈNE ?

- **Constituer un corpus de mises en scène** en choisissant soit des mises en scène d'un même texte à des époques différentes. On analyse l'évolution dans le temps de ces mises en scène ; soit deux ou trois mises en scène sur une période temporelle limitée. On compare ces approches d'un même texte.
- On peut assister à une ou plusieurs **représentations d'une pièce**. On utilise alors son expérience de spectateur.
- On réunit des documents qui permettent de préciser la sélection effectuée, de comprendre et d'analyser le processus de création ainsi que l'interprétation proposée par le metteur en scène et traduite par ses choix scéniques. On recherche les documents fournis par le théâtre, des **photographies**, des **schémas** de scène, des extraits **vidéo**, des **entretiens** ou **interviews** (du metteur en scène et/ou des comédiens ou autres collaborateurs artistiques), des extraits de **critiques** théâtrales…

CONSEIL

Il est préférable de ne pas choisir plus de trois propositions artistiques à comparer.

S'ENTRAÎNER

EXERCICE 1

a. Choisissez une mise en scène de *L'École des femmes* en faisant une recherche sur Internet à partir du titre de l'œuvre. Vous pouvez choisir une captation vidéo de l'ensemble de l'œuvre, d'un extrait ou exploiter un *trailer*.

b. Identifiez précisément la mise en scène que vous avez choisie (noms du théâtre, de la compagnie, du metteur en scène, date).

c. Analysez l'espace, les lumières, les objets et les costumes à l'aide des questions ci-dessus.

d. Rédigez un compte rendu de votre analyse.

EXERCICE 2

a. Déterminez le parti pris de la metteure en scène, Macha Makeïeff, et les éléments de grammaire scénique qu'elle exploite dans ce sens.

b. À quel événement sociétal des années 1970 se réfère l'artiste pour transposer l'action de la pièce à cette époque ? Quel sens Macha Makeïeff donne-t-elle de la pièce de Molière ?

c. Sur le site Gallica de la Bibliothèque nationale de France, réalisez une recherche de photographies d'autres mises en scène de la pièce de Molière. Vous veillerez à préciser le nom du metteur en scène et la date de la représentation. Proposez une comparaison avec la mise en scène de Macha Makeïeff.

Macha Makeïeff embarque ses *Femmes savantes* en tournée

Par Odile Morain

Créée au Théâtre antique de Fourvière cet été, *Trissotin ou les Femmes savantes* débute sa tournée au CDN d'Orléans le 29 septembre 2015 et part ensuite dans toute la France jusqu'au mois de mars 2016. Tombée entre les mains de Macha Makeïeff, la pièce de Molière prend un sérieux coup de botox.

Une pièce féministe

Passée dans la moulinette Makeïeff, la pièce culte de Molière que l'on qualifie habituellement de misogyne se trouve revisitée sous un angle clairement féministe. « Armande ne veut pas être la femme d'un homme, elle veut être une femme savante et apprendre, écrire, créer et être libre », explique la comédienne Maud Wyser.

Parler du désarroi des hommes

Sur le plateau les femmes sont en minijupes, les hommes ont les cheveux longs et les décors semblent sortis d'une boutique vintage à la mode. Pour cette nouvelle création la directrice du Théâtre de la Criée de Marseille a choisi les années 60/70, avec des femmes hystériques qui dressent aussi en filigrane une critique du féminisme. « Il y avait deux énigmes : celle de l'émancipation des femmes et celle du désarroi des hommes qui s'ensuit », explique Macha Makeïeff.

Après la création pour les Nuits de Fourvière, la tournée débute au CDN d'Orléans. En attendant la première, mardi 29 septembre 2015, les comédiens vêtus de costumes psychédéliques répètent leur partition en alexandrins.

Reportage : Bérénice Du Faÿ, Isabelle Racine, Stéphanie Teissier.

Marie-Armelle Deguy (Philaminte), Maud Wyler (Armande), Geoffroy Rondeau (Trissotin), et Thomas Morris (Belise).

Maud Wyler (Armande) et Vanessa Fonte (Henriette).

Ivan Ludlow (Clitandre) et Vanessa Fonte (Henriette).

Trissotin ou les Femmes savantes de Molière, mise en scène de Macha Makeïeff au Théâtre de l'Odéon, Fourvière, Lyon, 11 juin 2015.

EXERCICE 3 : PROLONGEMENT

À deux, proposez à l'écrit ou à l'oral un débat interprétatif à partir de votre comparaison de deux mises en scène de *Tartuffe* de Molière.

21. Comparer une œuvre et son adaptation filmique

ÉCRITS D'APPROPRIATION

LE FILM D'ADAPTATION COMME RÉÉCRITURE D'UNE ŒUVRE

- Contrairement au film original créé de toutes pièces, le film d'adaptation se définit comme la **réécriture, sous forme cinématographique, d'une œuvre littéraire**. Il s'agit pour le réalisateur de s'approprier le texte littéraire et de l'adapter à son projet et aux outils cinématographiques. Ainsi, comparer une œuvre et son adaptation cinématographique est un processus qu'on peut rapprocher de l'**intertextualité**.
- Il faut considérer qu'un film est une réécriture de l'œuvre choisie avec des outils qui lui sont propres. Il convient donc de s'interroger sur les **choix opérés par le réalisateur**, les **motivations** qui l'ont amené à s'emparer d'un texte littéraire, sur les **variants** et les **invariants** avec le texte source, les modifications narratologiques, celles liées à la représentation de l'espace-temps ou aux personnages.

LES OUTILS DE L'ANALYSE CINÉMATOGRAPHIQUE

- Ces outils, pour certains, sont identiques à ceux utilisés dans le cadre de l'analyse narratologique.
- Les notions de point de vue, de focalisation, de temps de l'histoire et du récit, de syntaxe de l'histoire s'appliquent alors à toute œuvre cinématographique.
- En plus de ces notions, le septième art développe un langage et des termes qui lui sont propres (voir pp. 64-65).

QUE FAUT-IL OBSERVER ET ANALYSER DANS UNE ADAPTATION ?

Le titre du film et le titre de l'œuvre

Le réalisateur conserve-t-il le même titre ou le modifie-t-il (par changement complet ou ajout) ?

L'affiche du film

Elle a deux fonctions :
- on peut tout d'abord considérer qu'elle a une fonction de présentation de l'œuvre au public. On peut parler de **fonction « publicitaire »** ;
- elle délivre aussi des clés de **compréhension du travail d'interprétation** mené par le réalisateur et propose, de manière implicite, **un pacte** avec le spectateur sur le **genre du film** et sa **tonalité principale**.

La structure du film et la structure de l'œuvre

Le scénario du film est un élément essentiel dans le travail de réécriture cinématographique. Est-il fidèle à l'œuvre littéraire ? L'ordre de la narration est-il respecté ? Les événements du livre sont-ils tous conservés ? Le scénario fait-il preuve d'invention par ajout ou développement ? Si oui, pourquoi ? Qu'apportent ces changements ?

Le temps

Les références temporelles permettent de situer l'histoire dans le temps. Comment sont-elles rendues ? L'enchaînement des épisodes se fait-il de manière chronologique ? Existe-t-il des ellipses narratives ?

Les personnages

La construction des personnages dans le film est-elle identique à celle du livre ? Quels éléments communs peut-on retrouver ? Quelles différences ?

Les lieux et les décors

Sont-ils fidèles à l'œuvre littéraire ? Quelle place le réalisateur leur donne-t-il ? En plus de proposer un cadre, ont-ils une valeur symbolique ?

S'ENTRAÎNER

EXERCICE 1

Choisissez un des romans que vous avez étudiés en classe ou lus en lecture cursive. Cherchez son adaptation cinématographique et regardez-la. Puis répondez aux questions de la page 106 (« Que faut-il observer et analyser dans une adaptation ? »).

EXERCICE 2

Voici l'affiche et un photogramme du film *La Douleur*, adapté du livre de Marguerite Duras (1985).

a. Doc. 1 Quel type de plan repérez-vous sur l'affiche du film d'Emmanuel Finkiel ?

b. Que révèle-t-il sur le genre du film et les intentions du réalisateur ?

c. Quels sentiments ressent le personnage de Marguerite Duras, joué ici par l'actrice Mélanie Thierry ? Observez la pose et la gestuelle de la comédienne.

d. Selon vous, quel moment est ici représenté ? À quel moment se situe-t-il dans le film ?

e. Qu'est-ce que cette affiche ne montre pas ? À votre avis, pourquoi ?

f. Doc. 2 Quel type de plan reconnaissez-vous ?

g. Montrez que ce choix de plan participe à créer une atmosphère et à exprimer les sentiments de l'héroïne.

h. Comment les références temporelles sont-elles rendues ?

i. Les lieux et les décors sont-ils fidèles au moment de l'action ?

Doc. 1
Affiche du film *La Douleur*, adaptation cinématographique de 2017. Réalisation : Emmanuel Finkiel.

Marguerite Duras commence à écrire ses *Cahiers de la guerre* alors que son mari, Robert Antelme, résistant, a été arrêté en juin 1944. Après le retour de déportation de ce dernier, en avril 1945, elle poursuit son journal qui relate sa douleur mais aussi l'attente angoissante qu'elle a ressentie au moment de la disparition de son époux. C'est à partir de ce journal, des faits historiques qu'elle a vécus à la fin de l'Occupation et pendant la libération de Paris qu'elle écrit son livre : *La Douleur*, publié en 1985. En 2017, son livre est adapté au cinéma par Emmanuel Finkiel, sous le même titre.

EXERCICE 3 : PROLONGEMENT

À partir du site Internet Booknode, réalisez une recherche afin de réunir différentes couvertures du roman *La Douleur*. Comparez ces couvertures avec l'affiche du film proposant une adaptation de ce roman.

EXERCICE 4

Rédigez une critique personnelle de l'adaptation cinématographique d'un livre que vous avez lu cette année et proposez-en une version oralisée.

EXERCICE 5

Comparez un extrait d'un livre que vous avez lu cette année avec le passage correspondant à son adaptation cinématographique.

EXERCICE 6

Réalisez un entretien fictif entre l'auteur d'un livre que vous avez lu cette année et le réalisateur de son adaptation cinématographique.

Doc. 2

22. Réécrire, parodier, pasticher

ÉCRITS D'APPROPRIATION

QU'EST-CE QU'UNE RÉÉCRITURE ?

• Une réécriture peut être :
– une **imitation**. Le nouveau texte s'inspire du texte modèle, en reprend des thèmes, des personnages ou des situations : il reproduit des passages, imite le style ou encore le ton. On parle alors de **pastiche** ;
– une **transformation**. La réécriture consiste à s'approprier un texte pour le caricaturer, le tourner en dérision, s'en moquer. On parle de **parodie**. La transformation du texte peut aussi amener à modifier son orientation argumentative, ses possibles narratifs, son genre, son espace-temps ;
– une **correction**, une **révision**. L'écrivain reprend son propre texte pour le corriger et l'améliorer, pour l'adapter à un autre genre littéraire ou une autre forme.

• **La réécriture littéraire** correspond donc à tout type d'adaptation d'un texte primaire (texte source ou hypotexte) en un nouveau texte, appelé « hypertexte ». C'est une pratique ancienne, inhérente à la littérature et à la création littéraire. En effet, pendant longtemps, l'imitation des œuvres anciennes était une pratique courante et admise. Les écrivains peuvent, par des jeux d'écho ou de reprise, s'inspirer de leurs prédécesseurs.

• Il existe plusieurs techniques de réécritures :
– la **réécriture par transposition** (dans un autre genre, une autre époque, un autre lieu…) ;
– la **réécriture par expansion**, qui enrichit le texte initial par ajouts multiples (commentaires, digressions, détails…).

• Dans son recueil de critiques littéraires *Contre Sainte-Beuve* (1954), Marcel Proust nous livre, à partir de son expérience de lecteur, un témoignage personnel sur cette littérature palimpseste : « Dès que je lisais un auteur, je distinguais bien vite sous les paroles l'air de la chanson qui en chaque auteur est différent de ce qu'il est chez tous les autres. »

LE MYTHE LITTÉRAIRE

• Les mythes sont des récits symboliques transmis à l'origine oralement. Ils peuvent expliquer des phénomènes, raconter la création du monde, ou de tout autre élément, ainsi que la fondation d'une société. Liés au sacré, ils sont à la fois des histoires et des théories de la connaissance.

• Le mythe littéraire est un mythe qui a été **repris plusieurs fois** par la littérature. L'œuvre littéraire le réécrit pour lui donner une dimension nouvelle, en lien avec l'époque, l'esthétique de l'auteur, les thèmes qu'il souhaite aborder et les enjeux qu'il confère à son texte.

• Cette **réécriture par appropriation** fait passer le mythe du récit collectif et oral à un objet écrit individuel, résultat d'un projet littéraire et d'une époque. Ainsi, en s'appuyant sur les significations dont le mythe est porteur, ses personnages, ses thèmes, l'écrivain les élargit, les réinterprète, les prolonge ou les modifie.

• Un mythe littéraire se caractérise par :
– sa **pérennité** dans le temps ;
– sa **plasticité**. Un mythe est malléable. Il peut être repris dans tous les arts ou genres littéraires : opéra, ballet, théâtre, roman jeunesse, bande dessinée, manga, film d'animation, art contemporain et même la publicité ;
– son **caractère transculturel**. C'est ce qu'évoque Jean-Claude Carrière dans le texte « Ici il y a de la lumière », qui ouvre son recueil *Le Cercle des menteurs* (1999) : « Pareilles à des vers de terre qui, dit-on, fécondent la terre qu'ils traversent aveuglément, les histoires passent de bouches à oreilles et disent, depuis longtemps, ce que rien d'autre ne peut dire. Certaines tournent et s'enroulent à l'intérieur d'un même peuple. D'autres, comme faites d'une matière subtile, percent les murailles invisibles qui nous séparent les uns des autres, ignorent le temps et l'espace, et simplement se perpétuent. »

QUE PEUT-ON COMPARER DANS UNE RÉÉCRITURE ?

• Une réécriture est liée à la **notion de variante**. Chaque auteur peut introduire des variations à partir du texte source.

• Il est intéressant de repérer et d'étudier les choix des auteurs en s'intéressant aux **ressemblances** et **divergences**, en repérant notamment les **invariants** (éléments qui ne varient pas et qu'on retrouve d'une réécriture à l'autre) et les **variants** (éléments qui varient).

• Afin de mettre en œuvre ce travail de comparaison, il convient d'étudier les points suivants :
– la **date de création** : renvoie-t-elle à un courant ou à un mouvement littéraire et culturel dont l'auteur fait partie ?
– le **titre** : est-il conservé ? modifié ? Quelles modifications sont apportées et que produisent-elles ?
– le **genre** : l'écrivain transpose-t-il le texte source dans un autre genre littéraire ? Comment cette modification influence-t-elle la réception et l'écriture ?
– les **personnages** : sont-ils construits de la même manière par leur parlure, le physique, le nom, les traits de caractère, les liens qu'ils entretiennent entre eux ?
– le **registre principal** du texte : est-il conservé ?
– les **thèmes :** sont-ils repris ? Certains sont-ils amplifiés ou réduits ?
– les **enjeux** du texte **:** sont-ils identiques à ceux du texte source ?
– la **narration** ou les divers moyens employés dans le récit pour faire découvrir la fiction au lecteur sont-ils modifiés (ordre des événements, ellipses...) ?

PARODIE ET PASTICHE

• Le pastiche littéraire est une forme de réécriture, de reprise d'un auteur par l'assimilation de son style. Il est à considérer comme une forme d'hommage, contrairement à la parodie.

• C'est ce que suggère Charles Dantzig dans son *Dictionnaire égoïste de la littérature française* (2015) : « Le pastiche, c'est l'essence, la parodie, le parfum. Dans le pastiche, on se trouve à l'intérieur, la parodie reste à l'extérieur. La parodie se fonde sur le sujet et exagère les opinions, le pastiche pénètre dans la façon d'écrire et la prolonge. »

Marguerite Duras parodiée par Patrick Rambaud
Ça avait commencé par la peur.
Nous étions allés à Quillebeuf, comme souvent cet été-là.
On était arrivés à l'heure habituelle, à la fin de l'après-midi.
Comme chaque fois on avait traîné le long du bastingage blanc qui borde les quais depuis l'église, l'entrée du port jusqu'à sa sortie, le chemin abandonné qui devrait aller à la forêt de Brotonne.
(Marguerite Duras, *Emily L.*, éd. de Minuit, 1985)

C'est comme ça que ça aurait l'air d'avoir commencé.
On va voir le fleuve. Ça se voyait que c'était fini, l'été. On a mis les moufles pour avoir chaud parce que c'était clair que le temps avait fraîchi. C'était la Meuse en hiver, sûrement, et c'est pour ça sans doute qu'au nom du village de Colombin quelqu'un il y avait longtemps avait rajouté sur Meuse. Une fois on m'a expliqué ça. On ne pouvait pas se tromper. Il y avait Colombin. Il y avait la Meuse. C'était Colombin-sur-Meuse que ça se nommait à cause de ça.
(Patrick Rambaud – Marguerite Duraille, *Virginie Q.*, éd. Balland, 1988.)

S'ENTRAÎNER

EXERCICE 1

a. Observez les titres de ces deux textes. Quelles ressemblances et différences repérez-vous ?

b. Analysez la manière dont ces deux auteurs nomment le personnage de Cendrillon. Qu'indiquent ces choix ?

c. Quel est le genre choisi par les deux auteurs ? En quoi ce choix peut-il influencer le(s) enjeu(x) de ces textes ?

d. Le registre de langue des deux textes est-il identique ? Comment participe-t-il à la représentation que le lecteur se fait des personnages ?

e. Quel personnage du conte vous est le plus antipathique ? Pourquoi ? Préférez-vous la Cendrillon de Perrault ou celle de Pommerat ? Pourquoi ?

f. Dans le texte de Joël Pommerat, Cendrillon réagit-elle de la même manière face aux tâches ménagères ? Quelle impression cela donne-t-il sur la psychologie du personnage ?

g. D'après vous, quelle est la visée de cette réécriture ?

Texte 1

Il était une fois un Gentilhomme qui épousa en secondes noces une femme, la plus hautaine et la plus fière qu'on eût jamais vue. Elle avait deux filles de son humeur, et qui lui ressemblaient en toutes choses. Le Mari avait de son côté une jeune fille, mais d'une douceur et d'une bonté sans exemple ; elle tenait cela de sa Mère, qui était la meilleure personne du monde. Les noces ne furent pas plus tôt faites, que la Belle-mère fit éclater sa mauvaise humeur ; elle ne put souffrir les bonnes qualités de cette jeune enfant, qui rendaient ses filles encore plus haïssables. Elle la chargea des plus viles occupations de la maison : c'était elle qui nettoyait la vaisselle et les montées, qui frottait la chambre de Madame, et celles de Mesdemoiselles ses filles ; elle couchait tout au haut de la maison, dans un grenier, sur une méchante paillasse, pendant que ses sœurs étaient dans des chambres parquetées, où elles avaient des lits des plus à la mode, et des miroirs où elles se voyaient depuis les pieds jusqu'à la tête. La pauvre fille souffrait tout avec patience, et n'osait s'en plaindre à son Père qui l'aurait grondée, parce que sa Femme le gouvernait entièrement. Lorsqu'elle avait fait son ouvrage, elle s'allait mettre au coin de la cheminée, et s'asseoir dans les cendres, ce qui faisait qu'on l'appelait communément dans le logis Cucendron. La cadette, qui n'était pas si malhonnête que son aînée, l'appelait Cendrillon ; cependant Cendrillon, avec ses méchants habits, ne laissait pas d'être cent fois plus belle que ses sœurs, quoique vêtues très magnifiquement.

CHARLES PERRAULT, « Cendrillon ou la Petite Pantoufle de verre », in *Contes de ma mère l'Oye*, 1697.

Texte 2

LA BELLE-MÈRE
(consultant son papier, à ses filles)

Alors voilà, tout d'abord, en ce qui vous concerne, j'ai pensé que vous deux vous pourriez à partir de maintenant aider la femme de ménage à ranger votre linge propre dans les tiroirs de vos armoires.

LES DEUX SŒURS
(surprises)

Ah bon ?

LA BELLE-MÈRE
(fermement)

Oui, c'est comme ça.
(À la très jeune fille.) Et toi Sandra, j'ai pensé que tu pourrais aider la femme de ménage à changer les poubelles des différents sanitaires, salles de bains, buanderie, cuisine et aider à porter tout ça ensuite dans le local à poubelle du jardin.
Tu es d'accord ?

LA TRÈS JEUNE FILLE

Changer les poubelles ? Oui je suis d'accord ! Ah oui, c'est très bien ça.

LE PÈRE

Voilà très bien… c'est gentil ! Ne t'inquiète pas, elle est simple et gentille, Sandra.

LA TRÈS JEUNE FILLE
(à son père)

Qu'est-ce que tu racontes toi ? Je suis pas du tout gentille ! Si les gens pouvaient voir comment je suis vraiment en vrai, i' diraient pas que je suis gentille ! […]

LA BELLE-MÈRE

Bon, très bien, ensuite je propose que vous les filles vous aidiez la femme de ménage pendant qu'elle s'occupe de la cuisine. […]

SŒUR LA PETITE

C'est pas des tâches comme ça qu'on faisait avant.

SŒUR LA GRANDE

Mais c'est dégoûtant d'aller à la cuisine, c'est plein de gras, on t'a déjà dit qu'on aimait pas faire ça, la graisse incrustée dans le four par exemple, ça donne envie de vomir tellement c'est dégueulasse. […]

LA TRÈS JEUNE FILLE

Si ça leur pose un problème à elles, je crois que je vais bien aimer ça, de nettoyer le gras de la cuisinière, racler le gras du four, je crois que je vais aimer ça. Ça va me faire du bien de faire ça. En plus la graisse et le gras dans le four, je les ai déjà faits une fois… C'est vraiment dégoûtant. Ma mère était sortie, je sais pas pourquoi je m'étais mise à le faire, ma mère en rentrant elle m'avait dit…

JOËL POMMERAT, *Cendrillon*, éd. Actes Sud, 2013.

EXERCICE 2

a. Comment Balzac construit-il cette description ?

b. Comment parvient-il, par son écriture, à saturer son texte d'informations ?

c. Réalisez un pastiche du texte de Balzac en reproduisant son style. Vous ferez la description d'un lieu qui vous est personnel en exploitant tous les procédés associés à l'écriture de l'auteur du *Père Goriot*.

Madame Vauquer, née de Conflans, est une vieille femme qui, depuis quarante ans, tient à Paris une pension bourgeoise établie rue Neuve-Sainte-Geneviève, entre le quartier latin et le faubourg Saint-Marceau. Cette pension, connue sous le nom de la Maison-Vauquer, admet également des hommes et des femmes, des jeunes gens et des vieillards, sans que jamais la médisance ait attaqué les mœurs de ce respectable établissement. [...]

La maison où s'exploite la pension bourgeoise appartient à madame Vauquer. Elle est située dans le bas de la rue Neuve-Sainte-Geneviève, à l'endroit où le terrain s'abaisse vers la rue de l'Arbalète par une pente si brusque et si rude que les chevaux la montent ou la descendent rarement. Cette circonstance est favorable au silence qui règne dans ces rues serrées entre le dôme du Val-de-Grâce et le dôme du Panthéon, deux monuments qui changent les conditions de l'atmosphère en y jetant des tons jaunes, en y assombrissant tout par les teintes sévères que projettent leurs coupoles. Là, les pavés sont secs, les ruisseaux n'ont ni boue ni eau, l'herbe croît le long des murs. L'homme le plus insouciant s'y attriste comme tous les passants, le bruit d'une voiture y devient un événement, les maisons y sont mornes, les murailles y sentent la prison. [...]

La façade de la pension donne sur un jardinet, en sorte que la maison tombe à angle droit sur la rue Neuve-Sainte-Geneviève, où vous la voyez coupée dans sa profondeur. Le long de cette façade, entre la maison et le jardinet, règne un cailloutis en cuvette, large d'une toise, devant lequel est une allée sablée, bordée de géraniums, de lauriers-roses et de grenadiers plantés dans de grands vases en faïence bleue et blanche. On entre dans cette allée par une porte bâtarde, surmontée d'un écriteau sur lequel est écrit : MAISON VAUQUER, et dessous : *Pension bourgeoise des deux sexes et autres*. Pendant le jour, une porte à claire-voie, armée d'une sonnette criarde, laisse apercevoir au bout du petit pavé, sur le mur opposé à la rue, une arcade peinte en marbre vert par un artiste du quartier. Sous le renfoncement que simule cette peinture, s'élève une statue représentant l'Amour. À voir le vernis écaillé qui la couvre, les amateurs de symboles y découvriraient peut-être un mythe de l'amour parisien qu'on guérit à quelques pas de là. Sous le socle, cette inscription à demi effacée rappelle le temps auquel remonte cet ornement par l'enthousiasme dont il témoigne pour Voltaire, rentré dans Paris en 1777 :

Qui que tu sois, voici ton maître :
Il l'est, le fut, ou le doit être.

HONORÉ DE BALZAC, *Le Père Goriot*, 1835.

ALBERT LYNCH, *La pension Vauquer*, illustration pour *Le Père Goriot*, d'HONORÉ DE BALZAC, XIXe siècle.

EXERCICE 3

a. Repérez dans ce poème tous les termes et propositions qui désignent les « Landes ».

b. Quelles notations sensorielles relevez-vous ?

c. Comment Gautier associe-t-il le poète au pin ?

d. Quelles émotions sont rendues par ce poème ?

e. Réalisez un pastiche (en vers ou en prose) du poème « Le pin des landes » en exploitant les thèmes et les images qu'il utilise pour évoquer le pin. Vous donnerez à votre poème un titre renvoyant à un végétal et à sa situation géographique. Vous exploiterez tous les procédés utilisés par le poète et rendrez les émotions suggérées par la lecture de ce texte.

Le pin des Landes

On ne voit en passant par les Landes désertes,
Vrai Sahara français, poudré de sable blanc,
Surgir de l'herbe sèche et des flaques d'eaux vertes
D'autre arbre que le pin avec sa plaie au flanc,

Car, pour lui dérober ses larmes de résine,
L'homme, avare bourreau de la création,
Qui ne vit qu'aux dépens de ceux qu'il assassine,
Dans son tronc douloureux ouvre un large sillon !

Sans regretter son sang qui coule goutte à goutte,
Le pin verse son baume et sa sève qui bout,
Et se tient toujours droit sur le bord de la route,
Comme un soldat blessé qui veut mourir debout.

Le poète est ainsi dans les Landes du monde ;
Lorsqu'il est sans blessure, il garde son trésor.
Il faut qu'il ait au cœur une entaille profonde
Pour épancher ses vers, divines larmes d'or !

THÉOPHILE GAUTIER, *España*, 1845.

23. Comparer des traductions

ÉCRITS D'APPROPRIATION

QU'EST-CE QU'UNE TRADUCTION LITTÉRAIRE ?

- Le but d'une traduction est d'établir une **équivalence par adaptation** entre le texte de la langue source et la langue cible.
- Le traducteur ne peut pas reproduire à l'identique le texte de départ. La différence des langues rend la copie conforme impossible. Il y a souvent des différences entre la langue source et le français qui interdisent une transposition directe et demandent un choix conscient du traducteur.

> En anglais, le vers repose sur l'accent tonique tandis que le vers français repose sur le nombre de syllabes.

- Pour traduire, il ne suffit pas de contrôler la langue source. Il est aussi et avant tout nécessaire de maîtriser la langue cible. En plus de la maîtrise des deux langues, la traduction littéraire exige des compétences culturelles et des compétences d'analyse du texte source. Chaque traduction répond donc au double projet d'être à la fois **fidèle et créative**.

CONSEIL

Avoir une bonne connaissance de la grammaire des deux langues est nécessaire. On doit notamment identifier les temps verbaux utilisés et s'interroger sur la valeur de ceux-ci. La langue anglaise, par exemple, connaît deux formes de présent (la forme simple et la forme progressive). Comment cette distinction est-elle rendue par les choix de traduction ?

DIFFICULTÉS

- Le vocabulaire, les façons de s'exprimer, de penser, de nommer ou de concevoir le monde diffèrent d'une langue à l'autre.
- Les tournures idiomatiques (souvent métaphoriques) propres à chacune des langues font l'objet d'une transposition et non d'un calque.

- Il faut considérer la traduction comme une **interprétation du texte originel**. Il s'agit donc d'adapter :

– la syntaxe plus ou moins distante de la langue source à celle de la langue cible ;
– les mots (le lexique), révélateurs d'une époque et d'une culture.

COMMENT COMPARER DES TRADUCTIONS LITTÉRAIRES ?

- Comparer des traductions permet de prendre conscience de l'interprétation proposée par le traducteur. Ce dernier se livre à une véritable réécriture du texte, fait des choix lexicaux et syntaxiques selon l'interprétation qu'il a faite de l'œuvre et de son profil d'écrivain-traducteur.
- Traduire est donc un acte de création ; tout texte traduit rend également présent son traducteur pendant la lecture.
- Comparer des traductions littéraires revient à s'intéresser :

– au lexique ;
– à la syntaxe ;
– à la forme du texte ;
– à l'interprétation et au sens provoqués par ces choix.

CONSEIL

- Pour comparer des traductions, on ne peut pas se contenter de repérer les ressemblances et les différences. Il est nécessaire de comprendre quelle interprétation du texte a été faite par le traducteur.
- On peut se poser les questions suivantes : quel regard le traducteur porte-t-il sur le personnage ? les événements ? la scène ? Comment les choix opérés par le traducteur suggèrent-ils cette interprétation ?

DIFFICULTÉS

Le style d'un auteur peut provoquer des choix de traduction complexes. Il s'agit, pour le traducteur, de transposer, en plus du contenu du texte (le fond), la manière personnelle et caractéristique qu'a l'écrivain d'utiliser le langage (la forme).

S'ENTRAÎNER

Le Conte d'hiver est une tragi-comédie de Shakespeare écrite en langue anglaise et en vers. Léonte, roi de Sicile, et Polixène, roi de Bohême, ont été élevés ensemble, comme deux frères. Alors que Polixène est en visite officielle en Sicile, Léonte est pris d'une folie passionnelle et destructrice : la jalousie. Il soupçonne sa femme Hermione d'avoir une relation adultère avec son ami d'enfance et de porter l'enfant né de cette trahison. Il la fait donc enfermer. En prison, Hermione accouche d'une petite fille, Perdita. L'acte III s'ouvre sur le procès que lui fait subir son mari jaloux.

Texte de Shakespeare

HERMIONE

Since what I am to say must be but that
Which contradicts my accusation and
The testimony on my part no other
But what comes from myself, it shall scarce boot me
To say 'not guilty': mine integrity
Being counted falsehood, shall, as I express it,
Be so received. But thus: if powers divine
Behold our human actions, as they do,
I doubt not then but innocence shall make
False accusation blush and tyranny
Tremble at patience. You, my lord, best know,
Who least will seem to do so, my past life
Hath been as continent, as chaste, as true,
As I am now unhappy; which is more
Than history can pattern, though devised
And play'd to take spectators. For behold me
A fellow of the royal bed, which owe
A moiety of the throne a great king's daughter,
The mother to a hopeful prince, here standing
To prate and talk for life and honour 'fore
Who please to come and hear.

WILLIAM SHAKESPEARE, *Le Conte d'hiver*, acte III, scène 2, 1623.

Traduction de Bernard-Marie Koltès, éd. de Minuit (1988)

Bernard-Marie Koltès (1948-1989) est un metteur en scène et auteur de pièces de théâtre dont les plus connues sont : *Dans la solitude des champs de coton* (1987), *Combat de nègre et de chiens* (1989) et *Roberto Zucco* (1990). Il traduit *Le Conte d'hiver* de Shakespeare en 1988. La pièce sera mise en scène en 1988 par le metteur en scène Luc Bondy, au Festival d'Avignon.

HERMIONE

Je suis mon seul témoin à décharge, et ce que je peux dire est bien évidemment en contradiction avec cette accusation. Pourquoi alors plaiderais-je non coupable ? Mon honnêteté prise ici pour de la perversion, si je l'exprime, sera prise aussi pour de la perversion. Mais, si Dieu voit nos actions – et il les voit –, alors l'innocence fera rougir les accusateurs, et la tyrannie tremblera devant la résignation. Vous, monseigneur, mieux que quiconque vous savez que ma vie passée a été aussi chaste, aussi prude, aussi loyale qu'elle est malheureuse aujourd'hui, et pourtant vous semblez le dernier à le savoir. Et une vie aussi malheureuse, aucune histoire, ni écrite, ni jouée pour émouvoir un public ne pourrait la raconter. Moi, qui ai partagé le lit royal, moi, propriétaire de la moitié du trône, regardez-moi. Moi, fille d'un grand roi, mère d'un prince promis à un grand avenir, me voici ici, debout, à parler et plaider pour la vie et l'honneur, devant chacun à qui il plaît de venir et d'écouter.

Traduction d'Yves Bonnefoy, éd. Gallimard (1996)

Yves Bonnefoy (1923-2016) est un poète, critique d'art et traducteur. Il a reçu de nombreux prix littéraires français et internationaux, dont le grand prix de poésie de l'Académie française en 1981 et le prix Goncourt de la poésie en 1987. Il considère que la traduction est avant tout « un acte de poésie », c'est-à-dire « un questionnement, et une expérience ».

HERMIONE

Puisque je ne puis faire que rejeter
Ces chefs d'accusation ; et qu'en ma faveur
Je n'ai de témoignage que le mien,
À quoi me servirait de me dire innocente ? Ma probité,
Tenue pour perfide, sera, si je l'exprime,
Accueillie comme telle… Et pourtant, écoutez :
Si les puissances du ciel voient nos actions,
Et je n'en doute pas, alors il est certain
Que l'innocence, un jour, fera rougir
La fausse accusation et devant la souffrance
Trembler la tyrannie… Ah, monseigneur,
Vous qui semblez le moins le savoir, malgré tout
Vous savez mieux que tous que ma vie fut chaste
Et aussi vertueuse et franche que je suis
Malheureuse à présent – d'une infortune
Que rien n'égalerait dans l'histoire, en fît-on,
Pour émouvoir, une œuvre de théâtre ! Oui, voyez-moi,
La compagne du lit royal, la détentrice
De la moitié du trône, et fille d'un grand roi,
Mère d'un prince si prometteur, ici, pourtant,
Debout, à haranguer qui veut bien m'entendre
Sur les thèmes de mon honneur et de ma vie ;

Hermione dans *Le Conte d'hiver*, de William Shakespeare, mis en scène par Luc Bondy, au Festival d'Avignon, 1988.

EXERCICE 1

Comparez du point de vue du lexique, du rythme et de la syntaxe, les choix opérés par les deux traducteurs pour les citations suivantes. Proposez une explication.

1. « Mais, si Dieu voit nos actions » *vs* « Si les puissances du ciel voient nos actions »

2. « alors l'innocence fera rougir les accusateurs, et la tyrannie tremblera devant la résignation. » *vs* « alors il est certain / Que l'innocence, un jour, fera rougir / La fausse accusation et devant la souffrance / Trembler la tyrannie… »

3. « Moi, qui ai partagé le lit royal, moi, propriétaire de la moitié du trône, regardez-moi. » *vs* « … Oui, voyez-moi, / La compagne du lit royal, la détentrice / De la moitié du trône, et fille d'un grand roi, »

EXERCICE 2

Proposez une lecture oralisée de chaque traduction. Vous veillerez à utiliser toutes les ressources de l'oralité (silences, diction, intonation, rythme) afin de rendre votre texte le plus expressif possible et de provoquer l'écoute.

EXERCICE 3

Montrez, à partir de votre lecture des deux traductions de la pièce de Shakespeare et de leur mise en voix, qu'elles sont le reflet de leur traducteur : un homme de théâtre pour Koltès, un poète pour Bonnefoy.

EXERCICE 4 : PROLONGEMENT

Pour traduire la tirade d'Hermione, les deux traducteurs font des choix différents. Koltès utilise les termes : « parler » et « plaider » tandis que Bonnefoy utilise le verbe « haranguer ».

Dressez une liste de cinq termes renvoyant aux différentes modalités de la parole (par exemple, « chuchoter »). Cherchez leur définition précise, puis une citation littéraire qui les utilise. Vous pouvez utiliser le site du Trésor de la langue française : http://atilf.atilf.fr

EXERCICE 5

Voici un extrait de la nouvelle de Melville et une traduction effectuée par un moteur de recherche.

a. Procédez à une correction en repérant les erreurs de langue, de lexique et de grammaire.

b. Proposez à votre tour une traduction littéraire de cet extrait. Vous penserez à transposer les tournures idiomatiques, à adapter le lexique à la situation et au personnage (émotions, statut social). Pour ce dernier point, vous vous demanderez comment le personnage narrateur aborde cette dernière confrontation avec Bartleby.

En France, la nouvelle d'Herman Melville a été publiée sous divers titres : *Bartleby l'écrivain*, *Bartleby le scribe* ou *Bartleby, une histoire de Wall Street*. Le narrateur de cette nouvelle est un homme de loi de Wall Street. Comme ses activités se développent, il décide de recruter un autre employé. Bartleby est engagé comme scribe. Il recopie et collationne des textes toute la journée. Très obéissant et travailleur, il refuse petit à petit de travailler et en vient à ne prononcer, quand on lui parle, qu'une seule phrase : « *I would prefer not to.* » Son employeur décide donc de le renvoyer et lui laisse six jours pour quitter les lieux. Mais Bartleby est encore là. Face à ce refus, le narrateur décide finalement de quitter son bureau et d'aller s'installer quelques rues plus loin.

Texte de Herman Melville

I re-entered, with my hand in my pocket – and… and my heart in my house.

Good-bye, Bartleby, I am going – good-bye; and God some way bless you – and take that, slipping something in his hand. But it dropped upon the floor, and then, strange to say, I tore myself from him whom I had so longed to be rid of.

HERMAN MELVILLE, *Bartleby the Scrivener, a Story of Wall Street*, 1890.

Traduction

Je suis rentré avec ma main dans ma poche et… et mon cœur dans ma maison.

« Au revoir, Bartleby, je vais… au revoir ; et que Dieu vous bénisse d'une manière ou d'une autre – et prenez cela », glissant quelque chose dans sa main. Mais il est tombé sur le sol, puis, chose étrange, je me suis arraché à celui dont j'avais tant voulu me débarrasser.

24. Réécrire un texte avec des contraintes

ÉCRITS D'APPROPRIATION

TRANSPOSER DANS LE TEMPS ET/OU DANS L'ESPACE

● « Transposer » dans le cadre d'un travail d'écriture, c'est passer d'un état à un autre, adapter une œuvre, un thème ou une situation à un contexte différent.

● Cette activité permet d'investir autrement le texte choisi, d'imaginer une même situation dans un autre espace-temps et de proposer une réécriture personnelle de l'œuvre.

La transposition dans le temps

Lorsque l'on modifie le **contexte historique** d'un texte, il faut adapter :
– le **langage des personnages** – leur parlure – à l'époque choisie et à leur catégorie sociale ;
– les autres détails qui participent à la construction du personnage : **vêtements**, **accessoires**... ;
– le **comportement des personnages** et leurs **actions**.

La transposition dans l'espace

● Elle peut être liée à la transposition dans le temps.
Si on modifie les **éléments de décor**, il convient de s'appuyer sur des photographies ou des tableaux de l'époque choisie.

● Lorsque l'on modifie l'**espace**, il convient :
– d'organiser et de construire sa description ;
– d'intégrer à son écrit des notations sensorielles variées ;
– de donner au lieu choisi une dimension plus ou moins réaliste.

CONSEILS

● Penser à mobiliser ses connaissances sur les différentes formes de paroles rapportées.

● Effectuer un travail de recherche lexicale peut s'avérer nécessaire.

CHANGER LE POINT DE VUE D'UN TEXTE

● Afin de modifier le point de vue d'un texte, il faut déterminer au préalable le point de vue utilisé dans le texte initial et choisir un autre point de vue.
Le terme « **point de vue** » ou « **focalisation** » renvoie à la position qu'adopte le narrateur pour raconter (voir p. 68).

● Dans une **focalisation interne**, on reconstruit l'environnement du personnage à partir de sa situation, on se met à sa place afin de percevoir les événements, les lieux, les autres personnages selon sa conscience, son caractère, sa position sociale, son âge...

● Dans une **focalisation externe**, on choisit un point fixe à partir duquel on raconte ou on voit la scène. Il ne faut pas réaliser un schéma de la scène narrative.

● Dans une **focalisation zéro**, on varie les informations sur le personnage ou les événements ainsi que les représentations que l'on donne de la scène.

CHANGER DE REGISTRE OU DE TONALITÉ

● Réécrire un texte en changeant de registre nécessite d'être capable :
– d'**identifier le registre principal** du texte à modifier ;
– de repérer dans le texte tous les **procédés qui participent à la construction d'un registre**.
La maîtrise des caractéristiques et procédés associés à chaque registre est donc essentielle. Il existe plusieurs registres : le comique, le tragique, le pathétique, le polémique, le lyrique, l'épidictique (éloge ou blâme), le fantastique, l'épique (voir définitions p. 234-239).

● On peut réécrire un texte en changeant de registre lorsqu'on souhaite :
– modifier le destin ou l'attitude d'un ou de plusieurs personnages ;
– modifier le cours des événements ou la situation présentée ;
– associer à un événement décrit ou narré d'autres sentiments ou impressions ;
– pratiquer la création littéraire comme jeu.

S'ENTRAÎNER

EXERCICE 1 : TRANSPOSER

a. Montrez, à partir de la situation et des réactions des personnages, que ces derniers sont soumis à des règles de bienséance et de conduite liées à leur époque. Réalisez une liste de ces règles.

b. Comment M. de Nemours conçoit-il la passion amoureuse ?

c. Comment la princesse de Clèves réagit-elle aux sollicitations de M. de Nemours ?

d. Transposez à notre époque l'entretien entre M. de Nemours et Mme de Clèves. Vous veillerez à adapter la parlure des personnages, les détails associés à la situation, la gestuelle, les convenances, les noms des personnages et la conception de l'amour et du devoir exprimés dans ce texte.

L'histoire se passe à Paris, dans le milieu de la cour, au XVIe siècle, sous le règne d'Henri II. Mme de Clèves, mariée à M. de Clèves, aime en secret M. de Nemours. Cet amour est réciproque mais la bienséance empêche les deux personnages de se l'avouer. Ce n'est qu'à la fin du roman qu'ils s'entretiennent ouvertement des sentiments qui les animent. En effet, fidèle à son mari, la princesse refuse cet amour et, par loyauté, elle avoue sa passion pour M. de Nemours à son époux. M. de Clèves en meurt. Dans cet extrait, M. de Nemours tente de convaincre la princesse que leur amour peut désormais être vécu.

L'on ne peut exprimer ce que sentirent M. de Nemours et Mme de Clèves, de se trouver seuls et en état de se parler pour la première fois. Ils demeurèrent quelque temps sans rien dire ; enfin, M. de Nemours, rompant le silence :

– Pardonnerez-vous à M. de Chartres, Madame, lui dit-il, de m'avoir donné l'occasion de vous voir, et de vous entretenir, que vous m'avez toujours si cruellement ôtée ?

– Je ne lui dois pas pardonner, répondit-elle, d'avoir oublié l'état où je suis, et à quoi il expose ma réputation.

En prononçant ces paroles, elle voulut s'en aller ; et M. de Nemours, la retenant :

– Ne craignez rien, Madame, répliqua-t-il, personne ne sait que je suis ici, et aucun hasard n'est à craindre. Écoutez-moi, Madame, écoutez-moi ; si ce n'est par bonté, que ce soit du moins pour l'amour de vous-même, et pour vous délivrer des extravagances où m'emporterait infailliblement une passion dont je ne suis plus le maître.

Mme de Clèves céda pour la première fois au penchant qu'elle avait pour M. de Nemours et, le regardant avec des yeux pleins de douceur et de charmes :

– Mais qu'espérez-vous, lui dit-elle, de la complaisance que vous me demandez ? Vous vous repentirez, peut-être, de l'avoir obtenue, et je me repentirai infailliblement de vous l'avoir accordée. Vous méritez une destinée plus heureuse que celle que vous avez eue jusqu'ici, et que celle que vous pouvez trouver à l'avenir, à moins que vous ne la cherchiez ailleurs !

– Moi, Madame, lui dit-il, chercher du bonheur ailleurs ! Et y en a-t-il d'autres que d'être aimé de vous ? Quoique je ne vous aie jamais parlé, je ne saurais croire, Madame, que vous ignoriez ma passion, et que vous ne la connaissiez pour la plus véritable et la plus violente qui sera jamais. À quelle épreuve a-t-elle été par des choses qui vous sont inconnues ? Et à quelle épreuve l'avez-vous mise par vos rigueurs ?

– Puisque vous voulez que je vous parle, et que je m'y résous, répondit Mme de Clèves en s'asseyant, je le ferai avec une sincérité que vous trouverez malaisément dans les personnes de mon sexe. Je ne vous dirai point que je n'ai pas vu l'attachement que vous avez eu pour moi ; peut-être ne me croiriez-vous pas quand je vous le dirais. Je vous avoue donc, non seulement que je l'ai vu, mais que je l'ai vu tel que vous pouvez souhaiter qu'il m'ait paru.

– Et si vous l'avez vu, Madame, interrompit-il, est-il possible que vous n'en ayez point été touchée ? Et oserais-je vous demander s'il n'a fait aucune impression dans votre cœur ?

– Vous en avez dû juger par ma conduite, lui répliqua-t-elle ; mais je voudrais bien savoir ce que vous en avez pensé.

– Il faudrait que je fusse dans un état plus heureux pour vous l'oser dire, répondit-il ; et ma destinée a trop peu de rapport à ce que je vous dirais. Tout ce que je puis vous apprendre, Madame, c'est que j'ai souhaité ardemment que vous n'eussiez pas avoué à M. de Clèves ce que vous me cachiez et que vous lui eussiez caché ce que vous m'eussiez laissé voir.

MADAME DE LA FAYETTE, *La Princesse de Clèves*, 1678.

La Princesse de Clèves, adaptation de Jean Delannoy, avec Marina Vlady et Jean Marais, 1961.

EXERCICE 2 : CHANGER DE POINT DE VUE

a. Quel est le statut du narrateur dans ce texte ? Quel est le point de vue adopté ?

b. Repérez et identifiez tous les autres personnages témoins de cette scène.

c. Quels regards portent-ils sur Gil Blas ?

d. Réécrivez ce texte en changeant le statut du narrateur et le point de vue.

Je demandai à souper dès que je fus dans l'hôtellerie. C'était un jour maigre[1]. On m'accommoda des œufs. Pendant qu'on me les apprêtait, je liai conversation avec l'hôtesse que je n'avais point encore vue. Elle me parut assez jolie et je trouvai ses allures si vives, que j'aurais bien jugé, quand son mari ne me l'aurait pas dit[2], que ce cabaret devait être fort achalandé[3]. Lorsque l'omelette qu'on me faisait fut en état de m'être servie, je m'assis tout seul à une table. Je n'avais pas encore mangé le premier morceau, que l'hôte entra, suivi de l'homme qui l'avait arrêté dans la rue. Ce cavalier portait une longue rapière[4] et pouvait bien avoir trente ans. Il s'approcha de moi d'un air empressé : Seigneur écolier, me dit-il, je viens d'apprendre que vous êtes le seigneur Gil Blas de Santillane, l'ornement d'Oviedo et le flambeau de la philosophie. Est-il bien possible que vous soyez ce savantissime[5], ce bel esprit dont la réputation est si grande en ce pays-ci ? Vous ne savez pas, continua-t-il en s'adressant à l'hôte et à l'hôtesse, vous ne savez pas ce que vous possédez. Vous avez un trésor dans votre maison. Vous voyez dans ce jeune gentilhomme la huitième merveille du monde. Puis se tournant de mon côté et me jetant les bras au cou : Excusez mes transports, ajouta-t-il ; je ne suis point maître de la joie que votre présence me cause.

Je ne pus lui répondre sur-le-champ, parce qu'il me tenait si serré que je n'avais pas la respiration libre, et ce ne fut qu'après que j'eus la tête dégagée de l'embrassade, que je lui dis : Seigneur cavalier, je ne croyais pas mon nom connu à Peñaflor. Comment connu ! reprit-il sur le même ton. Nous tenons registre de tous les personnages qui sont à vingt lieues à la ronde. Vous passez ici pour un prodige et je ne doute pas que l'Espagne se trouve un jour aussi vaine[6] de vous avoir produit, que la Grèce d'avoir vu naître ses sages. [...] Pour peu que j'eusse eu d'expérience, je n'aurais pas été la dupe de ses démonstrations ni de ses hyperboles ; j'aurais bien connu à ses flatteries outrées que c'était un de ces parasites que l'on trouve dans toutes les villes, et qui, dès qu'un étranger arrive, s'introduisent auprès de lui pour remplir leur ventre à ses dépens ; mais ma jeunesse et ma vanité m'en firent juger tout autrement. Mon admirateur me parut un fort honnête homme et je l'invitai à souper avec moi. Ah ! très volontiers, s'écria-t-il ; je sais trop bon gré à mon étoile de m'avoir fait rencontrer l'illustre Gil Blas de Santillane, pour ne pas jouir de ma bonne fortune le plus longtemps que je pourrai. Je n'ai pas grand appétit, poursuivit-il : je vais me mettre à table pour vous tenir compagnie seulement, et je mangerai quelques morceaux par complaisance.

En parlant ainsi, mon panégyriste[7] s'assit vis-à-vis de moi. On lui apporta un couvert. Il se jeta d'abord sur l'omelette avec tant d'avidité, qu'il semblait n'avoir mangé depuis trois jours. À l'air complaisant dont il s'y prenait, je vis bien qu'elle serait bientôt expédiée. J'en ordonnai une seconde, qui fut faite si promptement, qu'on nous la servit comme nous achevions, ou plutôt comme il achevait de manger la première. Il y procédait pourtant d'une vitesse toujours égale et trouvait moyen, sans perdre un coup de dent, de me donner louanges sur louanges : ce qui me rendait fort content de ma petite personne. [...] Le seigneur Corcuelo, qui, selon toutes les apparences, s'entendait avec le parasite, me répondit : J'ai une truite excellente ; mais elle coûtera cher à ceux qui la mangeront : c'est un morceau trop friand pour vous. Qu'appelez-vous trop friand ? dit alors mon flatteur d'un ton de voix élevé ; vous n'y pensez pas, mon ami. Apprenez que vous n'avez rien de trop bon pour le seigneur Gil Blas de Santillane, qui mérite d'être traité comme un prince.

Alain-René Lesage, *Histoire de Gil Blas de Santillane*, tome I, livre I, chapitre II, 1715.

1. **Jour maigre :** jour où l'Église catholique prescrit de ne pas manger de viande.
2. **quand son mari... :** même si son mari ne me l'avait pas dit.
3. **achalandé :** qui a beaucoup de clients (chalands).
4. **rapière :** épée.
5. **savantissime :** très savant ; le superlatif en « -issime » est un latinisme.
6. **vaine :** fière
7. **panégyriste :** personne qui fait l'éloge de quelqu'un ou de quelque chose.

EXERCICE 3 : CHANGER DE REGISTRE

Lisez les deux textes suivants, puis répondez aux questions préparatoires à la réécriture.

Texte 1

La Chanson de Roland est une chanson de geste datant du XIe siècle. Composée de 4 000 vers, ce récit a été imaginé à partir d'un fait historique réel. Il raconte le combat fatal de Roland, neveu de Charlemagne, pendant la bataille de Roncevaux, le 15 août 778.

La bataille est merveilleuse et générale.
Le comte Roland ne se ménage pas.
Il frappe de l'épieu tant que la hampe résiste ;
Après quinze coups, il l'a brisée et perdue ;
Il tire Durendal, sa bonne épée, toute nue,
Il pique son cheval, il va frapper Chernuble.
Il lui brise le heaume, où luisent des escarboucles,
Il lui tranche les yeux et la chevelure,
Il lui tranche les yeux et la figure,
Le haubert blanc à la maille menue,
Et tout le corps jusqu'à l'enfourchure.
À travers la selle, qui est incrustée d'or,
L'épée est arrêtée dans le cheval,

Il lui tranche l'échine sans chercher de jointure,
Il l'abat mort dans le pré, sur l'herbe drue.
Après il lui dit « Misérable, vous êtes en route pour votre [malheur !
Vous n'aurez jamais d'aide de Mahomet.
Ce n'est pas par un coquin comme vous qu'aujourd'hui la [bataille sera remportée. »
Le comte Roland chevauche au milieu du champ ;
Il tient Durendal, qui tranche et taille bien,
Il fait grand carnage des Sarrasins.

Anonyme, *La Chanson de Roland*, CIV-CV, XIe siècle.

Texte 2

Dans cet extrait, Fabrice souhaite se battre avec l'armée de Napoléon. Mais il ne peut être enrôlé officiellement. Il parvient cependant à trouver un cheval et à se jeter dans la bataille de Waterloo, au cours de laquelle Napoléon et ses troupes seront battus en 1815.

Nous avouerons que notre héros était fort peu héros en ce moment. Toutefois la peur ne venait chez lui qu'en seconde ligne ; il était surtout scandalisé de ce bruit qui lui faisait mal aux oreilles. L'escorte prit le galop ; on traversait une grande pièce de terre labourée, située au-delà du canal, et ce champ était jonché de cadavres.

Les habits rouges ! Les habits rouges ! criaient avec joie les hussards de l'escorte, et d'abord Fabrice ne comprenait pas ; enfin il remarqua qu'en effet presque tous les cadavres étaient vêtus de rouge. Une circonstance lui donna un frisson d'horreur ; il remarqua que beaucoup de ces malheureux habits rouges vivaient encore, ils criaient évidemment pour demander du secours, et personne ne s'arrêtait pour leur en donner. Notre héros, fort humain, se donnait toutes les peines du monde pour que son cheval ne mît les pieds sur aucun habit rouge. L'escorte s'arrêta ; Fabrice, qui ne faisait pas assez d'attention à son devoir de soldat, galopait toujours en regardant un malheureux blessé. [...]

Tout à coup on partit au grand galop. [...] Il entendit un cri sec auprès de lui : c'étaient deux hussards qui tombaient atteints par des boulets ; et, lorsqu'il les regarda, ils étaient déjà à vingt pas de l'escorte. Ce qui lui sembla horrible, ce fut un cheval tout sanglant qui se débattait sur la terre labourée, en engageant ses pieds dans ses propres entrailles ; il voulait suivre les autres : le sang coulait dans la boue.

Ah ! M'y voilà donc enfin au feu ! se dit-il. J'ai vu le feu ! se répétait-il avec satisfaction. Me voici un vrai militaire. À ce moment, l'escorte allait ventre à terre, et notre héros comprit que c'étaient des boulets qui faisaient voler la terre de toutes parts. Il avait beau regarder du côté d'où venaient les boulets, il voyait la fumée blanche de la batterie à une distance énorme, et, au milieu du ronflement égal et continu produit par les coups de canon, il lui semblait entendre des décharges beaucoup plus voisines ; il n'y comprenait rien du tout.

À ce moment, les généraux et l'escorte descendirent dans un petit chemin plein d'eau, qui était à cinq pieds en contrebas.

Le maréchal s'arrêta, et regarda de nouveau avec sa lorgnette. Fabrice, cette fois, put le voir tout à son aise ; il le trouva très blond, avec une grosse tête rouge. Nous n'avons point des figures comme celle-là en Italie, se dit-il. Jamais, moi qui suis si pâle et qui ai des cheveux châtains, je ne serai comme ça, ajoutait-il avec tristesse. Pour lui ces paroles voulaient dire : Jamais je ne serai un héros.

STENDHAL, *La Chartreuse de Parme*, 1839.

a. Quelle est la situation commune à ces deux textes ?

b. Roland et Fabrice ont-ils la même attitude ? Comment s'expriment leurs réactions ?

	Roland	Fabrice
Attitude		
Réactions		

c. Quels sont les traits de caractère des deux personnages ? Partez des textes pour répondre à cette question.

d. La guerre est-elle représentée de la même manière dans les deux textes ? Expliquez.

e. À partir de vos réponses précédentes, déterminez, pour chaque extrait, le registre littéraire développé.

f. Repérez, pour chaque registre et à partir des textes proposés, les termes et procédés caractéristiques du registre principal.

La Chanson de Roland Registre	*La Chartreuse de Parme* Registre ....

g. Réécrivez le texte de votre choix en utilisant le registre de l'autre texte.

EXERCICE 4 : PROLONGEMENT

Recherchez un accompagnement musical (instrumental) qui illustre, selon vous, le texte que vous avez réécrit lors de l'exercice 3. Vous justifierez votre choix.

25. Faire parler des personnages

ÉCRITS D'APPROPRIATION

LE LANGAGE DES PERSONNAGES

• Les écrivains font parler les personnages en adaptant leur langage à l'« être de papier » (Paul Valéry) qu'ils ont construit. On appelle « parlure » les façons de parler d'un personnage et ses particularités d'expression qui caractérisent une classe sociale.

• Le langage est un moyen essentiel de la **caractérisation du personnage**. Leur parlure les définit et les situe comme l'attitude et la posture. Les paroles d'un personnage dénotent une **origine**, une **appartenance**, un **caractère**, un âge... Elles s'adaptent à une situation d'énonciation précise et aux enjeux que prend cette parole dans la situation décrite par le texte.

> *Le Comte Almaviva se fait passer pour Lindor, afin de pouvoir plus aisément approcher Rosine. La pièce s'ouvre sur une scène de retrouvailles.*
> LE COMTE, *à part*. – Cet homme ne m'est pas inconnu.
> FIGARO. – Eh non, ce n'est pas un abbé ! Cet air altier et noble...
> LE COMTE. – Cette tournure grotesque...
> FIGARO. – Je ne me trompe point : c'est le Comte Almaviva.
> LE COMTE. – Je crois que c'est ce coquin de Figaro.
> FIGARO. – C'est lui-même, Monseigneur.
> LE COMTE. – Maraud ! si tu dis un mot...
> FIGARO. – Oui, je vous reconnais ; voilà les bontés familières dont vous m'avez toujours honoré.
> LE COMTE. – Je ne te reconnaissais pas, moi. Te voilà si gros et si gras...
> FIGARO. – Que voulez-vous, Monseigneur, c'est la misère.
> LE COMTE. – Pauvre petit ! Mais que fais-tu à Séville ? Je t'avais autrefois recommandé dans les bureaux pour un emploi.
> FIGARO. – Je l'ai obtenu, Monseigneur ; et ma reconnaissance...
> (Pierre-Augustin Caron de Beaumarchais, *Le Barbier de Séville*, acte I, scène 1, 1775)

QUESTION **Montrez que les paroles des personnages sont révélatrices de leur position sociale et d'une relation maître-valet.**

COMMENT FAIRE PARLER LES PERSONNAGES ?

Les différentes possibilités pour faire parler un personnage sont étroitement liées au genre du texte.

• S'il s'agit d'un **texte théâtral**, les paroles des personnages sont précédées par une didascalie énonciative (didascalie qui indique le nom du personnage qui prend la parole). On parle de **tirade** lorsque cette prise de parole est longue et de **réplique** lorsqu'elle se réalise sur le modèle de la discussion et que les enchaînements langagiers entre les interlocuteurs sont plus dynamiques.

• S'il s'agit d'un **récit**, les paroles des personnages peuvent être transposées de manière directe, indirecte ou indirecte libre.

COMMENT PRÉPARER LE TRAVAIL D'ÉCRITURE ?

Une lecture précise du texte source permet de réaliser, par déduction ou relevé, la carte d'identité du personnage et du discours à créer. Voici les informations à relever :
- genre littéraire ;
- façons dont les paroles sont rapportées ;
- identité de l'énonciateur (nom) ;
- caractéristiques de l'énonciateur : âge, classe social... ;
- sujet de la prise de parole ;
- objectif(s) de la prise de parole ou situation du texte ;
- façon de parler de l'énonciateur ;
- destinataire(s) du discours ;
- ton à adopter, registre.

S'ENTRAÎNER

EXERCICE 1

Écrivez le discours que Bernard a tenu, quelques années auparavant, à Rabut et à Jean-Marc. Préparez le travail à l'aide d'un relevé (voir p. 119) pour dégager les éléments constitutifs de ce discours.

Et puis ce silence quand j'ai fini de parler. Mon épuisement. Jean-Marc s'est approché, il a servi un cognac qu'il a posé sur le comptoir. Je l'ai pris tout de suite, mais je n'ai pas bu. J'ai regardé le verre longtemps, et la petite flaque couleur d'ambre à l'intérieur.

Et j'ai repris.

Évidemment, évidemment vous vous l'aimez bien parce qu'il[1] vous a eus aux sentiments. Il a parlé de la région parisienne, ses années là-bas et vous avez aimé ça, un gars d'ici qui connaissait votre région. Pas seulement la tour Eiffel et tout ça, mais les rues, les avenues. Un paysan capable de vous en boucher un coin avec des histoires incompréhensibles pour nous, ça vous a fait rire, vingt et unième arrondissement et des trucs pour initiés qu'il répétait, nous répétait, me répétait à moi aussi, avec sa façon en catimini de nous mépriser, gens d'ici. Vous avez trouvé ça bien, je vous comprends. Un gars d'ici qui savait d'où vous veniez, pour qui la Grande Ceinture ça ne voulait pas rien dire, mais dire les transports en commun et Billancourt aussi. C'est peut-être à cause de tout ça, mais laissez-moi vous dire : moi, je ne l'ai pas vu là-bas, dans la région parisienne, dans sa vie d'ouvrier, avec son bleu, à l'usine, au montage des voitures, mais ce que j'ai vu c'est lorsqu'il est revenu.

Je pourrais vous en dire pendant des heures, de sa silhouette qui devenait de plus en plus épaisse et traînait dans le bourg pour revoir les uns et les autres, et pas que les vieux copains, pas que les Fabre avec leurs chèvres qui se promenaient dans les champs toute la sainte journée, pas que ceux de l'enfance, de la Migne, ou des hameaux alentour, des voisins – ce qu'il en restait des voisins, ceux qui n'avaient pas largué les fermes mais avaient laissé les vieux y finir une histoire vieille comme les pierres, bien étonnés que les fils aient foutu le camp. Non, ça l'a bien surpris aussi, ça, et presque choqué, de voir qu'il n'était pas le seul à être parti de chez nous, quand en revenant il s'attendait à trouver les fils à la place des pères et les filles à celle de leurs mères. Sauf qu'entre-temps, bon, bref, pas refaire le film, vous savez, on sait tous, les pavillons, comment ça a poussé dans le sillon des usines, le pavillon de Solange l'un des premiers, des plus grands dans un champ.

Rabut.

Avant, il y avait rien ici. La Bassée, c'était des champs et même des coquillages vieux de je sais pas quelle ère avant nous.

Alors, quand il est revenu, après toutes ces années, pour lui ça n'a pas été que la surprise de trouver un monde complètement différent et bouleversé, mais autre chose, oui, de choquant, je suis sûr, s'il s'était cru fort ou malin d'avoir réussi à partir – d'ailleurs, non, je me reprends, pas à partir. Disons plutôt, à ne pas revenir.

LAURENT MAUVIGNIER, *Des hommes*, Éd. de Minuit, 2009.

1. il : Bernard.

EXERCICE 2

Écrivez le discours que la Coryphée, chef de chœur dans les pièces de théâtre antique, adresse au roi Pélasgos, afin que leur long voyage et leur exil cessent. Préparez le travail à l'aide d'un relevé (voir p. 119) pour dégager les éléments constitutifs de ce discours.

Les Suppliantes *est une tragédie dont le chœur, représenté par la Coryphée, est le personnage principal. Il est formé des Danaïdes, les cinquante filles du roi Danaos qui, pour échapper au mariage forcé avec leurs cousins égyptiens, trouvent refuge dans le sanctuaire d'Héra en Argolide. Au moment où s'ouvre la tragédie, elles abordent au pays d'Argos et s'apprêtent à demander l'hospitalité et la protection du roi du pays, Pélasgos.*

DANAOS

Mes enfants, la prudence doit être notre loi : c'est en prudent pilote qu'ici vous a conduites le vieux père en qui vous avez foi, et maintenant, à terre, ma prévoyance encore vous engage à garder mes avis bien gravés en vous. Je vois une poussière, messagère muette d'une armée. Des moyeux crient, qu'entraînent leurs essieux. J'aperçois une troupe portant le bouclier, armée du javelot, avec des chevaux et des chars recourbés. Sans doute des chefs de ce pays viennent-ils nous examiner, avertis par quelque message. Mais, que celui qui conduit l'élan de cette troupe arrive ici sans intention méchante, ou qu'il ait, au contraire, aiguisé des instincts cruels, mieux vaut, pour tout prévoir, mes filles, vous asseoir sur ce tertre consacré aux dieux d'une cité : encore mieux qu'un rempart, un autel est un infrangible bouclier. Allons, hâtez-vous, et, vos rameaux aux blanches guirlandes, attributs de Zeus Suppliant, pieusement tenus sur le bras gauche, répondez aux étrangers en termes suppliants, gémissants et éplorés, ainsi qu'il convient à des arrivants, en disant nettement que votre exil n'est pas taché de sang. Qu'aucune assurance ne soutienne votre voix ; qu'aucune effronterie, sur vos visages au front modeste, ne se lise en votre regard posé. Enfin, ni ne prenez trop vite la parole ni ne la gardez trop longtemps : les gens d'ici sont irritables. Sache céder ; tu es une étrangère, une exilée dans la détresse : un langage trop assuré ne convient pas aux faibles.

ESCHYLE, *Les Suppliantes*, 464 av. J.-C. Traduction Paul Mazon
Éd. Les Belles Lettres, 2003.

EXERCICE 3 : PROLONGEMENT

Proposez une version orale du discours de l'exercice 2. Vous veillerez à utiliser toutes les ressources de l'oralité (silences, diction, intonation, rythme) afin de le rendre le plus expressif possible et de provoquer l'écoute.

26. Réécrire en modifiant l'argumentation ou les possibles narratifs

ÉCRITS D'APPROPRIATION

COMMENT RÉÉCRIRE EN MODIFIANT L'ARGUMENTATION ?

• Tout texte qui vise à produire une idée ou une thèse mettant en œuvre des outils appropriés afin d'**influencer le lecteur** et produire en lui la réception voulue appartient à la **littérature d'idées**.

• Pour soutenir une thèse et emporter l'adhésion du destinataire, on peut employer des stratégies argumentatives diverses : l'**explication**, l'**appel à la raison**, la **persuasion**. Les formes argumentatives sont multiples. Certaines font partie de l'argumentation directe ou de l'argumentation indirecte.

• L'**explication** ou la **démonstration** s'appuient sur un enchaînement de propositions dont les unes découlent logiquement des autres.

• Pour faire partager une opinion, on peut faire appel à la **raison** en employant des exemples et des arguments qui forment un ensemble organisé.

• La **persuasion**, quant à elle, s'apparente à une démarche de séduction. On cherche à toucher la sensibilité, l'imagination du lecteur, notamment en recourant à des images.

• La littérature d'idées met souvent en scène des personnages décalés, les sauvages de Montaigne, les persans de Montesquieu, qui s'étonnent avec une fausse ingénuité des mœurs françaises. Ils développent des arguments très critiques sur la société française avec une apparente naïveté. Si ces critiques n'avaient pas été émises par des étrangers, elles auraient pu susciter la censure.

> *Dans un extrait de ses* Essais *(1580-1592), Montaigne relate les réactions de trois « sauvages » venus en France. On leur fait visiter Rouen et on leur présente le roi Charles IX, alors âgé de 12 ans, puis on leur demande ce qu'ils ont pensé de leur journée.*
>
> « Ils dirent qu'ils trouvaient en premier lieu fort étrange que tant de grands hommes, portant barbe, forts et armés, qui étaient autour du Roi (il est vraisemblable qu'ils parlaient des Suisses de sa garde), se soumissent à obéir à un enfant, et qu'on ne choisissait plutôt quelqu'un d'entre eux pour commander ; secondement [..] qu'ils avaient aperçu qu'il y avait parmi nous des hommes pleins et gorgés de toutes sortes de commodités, et que leurs moitiés étaient mendiants à leurs portes, décharnés de faim et de pauvreté ; et trouvaient étrange comme ces moitiés ici nécessiteuses pouvaient souffrir une telle injustice, qu'ils ne prissent les autres à la gorge, ou missent le feu à leurs maisons. [..]» (Montaigne, *Essais*, 1580-1592)

• Pour modifier l'argumentation ou l'orientation argumentative d'un texte, il faut :
- **identifier la thèse de l'auteur** et la situer dans le texte si celle-ci est clairement formulée ;
- **analyser la structure du texte**, son organisation, afin de comprendre comment la pensée se développe, comment les idées s'enchaînent. Il est recommandé de réaliser un plan du texte ;
- **repérer** dans le texte tous **les éléments qui participent à la construction de la thèse** : arguments, exemples, lexique évaluatif, registres ;
- **formuler l'idée adverse** ;
- **repérer les passages à réécrire**.

COMMENT RÉÉCRIRE EN MODIFIANT LES POSSIBLES NARRATIFS ?

Réécrire en modifiant les possibles narratifs permet de **transformer le cours des événements et le destin d'un ou de plusieurs personnages**. Pour cela, il faut :
- **repérer**, dans le texte source, l'**événement** ou le **destin d'un ou de plusieurs personnages** ;
- **planifier** les possibles narratifs, c'est-à-dire **les interventions éventuelles dans le récit** ;
- **choisir comment modifier la narration** : par un personnage déjà existant ou inventé ? Par un événement qui s'apparenterait à un *deus ex machina* ? Attention, ce choix doit être cohérent avec l'époque et la situation ;
- être cohérent avec les choix narratifs du texte source (statut du narrateur, les temps verbaux...)

S'ENTRAÎNER

EXERCICE 1

Proposez une réécriture de la lettre de Fénelon en modifiant son orientation argumentative.

Vous ferez l'éloge du roi. Vous exploiterez le document iconographique afin de restituer, par l'écriture et à l'aide des stratégies argumentatives que vous connaissez, la manière dont le monarque était représenté à l'époque et les symboles qui lui étaient associés.

Cependant vos peuples, que vous devriez aimer comme vos enfants et qui ont été jusqu'ici si passionnés pour vous, meurent de faim. La culture des terres est presque abandonnée, les villes et la campagne se dépeuplent ; tous les métiers languissent et ne nourrissent plus les ouvriers. Tout commerce est anéanti. Par conséquent, vous avez détruit la moitié des forces réelles du dedans de votre État, pour faire et pour défendre de vaines conquêtes au dehors. Au lieu de tirer de l'argent de ce pauvre peuple, il faudrait lui faire l'aumône et le nourrir. La France entière n'est plus qu'un grand hôpital désolé et sans provision. Les magistrats sont avilis et épuisés. [...] C'est vous-même, Sire, qui vous êtes attiré tous ces embarras ; car, tout le royaume ayant été ruiné, vous avez tout entre vos mains, et personne ne peut plus vivre que de vos dons. [...]

Le peuple même (il faut tout dire), qui vous a tant aimé, qui a eu tant de confiance commence à perdre l'amitié, la confiance et le respect. Vos victoires et vos conquêtes ne le réjouissent plus ; il est plein d'aigreur et de désespoir. La sédition s'allume peu à peu de toutes parts. Ils croient que vous n'avez aucune pitié de leurs maux, que vous n'aimez que votre autorité, votre gloire. Si le roi, dit-on, avait un cœur de père pour son peuple, ne mettrait-il pas plutôt sa gloire à leur donner du pain et à les faire respirer après tant de maux, qu'à garder quelques places de la frontière qui causent la guerre ? Quelle réponse à cela, Sire ? Les émotions populaires, qui étaient inconnues depuis si longtemps, deviennent fréquentes. Paris même, si près de vous, n'en est pas exempt.

FÉNELON, *Lettre à Louis XIV*, 1693.

HYACINTHE RIGAUD, *Louis XIV en costume de sacre*, 1702.

EXERCICE 2

Dans cet extrait des *Misérables* de Victor Hugo, Fantine, la mère de Cosette, est contrainte d'abandonner sa fille aux Thénardier, des aubergistes. Réécrivez le texte en modifiant le destin d'un personnage de votre choix.

Les deux femmes continuaient de causer.

– Comment s'appelle votre mioche ?

– Cosette. [...]

– Quel âge a-t-elle ?

– Elle va sur trois ans.

– C'est comme mon aînée.

Cependant les trois petites filles étaient groupées dans une posture d'anxiété profonde et de béatitude ; un événement avait lieu ; un gros ver venait de sortir de terre; et elles avaient peur, et elles étaient en extase.

Leurs fronts radieux se touchaient ; on eût dit trois têtes dans une auréole.

– Les enfants, s'écria la mère Thénardier, comme ça se connaît tout de suite ! les voilà qu'on jurerait trois sœurs !

Ce mot fut l'étincelle qu'attendait probablement l'autre mère. Elle saisit la main de la Thénardier, la regarda fixement, et lui dit:

– Voulez-vous me garder mon enfant ?

La Thénardier eut un de ces mouvements surpris qui ne sont ni le consentement ni le refus.

La mère de Cosette poursuivit :

– Voyez-vous, je ne peux pas emmener ma fille au pays. L'ouvrage ne le permet pas. Avec un enfant, on ne trouve pas à se placer. Ils sont si ridicules dans ce pays-là. C'est le bon Dieu qui m'a fait passer devant votre auberge. Quand j'ai vu vos petites si jolies et si propres et si contentes, cela m'a bouleversée. J'ai dit : voilà une bonne mère. C'est ça ; ça fera trois sœurs. Et puis, je ne serai pas longtemps à revenir. Voulez-vous me garder mon enfant ?

– Il faudrait voir, dit la Thénardier.

– Je donnerais six francs par mois.

Ici une voix d'homme cria du fond de la gargote :

– Pas à moins de sept francs. Et six mois payés d'avance.

– Six fois sept quarante-deux, dit la Thénardier.

– Je les donnerai, dit la mère.

VICTOR HUGO, *Les Misérables*, livre 4, chapitre 1, 1862.

27. Rédiger un poème à partir d'une image ou d'une expérience

ÉCRITS D'APPROPRIATION

RECUEILLIR DES INFORMATIONS ET LES TRAITER

Pour rédiger un poème à partir d'une expérience ou d'une image, on commence par recueillir les informations qui sont utiles pour le travail de création. Ces éléments permettent d'obtenir le matériau de base pour l'écriture du poème.

Choisir le support de travail

• **Si on souhaite partir d'une image**, on la recherche en s'appuyant sur un thème, une couleur, un artiste, un événement historique ou d'actualité. Les sites des musées nationaux proposent des moteurs de recherche très utiles. Les supports peuvent être variés : photographie de presse, photographie d'art, tableau, sculpture, photographie personnelle… Pour les œuvres d'art, on n'oublie pas d'indiquer le titre, le nom de l'artiste, la date ainsi que le nom du musée où l'œuvre est exposée. Pour les photographies personnelles, on précise également la date et le lieu.

• **Pour partir d'une expérience personnelle**, il convient de la raconter brièvement, sous forme de notes. Celles-ci peuvent reprendre les informations suivantes : date, lieu, description de l'expérience, détails liés au temps chronologique ou météorologique, détails liés au lieu, aux paroles prononcées, émotions et sentiments ressentis, sons, bruits…

Dialoguer avec le support choisi

Afin de dégager des idées, des perceptions, des réactions, des émotions ou des images, on procède par association d'idées. Pour cela, on peut compléter les phrases suivantes et justifier ses réponses en faisant le lien avec le support :
- si l'image/l'expérience choisie était une couleur, ce serait… parce que… ;
- si l'image/l'expérience choisie était un son/un bruit ou un instrument, ce serait… parce que… ;
- si l'image/l'expérience choisie était une sensation, ce serait… parce que… ;
- si l'image/l'expérience choisie était un plat/un goût, ce serait… parce que… ;
- si l'image/l'expérience choisie était un paysage, ce serait… parce que…

FAIRE DES CHOIX D'ÉCRITURE POÉTIQUE

• Comme l'a écrit Jean Tardieu dans son poème « Outils posés sur la table », issu de son recueil poétique *Formeries*, Éd. Gallimard, (1976), les « outils » du poète artisan :

sont vieux comme le monde
vous les connaissez […]
verbes adverbes participes
pronoms substantifs adjectifs.

Ils ont su et savent toujours
peser sur les choses
sur les volontés
éloigner ou rapprocher réunir ou séparer

• Il convient de faire des choix d'écriture poétique en ce qui concerne :
- la forme du poème : en vers ou en prose. Si le poème est en vers, quel type de vers ?
- le rythme des phrases, des vers ;
- la structure du poème ;
- la musicalité : quelles sonorités en lien avec le support ? Par quels mots ?
- les images : elles permettent de traduire les émotions, les lieux, les sensations. Elles peuvent être rendues par des comparaisons, des métaphores, des allégories, des personnifications ;
- sa propre subjectivité : comment la transcrire ? De manière expressive, par des types de phrase, des interjections, apostrophes… ou de manière plus discrète ?
- la fonction de l'écriture poétique : celle-ci influence les choix d'écriture.

S'ENTRAÎNER

EXERCICE 1

Créez à votre tour un poème à partir du témoignage que Victor Hugo fait dans *Histoire d'un crime*.

Un enfant de sept ans est tué le 4 décembre 1851 par l'armée. Victor Hugo, présent aux côtés des insurgés, raconte.

E. P. s'arrêta devant une maison haute et noire. Il poussa une porte d'allée qui n'était pas fermée, puis une autre porte, et nous entrâmes dans une salle basse, toute paisible, éclairée d'une lampe.

Cette chambre semblait attenante à une boutique. Au fond, on entrevoyait deux lits côte à côte, un grand et un petit. Il y avait au-dessus du petit lit un portrait de femme, et, au-dessus du portrait, un rameau de buis bénit. La lampe était posée sur une cheminée où brûlait un petit feu.

Près de la lampe, sur une chaise, il y avait une vieille femme, penchée, courbée, pliée en deux, comme cassée, sur une chose qui était dans l'ombre et qu'elle avait dans les bras. Je m'approchai. Ce qu'elle avait dans les bras, c'était un enfant mort.

La pauvre femme sanglotait silencieusement.

E. P., qui était à la maison, lui toucha l'épaule et lui dit :

– Laissez voir.

La vieille femme leva la tête, et je vis sur ses genoux un petit garçon, pâle, à demi déshabillé, joli, avec deux trous rouges au front.

La vieille femme me regarda, mais évidemment elle ne me voyait pas ; elle murmura, se parlant à elle-même :

– Et dire qu'il m'appelait bonne maman ce matin !

E. P. prit la main de l'enfant, cette main retomba.

– Sept ans, me dit-il.

Une cuvette était à terre. On avait lavé le visage de l'enfant ; deux filets de sang sortaient des deux trous.

Au fond de la chambre, près d'une armoire entrouverte où l'on apercevait du linge, se tenait debout une femme d'une quarantaine d'années, grave, pauvre, propre, assez belle.

– Une voisine, me dit E. P…

Il m'expliqua qu'il y avait un médecin dans la maison, que ce médecin était descendu et avait dit : « Rien à faire. » L'enfant avait été frappé de deux balles à la tête en traversant la rue « pour se sauver ». On l'avait rapporté à sa grand-mère « qui n'avait que lui ».

Le portrait de la mère morte était au-dessus du petit lit.

L'enfant avait les yeux à demi ouverts, et cet inexprimable regard des morts où la perception du réel est remplacée par la vision de l'infini. L'aïeule, à travers ses sanglots, parlait par instants : – Si c'est Dieu possible ! – A-t-on idée – Des brigands, quoi !

Elle s'écria :

- C'est donc ça le gouvernement !

- Oui, lui dis-je.

Nous achevâmes de déshabiller l'enfant. Il avait une toupie dans sa poche.

Victor Hugo, *Histoire d'un crime*, 1877

EXERCICE 2

Lisez le début du poème de Victor Hugo ci-dessous.

a. Repérez, à partir de votre lecture de l'extrait d'*Histoire d'un crime* (exercice 1), les détails repris dans le poème « Souvenir de la nuit du 4 ».

b. Comment le poète parvient-il à poétiser ces éléments ?

c. Dans une lettre écrite en réponse à son éditeur Hetzel, Hugo précise le rôle que joue l'écriture poétique dans *Les Châtiments* : « Ce livre sera violent. Ma poésie est honnête mais pas modérée […]. Enfin n'oubliez pas ceci : je veux avoir un jour le droit d'arrêter les représailles, de me mettre en travers des vengeances, d'empêcher, s'il se peut, le sang de couler, et de sauver toutes les têtes… » Quels procédés le poète met-il en œuvre pour répondre à ses vœux ?

En 1853, Victor Hugo publie Les Châtiments, *recueil de poèmes consacré à la dénonciation de Napoléon, qu'il considère comme un usurpateur.*

L'enfant avait reçu deux balles dans la tête.
Le logis était propre, humble, paisible, honnête ;
On voyait un rameau bénit sur un portrait.
Une vieille grand-mère était là qui pleurait.
Nous le déshabillons en silence. Sa bouche,
Pâle, s'ouvrait ; la mort noyait son œil farouche ;
Ses bras pendants semblaient demander des appuis.
Il avait dans sa poche une toupie en buis.
On pouvait mettre un doigt dans les trous de ses plaies.
Avez-vous vu saigner la mûre dans les haies ?
Son crâne était ouvert comme un bois qui se fend.
L'aïeule regarda déshabiller l'enfant,
Disant : - Comme il est blanc ! Approchez donc la lampe.
Dieu ! Ses pauvres cheveux sont collés sur sa tempe ! –
Et quand ce fut fini, le prit sur ses genoux.
La nuit était lugubre ; on entendait des coups
De fusil dans la rue où l'on en tuait d'autres.
- Il faut ensevelir l'enfant dirent les nôtres.
Et l'on prit un drap blanc dans l'armoire en noyer.
L'aïeule cependant l'approchait du foyer
Comme pour réchauffer ses membres déjà roides.
Hélas ! ce que la mort touche de ses mains froides
Ne se réchauffe plus aux foyers d'ici-bas !
Elle pencha la tête et lui tira ses bras,
Et dans ses vieilles mains prit les pieds du cadavre.
- Est-ce que ce n'est pas une chose qui navre !
Cria-t-elle. Monsieur, il n'avait pas huit ans !

Victor Hugo, « Souvenir de la nuit du 4 », *Les Châtiments*, Jersey, 2 décembre 1852.

EXERCICE 3 : PROLONGEMENT

Réalisez une lecture orale de votre poème. Utilisez toutes les ressources de l'oralité (silences, diction, intonation, rythme) afin de rendre votre poème le plus expressif possible et de provoquer l'écoute. Enregistrez-vous.

28. Constituer une revue de presse

ÉCRITS D'APPROPRIATION

QU'EST-CE QU'UNE REVUE DE PRESSE ?

- Une revue de presse montre comment différents journaux ou sites Internet traitent l'information. Elle permet à mettre en avant la variété des points de vue adoptés par les médias sur un événement.
- La revue de presse peut être :
  – **générale** : elle recense les unes des journaux à une date donnée ;
  – **thématique** : elle s'interroge sur la façon dont les journaux traitent un sujet.
- Elle peut prendre la forme d'une présentation orale ou écrite selon des formats variés.

COMMENT FAIRE UNE REVUE DE PRESSE ?

- **Définir un thème** : il s'agit, dans un premier temps, de définir une thématique qui fasse écho avec une œuvre ou un parcours de lecture étudié en classe.
- **Rechercher des informations** : selon le format que l'on souhaite donner à sa revue de presse, on sélectionne entre trois et une dizaine de supports. On effectue une recherche par mots-clés sur un moteur de recherche en puisant sur des sites de journaux en ligne, des sites de radio ou de télévision, en recherchant des images... Il faut noter les références des supports : auteur, titre de l'article, de la revue, date et numéro de la page.
- **Sélectionner des informations** : on choisit les supports en fonction de la **nature des informations** qu'ils donnent – statistiques, données historiques, portraits – et du **point de vue qui est défendu** face à la thématique retenue. On réunit :
  – des éléments pour **faire comprendre le thème** (des supports strictement informatifs) ;
  – des éléments qui **montrent que ce thème pose un** ou **des problèmes qui font débat** dans les journaux (par exemple deux articles de presse qui exposent des points de vue contradictoires).
- **Organiser la revue de presse** :
  – on commence par étudier les **documents informatifs** qui présentent le thème. Deux ou trois documents – dont une image – vont répondre aux questions suivantes : où ? Qui ? Quand ? Quoi ? Depuis quand ? Selon quelle évolution ? Pour quelles raisons ?
  – ensuite, on choisit deux ou trois articles qui présentent des **opinions contrastées**.
- **Analyser et rédiger la revue de presse** : on doit proposer une synthèse des documents sélectionnés et organisés. Pour la première partie, plus informative, on reformule trois ou quatre informations pour chacun des documents, on commente une image. Ensuite, on pose deux ou trois questions qui découlent des faits présentés : les opinions défendues dans les documents choisis permettent d'apporter des points de vue contrastés.

ASTUCE

Les compétences développées autour de l'exercice du résumé peuvent être réinvesties dans celui de la revue de presse. Il s'agit de repérer les idées essentielles et de les reformuler (voir p. 202).

QUELLE FORME DONNER À SA REVUE DE PRESSE ?

Pour une revue de presse écrite

- La mise en page doit être soignée. Elle doit donner à comprendre le plan choisi, faire apparaître les informations clés sur le thème et les opinions qui s'opposent.
- La revue de presse est composée de titres de rubriques, de références aux documents, de résumés de ces documents et de citations.

Pour une revue de presse sonore ou vidéo

Les étapes de la préparation sont identiques.

> Écoutez une revue de presse présentée par un journaliste de France Inter.
> https://www.franceinter.fr/emissions/la-revue-de-presse

S'ENTRAÎNER

EXERCICE 1

Voici un exemple de revue de presse proposé par un site institutionnel sur la crise migratoire en Europe : www.touteleurope.eu.revue-de-presse
Rendez-vous à l'adresse suivante : https://tinyurl.com/y6mohrf2
Lisez cette page.

a. Combien de supports ont été retenus ? Relevez les titres de journaux étrangers et associez-les aux pays auxquels ils appartiennent. En quoi est-ce intéressant de proposer des extraits de journaux étrangers ?

b. Montrez que cette revue de presse comporte à la fois des citations et des résumés d'articles.

c. Relevez les expressions qui explicitent la structuration de cette revue de presse.

EXERCICE 2

Lisez l'article ci-dessous sur la crise migratoire en Europe.

a. Reformulez deux questions que pose cet article en lien avec la crise migratoire.

b. Quelle est l'opinion défendue dans cet article ? Reformulez-la.

c. Synthétisez les idées directrices de cet article.

d. Proposez un autre document de référence qui puisse être intégré dans une revue de presse sur la crise migratoire en Europe.

[…] Le rôle joué par l'Aquarius, depuis le mois de juin dernier, et l'installation d'un régime d'extrême droite en Italie, dominé par la Ligue et le mouvement 5 Étoiles, ont révélé l'impasse stratégique dans laquelle se trouve actuellement l'Europe, concernant la crise migratoire, et ont obligé les chefs d'État et de gouvernement à improviser une solution de dernière minute, pour éviter le naufrage de ce bateau ou la mort de nombreux fuyards. Le règlement de Dublin qui régit les règles d'asile, ne répond plus, de manière juste et équitable, à la question migratoire. En effet, ce règlement impose aux demandeurs d'asile de limiter leur demande d'asile dans le premier pays d'accueil ou celui où ils ont les attaches familiales les plus fortes, et leur interdit de formuler leur demande dans d'autres pays européens. De la sorte, l'Italie et la Grèce ont constitué, pendant de nombreuses années, une porte d'entrée naturelle dans l'espace européen pour de nombreux migrants menacés dans leur pays et fuyant les guerres, la misère ou les désordres climatiques. Mais la Grèce est reconnue comme ne respectant pas les Droits de l'Homme, en matière d'accueil des réfugiés, qui y sont souvent emprisonnés, d'autre part de nombreux pays européens se défaussent sur l'Italie et la Grèce, pour refuser d'accueillir des réfugiés, invoquant des difficultés économiques, à l'exception notamment de l'Allemagne, qui a eu une politique migratoire très généreuse depuis 2015, jusqu'à ce que le parti d'extrême droite AFD, qui a effectué une redoutable percée lors des dernières législatives, n'oblige la chancelière Angela Merkel à revoir sa copie sur ce sujet.

P. MAUREL, « L'Aquarius : la crise des réfugiés à l'épreuve de l'Europe ! », Mediapart, septembre 2018.

EXERCICE 3

Voici une photographie de presse en lien avec la crise migratoire.

a. Sélectionnez un passage du roman *Eldorado* de Laurent Gaudé (2006) qui pourrait être illustré par cette photographie et recopiez-le.

b. Rédigez un commentaire qui fasse dialoguer le passage du roman et cette photographie.

Photographie d'OLIVIER JOBARD, *Immigration sur l'île de Kos*, 26 mais 2015.

Laith Majid, un Irakien, verse des larmes de joie et serre dans ses bras ses enfants. Ils viennent d'arriver sains et saufs à Kos, en Grèce, à bord d'un bateau pneumatique.

EXERCICE 4 : BILAN

Constituez une revue de presse sur la crise migratoire en Europe pour prolonger la lecture du roman *Eldorado* de Laurent Gaudé.

EXERCICE 5

Voici des thématiques qui pourraient prolonger la lecture de *Frère d'âme* de David Diop. Quelle est celle que vous pourriez choisir pour élaborer une revue de presse ? Proposez, sous la forme de questions, deux problématiques qui lui sont associées.

1. Le devoir de mémoire
2. Le statut des soldats des troupes coloniales pendant la guerre.
3. Les conditions de la guerre 1914-1918
4. Les traumatismes psychologiques provoqués par l'expérience de la guerre

EXERCICE 6

En écho à votre lecture de *Frère d'âme* de David Diop, réalisez une revue de presse qui réponde à la question possible : « Pourquoi l'œuvre commémorative *Constellation de la douleur* de Paul Lapie était-elle nécessaire ? » Appuyez-vous sur quatre références, respectez bien les étapes recensées dans la fiche (p. 125).

EXERCICE 7

Le roman *Frère d'âme* a reçu le prix Goncourt des lycéens.

a. Réalisez une revue de presse portant sur l'annonce de ce prix en 2018.

b. Enregistrez cette revue de presse pour en faire un document audio.

Vous pouvez écouter cette revue de presse pour vous guider sur la façon de mener cet exercice à la radio sur le site www.franceinter.fr

Rendez-vous à l'adresse suivante :
https://tinyurl.com/y6qqyo9l

EXERCICE 8

Afin de préparer une revue de presse permettant de prolonger une réflexion sur la condition féminine, faites une recherche sur Internet.

a. Sélectionnez trois textes qui abordent de façon directe ou indirecte cette thématique.

b. Présentez chacun de ces textes en indiquant l'auteur, la date d'écriture et la façon dont la question de la condition féminine est abordée. Présentez une ou deux citations extraites de ces textes.

c. Pour l'un des textes, cherchez un document iconographique qui permet d'approfondir l'angle selon lequel il s'intéresse à la condition féminine.

EXERCICE 9

a. Afin de préparer une revue de presse permettant de prolonger une réflexion sur la condition féminine, faites une liste de femmes, auteures de romans.

b. Lisez leur biographie et retenez les auteures qui se sont engagées pour la question des femmes au cours de leur carrière.

c. Proposez deux autres documents actuels pour présenter deux figures de votre choix du mouvement féministe en France.

EXERCICE 10

En 2016, le jury du festival de bandes dessinées d'Angoulême a publié une liste d'auteurs en lice pour être primés, dans laquelle ne figurait aucune auteure. Face à la polémique soulevée par cette absence, le jury a décidé de modifier la procédure d'attribution de ses prix. Proposez une revue de presse pour faire écho à cette polémique.

29. Faire écho aux œuvres étudiées

ÉCRITS D'APPROPRIATION

POURQUOI FAIRE ÉCHO AUX PARCOURS LITTÉRAIRES ?

- Le programme de français au lycée a pour objectif d'être une **aide pour se constituer une culture personnelle**. À partir des parcours littéraires et culturels, et des œuvres étudiées en classe, il est nécessaire de prolonger ces lectures par des échos vers d'autres supports, choisis de manière personnelle.
- Ce travail de recherche permet de s'approprier les connaissances abordées en classe en les approfondissant, en les enrichissant et en les questionnant. À partir des contenus proposés à l'ensemble de la classe, il convient, **en fonction de ses goûts et de sa sensibilité**, de faire des liens avec d'autres formes artistiques (peinture, photographie, cinéma, musique ou chanson).
- Cette approche est considérée comme une compétence qui fait l'objet d'une évaluation. Lors de l'**oral de l'épreuve de français**, il s'agit, dans l'échange avec l'examinateur, de mettre en perspective les textes et les œuvres étudiés au cours de l'année.
- On peut consigner ces échos et prolongements dans un carnet personnel que l'on garde pendant les années de lycée. Il constitue un journal de bord des années de seconde et de première.

COMMENT FAIRE ÉCHO À UNE ŒUVRE ?

En s'intéressant aux formes étudiées

On peut s'interroger sur les **formes** étudiées et sur celles qu'elles appellent en écho. Ainsi, on rapproche le **roman** qui raconte une histoire avec le **cinéma** de fiction qui raconte aussi des histoires. On s'appuie sur les affinités entre la **poésie** et la **chanson** qui relèvent du registre lyrique et peuvent entrer en résonance. De même, la forme courte qu'est la **nouvelle** invite à une comparaison avec le **court-métrage**, autre forme brève.

En s'intéressant à l'histoire littéraire

Il est possible d'établir une comparaison entre une œuvre littéraire et une autre forme artistique de la même époque, appartenant au même mouvement artistique et culturel. Cela permet de comprendre que la littérature, la peinture et la musique déclinent des thématiques et des recherches formelles communes à une époque donnée.

> On peut faire des ponts entre les écrivains réalistes et naturalistes et les peintres impressionnistes.

En allant à la découverte d'un auteur

On peut aussi aller plus loin en découvrant l'**univers d'un auteur**. En effectuant une lecture complète d'une de ses œuvres, on peut faire écho à un texte grâce à d'autres extraits issus de la même œuvre. On peut aussi s'intéresser aux **goûts picturaux et musicaux de l'auteur** et mettre en résonance une œuvre littéraire avec l'univers artistique et l'imaginaire dans laquelle elle s'inscrit.

> Le recueil *La Prose du Transsibérien* de Blaise Cendrars a été mis en image par Sonia Delaunay, dans le « poème-tableau » qui lui correspond.

En découvrant la littérature comparée

On peut opérer des rapprochements entre des écrivains et des artistes qui viennent de **pays étrangers**. Certains mouvements littéraires et culturels ont une dimension européenne et on trouve des convergences avec des formes artistiques dans d'autres langues, notamment celles pratiquées en classe, ce qui donne l'occasion de croiser les matières.

En suivant uniquement ses goûts et sa sensibilité

Se fier à sa curiosité et ses propres pratiques culturelles peut être un excellent moyen de s'approprier les savoirs scolaires. On peut aussi réussir à faire des liens et des rapprochements entre des formes et des époques dont la proximité ne paraît pas toujours immédiate !

S'ENTRAÎNER

EXERCICE 1

Vous allez réaliser un portrait sonore.

a. Cherchez à quelle chanson ou quel morceau instrumental vous associeriez trois personnages issus d'œuvres que vous avez lues.

b. Proposez une réponse et justifiez-la en une dizaine de lignes.

c. Préparez un fichier sous forme numérique dans lequel vous recopierez un passage où figure le portrait du personnage, puis proposez un lien sur lequel, en cliquant, le lecteur pourra aussi écouter cette bande-son.

EXERCICE 2

Proposez une bande-son pour un roman.

a. Dans un roman dont vous avez effectué la lecture intégrale, choisissez trois passages.

b. Associez à chacun de ces trois passages une chanson ou un extrait instrumental.

c. Pour chacune de ces trois associations, écrivez un commentaire explicatif.

EXERCICE 3

a. Écoutez la sonate de Chopin : *Étude Op. 10, No. 3, in E major* (1832). Quels poèmes associeriez-vous à cette sonate ?

b. Faites une recherche sur la période et le mouvement culturel dans lequel s'inscrit ce morceau pour guider votre choix.

c. Écoutez maintenant *Gymnopédie N° 1* d'Éric Satie (1888). Quels poèmes associeriez-vous à ce morceau ?

d. Faites une recherche sur la période et l'entourage artistique d'Éric Satie pour guider votre choix.

e. Préparez une performance artistique avec les élèves musiciens de votre classe ou sélectionnez des morceaux musicaux que vous ferez écouter en classe. Vous lirez des poèmes de votre choix et cette lecture sera entrecoupée de pauses musicales.

EXERCICE 4

a. Pour réaliser l'édition illustrée d'une œuvre littéraire, choisissez une dizaine d'extraits d'œuvres qui vous ont touchés cette année. Classez-les selon l'ordre chronologique.

b. Cherchez une illustration picturale ou photographique qui fasse écho à chaque texte sélectionné. Veillez à bien indiquer les références de chaque œuvre proposée (littéraire ou iconographique).

c. Soignez la mise en page, donnez un titre à votre parcours.

EXERCICE 5

Cette toile vous paraît-elle être un choix pertinent pour illustrer le poème de Baudelaire, « À une mendiante rousse » (*Les Fleurs du mal*, 1857) ?

HENRI DE TOULOUSE-LAUTREC, *Rosa La Rouge*, 1886.

EXERCICE 6

Voici trois propositions d'associations entre des romans et des films.

1. Maryam Madjidi, *Marx et la poupée*, 2017, et Marjane Satrapi, Vincent Paronnaud, *Persépolis*, 2007.
2. Jean Echenoz, *14*, 2014, et Lewis Milestone, *À l'ouest rien de nouveau*, 1930.
3. Georges Perec, *W ou le souvenir d'enfance*, 1975, et Éric Caravaca, *Carré 35*, 2017.

a. Choisissez l'une de ces associations et partez à la découverte de ces deux œuvres.

b. Sélectionnez un ou deux extraits qui pourraient entrer en résonance et écrivez une analyse qui explique les points de convergence et les singularités de chaque œuvre.

c. Présentez à vos camarades le prolongement cinématographique après leur avoir fait découvrir l'extrait de roman sélectionné.

30. Réaliser une veille culturelle

ÉCRITS D'APPROPRIATION

QU'EST-CE QUE LA VEILLE DOCUMENTAIRE ?

• Une veille documentaire est un ensemble des **stratégies** mises en place pour être **informé** dans des domaines définis. Dans un but de gain de temps et d'efficacité, on peut s'appuyer sur des outils numériques qui signaleront de façon automatique l'apparition de nouvelles informations.

• Une veille implique une série d'activités :
- de **repérage** de l'information ;
- de **collecte** de l'information ;
- de **sélection** de l'information ;
- d'**analyse** de l'information ;
- de **diffusion** de l'information.

QU'EST-CE QUI RELÈVE DE L'ACTUALITÉ CULTURELLE ?

• Dans le cadre du cours de français au lycée, il est important de mettre les connaissances que l'on va acquérir en lien avec l'actualité culturelle. Cela permet de :
- mettre ses apprentissages en écho avec sa propre culture, ce qui peut leur donner plus d'intérêt ;
- les approfondir en les confrontant avec des œuvres actuelles ;
- les inscrire dans une perspective d'évolution historique des œuvres.

• L'actualité culturelle se décline en différentes rubriques : cinéma, peinture, sculpture, photographie, architecture, *street art*, design, numérique, spectacle vivant (composé par les spectacles de danse, de théâtre et les concerts), musique, et littérature. Tous ces domaines entrent en résonance avec le programme de français au lycée. Ils enrichissent le regard sur les œuvres étudiées, et réciproquement.

QUELS SONT LES RESSOURCES ET OUTILS ?

Les personnes-ressources

Certaines personnes ont une mission professionnelle qui les conduit à collecter les informations et donc à pratiquer une veille documentaire. Au lycée, les professeurs documentalistes collectent et actualisent un certain nombre de données qu'ils diffusent ensuite à la communauté scolaire.

CONSEIL

Il peut être intéressant de demander au professeur documentaliste de faire une présentation de la façon dont il gère sa mission. Quels sont les domaines dans lesquels il effectue cette veille ? Quels sont les outils auxquels il a recours ?

Les outils

• On peut s'abonner à des lettres d'actualité (*newsletters*) de sites culturels qui tiennent informés des sorties ou des événements en rapport avec ces institutions ou ces lieux. On répertorie en début d'année les supports d'information à consulter : site Internet, d'une radio, d'une revue...

• On en choisit quatre ou cinq afin de ne pas être dépassé par la somme d'informations reçue, et on s'abonne pour recevoir la sélection d'informations qu'ils proposent.

QUELS SUPPORTS CHOISIR POUR ANALYSER ET DIFFUSER L'INFORMATION ?

• Au cours des deux années de lycée, un carnet personnel peut être le lieu où l'on analyse régulièrement l'actualité culturelle. On peut, par exemple, faire un compte rendu de lecture d'un roman par mois/trimestre choisi au sein de l'actualité littéraire.

• **Le padlet pour partager et collaborer** : cet outil collaboratif permet de créer des rubriques telles que « Cinéma », « Théâtre », « Concerts » et de partager les informations en amont de certains événements mais aussi les comptes rendus.

ASTUCE

À l'adresse https://www.franceculture.fr/newsletter, on peut demander de recevoir par courrier électronique, de façon quotidienne ou hebdomadaire, une sélection d'émissions et d'articles dont certaines portent sur l'actualité culturelle de la semaine, telles qu'un film, une exposition, un livre.

S'ENTRAÎNER

EXERCICE 1

Voici des titres ou sous-titres d'articles du journal *Le Monde*.

Faites quelques recherches et indiquez les domaines culturels sur lesquels ces articles nous renseignent.

1. Arnaud Meunier met en scène « J'ai pris mon père sur mes épaules » porté par de formidables acteurs. 12/02/ 2019

2. À la chute du franquisme, la loi d'amnistie a bâillonné, au nom de l'unité nationale, les survivants. 13/02/2019

3. L'insatiable curiosité de Kader Attia. À Londres, une exposition est consacrée à l'artiste français, dont l'œuvre se nourrit des faits politiques. 15/02/2019

EXERCICE 2

Vous allez réaliser une veille documentaire sur un musée de votre région.

a. Allez sur le site Internet du musée le plus proche de votre commune et inscrivez-vous à sa *newsletter*.

b. Choisissez deux informations de cette *newsletter* que vous souhaitez transmettre aux élèves du lycée. Mettez-les en page de façon dynamique, proposez des illustrations. Donnez envie aux élèves de se rendre aux événements dont vous parlez.

EXERCICE 3

a. Constituez un groupe de cinéphiles avec l'aide du professeur documentaliste de votre lycée.

b. À tour de rôle, préparez l'affichage hebdomadaire du programme du cinéma de votre ville.

c. Sur une feuille A3, indiquez la liste des films, les horaires des séances, et proposez un synopsis pour chacun d'eux.

d. Invitez les spectateurs à déposer une critique sur le site du CDI ou à l'afficher sur votre panneau « Informations culturelles ».

EXERCICE 4

Vous allez réaliser une *newsletter* en lien avec le CDI, les bibliothécaires de votre ville et quelques lecteurs de votre lycée pour donner des informations sur l'actualité littéraire. Vous pourrez ainsi rendre compte de leurs coups de cœur mensuels auprès des lycéens de votre établissement.

a. Constituez un réseau avec des « experts » de la veille documentaire que sont les professeurs documentalistes et les bibliothécaires de votre commune : en septembre, contactez, avec l'aide du professeur documentaliste, trois bibliothécaires de votre commune et informez-les de votre projet.

b. Chaque mois, collectez les « coups de cœur » des bibliothécaires de votre commune et ceux des professeurs documentalistes du lycée. Répartissez-vous le travail en fonction des genres de prédilection de chacun : roman, théâtre, poésie mais aussi bande dessinée et manga.

c. Présentez-les sous la forme d'une couverture reproduite, puis d'un synopsis et du court « coup de cœur » critique.

d. Vous pouvez publier cette « lettre d'actualité » sur le site du lycée à destination des élèves et des parents d'élèves. Vous pouvez aussi créer un padlet collaboratif afin que les élèves puissent ajouter leur propre texte critique chaque mois.

EXERCICE 5

Pour suivre et rendre compte de l'actualité du théâtre de votre ville, vous allez créer une « lettre d'actualité » destinée à être projetée ou affichée sur le panneau d'affichage de votre lycée à destination des élèves.

a. À la rentrée, téléchargez la programmation du théâtre et préparez un calendrier de veille : faites-vous des alertes pour savoir quand vous connecter sur le site du théâtre afin d'avoir des informations sur les différents spectacles.

b. Un mois avant chaque spectacle, préparez une affiche. Copiez quelques images du spectacle, son titre, son auteur, ainsi que le nom du metteur en scène. Indiquez également le jour et les horaires des représentations ainsi que les séances spéciales, par exemple les rencontres avec l'équipe artistique. Vous pouvez également faire figurer un synopsis de la pièce ainsi que deux articles de critique sur le spectacle – vous les trouverez dans le « dossier de presse » que le théâtre a préparé. Cela permettra au club des spectateurs de ne manquer aucune actualité !

EXERCICE 6

Voici un exemple de prix littéraire organisé pour faire découvrir aux lycéens l'actualité littéraire. Documentez-vous, existe-t-il ce genre d'évènements dans votre région ?

31. Rédiger une bibliographie

ÉCRITS D'APPROPRIATION

QU'EST-CE QU'UNE BIBLIOGRAPHIE ?

Une bibliographie est la **liste de l'ensemble des documents consultés** pour la rédaction ou la présentation orale d'un travail de recherche. Elle s'insère à la fin du travail et se présente selon l'ordre alphabétique des noms d'auteurs.

QUELLE EST LA FONCTION DE LA BIBLIOGRAPHIE ?

REMARQUE

Qu'est-ce que la loi sur le droit d'auteur et sur le plagiat ?

Une convention internationale fonde le droit d'auteur et autorise les citations à condition qu'elles restent mesurées et que l'œuvre originale ainsi que l'auteur soient référencés en toutes lettres. Si l'on ne fait pas référence à une œuvre et qu'on la paraphrase, on peut être accusé de plagiat.

- Il est fondamental de citer les sources de son travail (exposé, recherche thématique écrite).
- En effet, cela atteste du sérieux du travail puisque l'on peut **vérifier les références** citées, prouvant ainsi que le travail est fiable.
- D'autre part, il s'agit du **respect de la loi sur le droit d'auteur** et sur le plagiat.
- Enfin, cela permet au lecteur d'**aller plus loin** et de consulter les ouvrages pour creuser davantage la réflexion.

QUELLES SONT LES NORMES DE PRÉSENTATION À RESPECTER ?

- Il convient de suivre des **normes** qui seront aussi celles que vous observerez dans la suite de vos études. Elles dépendent des types d'ouvrages cités. Les majuscules et la ponctuation sont normées également :
  - un **livre** : Nom de l'auteur, Prénom, Titre (souligné si manuscrit, en italique si tapé), Éditeur, année d'édition, nombre de pages.
  - un **chapitre** : Nom de l'auteur, Prénom, Titre (souligné ou en italique), Éditeur, année. [collection] n° et titre de la partie, du chapitre ou du tome, pages. (Si une seule page : p. 3 / si plusieurs : p. 2-30.)
  - un **article dans une revue** : Nom de l'auteur, Prénom, « Titre de l'article », Titre du périodique (souligné ou en italique), N°, date, pages.
  - un **film** : Nom de l'auteur, Prénom, Titre (souligné ou en italique), durée.
  - une **vidéo** en ligne sur un site Internet : Nom de l'auteur, Titre (souligné ou en italique), date de création ou de modification, adresse URL, date de consultation ou de téléchargement, taille du document.
- Si elle est très longue, la bibliographie peut être **classée par thèmes ou par catégories de documents**. À l'intérieur des rubriques, on retrouve le **classement alphabétique par auteurs**.

DE QUELS OUTILS DISPOSE-T-ON POUR UNE BIBLIOGRAPHIE EN FORMAT NUMÉRIQUE ?

- Les logiciels de traitement de texte installés sur la plupart des ordinateurs proposent des fonctionnalités pour aider à constituer la bibliographie. Ces fonctionnalités compilent les notes de bas de page et les présentent en fin de document sous la forme d'une bibliographie.
- Pour les activer, on utilise les fonctions « Insérer une note de bas de page » puis « Bibliographie ».

ASTUCE

Lorsque l'on cite une référence mot pour mot dans un travail, on place l'extrait cité entre guillemets et, en bas de page, on indique l'auteur et le titre du document.

S'ENTRAÎNER

EXERCICE 1

Voici quelques exercices. Lesquels nécessitent une bibliographie ?

1. Un commentaire littéraire
2. Un exposé en histoire sur le développement durable
3. Une dissertation sur table
4. Un travail de recherche en groupe

EXERCICE 2

Rendez-vous sur le site suivant : www.enseignementsup. recherche.gouv.fr, où vous trouverez des indications bibliographiques sur le programme annuel de BTS en « culture générale et expression ». Rendez-vous à l'adresse suivante : https://tinyurl.com/y3rr3fu8

a. Comment cette bibliographie est-elle organisée ?

b. Pourquoi se contente-t-elle, d'après vous, d'indiquer les noms des auteurs et les titres des œuvres ?

c. Choisissez-en trois et présentez-les conformément aux normes attendues.

EXERCICE 3

Corrigez les références bibliographiques suivantes en les mettant aux normes.

1. Victor Hugo, Mélancholia, Les contemplations, Livre III, Paris, 1856.
2. Grand Corps Malade, L'heure des poètes, Il nous restera ça, 2015.
3. Zola, L'Aurore, « J'accuse... ! », 13 janvier 1898.
4. Edmond, Alexis Michalik, Paris, janvier 2019.

EXERCICE 4

a. Dans la référence suivante, indiquez quel est le lieu d'édition.

Stendhal, Promenades dans Rome, Paris, 1829.

b. Dans la référence ci-dessous, indiquez quel est l'éditeur.

Julien Gracq, Le Rivage des Syrtes, Paris, José Corti, 1851, 353 pages.

c. Un élève a rédigé la référence suivante dans sa bibliographie mais il a mal orthographié le nom de l'auteur (le nom correct est Weber). Quelles peuvent être les conséquences ?

Veber, Max, Le Savant et le Politique, 1919.

EXERCICE 5

Proposez une bibliographie composée de cinq à huit supports variés pour approfondir les thématiques suivantes (veillez à respecter les normes). Pour l'une de ces thématiques, réalisez le travail sous une forme numérique pour vous familiariser avec les outils à votre disposition.

1. Le récit de voyage
2. Le roman graphique
3. La pratique du « *booktubing* »

EXERCICE 6

Dans le cadre d'un travail interdisciplinaire Lettres / Histoire-géographie, vous allez réaliser un exposé sur « La ville ». Trois problématiques sont proposées :

P1 : Quelle sera la ville du futur ?

P2 : Que signifie habiter en ville ?

P3 : Quels sont les tournants de l'urbanisation ?

À la bibliothèque ou au CDI, effectuez une recherche pour remplir le tableau suivant :

Catégories d'ouvrage	Problématique 1	Problématique 2	Problématique 3
Album/ littérature de jeunesse			
Récit			
Article de presse			
Films de fiction / série			
Œuvre architecturale			
Site Internet			

EXERCICE 7

En prolongement du travail de l'exercice 6, vous allez faire un exposé sur une œuvre architecturale emblématique d'une ville de votre choix.

Réalisez la page qui comportera cinq éléments de bibliographie pour accompagner votre exposé. Vous pouvez vous aider de cette fiche que propose la Cité de l'architecture à propos de *La Cité radieuse* construite par l'architecte Le Corbusier à Marseille sur le site www.citedelarchitecture.fr en vous rendant à l'adresse suivante : https://tinyurl.com/y5ezddtl

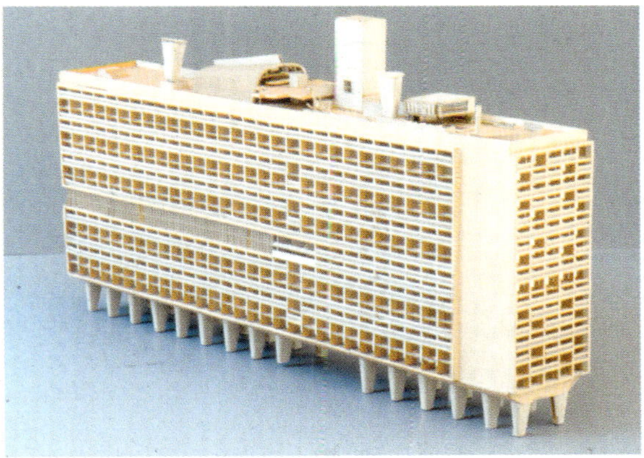

Unité d'habitation, Marseille, 1952. Maquette. DR.
In Alexandre Tzonis, *Le Corbusier, Poétique, machines, symboles*, Éd. Hazan, 2001.

32. Faire un exposé

OUTILS POUR L'ORAL

EXPOSÉ ET DISCOURS : DEUX VISÉES DIFFÉRENTES

- Un **exposé** présente des connaissances, délivre un enseignement sur un sujet donné : il a une **visée didactique**. Il se distingue du **discours** (voir p. 136), qui vise à convaincre ou persuader.
- Exposer, c'est « poser en dehors » (comme l'indique l'étymologie latine : *ex-ponere*). On présente un sujet avec **clarté** et **sans prendre position**, en adoptant un **ton** et une **attitude neutres**, qui sont ceux du « docte » (celui qui enseigne) et non de l'orateur.

CONSEIL

Dans le cas d'un sujet polémique, un exposé présente le pour et le contre, et se garde de défendre l'une ou l'autre position.

CONSTRUIRE UN EXPOSÉ

Choisir un sujet et en définir les limites

Deux critères doivent être pris en compte :
1. le temps dont on dispose pour présenter son exposé ;
2. le degré de précision attendu.

Procéder à une recherche documentaire

Faire la liste des sources d'information que l'on peut consulter. Classer ces sources par pertinence et par facilité d'accès.

LES OUTILS DE LA RECHERCHE DOCUMENTAIRE

– **Moteurs de recherche Internet.** La recherche Internet par mots-clés est utile mais pas toujours efficace. En effet, les algorithmes qui président à la sélection des résultats ne proposent pas toujours les sites les plus pertinents. De plus, il faut entrer les bons mots-clés et les varier.

– **Sites Internet spécifiques.** Ils peuvent fournir des contenus et des liens utiles (sites de revues littéraires, sociales, politiques ; sites d'encyclopédies en ligne, libres de droit ou non ; sites d'archives en ligne, comme GoogleBooks, Gallica, Persée, Cairn, HAL ; sites de musées, de théâtres...).

– **CDI.** La documentaliste aide à dénicher les documents les plus utiles.

– **Bibliothèque** municipale, où se trouvent en accès libre dictionnaires, encyclopédies, revues...

– **Manuels** scolaires (le sien ou ceux d'autres éditeurs, tous disponibles au CDI). On peut y trouver des textes, des documents iconographiques (photographies, peintures, schémas, tableaux...) traitant du sujet sur lequel on souhaite se renseigner. Consulter également les sites Internet attachés à ces manuels (sites compagnons ou webzines), qui contiennent des ressources supplémentaires.

– Son **entourage** (professeurs, parents, amis...). Interroger quelqu'un qui est expert de la question examinée apprend beaucoup.

Rassembler et organiser les informations et les idées

- Structurer la matière que l'on a collectée dans un plan clair et pédagogique.
- Le plus souvent, **ce plan est thématique** (le sujet est vu sous un angle puis sous un autre). Il peut aussi être **chronologique** (le sujet au travers du temps). Dans le cas d'un sujet **polémique**, exposer les arguments « **pour** » puis les arguments « **contre** » est une solution simple.

Préparer la prestation orale

- Il ne faut pas rédiger intégralement son exposé. Sur la feuille, **noter le plan, les faits essentiels** (événements, chiffres) ou **les idées importantes** sous forme de groupes nominaux. En effet, l'exposé doit être dit, adressé à l'auditoire, et non lu ! Il faut s'exprimer spontanément, et non réciter.
- Il convient de réfléchir également à la façon dont on va **soutenir l'attention** et **animer son exposé** : utilisera-t-on le tableau, un vidéoprojecteur, un diaporama ? Des documents circuleront-ils ? Quand et comment effectuera-t-on l'une ou l'autre chose ?

S'ENTRAÎNER

L'EXPOSÉ EN 9 ÉTAPES CLÉS

1 **On détermine les limites du sujet** selon le temps dont on dispose et le degré de précision attendu.

2 **On effectue une recherche documentaire** à partir de sources d'information classées par pertinence et par facilité d'accès. On en retient trois. On prend des notes, en indiquant précisément la source des informations (titre de l'ouvrage, nom de l'auteur éventuel, adresse du site Internet...).

3 **On classe les informations recueillies** et on réfléchit sur le sujet pour choisir soit un **plan thématique**, soit un **plan historique**.

4 **On constitue des fiches** par sous-thèmes ou par périodes historiques, selon le plan adopté.

5 **On organise son propos** en faisant la synthèse de ses fiches :
- introduction : présentation du sujet et annonce du plan suivi ;
- développement en deux ou trois parties ;
- conclusion contenant le bilan des informations à retenir.

6 **On rédige l'introduction, la conclusion et les transitions.** Il est préférable que le reste de l'exposé ne soit pas entièrement rédigé. En effet, un texte entièrement écrit incite à lire, alors qu'il faut s'adresser à l'auditoire, en élaborant ses phrases à l'oral à partir de ses notes.

7 **On prépare la performance orale :** on s'entraîne à dire l'exposé **en chronométrant** l'ensemble mais aussi chaque partie. On utilise des systèmes de **couleur**, de **surlignage** pour distinguer les éléments importants ; on indique les **variations d'intonation et de débit.**

8 **On prépare des supports visuels** (diaporama ou autre) pour agrémenter et illustrer son propos qui présentent les documents d'appui, rappellent le plan, marquent les étapes de la présentation.

9 **On prend la parole et on regarde son public** pour surveiller ses réactions. Surtout, on commente toujours ce que l'on montre. Tout support visuel ne doit être qu'un appui pour l'exposé. Il ne doit pas se substituer à ce que l'on dit ni distraire le public.

EXERCICE 1

Parmi les sujets suivants, lesquels conviennent à une présentation en 10 minutes ?

1. La guerre dans le monde du Moyen Âge à nos jours
2. Le 11-Septembre
3. La Rome antique
4. Le sac de Rome
5. Le roman

EXERCICE 2

Reprenez, dans l'exercice 1, les sujets dont les bornes sont trop larges pour que l'exposé dure 10 minutes et modifiez leur intitulé afin qu'ils puissent être traités dans le temps imparti. Vous pouvez soit choisir une période restreinte, soit les concentrer sur un événement ou une figure en particulier.

EXERCICE 3

Vous devez faire, dans un temps de parole de 10 minutes, un exposé sur le féminisme au XXe siècle. Envisagez trois plans possibles pour chacune des orientations suivantes.

1. Faire une présentation sommaire en sélectionnant quelques dates, quelques événements et figures historiques marquants, sans entrer dans aucun détail.
2. Choisir une période restreinte et la détailler.
3. Se concentrer sur un élément marquant.

EXERCICE 4

Après avoir choisi un sujet adapté à un exposé de 10 minutes, organisez votre recherche documentaire.

a. Faites la liste des sources d'information que vous pouvez consulter. Classez ces sources par pertinence et par facilité d'accès.

b. Retenez-en trois et consultez-les. Prenez quelques notes, en indiquant la source de vos informations (titre de l'ouvrage, nom de l'auteur éventuel, adresse du site Internet...).

Coup de pouce

Voici les critères d'évaluation d'un exposé :
(Pour les critères liés à la performance orale, voir p. 136.)
– Introduction accrocheuse
– Annonce du plan dès l'introduction
– Plan clairement suivi tout au long de la présentation
– Enchaînements et transitions logiques
– Précision des idées
– Pertinence des exemples
– Présence d'une conclusion
– Correction de la grammaire, clarté et précision du vocabulaire

33. Composer et prononcer un discours

OUTILS POUR L'ORAL

LE SENS DU MOT *DISCOURS*

Le mot *discours* est employé dans des sens distincts.

- Dans le sens le plus courant, un *discours* est une prise de parole généralement assez longue.
- L'analyse littéraire oppose habituellement le *discours* (le fait de prendre la parole et de s'impliquer dans son propos) au *récit* (le fait de raconter une histoire).
- Mais un *discours* est aussi une forme de prise de parole codifiée dès l'Antiquité, un **genre oratoire** défini par des **règles précises**, celles de la **rhétorique** ou **éloquence** ou encore **art oratoire.**

L'ÉLOQUENCE ANTIQUE

- Les Anciens ont divisé l'éloquence en trois genres : délibératif, épidictique et judiciaire.

– Le **discours délibératif** vise à orienter la volonté de l'auditoire et sa prise de décision.
– Le **discours épidictique** loue ou blâme : on célèbre les vertus ou on stigmatise les vices d'un personnage, d'une institution...
– Le **discours judiciaire** accuse ou défend une personne ou un acte au regard des lois et entre donc dans un débat contradictoire à l'issue duquel un jugement sera prononcé.

- **Cicéron**, célèbre avocat, homme politique et orateur romain, distingue plusieurs **étapes** dans la composition et la prononciation d'un discours : ces règles sont toujours valables !

– ***Inventio*** : « invention », fait de **trouver** des idées, des arguments, des exemples.
– ***Dispositio*** : « disposition », **organisation** des idées dans un **plan**, structuré et progressif.
– ***Elocutio*** : « élocution », mais dans un sens particulier : non la prononciation du texte mais l'action de **composer** le discours en choisissant les tournures de phrases, les termes, les figures de style appropriés : c'est la « mise en mots ».
– ***Memoria*** : « mémorisation » du discours ; idéalement, l'orateur récite son discours sans aucune note !
– ***Actio*** : « action », **performance** que réalise l'orateur, véritable acteur qui profère le discours avec le ton, le rythme, les gestes qui rendront ce discours captivant.

L'ÉVOLUTION DE L'EMPLOI DU MOT *DISCOURS*

- Depuis l'Antiquité, le terme *discours* s'est étendu aux **écrits argumentatifs** visant à démontrer : on trouve ainsi le *Discours de la servitude volontaire* d'**Étienne de La Boétie** (XVIe siècle), le *Discours sur l'origine et les fondements de l'inégalité parmi les hommes* de **Jean-Jacques Rousseau** (XVIIIe siècle) ou le *Discours sur la négritude* du poète **Aimé Césaire** (XXe siècle).
- Le terme se restreint parfois à la **parole publique**, en particulier **politique** : c'est, par exemple, le discours d'un élu à la tribune de l'Assemblée nationale ou au Sénat, d'un homme politique qui fait campagne ou d'un personnage important (homme politique, écrivain, directeur d'une institution...) à l'occasion d'une inauguration, d'une commémoration, de funérailles...
- Quel qu'il soit, un discours porte toujours sur un **sujet qui intéresse une collectivité** (nationale ou plus restreinte), en tout cas un groupe de personnes appelées à vivre ou agir ensemble. Celui qui prononce un discours prend position : il défend une thèse sur ce sujet, ou bien exprime une louange ou un blâme, et invoque des valeurs qui soudent une communauté.

Grille d'évaluation ou d'autoévaluation (dans le cas d'une captation vidéo)

Critères	Insuffisant	Moyen	Bien	Excellent
Voix (articulation, débit, intonations, volume), rythme, pauses				
Prononciation, articulation ; maîtrise des « tics de langage »				
Position du corps, maîtrise des gestes et des mimiques				
Relation établie avec l'auditoire (regards...)				
Respect du temps imparti				

S'ENTRAÎNER

LE DISCOURS EN 4 ÉTAPES CLÉS

1 L'« invention »

• Écrire tous les arguments qui viennent à l'esprit pour appuyer cette position.

• Procéder à une recherche documentaire sur le sujet choisi. Relever les arguments qui semblent intéressants sur ce sujet, relever des citations avec le nom de leur auteur. Noter aussi les exemples (statistiques, anecdotes) qui peuvent appuyer ces arguments.

2 La « disposition »

Une fois les arguments et les exemples trouvés en faveur de la thèse, structurer ainsi son propos :

– une ou deux phrases de présentation du sujet et d'annonce du plan ;

– une première partie développant l'idée la plus évidente, assortie de ses arguments et exemples ;

– une deuxième partie proposant une idée plus originale avec arguments et exemples ;

– une conclusion dans laquelle on expose son avis définitif.

3 L'« élocution » (mise en mots)

Choisir entre deux possibilités :

– l'**improvisation** : en partant du plan au brouillon, détailler quelques idées et exemples au sein de chaque partie et prendre le parti d'improviser à partir de cette trame à l'oral. C'est périlleux, mais beaucoup plus vivant qu'un discours simplement lu ! Pour aplanir la difficulté, on peut rédiger complètement ses phrases d'introduction et de conclusion et n'improviser qu'au moment du développement ;

– la **rédaction** : par sécurité, on peut choisir de rédiger intégralement son discours et le lire devant l'auditoire.

4 L'« action »

• Utiliser des surligneurs et adopter une légende simple (rouge pour les idées, vert pour les arguments...) pour colorer son support et faciliter les modulations de rythme et de ton.

• Se chronométrer afin de mieux calibrer sa performance orale.

• Une performance orale requiert plusieurs répétitions. Prononcer son discours une fois par jour pendant trois jours avant la performance est une bonne manière d'apprivoiser son texte et de dompter son trac. On peut aussi se filmer pour analyser sa performance et l'améliorer.

EXERCICE 1

Identifiez, dans les exemples suivants : l'orateur, ceux à qui il s'adresse, le sujet du discours, l'opinion qu'il soutient à son propos.

1. « L'instruction doit être universelle, c'est-à-dire s'étendre à tous les citoyens. Elle doit être répartie avec toute l'égalité que permettent les limites nécessaires de la dépense, la distribution des hommes sur le territoire, et le temps, plus ou moins long, que les enfants peuvent y consacrer. Elle doit, dans ses divers degrés, embrasser le système tout entier des connaissances humaines, et assurer aux hommes, dans tous les âges de la vie, la facilité de conserver leurs connaissances et d'en acquérir de nouvelles. »

Nicolas de Condorcet, 20 et 21 avril 1792.

2. « On peut assurer sans exagération qu'au moins six millions de Français, surtout dans les campagnes, ignorent la langue nationale [...]. Ainsi, avec trente patois différents, nous sommes encore pour le langage à la Tour de Babel, tandis que pour la liberté, nous formons l'avant-garde des nations.

Quoiqu'il y ait possibilité et même probabilité de voir diminuer le nombre des idiomes reçus en Europe, l'état politique du globe bannit à jamais l'espérance de ramener les peuples à une langue commune. [...]

Mais au moins on peut uniformiser le langage d'une grande Nation de manière que tous les citoyens qui la composent puissent sans obstacle se communiquer leurs pensées. Cette entreprise, qui ne fut pleinement exécutée chez aucun peuple, est digne du peuple français, [...] qui doit être jaloux de consacrer au plus tôt, dans une République une et indivisible, l'usage unique et invariable de la langue de la liberté. »

L'abbé Grégoire, 4 juin 1794.

EXERCICE 2

À votre tour, choisissez un sujet qui puisse faire l'objet d'un discours et définissez la thèse que vous souhaitez défendre. Vous pouvez vous inspirer des exemples étudiés dans l'exercice 1.

EXERCICE 3

À deux, choisissez un sujet mais composez chacun(e) de votre côté un discours.

Vous vous succéderez ensuite à la tribune, devant toute la classe, pour défendre votre position dans un temps imparti.

Vous proposerez chacun(e), à l'issue de votre discours, une loi portant sur le sujet abordé.

Vos camarades pourront voter pour ou contre cette loi (ou proposer des amendements !).

34. Faire une lecture expressive

OUTILS POUR L'ORAL

QU'EST-CE QU'UNE LECTURE EXPRESSIVE ?

• **Lire un texte** en mettant le **ton juste** prouve qu'on l'a **compris**. L'expressivité de la lecture est prise en compte dans l'évaluation d'une épreuve orale.

• Une lecture expressive **dégage le sens** du texte et en facilite la compréhension. Il s'agit, grâce aux pauses, de détacher les idées principales, de souligner les enchaînements logiques (notamment pour un texte argumentatif).

• Une lecture expressive **traduit** par les moyens propres à la voix les **émotions** que le texte évoque ou suggère et les communique à l'auditeur.

• Une lecture expressive joue donc sur différents aspects de la voix et de la parole : le **débit** (plus ou moins rapide ou lent), le **rythme** (pauses alternant avec des séquences prononcées en continu), l'**intensité** (mots prononcés d'une voix plus ou moins forte), l'**intonation** (montante ou descendante), le **ton** (grave ou léger, triste ou gai, sérieux ou railleur...).

COMMENT RÉUSSIR UNE LECTURE EXPRESSIVE ?

• Pour réussir une lecture expressive, il faut avoir préalablement lu et compris le texte. Mais cela ne suffit pas toujours. Une lecture expressive **se prépare**.

• On s'entraîne en s'appuyant sur différents éléments :
– la **ponctuation** gouverne l'**intonation** (montante après un point d'interrogation ou d'exclamation ; descendante après un point final, des points de suspension) et les **pauses** (après la virgule, le point-virgule, les deux-points, le point) ;
– la **syntaxe** règle le **rythme** (on lit de façon continue les groupes de mots qui forment un tout signifiant, on détache les différentes parties d'une phrase par des pauses légères...) ; elle peut influencer l'**intensité** de la voix (on prononce à voix plus haute les connecteurs logiques importants) ;
– l'**intention** et la **tonalité** déterminent le **ton**, le **débit**, l'**intensité**. L'intention d'un texte (louer, railler, critiquer...) doit pouvoir être perçue à la lecture. On fait ressortir la douleur dans un texte pathétique ou tragique, ou, au contraire, l'humour dans un texte comique ; dans un texte lyrique, l'intensité et la profondeur des sentiments peuvent se traduire par un ton recueilli, un débit mesuré : dans un texte épique, on fait sentir la grandeur héroïque par l'intensité de la voix aux moments importants, en accélérant ou ralentissant le rythme selon les actions racontées.

• **Préparer la lecture :** crayon en main, on souligne ou on entoure dans le texte ce que l'on veut faire ressortir ; on indique par des barres les pauses entre les groupes de mots...

CONSEILS

Avant d'entrer en scène, un acteur fait des échauffements. On peut reproduire ces exercices.

• **Exercices d'articulation : « virelangues ».** Un comédien s'exerce à prononcer plusieurs virelangues pour rôder son articulation avant d'entrer en scène. Le but est de parvenir à les dire le plus vite possible tout en détachant parfaitement les syllabes. On peut s'exercer en mettant un crayon entre les dents !

« Tu t'entêtes à tout tenter, tu t'uses et tu te tues à tant t'entêter » ; « Je veux et j'exige » ; « Je vais chez ce cher Serge » ; « Un généreux déjeuner régénérerait des généraux dégénérés. »

• **Échauffements physiques :** les échauffements du corps au théâtre sont les mêmes qu'en sport. On enroule et déroule les épaules, la nuque, on étire les bras au-dessus de la tête, on baisse les mains au sol en gardant les jambes droites et on remonte tout doucement...

Il est rare de pouvoir faire ces échauffements avant une lecture expressive en cours, ou lors du baccalauréat... Mais on pourra faire quelques exercices discrets pour détendre ses épaules, par exemple !

S'ENTRAÎNER

EXERCICE 1

Dans ce texte, relevez les signes de ponctuation et associez à chacun l'intonation et la pause qui conviennent. Puis entraînez-vous à lire le texte en respectant ce que vous avez repéré.

Chaque fois qu'à ce banc je vais chercher les fleurs,
Je promets à mon Dieu, dont l'appui me délaisse,
De n'y plus retourner. J'y retourne sans cesse.
– Mais lui ! Voilà trois jours qu'il n'est pas revenu
– Blessé ! – Qui que tu sois, ô jeune homme inconnu
Toi qui, me voyant seule et loin de ce qui m'aime,
Sans rien me demander, sans rien espérer même,
Viens à moi, sans compter les périls où tu cours ;
Toi qui verses ton sang, toi qui risques tes jours
Pour donner une fleur à la reine d'Espagne ;
Qui que tu sois, ami dont l'ombre m'accompagne,
Puisque mon cœur subit une inflexible loi,
Sois aimé par ta mère et sois béni par moi !

VICTOR HUGO, *Ruy Blas*, acte II, scène 2, 1838.

Coup de pouce

Enregistrez-vous et écoutez votre performance. Vous pouvez aussi comparer votre lecture à celle d'un professionnel. Écoutez.

Affiche du film *Ruy Blas* réalisé par Pierre Billon, avec Danielle Darrieux et Jean Marais, 1947.

EXERCICE 2

a. Repérez les connecteurs logiques et la ponctuation.

b. Lisez ce texte pour faire comprendre, grâce aux pauses, à l'intonation, à l'intensité de la voix, la structure de la phrase et son sens. Puis écoutez la lecture d'un comédien.

c. Quelle lecture vous a donné le plus envie de continuer à lire l'ouvrage ?

Ma mère ne vint pas, et sans ménagements pour mon amour-propre (engagé à ce que la fable de la recherche dont elle était censée m'avoir prié de lui dire le résultat ne fût pas démentie) me fit dire par Françoise ces mots : « Il n'y a pas de réponse » que depuis j'ai si souvent entendus des concierges de « palaces » ou des valets de pied de tripots, rapporter à quelque pauvre fille qui s'étonne : « Comment, il n'a rien dit, mais c'est impossible ! Vous avez pourtant bien remis ma lettre. C'est bien, je vais attendre encore. » Et – de même qu'elle assure invariablement n'avoir pas besoin du bec supplémentaire que le concierge veut allumer pour elle, et reste là, n'entendant plus que les rares propos sur le temps qu'il fait échangés entre le concierge et un chasseur qu'il envoie tout d'un coup, en s'apercevant de l'heure, faire rafraîchir dans la glace la boisson d'un client – ayant décliné l'offre de Françoise de me faire de la tisane ou de rester auprès de moi, je la laissai retourner à l'office, je me couchai et je fermai les yeux en tâchant de ne pas entendre la voix de mes parents qui prenaient le café au jardin.

MARCEL PROUST, *À la recherche du temps perdu. Du côté de chez Swann*, 1913.

EXERCICE 3

a. Quelle est l'intention du texte suivant ? Quelles émotions exprime-t-il ? Par quels adjectifs exprimeriez-vous sa ou ses tonalités ?

b. Caractérisez le ton qu'il convient de prendre pour le dire.

c. Entraînez-vous à lire ce texte en fonction de vos réponses précédentes. Puis écoutez la lecture d'un comédien.

Je me suis levé, et je suis allé dans ma chambre n'en pouvant plus ; mais un quart d'heure après elle vint prendre du café avec moi. Cette constance très insultante me paraissait monstrueuse. Je me suis un peu calmé quand j'ai réfléchi que de sa part ce procédé devait venir d'un esprit de vengeance ; mais elle s'était assez vengée en me disant qu'elle ne m'aimait pas, et me le prouvant. Elle me dit qu'elle voulait m'aider à faire mes paquets, et pour lors je l'ai priée de me laisser tranquille, la prenant par le bras, la conduisant à la porte, et m'enfermant.

GIACOMO CASANOVA, *Histoire de ma vie*, 1898.

EXERCICE 4

Amusez-vous à lire le texte de l'exercice 3 en adoptant un autre ton que celui imposé par son intention et sa tonalité. Est-ce facile ?

EXERCICE 5

Rendez-vous sur le site des éditions thélème (editionstheleme.com).

a. Choisissez trois livres et écoutez-en un extrait.

b. Dites quelle lecture vous a paru la plus expressive.

35. Participer à un entretien ou à un débat

OUTILS POUR L'ORAL

QU'EST-CE QU'UN DÉBAT ?

• **Un débat confronte des points de vue différents** sur un sujet. Il permet, grâce à la parole et l'échange d'arguments, de réguler les conflits et d'éviter le recours à la force.

• **Un débat permet de mieux comprendre un sujet.** Il permet de faire émerger la vérité, d'établir un consensus ou de convaincre de la valeur d'une opinion.

• Dans le cadre des **sciences**, une controverse scientifique oppose des scientifiques pour déterminer l'admissibilité d'une théorie.

• Dans le cadre d'une **procédure judiciaire**, le débat contradictoire vise à examiner les points de vue des différentes parties afin qu'un tiers puisse trancher en faveur de l'une ou de l'autre.

• Dans le cadre **politique, social ou éthique**, le débat permet de clarifier les principes et les valeurs fondant les diverses opinions, et de faire des choix qui vont guider l'action.

DÉBAT OU POLÉMIQUE ?

Le danger pour un débat est de verser dans la **polémique** : il prend alors un tour offensif et vise à faire taire l'adversaire. La polémique est souvent stérile puisqu'elle fige les antagonismes. Au contraire, un **débat constructif** permet à chacun, grâce à la discussion, de progresser.

LE DÉBAT EN ENTRETIEN FACE À FACE

• Le débat s'engage après un exposé ou un discours : des questions sont posées à celui qui a parlé (le **convaincant**) par une autre personne (le **répondant**), en **face-à-face**. Cette situation est celle de l'**entretien** lors d'une épreuve de baccalauréat ou de concours. Le **but** d'un tel débat est de permettre au convaincant et au répondant de **progresser ensemble** dans la compréhension d'un sujet.

• **Rôle du répondant** : il doit poser des questions au **convaincant** soit pour souligner une faille dans son argumentation, soit pour l'amener à approfondir un élément intéressant de son propos.

On ne doit pas...	On doit...
– contredire dans le seul but de contredire ; – dévier du sujet ; – se mettre à développer son propre discours.	– faire des objections pertinentes ; – se limiter au cadre du sujet ; – conduire l'autre à préciser et approfondir.

• **Rôle du convaincant** : il doit défendre la solidité de son argumentation, être à l'écoute de son interlocuteur, savoir se remettre en question ou admettre une erreur.
Il ne doit pas être sur la défensive car il risque de mal écouter les questions, se contenter de répéter ce qu'il a déjà dit lors de l'exposé, rester campé sur ses idées.

LE DÉBAT À PLUSIEURS (À PARTIR DE TROIS PARTICIPANTS)

• Un débat à plusieurs doit être soigneusement **organisé** si on le veut **constructif**.
– Le sujet est donné à l'avance pour que chacun ait réfléchi à sa position et ses arguments.
– Des règles sont instituées : ordre et temps de parole, interdiction des insultes et agressions...

• En général, on désigne un tiers pour conduire le débat et en faire respecter les règles.

Les différents rôles dans un débat

• L'**animateur** anime le débat en posant des questions auxquelles chaque débatteur répond.

• Le **modérateur** modère le débat sans intervenir dans le sujet du débat, en veillant à ce que chaque débatteur dispose de son temps de parole et respecte la parole des autres.

• L'**observateur** prononce un court discours à la fin du débat où il **analyse** le rapport de force entre les participants. Il **fait le bilan** des conclusions sur lesquelles ils se sont mis d'accord et des idées à propos desquelles ils sont restés en désaccord.

• Il arrive qu'une même personne tienne tous ces rôles à la fois, ou que trois personnes tiennent chacune un seul rôle. Le plus souvent, l'animateur est également modérateur, tandis qu'une deuxième personne joue le rôle d'observateur sans être intervenue au cours du débat.

ATTENTION

Celui qui conduit le débat doit maîtriser le sujet traité. Il doit donc l'avoir travaillé en amont.

S'ENTRAÎNER

EXERCICE 1

À deux, à partir d'un devoir rédigé dans le cadre du cours de français (un essai, un commentaire de texte), faites l'exercice deux fois, en inversant les rôles.

a. L'élève A présente sa réflexion à l'élève B.

b. L'élève B imagine trois à cinq questions qu'un jury d'examen pourrait poser : quelles failles y a-t-il dans l'argumentation ? Quelles questions poser pour conduire à un approfondissement ?

c. L'élève A répond aux questions de l'élève B et s'en sert pour améliorer son travail.

LES 5 QUALITÉS DU PARTICIPANT À UN DÉBAT

1. La capacité à **s'adapter** au propos de l'autre / des autres
2. L'habileté à **orienter** le débat dans la direction qui lui convient
3. L'aptitude à **improviser**
4. La capacité à **répondre aux objections** et à les **retourner** à son avantage
5. La capacité à **opposer des objections pertinentes** et bien **à-propos**

EXERCICE 2

a. Consultez des émissions de débat à la télévision, à la radio ou sur Internet et classez-les selon le type de débat et le rôle tenu par le tiers en cochant les cases du tableau suivant.

Nom de l'émission	Rôle du tiers	
Type de débat	Animateur	Modérateur
Débat polémique		
Débat contradictoire		

b. Évaluez la performance de l'animateur/modérateur/observateur à l'aide des critères suivants :

Animation	Modération	Observation
Connaissance du sujet	Impartialité dans la distribution de la parole	Objectivité dans l'analyse du rapport de forces
Pertinence des questions posées	Capacité à imposer le respect du temps de parole	Capacité à synthétiser les idées résultant du débat
Qualité d'écoute : laisser le temps de répondre, savoir tirer parti des propos des débatteurs	Capacité à modérer l'agressivité éventuelle des débatteurs	
Capacité à relancer le débat		

EXERCICE 3

Consultez des émissions de débat à la télévision, à la radio ou sur Internet et évaluez la performance des débatteurs à l'aide de la grille ci-dessous.

Coup de pouce

Critères pour évaluer les débatteurs
- Présentation de son opinion de façon claire et argumentée, avec des exemples appropriés
- Juste compréhension des objections
- Précision des réponses
- Sens de l'écoute, respect de la parole de l'autre
- Pas de recherche de consensus à tout prix
- Reconnaissance des points faibles de son argumentation et proposition de solution
- Reconnaissance des points forts de l'argumentation de l'interlocuteur et adaptation de son propre discours

EXERCICE 4

Choisissez un sujet de dissertation ou de société et organisez un débat au sein de la classe en divisant celle-ci en trois groupes. Deux groupes préparent des idées, arguments et exemples, et choisissent leur « champion », celui qui défendra leurs couleurs. Le troisième groupe travaille le sujet afin que l'un de ses membres joue le rôle de l'animateur et/ou modérateur et/ou observateur. À l'issue du débat, faites voter les membres du troisième groupe pour déterminer qui, des deux autres, a emporté le débat. Cette évaluation peut s'appuyer sur la grille ci-dessous.

Coup de pouce

Avant le débat : quand le sujet est donné à l'avance, il faut préparer le débat et y consacrer du temps pour clarifier ses idées, les étayer d'arguments et d'exemples. On peut les noter.

Pendant le débat : une fois le débat lancé, il faut utiliser ces éléments à bon escient sans chercher à s'en servir à tout prix. Dans certains cas, ils sont tout bonnement inutiles !

36. Mémoriser et restituer un texte

OUTILS POUR L'ORAL

MÉMORISATION ET LITTÉRATURE

• La **mémoire** est un outil essentiel à tout apprentissage. Elle peut être **auditive**, **visuelle** ou **émotionnelle.** Selon les individus, le type de mémoire le plus développé varie ; toutefois, chacun dispose de toutes ces ressources pour fixer un souvenir.

• La mémoire entretient avec la **littérature** un rapport particulier. Bien des genres littéraires invitent en effet à **mémoriser** des textes, ce que l'on appelle aussi « apprendre par cœur » :
– on pense d'abord au texte de **théâtre** : les acteurs apprennent leur rôle par cœur, et même si un souffleur est présent, il ne peut se substituer à leur mémoire ;
– la **poésie** également est destinée à être apprise par cœur et récitée à voix haute ;
– la pratique est plus rare pour le **récit** ou l'**argumentation**, mais elle existe. Certains acteurs montent des **spectacles** autour de la **récitation d'extraits de romans ou d'essais**.

> Dans le livre et le film *Farenheit 451*, des dissidents apprennent toutes sortes de textes par cœur parce que le régime contre lequel ils luttent proscrit la lecture et brûle les livres.

• Au **Moyen Âge**, en un temps où la circulation des textes était avant tout orale, les œuvres « lyriques » (poétiques), romanesques ou « morales » (argumentatives) étaient bien souvent apprises par cœur et récitées en public

LES TECHNIQUES DE MÉMORISATION

• Pour **mémoriser** un texte, les **techniques** ne sont ni très compliquées ni très nombreuses. Elles peuvent être classées en **deux catégories** :
– l'**assimilation passive** consiste à lire, relire et écouter chaque jour un texte jusqu'à ce que celui-ci s'imprègne naturellement dans la mémoire. Cette technique exige une grande discipline mais aussi de la patience car le temps d'assimilation peut prendre plusieurs semaines !
– l'**apprentissage actif** consiste à mémoriser le texte phrase par phrase. Plusieurs méthodes peuvent être employées : on lit et on répète à voix haute chaque phrase plusieurs fois, puis on cherche à se la rappeler sans regarder le support, jusqu'à pouvoir réciter l'ensemble du texte sans aide. On peut aussi associer à chaque phrase une image ou une émotion et retenir l'enchaînement des images ou émotions pour retenir la succession des phrases.

• Selon son type de mémoire (visuelle, auditive ou émotionnelle), on sélectionnera la méthode d'apprentissage la plus appropriée.

LES DIFFICULTÉS À SURMONTER

• Il n'existe malheureusement aucune astuce contre les trous de mémoire, qui sont bien souvent dus au stress.

• Seul un entraînement en amont permet de repérer les passages où les défaillances de mémoire se manifestent, et de les éliminer !

CONSEIL

Au cours de l'apprentissage, on peut recourir à un pense-bête, en écrivant le premier mot de la phrase que l'on oublie tout le temps sur un petit papier !

LA RÉCITATION

• Au moment de la restitution du texte, des techniques d'**échauffement** de la voix et du corps peuvent être utilisées (voir p. 138).

• Comme pour une lecture expressive, (voir p. 138), il faut s'entraîner à **maîtriser sa diction et son souffle**. En apprenant son texte, il faut **travailler l'intonation** en suivant la ponctuation.
Veiller à éviter la précipitation : penser aux pauses, qui permettent de faire comprendre le sens du texte, mais aussi de ménager des mises en valeur de certains mots ou phrases.
Travailler également le rythme de la récitation, ainsi que l'intensité de la voix.

• Il est également important, dans la mesure du possible, de **faire abstraction de l'auditoire** pour se concentrer uniquement sur le texte à restituer.

S'ENTRAÎNER

EXERCICE 1

MÉMORISER PAR L'ANADIPLOSE

« Un deux trois, trois petits chats, chapeau de paille... » Tout le monde connaît cette comptine et s'en souvient. La raison en est qu'elle est construite par **anadiplose** *:* par la répétition, en début de mot ou de proposition, de la fin du mot ou de la proposition précédente.

Pour échauffer votre mémoire, poursuivez cette liste en suivant le principe de l'anadiplose : à plusieurs, proposez, chacun(e) à votre tour, un nouveau mot ou une nouvelle proposition et prenez soin de répéter l'ensemble de la liste avant d'apporter votre contribution. Le dernier ou la dernière à avoir pu se souvenir de toute la liste a gagné !

NB : de nombreux jeux de société reposent sur ce principe de mémorisation auditive (ex. : Ouga Bouga®), d'autres s'appuient davantage sur une mémoire visuelle (Memory...). Le principe est assez simple et peut se décliner à l'envi !

EXERCICE 2

a. Divisez chaque phrase de ce texte en propositions ou groupes de mots porteurs de signification, et répétez chaque élément jusqu'à vous en souvenir.

b. Repérez-vous des sons qui reviennent et vous permettent de mieux retenir le texte ?

c. Réécrivez le texte sous forme de vers en respectant le retour de ces sonorités. Qu'en pensez-vous ? S'agit-il d'un récit ou d'un poème ? Quelle est la fonction du vers dans la mémorisation d'un texte ?

Quand vous serez bien vieille, au soir, à la chandelle, assise auprès du feu, dévidant et filant, direz, chantant mes vers, en vous émerveillant : Ronsard me célébrait du temps que j'étais belle.
Lors, vous n'aurez servante oyant telle nouvelle, déjà sous le labeur à demi sommeillant, qui au bruit de mon nom ne s'aille réveillant, bénissant votre nom de louange immortelle. Je serai sous la terre et fantôme sans os : par les ombres myrteux je prendrai mon repos. Vous serez au foyer une vieille accroupie, regrettant mon amour et votre fier dédain. Vivez, si m'en croyez, n'attendez à demain : cueillez dès aujourd'hui les roses de la vie.

PIERRE DE RONSARD, « Sonnets pour Hélène », *Les Amours*, 1578.

EXERCICE 3

a. Découpez ce poème en plusieurs unités (propositions, groupes de mots) de longueur raisonnable.

b. Associez à chacune de ces unités une image ou une émotion. Dessinez une carte mentale avec le titre du poème au centre et les noms des différentes images ou émotions articulés tout autour. Cherchez à structurer votre carte de façon à ce que l'ordre de lecture des images ou émotions (correspondant à l'ordre du poème) soit clair.

c. Aidez-vous de cette carte mentale pour apprendre le poème. Cela vous aide-t-il ?

Le soleil, sur le sable, ô lutteuse endormie,
Pour l'or de tes cheveux chauffe un bain langoureux,
Et, consumant l'encens sur ta joue ennemie,
Il mêle avec les pleurs un breuvage amoureux.

De ce blanc flamboiement l'immuable accalmie
T'a fait dire, attristée, ô mes baisers peureux,
« Nous ne serons jamais une seule momie
Sous l'antique désert et les palmiers heureux ! »

Mais ta chevelure est une rivière tiède,
Où noyer sans frissons l'âme qui nous obsède
Et trouver ce Néant que tu ne connais pas.

Je goûterai le fard pleuré par tes paupières
Pour voir s'il sait donner au cœur que tu frappas
L'insensibilité de l'azur et des pierres.

STÉPHANE MALLARMÉ, « Tristesse d'été », *Poésies*, 1899.

GUSTAVE COURBET, *La belle Irlandaise,* huile sur toile, 54 x 65 cm, 1866.

EXERCICE 4

Organisez un spectacle de récitation autour d'un thème que vous choisirez et sélectionnez des textes illustrant ce thème. Répartissez-vous les textes à mémoriser et présentez-les devant la classe.

37. Conduire une interview

OUTILS POUR L'ORAL

QUELLES SONT LES COMPÉTENCES REQUISES ?

• Interviewer quelqu'un ne s'improvise pas et requiert des compétences qu'il est possible de travailler.

• Dans une interview orale, plusieurs capacités sont en jeu :
- entrer en interaction avec l'autre ;
- comprendre son propos ;
- diriger l'échange selon une orientation précise.

• Il faut **préparer une trame de questions en amont**, structurées autour d'un fil directeur et organisées progressivement, et savoir **improviser de nouvelles questions** selon la direction qui sera prise par l'échange réel.

• Une interview requiert de savoir diriger et orienter la parole de l'autre, mais aussi de faire preuve de **souplesse** et d'**adaptabilité**.

COMMENT INTERVIEWER UN AUTEUR CONTEMPORAIN ?

• Pour contacter un auteur, la meilleure manière est de faire parvenir un courrier à sa maison d'édition, qui lui transmettra. On peut aussi chercher sur Internet s'il a une page personnelle, ou sur un réseau social (type Facebook) pour lui envoyer un message personnalisé.

• Si l'auteur est journaliste, chroniqueur radio ou enseignant, on trouvera sûrement son adresse mail professionnelle sur la page web de son journal, de sa radio ou de son établissement.

L'INTERVIEW SUR UN SUJET LIBRE

Les questions peuvent porter sur la naissance de la vocation de l'écrivain, son parcours pour être publié, ses sources d'inspiration, ses projets d'ouvrages...

L'INTERVIEW SUR UN OUVRAGE PARTICULIER

• On peut interroger un auteur sur les circonstances de rédaction ou de réception d'un de ses textes. Les questions ne doivent pas seulement émaner de votre imagination ou de votre intuition : elles doivent être guidées par une recherche documentaire préalable à partir de sources d'information fiables. Celles-ci sont de plusieurs types :
- les notices d'encyclopédies (papier ou en ligne) et de dictionnaires ;
- les préfaces et notes de bas de page des éditions critiques de l'œuvre concernée (n'hésitez pas à les comparer) ;
- les paratextes de manuels portant sur cet auteur et sur ses œuvres ;
- les études (monographies) et articles universitaires portant sur cet auteur et sur son œuvre (certaines sont disponibles sur Internet, sur Gallica, Googlebook, Persée ou Academia.edu) ;
- les sites Internet consacrés à cet auteur (celui sur Flaubert, par exemple, propose tous les brouillons de ses œuvres feuilletables en ligne) ;
- les émissions de radio ou de télévision podcastables sur Internet ou disponibles en streaming (Radio France, INA, site de streaming et de replay...), les Moocs (sites des universités).

• Grâce à toutes ces informations, on peut reconstituer la genèse d'une œuvre, voire d'un passage, étudiés.

• Voici quelques questions à se poser pour préparer une interview :
- En quelle année l'auteur a-t-il eu l'idée d'écrire son livre ?
- Quels étaient les événements historiques majeurs de cette période de rédaction ?
- L'exécution de ce projet a-elle été longue ou courte ? difficile ou facile ?
- Quelles rencontres littéraires, intellectuelles, politiques, personnelles l'auteur a-t-il faites pendant son travail ? Ont-elles eu une influence sur son œuvre ?
- L'auteur a-t-il beaucoup retravaillé son texte ?
- Comment son travail a-t-il été reçu ?

S'ENTRAÎNER

EXERCICE 1

Notez les questions que vous aimeriez poser à l'auteur vivant de votre choix et tournez votre interview face caméra pour la faire parvenir à l'auteur *via* Internet.

EXERCICE 2

Choisissez un auteur et l'une de ses œuvres ; cherchez des questions à lui poser concernant son projet d'écrire ce texte et sa réalisation. Vous pourrez alors mettre en scène cette interview : vous jouerez le rôle de l'interviewer et l'un(e) de vos camarades jouera celui de l'auteur interviewé. Vous pouvez choisir un auteur d'aujourd'hui... ou bien un auteur disparu depuis plusieurs années (Hugo, Molière...) !

EXERCICE 3

Vous êtes un jeune auteur ou une jeune actrice ; répondez aux questions que vous trouvez dans l'exercice 2 et inventez les réponses que vous pourriez y donner. Vous pouvez déléguer la voix de l'interviewer à un(e) camarade et vous filmer tou(te)s deux pour travailler la performance orale (voir p. 136).

EXERCICE 4

Vous êtes un auteur. Imaginez, en quelques mots, l'ouvrage que vous avez écrit. Vous établirez ensuite les questions que vous aimeriez qu'on vous pose à ce sujet. Vous pouvez interpréter cette interview sous forme de pièce de théâtre avec un(e) camarade.

EXERCICE 5

Cherchez une interview d'auteur dans la presse (quotidiens, hebdomadaires avec une rubrique « livre »...), dans la presse spécialisée (revues culturelles comme *Études*, revues en ligne comme *Slate)* ou des blogs. Cette interview vous semble-t-elle intéressante ? Pourquoi ?

Grilles d'autoévaluation

Critères pour l'interviewer	Insuffisant	Moyen	Bien	Excellent
Juste compréhension du propos de l'interviewé(e)				
Précision des questions				
Créativité				
Capacité d'échange				
Sens de l'écoute				
Respect de la parole de l'autre				
Adaptation face à une personne inconnue				
Utilisation de la langue française avec rigueur, clarté et précision dans le vocabulaire				

Critères pour l'interviewé(e)	Insuffisant	Moyen	Bien	Excellent
Juste compréhension des questions				
Précision et justesse des réponses				
Sens de l'écoute				
Respect de la parole de l'autre				
Utilisation de la langue française avec rigueur, clarté et précision dans le vocabulaire				

Raoul Dufy, *Régates aux mouettes,* 1930, huile sur toile, 0,81 x 1 m, musée d'Art moderne, Paris.

Épreuves du Bac

38. Qu'est-ce qu'un commentaire ?

EXERCICE ÉVALUÉ AUX ÉPREUVES ÉCRITES DU BACCALAURÉAT

→ **Définition :** un commentaire est un exercice d'écriture qui consiste à expliquer le sens d'un texte et à en proposer une interprétation en montrant comment le fond et la forme sont liés. Il doit être organisé de manière logique et progressive. Le plan peut être linéaire ou composé.

→ **Objectif** : le but d'un commentaire est de comprendre par quels moyens l'auteur a suscité les réactions que l'on a à la lecture d'un texte, puis de les expliquer en donnant des exemples tirés du texte : les citations.

LE COMMENTAIRE EN 8 ÉTAPES CLÉS

Les principes généraux de cette méthode s'appliquent à tous les types de textes. Des exemples plus spécifiques sont ensuite proposés pour commenter un texte de théâtre, de poésie, un extrait de roman, de nouvelle ou un texte argumentatif.

ÉTAPE 1 Repérer le plus évident dans une première lecture

- Les réactions du lecteur sont nécessairement pertinentes : c'est celles que l'auteur a voulu faire naître.
- Observer attentivement le **paratexte**, qui permet de situer l'**époque** du texte et la **sensibilité** dans laquelle il s'inscrit (XVIIe siècle, romantisme...), et aussi de situer l'**extrait** dans l'œuvre (à l'aide du texte de présentation).

ÉTAPE 2 Revenir au texte de manière analytique

- Les notions à mettre en œuvre, quel que soit le genre auquel appartient le texte, sont :
  - l'énonciation ;
  - la visée ;
  - la syntaxe et le lexique ;
  - les types de discours et les registres ;
  - les figures de style ;
  - la composition du texte.
- Noter les éléments pertinents à étudier, avec quelques citations, en regroupant les idées qui paraissent liées et en nommant les procédés repérés.

ÉTAPE 3 S'interroger sur le sens et la visée du texte

Rédiger, sous la forme d'une suite de remarques, les éléments les plus importants que l'on a relevés à l'étape 2, en éliminant ce qui ne paraît pas exploitable.

ÉTAPE 4 Formuler un projet de lecture

C'est un des moyens d'éviter la paraphrase : on pose une question à laquelle le commentaire doit répondre. Mais il faut veiller à ce que cette question ne soit pas trop proche du plan que l'on annoncera ensuite ; elle doit être plus générale.

ÉTAPE 5 Formuler des axes de lecture

Les axes de lecture doivent résumer une idée que l'on a eue au sujet du texte, et non répéter celui-ci par de la paraphrase. La difficulté est souvent de trouver un second axe lorsque l'on a énoncé ce qui paraît le plus important. Il convient alors de revenir au texte et de l'explorer à nouveau.

ÉTAPE 6 Faire un plan et y intégrer les citations utiles

- Il faut montrer, dans les différentes sous-parties, la pertinence des idées, des axes dans le détail de l'analyse.
- Les citations sont les arguments qui viennent à l'appui des affirmations. C'est alors que l'étude des procédés sera menée.

ÉTAPE 7 Rédiger l'introduction et le développement

- **Rédiger des analyses précises dans le développement**

Après avoir donné les titres des sous-parties et relevé les citations qui leur correspondent, il faut analyser les éléments cités pour aller au-delà de la simple désignation du procédé.
La démarche se fait toujours en trois temps :
- d'abord, **nommer le procédé** ;
- ensuite, **citer le texte** ;
- enfin, **analyser le texte cité.**

- **Rédiger des transitions dans le développement**

Il s'agit de passer de façon fluide d'une partie à l'autre du commentaire.
Dans une transition, la première partie est consacrée à ce qui précède et la seconde à ce qui suit.

ÉTAPE 8 Rédiger la conclusion

Après la relecture de l'introduction et du développement, rédiger la conclusion.

EXEMPLE DE COMMENTAIRE RÉDIGÉ

Sujet
Vous ferez un commentaire de l'incipit de *L'homme qui rit* de Victor Hugo.

Ursus et Homo étaient liés d'une amitié étroite. Ursus était un homme. Homo était un loup. Leurs humeurs s'étaient convenues. C'était l'homme qui avait baptisé le loup. Probablement il s'était choisi aussi lui-même son nom ; ayant trouvé Ursus bon pour lui, il avait trouvé Homo bon pour la bête. L'association de cet homme et de ce loup profitait aux foires, aux fêtes de paroisse, aux coins de rue où les passants s'attroupent, et au besoin qu'éprouve partout le peuple d'écouter des sornettes et d'acheter de l'orviétan[1]. Ce loup, docile et gracieusement subalterne, était agréable à la foule. Voir des apprivoisements est une chose qui plaît. Notre suprême contentement est de regarder défiler toutes les variétés de la domestication. C'est ce qui fait qu'il y a tant de gens sur le passage des cortèges royaux.

Ursus et Homo allaient de carrefour en carrefour, des places publiques d'Aberystwith aux places publiques de Yeddburg, de pays en pays, de comté en comté, de ville en ville. Un marché épuisé, ils passaient à l'autre. Ursus habitait une cahute roulante qu'Homo, suffisamment civilisé, traînait le jour et gardait la nuit. Dans les routes difficiles, dans les montées, quand il y avait trop d'ornières et trop de boue, l'homme se bouclait la bricole[2] au cou et tirait fraternellement, côte à côte avec le loup. Ils avaient ainsi vieilli ensemble. Ils campaient à l'aventure dans une friche, dans une clairière, dans la patte d'oie d'un entrecroisement de routes, à l'entrée des hameaux, aux portes des bourgs, dans les halles, dans les mails publics, sur la lisière des parcs, sur les parvis d'églises. Quand la carriole s'arrêtait dans quelque champ de foire, quand les commères accouraient béantes[3], quand les curieux faisaient cercle, Ursus pérorait, Homo approuvait. Homo, une sébile dans la gueule, faisait poliment la quête dans l'assistance. Ils gagnaient leur vie. Le loup était lettré, l'homme aussi. Le loup avait été dressé par l'homme, ou s'était dressé tout seul, à diverses gentillesses, qui contribuaient à la recette. – Surtout ne dégénère pas en homme, lui disait son ami.

Le loup ne mordait jamais, l'homme quelquefois. Du moins, mordre était la prétention d'Ursus. Ursus était un misanthrope, et, pour souligner sa misanthropie, il s'était fait bateleur[4]. Pour vivre aussi car l'estomac impose ses conditions. De plus ce bateleur misanthrope, soit pour se compliquer, soit pour se compléter, était médecin. Médecin c'était peu, Ursus était ventriloque. On le voyait parler sans que sa bouche remuât. Il copiait, à s'y méprendre, l'accent et la prononciation du premier venu ; il imitait les voix à croire entendre les personnes.

VICTOR HUGO, *L'homme qui rit*, 1869.

1. **Orviétan :** drogue inventée par un charlatan d'Orviéto, en Italie et, par extension, faux remède.
2. **Bricole :** courroie du harnais qu'on applique sur la poitrine du cheval.
3. **Béantes :** qui ouvrent grand la bouche et les yeux sous l'effet de l'étonnement et de la surprise.
4. **Bateleur :** personne qui fait des tours dans les foires.

Commentaire

Première phrase en rapport avec le projet de lecture

Introduction

L'incipit d'un roman est un passage essentiel pour le lecteur et pour l'auteur. Il s'agit, pour le premier, d'entrer dans un univers inconnu et, pour le second, de susciter le désir d'y rester. Pour créer cette « accroche » du lecteur, l'écrivain doit, d'une part, donner les informations nécessaires à la compréhension du cadre du récit, d'autre part faire naître une curiosité, ce qui implique que certains éléments restent non élucidés.

Deuxième phrase qui présente l'extrait à commenter

Le début de L'homme qui rit présente deux personnages extraordinaires dont l'un est un animal, l'autre un être humain, si bien que le lecteur, tout en recevant beaucoup d'informations à leur sujet, peut se demander s'il s'agit des protagonistes d'un conte ou d'un roman.

Formulation d'une problématique et d'un projet de lecture

Nous pouvons nous interroger dès lors sur la visée principale de cet incipit : est-il avant tout destiné à informer le lecteur ou à faire naître en lui la perplexité ?

Annonce du plan

Nous étudierons d'abord comment l'auteur parvient à donner les informations que suppose tout début de roman tout en suscitant questionnement et curiosité. Puis nous verrons que l'écrivain propose au lecteur un pacte de lecture singulier.

Un incipit qui informe et intrigue à la fois

1re partie

L'« accroche » obéit à deux impératifs d'un début de roman : informer le lecteur d'une part et l'intriguer d'autre part, lui permettre d'entrer dans un univers avec des repères tout en créant une attente.

A. Un incipit qui informe

Après la lecture de cet incipit, nous savons en effet quels sont le lieu et l'époque où l'action prend place : en Angleterre, à la fin du XVIIe siècle ; il s'agit donc d'un roman historique. Nous connaissons le nom, l'apparence, les caractéristiques, le mode de vie des deux personnages et même les idées d'Ursus. Le point de vue omniscient permet de donner une vision complète des personnages. Et cette omniscience concerne non seulement les faits objectifs, mais également des jugements sur les personnages, des élucidations de ce qu'ils représentent. Homo est « suffisamment civilisé », Ursus est « misanthrope ».

B. Un incipit qui intrigue

Cependant, toutes les informations sont livrées de manière à intriguer le lecteur.

D'abord, le procédé qui consiste à inverser systématiquement les lexiques de l'humanité et de l'animalité conduit plutôt à un questionnement qu'à une certitude. Ainsi, c'est le loup qui est « gracieusement subalterne », qui fait « poliment la quête », il est « lettré ». Ursus « se boucle la bricole au cou », attelé comme un animal, et tire « fraternellement » avec Homo ; c'est lui qui mord, non le loup. Ce ne sont pas des personnages qui sont présentés, mais un couple paradoxal qui rend confuses les limites de l'animalité et de l'humanité. Les lieux intermédiaires qu'affectionne ce duo étonnant renvoient à la même incertitude : « la patte d'oie d'un entrecroisement de routes ».

C'est cette association entre homme et loup qui attire les « curieux », l'étonnement des spectateurs apparaissant comme un écho de celui du lecteur. Par ailleurs, les informations sur le lieu de l'action sont brouillées par l'importance du lexique des marges : « lisières, parvis, entrées… » et le nomadisme d'Ursus. Le loup est également extraordinaire : « civilisé, gracieusement subalterne », il est même « lettré » et « s'est dressé lui-même », ces deux dernières expressions étant l'une invraisemblable et l'autre paradoxale.

Enfin, l'omniscience du narrateur n'est pas complète, l'incertitude est soulignée à plusieurs reprises : « avait été dressé ou s'était dressé tout seul », « soit pour se compliquer, soit pour se compléter », « Ursus avait cinquante ans, à moins qu'il n'en eût soixante. » L'auteur recourt à des modalisateurs comme « probablement », « soit… soit ».

Le lecteur est donc intrigué par un début qui semble à la fois l'informer et le déconcerter. Entre-t-il dans un roman, et même un roman historique, ou dans un récit situé dans l'univers de la fable ou du conte ?

2e partie

La mise en place d'un pacte de lecture singulier

En réalité, l'auteur met en place un univers singulier dans lequel il exploite toutes les résonances imaginaires et symboliques des caractéristiques de ses personnages. Ainsi, il passe, avec son lecteur, un pacte de lecture qui invite celui-ci à recevoir l'œuvre à la fois comme un roman et comme un mythe.

A. La valeur symbolique des personnages
- Ursus

Le personnage d'Ursus, l'homme qui a un nom d'animal, renvoie à l'ours, animal mythique, très présent dans les contes, et qui a toujours été rapproché des humains. À la fois fauve redouté, personnage du carnaval et « nounours » de l'imaginaire enfantin, il est une bête chargée symboliquement. De plus, le sens figuré du mot « ours » désigne quelqu'un de peu sociable, et c'est la raison pour laquelle, probablement, Ursus s'est choisi ce nom. On sait que le choix de son « métier » est issu de cette tendance misanthropique : « pour souligner sa misanthropie, il s'était fait bateleur ». On note que le narrateur omniscient se garde bien de donner le nom véritable du personnage.

- Homo

Quant au loup, c'est probablement l'animal le plus présent dans l'imaginaire européen, l'« autre » de l'humain, le visage des peurs enfantines. Sa présence renvoie également à l'univers des contes. Mais son nom lui fait jouer un rôle inverse de celui de la tradition.

On peut imaginer que le parallèle fait entre l'humain et la bête illustre, pour le sens comme pour le son, le proverbe latin *Homo homini lupus* : « l'homme est un loup pour l'homme », une réflexion de misanthrope. Le passage critique de la fin du premier paragraphe : « Voir des apprivoisements est une chose qui plaît », va dans le sens de cette misanthropie.

- Ursus = Homo = l'auteur

Dès lors, il est possible de penser qu'au fond, Ursus et Homo ne sont qu'un seul et même personnage dédoublé. La misanthropie et la marginalité d'Ursus s'incarnent dans le personnage d'Homo. Il s'agit d'un choix d'écriture qui préfère le symbole à l'analyse psychologique.

Enfin, la ventriloquie d'Ursus fait de lui la voix de tout le monde et même de tout puisqu'il imite aussi bien les voix humaines que les bruits de la nature : « À lui tout seul, il faisait le murmure d'une foule. Il reproduisait toutes sortes de cris d'oiseaux. » Il est donc à la fois lui-même et les autres. Il est capable de tonalités variées : « tantôt orageux comme une multitude, tantôt puéril et serein, comme l'aube ». Cette caractéristique fait de lui une image de l'auteur. Porte-parole des hommes et des choses, disposant d'une infinie variété de registres, il « imite » le monde et le donne à entendre. De plus, comme l'auteur, Ursus donne leurs noms aux personnages, y compris à lui-même (se créant ainsi un pseudonyme).

Cet étrange incipit de roman met donc le lecteur en présence d'un univers romanesque déroutant que les choix d'écriture accentuent encore.

B. Une écriture poétique et ironique

L'écriture est en effet à la fois poétique et ironique.

Elle est poétique lorsque l'auteur utilise des procédés qui visent à éveiller chez le lecteur des sensations porteuses de sens. Ainsi, on peut voir dans la longue énumération des lieux, dans le second paragraphe, une manière de créer la sensation du mouvement perpétuel des deux personnages.

De même, pour donner de la force à l'opposition/association entre les deux personnages, Hugo crée un parallélisme en commençant plusieurs phrases ou propositions pas leurs noms : « Ursus était un homme. Homo était un loup. » « Ursus pérorait. Homo approuvait. » On note même une paronomase : « soit pour se compliquer, soit pour se compléter ».

Cette écriture est paradoxalement à la fois poétique et ironique. La phrase qu'Ursus adresse à Homo en est un exemple : « Ne dégénère pas en homme. » On peut voir un autre renversement ironique dans la phrase : « C'était l'homme qui avait baptisé le loup. » Étrange précision qui laisse entendre que le contraire aurait été possible.

Mais ce sont surtout les interventions du narrateur qui portent l'ironie. La fin du premier paragraphe : « Voir [...] royaux. » se moque des humains en général dans le début (le goût pour le spectacle de l'avilissement) et a donc une dimension morale, alors qu'une critique politique intervient à la fin : « C'est ce qui fait qu'il y a tant de gens sur le passage des cortèges royaux. »

Rappel de la démarche

Conclusion

Ainsi, le lecteur de ce début de roman y trouve certes de nombreuses informations sur les personnages, l'époque et les lieux, mais ces éléments ne lui permettent pas de savoir dans quel univers il entre. Les personnages échangent constamment les traits de l'animalité et de l'humanité, avec la complicité d'un narrateur omniscient qui cache autant qu'il dévoile. En réalité, l'auteur propose au lecteur un pacte de lecture singulier dans lequel les personnages ne sont pas décrits par une analyse psychologique, mais sont présentés comme des êtres renvoyant à des mythes et des symboles, puissamment dessinés grâce à la force d'une écriture à la fois poétique et ironique.

Phrase finale d'ouverture

L'auteur ne montre-t-il pas ici que le roman, loin de se borner à proposer au lecteur une plate image de la réalité, se prête à la construction d'univers symboliques, mythiques, et peut emprunter à la poésie ses procédés et ses effets sur les lecteurs ?

39. Rédiger l'introduction et la conclusion

OUTILS POUR LE COMMENTAIRE

L'INTRODUCTION DU COMMENTAIRE

- Elle doit être rédigée après l'écriture du plan. On la construit en quatre parties.
- **Une première phrase, en rapport avec le projet de lecture** que l'on va formuler, porte soit sur l'**œuvre** d'où est extrait le texte, soit sur l'**auteur**, soit sur un **courant littéraire**.

Exemples de première phrase d'introduction :

Sur l'œuvre	Sur l'auteur	Sur un courant littéraire
Sur L'Assommoir, d'Émile Zola	Sur Les Contemplations de Victor Hugo	Sur le romantisme
Dans *L'Assommoir*, Zola met en pratique, sur le destin de ses personnages, ses théories à propos de la puissance du déterminisme lié à l'hérédité.	*Les Contemplations* se font l'écho des événements privés et publics qui ont affecté la vie du poète.	Les poètes romantiques ont cherché leurs sources d'inspiration à la fois dans l'expérience individuelle et dans la conscience d'un destin collectif.

- **Une deuxième phrase présente l'extrait** à commenter.

Dans cet extrait de La Maison du Berger, Vigny exprime à la fois l'amertume que lui inspire l'indifférence du monde immortel face à la destinée des humains voués à la mort et l'espoir qu'il place dans l'amour d'un être aussi fragile et menacé que lui-même.

- On formule ensuite le **projet de lecture.**
- Enfin, on **annonce le plan** (le *je* est interdit, il peut être remplacé par *nous* ou *on*).

Nous verrons, dans un premier temps, de quelle manière cette scène fait progresser l'action de la pièce. Puis nous étudierons quelle vision des relations entre les classes sociales, donc quelle réflexion politique elle met en jeu.

LA CONCLUSION DU COMMENTAIRE

- La conclusion répond à la question de la problématique en résumant parties et sous-parties du commentaire.
- On ajoute à la fin une phrase qui **ouvre sur un autre point de vue.**

Pour le poème « La Nuit de décembre » d'Alfred de Musset :

Problématique : On peut se demander ce que représentent les deux personnages présents dans le poème.

Axes de lecture
Une autobiographie poétique
Une vision symbolique

Conclusion

Ainsi, on peut lire ce poème comme une autobiographie poétique qui présente les différentes étapes de la vie du poète en les mettant sous le signe de la mélancolie et de la perte. L'utilisation de l'octosyllabe donne au texte un dynamisme qui se prête à la progression de la narration, que balisent des expressions de temps regroupant deux à deux les sizains pour désigner les différents moments de l'existence. La présence du refrain, qui introduit la présence énigmatique du double, introduit un élément de permanence à la fois inquiétant et attirant.
Cette vision est symbolique. Elle renvoie, par les objets et les attitudes qui lui sont associés, non seulement aux épreuves de la vie, mais aussi au travail de la pensée et à l'inspiration poétique. Double mélancolique de l'auteur, elle donne de lui-même un reflet méditatif et souffrant, et fait de la solitude la condition existentielle de tout artiste ou de tout humain, proposant ainsi une vision profondément romantique du poète.
Ce thème du double, souvent présent dans la littérature fantastique du XIXe siècle, n'est-il pas la preuve d'une inquiétude sur l'identité et le moi propre à toute la génération romantique ?

40. Préparer le commentaire d'un texte de théâtre

OUTILS POUR LE COMMENTAIRE

Les exemples donnés ci-dessous proviennent de la préparation d'un commentaire de la scène finale des *Caprices de Marianne*, d'Alfred de Musset (acte II, scène 6), 1833.
Avant tout, il ne faut pas oublier que le texte s'intègre à un ensemble qui constitue le spectacle théâtral.

ÉTAPE 1 : REPÉRER LE PLUS ÉVIDENT DANS UNE PREMIÈRE LECTURE

- **On analyse l'effet sur le lecteur et le spectateur :** rire, pitié, suspens, étonnement.
- **On situe la scène :** lieu et moment de l'action, situation dans l'intrigue de la pièce (exposition, nœud, péripétie, dénouement).

> Il s'agit de la scène finale de la pièce. Après la mort de Cœlio, Marianne et Octave se retrouvent devant sa tombe.

- **On repère la tonalité dominante du texte :** noble (tragédie, vers) ou bas (comédie, prose ou vers), mélangé ou autre tonalité.

> La tonalité du texte est élégiaque et tragique.

ÉTAPE 2 : REVENIR AU TEXTE DE MANIÈRE ANALYTIQUE

On identifie la fonction de la scène dans la pièce.

- **Scène qui fait avancer l'action** (coup de théâtre, péripétie, élément nouveau).
- **Scène qui sert à mieux caractériser les personnages** et ce qu'ils éprouvent.

> Après la mort de Cœlio, cette dernière scène fait comprendre ce que devient la relation entre les deux autres protagonistes, Marianne et Octave. Elle fonctionne comme un second dénouement : Marianne offre son amour à Octave, mais ce dernier la repousse par fidélité à son ami.

- **Scène destinée à émouvoir, à informer, à faire rire.**

> La scène est destinée à émouvoir et à faire réfléchir.

- **Scène conventionnelle** (déclaration d'amour, dépit amoureux, dispute, retrouvailles, quiproquo, récit dans la tragédie classique) ou **scène originale**.

Dans le cas d'une scène conventionnelle, on recherche comment cette convention donne lieu à un traitement particulier.

On situe le lecteur et le spectateur.

Le lecteur et le spectateur peuvent en savoir autant, plus ou moins que chacun des personnages. Ils peuvent éprouver un sentiment de crainte, d'incompréhension ou d'amusement. (Dans les scènes de quiproquo des comédies, le spectateur en sait plus que les personnages.)

On étudie le pouvoir de la parole, le dynamisme et la composition de la scène.

- On observe la **longueur des répliques** : un personnage peut parler plus ou moins que les autres.
- Le silence a une signification ainsi que l'**évolution des prises de parole** dans le déroulement de la scène.

> Dans cette scène, c'est principalement Octave qui prend la parole en trois longues répliques puis en une phrase lapidaire qui clôt la pièce. Marianne ne répond qu'en trois répliques brèves. En effet, elle ne peut plus rien exiger ; le titre de la pièce, qui contient le mot « caprices », fait deviner qu'il n'en a pas été toujours ainsi. Elle ne peut à présent que poser des questions inquiètes. La réplique finale appartient à Octave, c'est lui qui a le dernier mot et impose l'issue dramatique.

- On reste attentif à la **tension** entre les personnages, qui peut être croissante ou décroissante, vive ou feutrée.
- On étudie l'**évolution de l'action** de la scène et la **composition** de celle-ci.

• On analyse le **pouvoir de la parole.**

On analyse les prises de parole des personnages.

• On repère et on comprend le **rôle des tirades** et des stichomythies.

• On observe quels sont le ou les **destinataires des répliques** :
– un personnage peut parler à un autre personnage que celui auquel il semble s'adresser ;
– un personnage peut dire à un personnage complice quelque chose que ne comprend pas le destinataire apparent ; il parle au spectateur.

On étudie l'enchaînement des répliques.

Un mot, une idée, un mot d'esprit peuvent prendre plus de sens du fait du dialogue qui les a fait naître.

On analyse le langage des personnages.

• On observe l'utilisation des pronoms, l'emploi du **vouvoiement** ou du **tutoiement**. On étudie les passages de l'un à l'autre dans la même scène.

> Marianne tutoie Octave pour l'interroger sur leur amour ; lui ne pense qu'à la mort de Cœlio et la vouvoie quand il s'adresse finalement à elle, signifiant ainsi qu'il refuse l'amour qu'elle lui offre.
> Lorsque Octave pense à Cœlio et à lui-même, l'alternance des pronoms « je » et « lui » permet la mise en place d'un double portrait : le portrait laudatif et idéalisé de Cœlio, et le portrait dépréciatif qu'Octave fait de lui-même.

• On étudie les **types de phrases.**

> Phrases négatives où Octave fait de lui un portrait dépréciatif : « je ne suis qu'un débauché / je n'estime point les femmes » ; accumulation de phrases exclamatives où Octave dit adieu à la vie : « Adieu l'amour et l'amitié ! » quand il renonce à sa vie passée, comme pour accompagner Cœlio dans la mort...

• On repère les **niveaux de langue.**

• On observe les **mots mis en valeur.**

> Le nom de Cœlio est présent dans chacune des répliques d'Octave et mis en valeur dans les tout derniers mots par le présentatif « c'est... qui ».

• On étudie les **lexiques révélateurs.**

> Le lexique de l'amour est présent dans les propos de Marianne, mais avant tout dans les réflexions d'Octave, qui oppose le véritable amour dont témoignait Cœlio au sentiment déformé et illusoire que lui-même et Marianne ont pu éprouver. Ce lexique côtoie celui de la mort (« urne », « deuil », « tombeau », « mort », « froide pierre »). Le lexique de la mort est révélateur des sentiments d'Octave et doit être mis en relation avec le lieu (un cimetière). Il ancre la parole dans un registre élégiaque et tragique.

• On recherche des indications (dans le texte ou dans les didascalies) de **gestes** ou d'**attitudes** destinés à mettre en valeur le fonctionnement du langage dans la scène.

On étudie les figures de style et les registres.

• On analyse les **parallélismes de construction**, les **anaphores** et les **répétitions**.

> On montre les différents effets expressifs des anaphores de « lui seul », « c'est moi », « adieu », les constructions binaires et les parallélismes dans la comparaison qu'Octave fait de lui et de son ami.

• On repère les **antithèses**, les **chiasmes** et les **oxymores**, les **hyperboles** (expression hyperbolique du désespoir d'Octave : « ma place est vide sur la terre »), les **métaphores** et les **comparaisons** (pour montrer que sa vie n'était que mensonge, au contraire de celle du sincère et pur Cœlio, Octave se compare à un « histrion », un comédien), les **allitérations** et les **assonances**.

• On repère les **registres dominants.**

> Octave s'exprime dans un registre lyrique et élégiaque qui lui sert à exprimer ses sentiments. Dans une mise en scène très proche d'un tableau (l'urne, le voile), il se laisse aller à la tristesse et renonce à sa vie de libertin comme Cœlio a renoncé à la vie en se croyant trahi.

ÉTAPE 3 : S'INTERROGER SUR LE SENS ET LA VISÉE DU TEXTE

On rédige, sous la forme d'une suite de remarques, les éléments les plus importants relevés à l'étape 2.

ÉTAPE 4 : FORMULER UN PROJET DE LECTURE

On peut se demander en quoi cette scène de dénouement est à la fois romantique et tragique.

ÉTAPE 5 : TROUVER DES AXES DE LECTURE

Premier axe : Une scène de dénouement élégiaque aux accents tragiques.
Second axe : Octave et Cœlio, le double visage du héros romantique.

ÉTAPES 6 ET 7 : VOIR LES CONSEILS GÉNÉRAUX P. 148

EXEMPLES DE PARAGRAPHES DE COMMENTAIRE RÉDIGÉS

Exemple 1

L'évolution des sentiments entre Marianne et Octave est rendue perceptible par un jeu habile sur les pronoms. Marianne tutoie Octave avec une douceur familière dans sa première réplique, pour parler de l'amour. Elle le vouvoie ensuite pour le raisonner et le convaincre qu'il n'est pas coupable de la mort de Cœlio, avant de revenir au « tu » pour lui faire un véritable aveu dans sa dernière réplique. Mais Octave ne pense qu'à lui et à son ami disparu. Il ne s'adresse jamais à Marianne, sinon dans ses derniers mots : le « vous » qu'il emploie alors s'oppose de façon cinglante au « tu » qui le précède : « Je ne vous aime pas, Marianne », jetant un abîme définitif entre elle et lui.

L'emploi des pronoms (pour la première partie du commentaire).

Exemple 2

Dans la seconde réplique d'Octave, le parallélisme des deux propositions de la première phrase annonce le développement qui vient ensuite : en trois phrases qui toutes commencent par l'anaphore de « lui seul », Octave peint alors Cœlio comme un être unique, le pur amant et le pur ami. La fin de la réplique oppose à cet ami parfait le portrait dépréciatif qu'Octave fait de lui-même, portrait porté par l'anaphore du « je » : Octave n'a connu que de faux sentiments d'amour et qu'un bonheur illusoire. Comme un comédien antique, un « histrion », il portait en société un masque dont il se dépouille ici.

Élément d'analyse pour le visage double du héros romantique (pour la deuxième partie du commentaire).

41. Préparer le commentaire d'un texte narratif

OUTILS POUR LE COMMENTAIRE

Les exemples donnés ci-dessous proviennent de la préparation d'un commentaire de l'incipit de *Histoire de la grandeur et de la décadence de César Birotteau,* d'Honoré de Balzac, 1837, de « Durant les nuits d'hiver, le bruit ne cesse... » à « ...au milieu d'une alcôve dont les deux battants étaient ouverts. »

ÉTAPE 1 : REPÉRER LE PLUS ÉVIDENT DANS UNE PREMIÈRE LECTURE

- **On analyse l'effet sur le lecteur :** sentiments, atmosphère, informations données, plaisir de lecture.
- **On repère le sujet et le thème :**
  - personnage(s), paroles rapportées, actions, attitudes, sentiments ou sensations, moment, lieu ;
  - scène d'action, scène d'amour, portrait, description, scène dialoguée, moment de suspens.
- **On situe l'extrait :** situation initiale ou finale, péripétie (rebondissement de l'action), incipit ou clausule.
- **On identifie la nature de l'œuvre :** conte (fantastique, philosophique), nouvelle, roman historique, à thèse, autobiographie, récit fantastique, récit caractéristique d'un courant littéraire (roman romantique, réaliste ou naturaliste).
- **On cherche à comprendre la visée du texte :** analyse psychologique, critique sociale, vision politique, message moral, signification symbolique.

> La visée du texte de Balzac est d'écrire un incipit qui, tout en remplissant les fonctions traditionnelles d'un tel passage, ait une dimension prémonitoire dans l'économie du récit.

ÉTAPE 2 : REVENIR AU TEXTE DE MANIÈRE ANALYTIQUE

On identifie les modalités de la narration et de la focalisation.

- « **Je** » : s'agit-il d'une narration autobiographique ? d'un narrateur héros ou témoin ? S'agit-il des interventions du narrateur ?
- « **Il** » **:** la focalisation est-elle interne ? externe ? S'agit-il d'une focalisation zéro ? d'un narrateur omniscient ?

> L'incipit est écrit à la 3e personne par un narrateur omniscient. Ce narrateur connaît le moment (nuit) et le lieu de l'action (Paris, les Halles), l'identité du personnage, ses actions (rêve, éveil), ses réactions (recherche du mari) et les sentiments qu'il éprouve (terreur).

On observe le déroulement chronologique et les temps verbaux.

- On relève les **expressions** marquant le déroulement chronologique.
- On analyse l'emploi et la valeur des **temps verbaux**.

> Les présents de vérité générale permettent de mettre en place le cadre spatio-temporel (« ne cessent », « continuent »...) ; les temps du passé sont employés pour rapporter la scène : plus-que-parfait et imparfait pour le récit du rêve, passé simple pour raconter le réveil et les réactions de Mme Birotteau.

On analyse la composition de l'extrait.

On étudie les **étapes de la narration**, l'alternance de **passages narratifs** et de **passages descriptifs** ou de **portraits**, la place et le rôle du dialogue, le rythme du récit (scène, sommaire et pause descriptive, ellipse).

> Deux passages descriptifs encadrent le récit du rêve : la première phrase descriptive met en place le cadre spatio-temporel, les deux dernières décrivent le réveil de la parfumeuse dans sa chambre. Au centre du passage, la phrase 2 est le récit du rêve prémonitoire.

On étudie les registres.

On détermine les registres dominants : **épique**, **comique**, **satirique**, **pathétique**, **polémique**, **tragique**.

> Le texte utilise un **registre fantastique** pour décrire le rêve alors que le reste du passage est réaliste.

On analyse le lexique et la syntaxe.

- On étudie les **réseaux (champs) lexicaux** remarquables.
- On étudie les **niveaux de langue**, le **vocabulaire** qui peut être simple, mais aussi savant, ou mélanger différents types de langage (argot, langage technique...).

> Un vocabulaire dépréciatif sert à décrire la déchéance rêvée de Mme Birotteau : « haillons », « sèche », « ridée ». Le champ lexical de l'immobilité rend perceptible l'effroi : « elle se pétrifia », « ne put remuer », « fixe », « clouée ».

- **On étudie la syntaxe : la longueur des phrases, ou des périodes, les types de phrases, la structuration en paragraphes.**

> Syntaxe de la phrase 3 : succession de propositions courtes entraînant l'emploi de nombreux verbes, tous à la forme pronominale (« elle s'était vue », « elle se demandait », « elle s'entendait ») pour faire sentir l'effroi de la parfumeuse qui se voit en « double ».

- **On repère le style direct, indirect, indirect libre** (il permet de restituer le langage intérieur du personnage tout en gardant le fil du récit).

On analyse les figures de styles.

On étudie les métaphores, les comparaisons, les allégories, les répétitions, les anaphores, les hyperboles (dans les récits épiques), les antithèses et les oxymores.

> Le trouble éprouvé au réveil est exprimé par une série d'oppositions : « contracté mais palpitant », « en sueur et glacés ». Une métaphore musicale sert à évoquer la vie nocturne parisienne (voir le paragraphe rédigé).

ÉTAPES 3 À 7 : VOIR LES CONSEILS GÉNÉRAUX (P. 148)

EXEMPLES DE PRÉPARATION D'UN COMMENTAIRE

Étape 4

Projet de lecture
Montrer l'originalité de cet incipit de roman.

Étape 5

Axes de lecture
Premier axe
– Un incipit réaliste pour mettre en place le cadre spatio-temporel du roman et donner des renseignements sur les protagonistes.
Deuxième axe
– Le récit d'un cauchemar fantastique pour captiver le lecteur.

EXEMPLE DE PARAGRAPHE DE COMMENTAIRE RÉDIGÉ

Paragraphe rédigé du premier axe

La vie nocturne de Paris est rendue par une métaphore musicale : « la grande symphonie », car dans la nuit, c'est surtout par des sensations auditives que l'on perçoit l'activité urbaine. Le « point d'orgue » qui file cette métaphore désigne en musique le moment où s'achève un morceau et où la dernière note est tenue, un moment donc où le temps, le son ainsi que l'activité musicale sont comme suspendus. Cette image permet de rendre sensible au lecteur le bref moment « vers une heure du matin », où la musique, le « tapage » de la ville s'arrêtent, le moment où cesse l'activité urbaine. C'est dans cet espace rendu au mystère et au silence inquiétant de la nuit que pourra se glisser le moment du rêve fantastique, du cauchemar de Mme Birotteau.

42. Préparer le commentaire d'un texte poétique

OUTILS POUR LE COMMENTAIRE

Les exemples donnés ci-dessous proviennent de la préparation d'un commentaire du poème « Autrefois » de Victor Hugo, extrait des *Contemplations* (1830-1843).
Avant tout, il est important de se rappeler que la poésie se définit en opposition avec la prose par une réflexion sur les effets du langage et un usage particulier de celui-ci.

ÉTAPE 1 : REPÉRER LE PLUS ÉVIDENT

- **On analyse l'effet sur le lecteur :** plaisir à la musicalité, aux images suscitées, à l'univers évoqué.
- **On constate ce qui reste en mémoire :** des images, des thèmes, des idées, des groupes de mots.
- **On observe la forme :** forme fixe ou libre, vers, vers libres, strophes.

ÉTAPE 2 : REVENIR AU TEXTE DE MANIÈRE ANALYTIQUE

On analyse les thèmes.

- **On repère les thèmes traditionnels**, comme l'amour, le passage du temps, le rôle du poète.
- On cherche comment **la tradition est reprise et transformée.**

> Le thème de l'amour, aussi ancien que la poésie, est ici évoqué dans une scène de rencontre qui nous fait assister à la naissance du désir.

On utilise le paratexte.

- **On s'appuie sur les éléments de paratexte** utiles pour éclairer le sens du texte en le resituant dans son contexte.

> Ce poème fait partie d'une partie du recueil des *Contemplations* intitulée *Aurore* et c'est bien à la découverte de l'émoi amoureux par deux jeunes gens que nous fait assister le poème.

- **On repère les thèmes novateurs.**
- **On identifie les poèmes qui ont pour thème le chant ou la poésie** elle-même.

On étudie l'énonciation.

- On se demande ce que représente précisément le ***je* du poète**.

> Le « je » représente l'homme qui fait la rencontre de la jeune fille et exprime son désir pour elle. L'emploi du passé montre que ce « je » n'est pas celui du poète au moment de l'écriture. Ce « je » peut renvoyer au passé de l'auteur ou représenter le type du héros amoureux.

- On analyse ce que désigne *vous* ou *tu*.

> Le « tu » adressé à la jeune fille apparaît dans des phrases prêtées à l'homme, qui la tutoie d'emblée, comme si l'évidence du désir les rapprochait. Le « nous » de « nous en triomphons » désigne les hommes qui, à l'époque de l'écriture du texte, considéraient que posséder une femme revenait à « en triompher ».

On étudie le lexique.

- Le lexique est-il **concret** ou **abstrait** ? Le mélange des deux est à commenter.

> Les mots abstraits sont peu nombreux : « suprême » « beauté », « triomphons » ; l'expression des sentiments passe par la présence des éléments du corps et de la nature : « pieds nus », « Ses cheveux dans ses yeux », « arbres profonds », « les oiseaux chantaient », « dans les grands roseaux verts ».

- Le lexique est-il **simple** ou **savant** ? Y a-t-il un **mélange de registres de langue** ?

> Le vocabulaire est simple et évoque des éléments familiers : « déchaussée », « décoiffée », « Elle essuya ses pieds ».

- On étudie les **champs lexicaux.**

> Le lexique du regard est abondant puisque, dans la rencontre amoureuse, il est le moyen et le signe du surgissement du désir : « je crus voir », « Elle me regarda de ce regard suprême », « Elle me regarda pour la seconde fois », « Je vis venir ». À la fin, lorsque les regards ont fini de jouer leur rôle la jeune fille a « Ses cheveux dans ses yeux ».

• On repère l'alliance surprenante de termes, propre à la poésie, et qui crée un effet de surprise.

Deux des adjectifs qui qualifient la jeune fille, dans l'avant-dernier vers, sont presque contradictoires : « heureuse, effarée ». Le second terme désigne ordinairement un sentiment proche de la peur, montrant le bouleversement et la crainte suscités par le désir, le mélange de sentiments qui anime la jeune fille au moment où elle accepte l'amour.

On analyse les types de discours et les registres.

• On distingue les discours **narratif** (« Moi qui passais par là »), **argumentatif**, **descriptif** (description de la jeune fille au début du poème, qui la présente comme liée à la nature par le fait qu'elle est « déchaussée » et « décoiffée », et qu'elle est seule, assise parmi les joncs.)

• **On repère les registres dominants** : **lyrique** dans les poèmes d'amour en général ; **élégiaque** ; **polémique**.

On étudie la versification et la composition des strophes, on repère les formes fixes.

• On commente l'effet du choix de l'alexandrin, de l'octosyllabe ou d'autres vers.

L'alexandrin est utilisé dans quatre strophes de quatre vers, mais il est le plus souvent coupé par des éléments de ponctuation, donc dépourvu de solennité : « Assise, les pieds nus, parmi les joncs penchants ».

• On reconnaît les formes de la **ballade**, forme médiévale et du **sonnet** inventé à la Renaissance.

On analyse la syntaxe et la ponctuation.

• On étudie la **longueur des phrases** et des propositions, les **types de phrases : exclamatives** ou **interrogatives**.

– peu de phrases longues dans le texte : l'auteur recherche la simplicité, l'animation de la scène.
– les phrases que prononce le « je » sont toutes des questions qui s'adressent à la jeune fille et prennent la forme d'anaphores : « Veux-tu ». Ce « veux-tu » est la question même du désir. Des phrases exclamatives montrent l'accord entre la nature et les sentiments des jeunes gens : « Comme les oiseaux, chantaient », « Comme l'eau caressait ».

• On observe la **ponctuation** et on analyse son rôle. On étudie le rapport entre syntaxe et versification : vers découpés en groupes syntaxiques.

Vers découpé en groupes syntaxiques : dans la première et la dernière strophe, l'alexandrin est coupé par des virgules, donnant aux vers un rythme rapide, dansant.

On étudie les sonorités et les figures de style.

• On observe la **répétition des sons.**

Dans la dernière strophe, allitérations en « r » et assonances en « eu » qui font écho au mot « heureuse », terme qui peut définir la tonalité du poème.

• On étudie les **rimes**, le retour des mêmes sons dans le vers.

Dans la première strophe, les rimes riches font des mots « décoiffée » et « penchants » de véritables échos de « champs » et « fée », les deux termes de la seconde série étant contenus dans les deux termes de la première, du point de vue des sonorités.

On étudie les images.

• La création d'images est un procédé aussi essentiel à la poésie que le travail sur les sons.
On étudie les **métaphores**, les **comparaisons** (« je crus voir une fée »), les **personnifications** (dans la dernière strophe, certains éléments naturels sont personnifiés : « Comme l'eau doucement caressait le rivage », aboutissant à une équivalence entre la « fille sauvage » et la nature), les **antithèses** (« Et la belle folâtre alors devint pensive », les adjectifs s'opposent et leur contraste montre le changement causé par l'irruption du désir, les **chiasmes**, les **oxymores** (qui créent un effet de choc dû au rapprochement des contraires : « heureuse, effarée »).

• On analyse les figures de la répétition, procédé essentiel de la poésie :
- **Anaphores** (« Et je lui dis : Veux-tu », : l'anaphore exprime ici la question même du désir).
- **Parallélismes** de construction qui ont une valeur structurante et peuvent servir à constituer une notion : « Comme les oiseaux chantaient... Comme l'eau caressait le rivage » (la répétition de cette tournure exclamative souligne l'accord profond entre la nature et le désir des amoureux).

EXEMPLE DE COMMENTAIRE PAS À PAS

Étape 3 : prise de notes

Thème et énonciation

Thème de la rencontre amoureuse et de l'éveil du désir dans la nature. L'apparition de la jeune fille en fait une créature liée à la nature sauvage. Le thème de la rencontre, la simplicité de l'expression du désir et la rapidité de l'action font du poème une scène d'idylle champêtre, où la nature et le désir sont accordés. Celui qui parle est le jeune homme ; il s'adresse familièrement à la jeune fille, la tutoyant d'emblée.

Lexique

Le vocabulaire est simple, concret, ce qui est lié à la dimension narrative et descriptive du texte. Dans le passage de discours direct, on note une grande simplicité : emploi de « tu », répétition de « je dis » et de « veux-tu ».

Versification

Le poème est écrit en alexandrins, et les vers sont regroupés en quatre strophes de quatre vers.

Syntaxe

Dans la seconde strophe seulement, on trouve deux vers liés parce qu'appartenant au même groupe syntaxique de : « Elle me regarda » jusqu'à « triomphons ». Dans le reste du poème les groupes syntaxiques sont soit identiques aux vers (comme dans la troisième strophe), soit plus courts, coupant les alexandrins pour donner un rythme rapide à la scène.

Figures de style

Le texte présente peu de figures de style, à part l'anaphore qui structure le début du poème : « Et je lui dis : Veux-tu », et exprime la question du désir. Dans la dernière strophe, la nature est personnifiée, pour s'accorder aux sentiments des personnages : « Comme l'eau caressait doucement le rivage ».

Étape 4 : projet de lecture

On peut se demander comment le thème de l'amour, si important dans la tradition poétique, est présenté dans le poème.

Étape 5 : axes de lecture

Premier axe : Une scène de séduction
Second axe : Une nature idyllique complice et actrice de la rencontre

Étape 6 : plan intégrant les citations utiles

I. Une scène de séduction

A. Une apparition

Le mot « Elle » ouvre le poème et la jeune fille est immédiatement présentée comme une apparition. Ses « pieds nus », le fait qu'elle soit « décoiffée », « assise parmi les joncs » la montrent à la fois comme un être sauvage et comme une créature surnaturelle. Les mots à la rime : « décoiffée » et « fée », font le lien entre nature et surnature. Sa beauté n'est pas citée comme la cause première du désir : c'est sa façon d'apparaître qui le provoque.

B. Le rôle des regards et des paroles

– L'échange des désirs est avant tout un échange de regards : « Je crus voir », « Elle me regarda », « Elle me regarda pour la seconde fois », « je vis venir ». D'emblée, le narrateur tutoie la jeune fille et lui exprime son désir : « Et je dis : Veux-tu ». Cette anaphore est la question même du désir.

– La jeune fille ne répond pas par des paroles : elle est silencieuse comme une apparition, et comme une « sauvage ». Son regard et son mouvement constituent la réponse. Regard qualifié de « suprême », mot placé à la rime de la deuxième strophe.

C. Une scène narrative qui pourrait être un tableau chanté et dansé

– Il s'agit bien d'un récit avec les temps de la narration au passé (passé simple et imparfait) : « moi qui passais », « Elle me regarda ». Ce récit raconte un coup de foudre où l'éveil du désir est immédiat dès les premiers regards et dont la fin est laissée à l'imagination du lecteur.

– La double invite du narrateur peut constituer comme un début de scène dialoguée et la répétition anaphorique, un refrain. On pourrait imaginer ce début comme celui d'une scène chantée.

– Les alexandrins dans les première et dernière strophes sont coupés par des virgules. L'effet produit est celui d'un mouvement, arrêté par des pauses, comme une danse : « Assise, les pieds nus, parmi les joncs penchants », « Et je lui dis : Veux-tu t'en venir dans les champs ? », « Je vis venir à moi, dans les grands roseaux verts ».

II. Une nature complice et actrice de la rencontre

A. Une nature idyllique, complice du désir

La nature semble approuver la rencontre par la force du chant des oiseaux. Elle incite à l'amour : « C'est le mois où l'on aime », et, personnifiée, mime le désir des jeunes gens dans un vers ample et non coupé comme une caresse : « Comme l'eau caressait doucement le rivage ». L'invite amoureuse du jeune homme est toujours associée à un lieu de la nature : « dans les champs » et « sous les arbres profonds ».

B. Une nature indissociable du corps de la jeune fille

– L'apparition de la jeune fille n'est jamais dissociée des éléments de la nature qui l'entourent et qu'elle touche avec des parties de son corps : « Assise, les pieds nus, parmi les joncs penchants ». Dans la scène finale, on peut rapprocher la démarche de la jeune fille qui avance « dans les grands roseaux verts » du trajet de son regard, qui franchit l'obstacle de ses cheveux : « Ses cheveux dans ses yeux, et riant au travers. » La place à la rime de « verts » et « travers » accentue ce parallélisme.

– Le décor naturel semble être celui d'un étang ou d'un lac : les joncs, les roseaux peuvent border une eau stagnante. Mais cette eau n'est jamais nommée ni décrite, comme si elle devait rester cachée tout en étant présente, comme le corps de la jeune fille, à la fois montré et non décrit.

43. Préparer le commentaire d'un texte d'idées

OUTILS POUR LE COMMENTAIRE

Les exemples donnés ci-dessous proviennent de la préparation d'un commentaire du texte *Femmes, soyez soumises à vos maris* de Voltaire (1735).

ÉTAPE 1 : REPÉRER LE PLUS ÉVIDENT

On repère le thème et le propos.

- **Domaine** concerné (moral, politique, social, philosophique).
- **Sujet abordé** (les rapports entre maris et femmes, l'injustice, l'esclavage, le beau).
- **Thèse** défendue et thèse rejetée.

> Les femmes mariées doivent rester libres / les femmes doivent être soumises à leurs maris ; la propriété est un bien / un mal ; le beau est le même pour tous les humains / le beau est relatif.

On analyse les moyens d'action sur le destinataire.

- Appel à la raison : **convaincre**.
- Appel aux émotions : **persuader**.
- De nombreux textes mobilisent à la fois des stratégies destinées à convaincre et à persuader.

On identifie la forme littéraire.

Essai, discours, maxime, dialogue, scène de théâtre, lettre, article, fable, conte philosophique, pamphlet, satire.

On se renseigne sur le contexte du débat.

> Les relations hommes / femmes ; les Lumières et les questions de l'autorité politique, le débat sur la peine de mort à diverses époques, le relativisme au XVIIIe siècle.

ÉTAPE 2 : REVENIR AU TEXTE DE MANIÈRE ANALYTIQUE

On analyse l'énonciation.

- **L'énonciateur peut être absent :** ce qui renforce la valeur de ce qui est dit en lui donnant une valeur universelle et l'apparence de l'objectivité (c'est le cas dans les maximes).
- **Un *je* peut être présent.** On précise à qui il renvoie :
  - à l'**auteur**, dans les lettres ou les essais ;
  - à un **personnage** ;
  - à un **énonciateur** qui a un regard particulier sur la question débattue (la maréchale, une femme, dans *Femmes, soyez soumises à vos maris* de Voltaire) ;
  - **à un anti-modèle**, stratégie propre à l'ironie (l'esclavagiste dans *De L'esprit des lois* de Montesquieu).
- **Un *nous* peut être présent.** On détermine qui il inclut et qui il exclut. Il peut renvoyer à l'**énonciateur** (La Fontaine, *Le Loup et l'Agneau* : « nous l'allons montrer tout à l'heure »), à un **ensemble** où l'énonciateur et le destinataire sont inclus, à une **catégorie** dans laquelle s'inclut l'énonciateur par opposition à d'autres personnes (dans le *Supplément au Voyage de Bougainville* de Diderot, le vieillard tahitien dit à un Européen : « tu veux nous asservir »).
- **Le destinataire peut être désigné précisément :** formule d'appel dans les lettres ou par un ***vous*** que l'on rend acteur de l'argumentation en l'incluant dans le discours (Voltaire, *Dictionnaire philosophique*, « Beau, beauté » : « Demandez à un crapaud ce que c'est que la beauté [...] »).

On étudie les types de phrases.

On repère les phrases **déclaratives** (très assertives dans les maximes), **interrogatives** (qui permettent d'associer le destinataire à la réflexion : « Sommes-nous donc des esclaves ? »), **injonctives**, **exclamatives** (pour exprimer des sentiments forts, persuader).

On analyse les types d'arguments.

• On identifie :
– l'appel à la **logique** (« et pourquoi soumises, s'il vous plaît ? ») ;
– l'appel aux **valeurs** (« douces, complaisantes ») ;
– l'**appel aux faits** (« On me parlait ces jours passés d'une princesse allemande [...] lumières »).
• **On repère l'analogie** (Voltaire : « Demandez à un crapaud ce que c'est que la beauté [...]. Il vous répondra que c'est sa crapaude avec deux gros yeux ronds sortant de sa petite tête, une gueule large et plate, un ventre jaune, un dos brun » : analogie entre le beau du crapaud et celui de l'homme), **la dissociation** (« en nous rendant nécessaires les uns aux autres, elle n'a pas prétendu que l'union formât un esclavage »), **la définition** (« une maladie de neuf mois, qui, quelquefois, est mortelle »).

On étudie les types de discours et les registres.

• **On distingue la narration et l'argumentation** (le rôle de la narration dans la fable, le conte philosophique).

• **On observe les registres dominants** :
– **polémique** (les reproches faits à saint Paul par la maréchale et la critique de l'éducation des filles : « élevée dans un couvent par des imbéciles qui nous apprennent ce qu'il faut ignorer ») ;
– **pathétique** (la description des souffrances de la grossesse et de l'accouchement) ;
– **satirique.**

On analyse les formes littéraires.

• **La lettre :** on étudie l'énonciation, la situation mise en place, le statut des lettres (vraies ou fausses).

• **La fable :** on étudie les personnages présentés, ce qu'ils représentent, les moyens narratifs de l'argumentation.

• **La scène de théâtre :** on analyse les personnages et ce qu'ils incarnent dans les thèses en présence, on analyse la façon de parler des personnages.

• **Le dialogue** : on observe le dispositif des personnages (la maréchale incarne l'expérience vécue des femmes, l'abbé est un homme d'Église).

• **Le discours :** on étudie le contexte et l'énonciation.

• **L'article d'encyclopédie ou de dictionnaire :** on cherche à comprendre comment le discours, qui est censé être objectif, utilise la caution de vérité du genre pour argumenter.

On étudie les figures de style.

On relève les **métaphores**, les **comparaisons**, les **analogies**, les **oxymores** (figure de l'ironie dans les textes de Voltaire), les **anaphores** et les **parallélismes** de construction comme formes d'insistance (répétition anaphorique de « N'est-ce pas assez que »), les **antithèses** (pour mettre en balance des conséquences opposées), les **questions oratoires** (« Sommes-nous des esclaves ? », « N'est-ce pas assez que [...] mortelles ? »).

ÉTAPES 3 À 7 : VOIR LES CONSEILS GÉNÉRAUX (P. 148)

EXEMPLE DE PRÉPARATION DE COMMENTAIRE

Problématique — Pourquoi l'auteur a-t-il choisi la forme du dialogue pour exprimer son opinion sur les relations entre hommes et femmes ?

Axes de lecture

Premier axe — – Un dialogue plaisant qui met en scène deux protagonistes représentatifs
Second axe — – Un texte argumentatif qui défend le droit des femmes à la liberté et à la dignité

Première sous-partie du second axe

Plan intégrant les citations utiles

Un réquisitoire contre le pouvoir des hommes

– Retournement des joies et devoirs en injustices et malheurs

Questions rhétoriques avec anaphores : thèmes de l'injustice « N'est-ce pas assez qu'un homme ait le droit », et de la maladie : « de me donner une maladie de neuf mois qui, quelquefois, est mortelle ? » ; thème du danger : « N'est-ce pas assez que je mette au jour avec de très grandes douleurs un enfant qui pourra me plaider quand il sera majeur ? ».

Définitions argumentatives : la grossesse : « une maladie de neuf mois, quelquefois mortelle », les règles : « des incommodités ».

– Discussion avec les arguments patriarcaux. Retournement des significations attachées aux signes de la masculinité : la barbe : « un vilain poil rude », et la force : « donner un coup de poing ».

Simulation d'une vraie discussion : « Quoi ! Parce qu'un homme a le menton couvert d'un vilain poil rude [...] il faudra que je lui obéisse très humblement ? »

EXEMPLE DE PARAGRAPHE RÉDIGÉ

Pour le premier axe de lecture

Un dialogue plaisant qui met en scène deux personnages représentatifs

Pour s'opposer à la parole de l'Église, représentée par saint Paul et l'abbé, Voltaire a imaginé un personnage féminin qui parlera au nom de toutes les femmes.

Sa situation d'aristocrate la rend particulièrement sensible à certains aspects du destin féminin. Il n'est pas habituel pour elle d'être soumise à des nécessités matérielles : « des incommodités très désagréables pour une femme de qualité ». C'est peut-être aussi cette situation sociale qui lui rend particulièrement intolérable l'idée qu'elle doit obéir. Sa réaction à la lecture de saint Paul est celle d'une femme du monde avec qui un homme s'est comporté en butor : « l'auteur est très impoli », ce qui met plaisamment à mal l'autorité qu'espérait faire jouer l'abbé en citant saint Paul.

Toutefois, loin de la réduire à un stéréotype social, Voltaire lui donne une personnalité forte. Dès le début du texte, elle montre, vis-à-vis des auteurs qu'elle lit, une grande capacité critique, appréciant chez Montaigne l'aptitude à douter et demandant des comptes à Plutarque.

Elle est avant tout un esprit indépendant, logique, capable de mettre en cause les autorités religieuses comme saint Paul ou les éducatrices des jeunes filles : « des imbéciles », capable aussi de discuter les avis d'auteurs de référence puisqu'elle se dit en désaccord avec Molière. De même, elle semble prête à passer à l'action si elle juge qu'elle est dans son droit : « Je lui aurais fait voir du pays. »

Elle a surtout une capacité d'indignation devant les injustices et la sottise qui fait la force de son discours : « Quoi ! Parce qu'un homme a le menton couvert d'un vilain poil rude [...] il faudra que je lui obéisse très humblement ? »

Mais la force de sa position dans l'argumentation vient du fait qu'elle a expérimenté dans son corps les épreuves que traversent les femmes. Et c'est cette expérience qui lui permet de tenir un discours de vérité sur l'enfantement et la grossesse, qu'elle redéfinit avec force : « une maladie de neuf mois ».

À l'opposé, l'abbé n'est qu'une figure de l'autorité, qui trouve comme seul argument l'appel à une autre autorité : « ce sont les épîtres de saint Paul » et ne peut guère mettre en difficulté son interlocutrice. C'est du contraste de ces bribes de discours convenu avec la liberté éloquente de la maréchale que naît la vie du dialogue.

44. Qu'est-ce qu'une dissertation ?

EXERCICE ÉVALUÉ AUX ÉPREUVES ÉCRITES DU BACCALAURÉAT, SÉRIES GÉNÉRALES

Définition : une **dissertation** est un **exercice d'écriture** qui consiste à produire un discours écrit, entièrement rédigé, dont le niveau de langue attendu est courant, voire soutenu.
- C'est un **exercice rhétorique** : il cherche à convaincre le lecteur de partager les idées que l'auteur de la dissertation présente, au moyen d'une argumentation raisonnée, justifiée et bien organisée.
- C'est un **exercice scolaire** : il permet d'évaluer certaines qualités d'expression et de pensée, mais aussi des connaissances précises.

Objectif : dans la **dissertation littéraire**, il s'agit de produire un **raisonnement sur la littérature**, sur des œuvres littéraires que l'on a lues ou étudiées. On y montre, d'une part, une **connaissance et une compréhension fines des œuvres**, et, d'autre part, une **capacité à les mettre en débat**, à en interroger l'intérêt (intellectuel ou moral), les effets (affectifs, émotionnels) et les enjeux (historiques, littéraires, sociaux).
Il s'agit de **s'interroger sur la littérature**, à partir d'un **sujet** donné, souvent présenté sous forme de **question** ou de **citation à mettre en débat**.

COMMENT UNE DISSERTATION EST-ELLE ÉVALUÉE ?

Trois critères sont pris en compte :
- le **respect des codes de l'exercice** : présentation de la copie, organisation du propos, « étapes » obligatoires : introduction, développement des idées, conclusion… ;
- la **qualité de l'argumentation** : pertinence des arguments, cohérence d'ensemble du raisonnement, cohérence du propos avec le contenu de l'œuvre, connaissance précise de cette œuvre et de son contexte culturel et littéraire, capacité à donner des exemples et à faire des citations… ;
- la **qualité de la langue écrite** : niveau soutenu ou courant, emploi d'un vocabulaire précis voire spécialisé en analyse littéraire, respect de l'orthographe commune…

COMMENT PRÉSENTER SA COPIE ?

1 La copie doit être entièrement rédigée :
- aucune abréviation n'est tolérée (sauf pour des références quand elles sont répétées, telles *l.* pour *ligne* et *v.* pour *vers*, si on a déjà employé au moins une fois ces mots en entier) ;
- pas de listes avec des tirets ;
- pas de titres ou d'intertitres ;
- pas de numérotation des parties et sous-parties.

2 On souligne les titres d'œuvres (sur traitement de texte, le soulignement est remplacé par l'**italique**). Cela évite la confusion entre un renvoi à l'œuvre par son titre et un renvoi à un personnage éponyme (dont le nom donne son titre à l'œuvre).

> Exemple : <u>Thérèse Desqueyroux</u> est un roman de Mauriac paru en 1927. Thérèse Desqueyroux est accusée d'avoir voulu empoisonner son mari.

3 On met entre guillemets toute citation (c'est-à-dire chaque mot et chaque expression empruntés à un auteur).

4 La dissertation se construit en **trois moments principaux** :
- une **introduction** ;
- un **développement des arguments ;**
- une **conclusion**.

Le développement se fait en plusieurs parties (en général, deux ou trois), elles-mêmes divisées en sous-parties (deux à quatre paragraphes distincts).

5 On aère la copie pour permettre de repérer la structure de la dissertation et rendre la lecture plus agréable.

Astuce

Pour visualiser les « aérations » de la copie :
- entre l'introduction et le développement, puis entre ce dernier et la conclusion, **sauter trois lignes** ;
- entre les différentes parties du développement, **sauter une ligne** ;
- pour séparer les paragraphes à l'intérieur de l'introduction, de la conclusion ou d'une partie du développement, ne pas sauter de ligne, **marquer juste un alinéa** (un retrait par rapport à la marge).

Ce sujet de dissertation fait suite à l'étude du roman épistolaire *Les Liaisons dangereuses* (1782) de Pierre Choderlos de Laclos.

EXEMPLE DE DISSERTATION RÉDIGÉE

Sujet

Le roman *Les Liaisons dangereuses* (1782) de Laclos peut-il être lu comme un reflet de la société du XVIIIe siècle ?

Dissertation

Introduction

Retrait de paragraphe par un alinéa

L'intrigue racontée dans Les Liaisons dangereuses (1782) de Laclos est censée être presque contemporaine de la publication du roman. Les lettres des personnages se terminent par des dates qui, bien qu'elles effacent l'année par des astérisques, situent clairement les faits au XVIIIe siècle : « ce 3 août 17** » est ainsi la date de la première lettre du roman. Il semble donc légitime de s'interroger sur la représentation de la société du temps dans le roman, d'autant plus que le dispositif initial invite à considérer les lettres comme authentiques. Le titre complet de l'ouvrage, Les Liaisons dangereuses, Lettres recueillies dans une société, et publiées pour l'instruction de quelques autres, ainsi que la « Préface du Rédacteur », établissent une « fiction du non-fictif » (selon la formule du critique Jean Rousset) qui, sans tromper le lecteur, l'incitent à faire semblant de croire en l'authenticité des lettres, et donc à prêter attention au rapport de l'œuvre avec son contexte sociohistorique. On pourra donc se demander dans quelle mesure on peut lire le roman comme l'image de la société du siècle des Lumières finissant.

Nous verrons d'abord que le romancier s'attache bien à représenter avec une certaine fidélité la réalité de son époque. Mais, loin d'avoir l'ambition de dresser un panorama complet de la société contemporaine, comme voudront le faire les romanciers réalistes du siècle suivant, tel Balzac dans La Comédie humaine, Laclos ne s'intéresse qu'à une partie précise de la société. Nous montrerons donc que le roman est moins le reflet de la société de son temps qu'un regard critique porté sur une certaine société déjà condamnée à disparaître.

Saut de 3 lignes entre l'introduction et le dévelop-pement

Première partie

Par nature, le roman épistolaire, rédigé à la première personne et au présent, se prête à créer l'illusion de l'immédiateté et de la réalité, et Laclos en profite pour peindre divers aspects de la réalité sociale de son temps.

Les Liaisons dangereuses donnent ainsi à voir les mœurs de l'époque, à travers une multiplicité de détails qui relèvent du concret, et ancrent le récit dans la réalité. On peut ainsi remarquer aussi bien l'habitude de l'aristocratie de confier l'éducation des jeunes filles aux sœurs d'un couvent (Cécile sort à peine du couvent des Ursulines lorsqu'elle écrit sa première lettre) que celle de les marier en fonction d'intérêts (Cécile est promise à Gercourt, beaucoup plus âgé qu'elle). Le roman fourmille de détails relevant du quotidien, par exemple dans les lettres XXI et XXIII de Valmont, autour de sa fausse bonne action en faveur de villageois : la partie de chasse du vicomte, l'aumône qu'il fait pour sauver les paysans du « Collecteur », le curé lisant la gazette, Mme de Tourvel faisant « de la tapisserie », etc. On relèvera également la mise en relief, dans le roman, de l'habitude sociale d'écrire des lettres : la dimension épistolaire est soulignée par Laclos dans tous ses aspects, même les plus pratiques, avec les allusions à la matérialité même des lettres et les contraintes de leur transport.

Retrait de paragraphe par un alinéa

Si les dates partiellement effacées suffisent à ancrer temporellement l'intrigue romanesque dans son siècle, le cadre spatial est lui aussi significatif. Les lieux mentionnés sont peu nombreux : Paris et le château de Mme de Rosemonde sont les lieux principaux, pour l'écriture des lettres comme pour l'action. Si les personnages se déplacent, les trajets ne sont guère décrits pour eux-mêmes, à l'opposé de ce qu'on trouve dans le roman picaresque, par exemple. L'essentiel se passe donc dans des intérieurs de propriétés ou dans des lieux mondains. Versailles n'étant plus, en cette fin de XVIIIe siècle, le cœur de la vie aristocratique, à l'opposition de la Ville et de la Cour répond plutôt ici une opposition entre la ville et la campagne, où se font les intrigues galantes, dans les petites maisons. Les lieux parisiens évoqués sont ceux de la sociabilité : « appartements » où l'on reçoit chez soi, mais aussi le théâtre et l'opéra, où l'on doit « paraître ».

Le roman ne cherche donc pas à effacer les indices de son ancrage dans le siècle, et l'occultation même des années dans les dates des lettres ne répond qu'au souhait de faire passer la correspondance pour authentique. Mais le roman se concentre sur une sphère particulière de la société, et ne vise pas à une représentation totale de celle-ci.

Saut d'une ligne entre la première et la deuxième partie

Deuxième partie

Le roman ne décrit en fait les mœurs que de la seule noblesse, à laquelle appartiennent tous les personnages principaux. Le titre complet de l'œuvre le dit assez : il s'agit de lettres « recueillies dans une société », c'est-à-dire dans une sphère sociale précise.

On aura noté que les personnages font presque exclusivement partie de la noblesse. Le vicomte de Valmont représente la noblesse d'épée, ancienne et militaire (bien qu'elle ne soit plus en charge de la guerre). La marquise de Merteuil, Mme de Rosemonde et Mme de Volanges appartiennent au même *monde*. Mme de Tourvel, par son époux, président d'une cour de justice, représente la noblesse de robe, occupant les charges officielles. Le clergé n'apparaît qu'à travers le rôle secondaire du père Anselme ; le peuple n'est incarné que par les domestiques (Azolan, notamment), par les prostituées (telle Émilie, personnage secondaire qui est surtout l'instrument de la tromperie virtuose de Valmont dans la lettre XLVIII) et, plus discrètement encore, par les villageois auxquels Valmont fait l'aumône (lettre XXI). La société du roman est donc essentiellement celle de l'aristocratie, oisive, et par suite livrée au « tourbillon de [ses] mœurs inconséquentes », comme l'écrit Mme de Volanges dans la lettre CLXXV qui clôt le roman.

Cette noblesse est en effet enlisée dans la vanité de ses occupations. À Paris, Mme de Merteuil et Valmont se livrent entièrement au jeu du libertinage de mœurs, qui consiste à séduire pour ruiner la réputation de leurs victimes. Leur temps se passe à manipuler les autres, à séduire et à écrire le récit de leurs exploits, ou encore à manigancer de terribles vengeances – contre Gercourt ou contre Prévan. À la campagne, lors des longues périodes de retraite chez sa tante Rosemonde, Valmont a tout le loisir de mener à bien la double séduction de Cécile et de Mme de Tourvel, qui n'ont guère pour occupations que les promenades, la broderie, l'écriture et la conversation. La chasse, à laquelle il s'adonne parfois, et la conquête des cœurs et des corps féminins sont pour lui les substituts de la guerre, qui définissait à l'origine la fonction de la noblesse à laquelle il appartient. La lettre IV le souligne avec force, quand Valmont indique à sa complice que « conquérir est [leur] destin », formule où le lexique militaire et tragique est chargé de redonner du sens à une activité aussi vaine et immorale que le libertinage. Mme de Merteuil, qui a l'orgueil de se vouloir seule maîtresse d'elle-même (comme en témoigne la lettre LXXXI sur son éducation) et maîtresse des autres (par ses manipulations), se révèle, au terme du roman, empêtrée dans de sordides procès d'argent, qu'elle perd. Laclos décrit une noblesse qui a perdu sa grandeur.

Ainsi, le roman ne s'attarde-t-il, au fond, qu'au devenir d'une noblesse déchue, que l'inoccupation et la vanité livrent à l'immoralité la plus condamnable. Le roman ne se limite donc pas à un reflet de la société de son temps : il porte un regard critique sur les mœurs de la sphère la plus élevée de cette société.

Saut d'une ligne entre la deuxième et la troisième partie

Troisième partie

La société mondaine qui est celle que vise le roman est caractérisée par la duplicité. Elle est fondée sur la scission entre les préceptes et les pratiques, entre la morale et les mœurs. Le paraître domine les codes sociaux dans les lieux de rencontre : les dîners, le théâtre, l'opéra, et même le salon de Mme de Rosemonde. La religion chrétienne est reléguée dans les couvents (d'où sort Cécile et où meurt Mme de Tourvel) ou réduite à un discours que les libertins parodient, comme Valmont parodie les gestes de la charité aux pauvres. La pureté apparente de Cécile n'est qu'un leurre : elle se révèle bien vite fort intéressée aux choses de l'amour. La vertu de Mme de Tourvel cède finalement aux stratagèmes complexes de Valmont. Danceny se laisse séduire par Mme de Merteuil malgré ses sentiments pour Cécile. Mme de Volanges n'a pas su protéger sa fille de la « liaison dangereuse » que représente Valmont (lettre XXXII). L'incarnation de la vertu sévère qu'est Mme de Rosemonde semble elle-même encline à une certaine complaisance envers l'adultère de Mme de Tourvel. C'est l'ensemble des personnages qui, du point de vue de la morale, peut avoir quelque chose à se reprocher.

De plus, cette société semble anachronique. Le personnage chevaleresque et courtois de Danceny fait certes, à l'évidence, figure d'archaïsme dans une société où seul le duel (lettre CLXII) rappelle encore la condition guerrière de la noblesse. Mais la « rouerie » de Valmont et de Mme Merteuil ne se veut pas non plus contemporaine : pervertissant les valeurs originelles de la noblesse et le code courtois, ils les rétablissent paradoxalement en recréant un code libertin de l'honneur, que la marquise finit par transgresser, appelant ainsi sur elle la vengeance de Valmont. Les libertins pérennisent également le goût de l'éloquence, voire de la préciosité verbale héritée du XVIIe siècle, et où le langage devient lieu de bravoure et de combats rhétoriques. Les valeurs deviennent des discours que l'on peut parodier, et ces discours sont investis d'une valeur héroïque. Le roman reflète moins, par conséquent, la société de son siècle, qu'il n'en dépeint et n'en interroge l'esprit : le vacillement des certitudes sociales et des langages qui les expriment.

Saut de 3 lignes entre le développement et la conclusion

Conclusion

Les Liaisons dangereuses de Laclos font certes preuve d'un certain réalisme dans la représentation d'une époque et d'une société qui est celle même de l'auteur, et dont le roman décrit certains traits et certaines habitudes. Ce réalisme (au sens large) accompagne et soutient nécessairement le dispositif fictionnel qui prétend ironiquement faire passer la correspondance pour authentique et non fictionnelle. Mais Laclos ne vise pas à brosser le tableau d'ensemble de la société française de son temps : il concentre toute son attention sur la société aristocratique, dont il montre les dysfonctionnements hypocrites qui favorisent le jeu des libertins, mais aussi l'archaïsme des activités (à défaut d'actions) et des discours. Ainsi, le roman possède-t-il une dimension critique que les fascinants portraits psychologiques qu'il propose occultent parfois.

En 1782, Laclos n'annonce pas, bien entendu, la Révolution à venir. Son propos n'est pas directement politique. Mais on peut penser qu'il peint avec une grande acuité la déchéance morale et sociale d'une noblesse sur le déclin. En cela, le roman est bien contemporain de la comédie Le Mariage de Figaro (représentée en 1784), dans laquelle Beaumarchais interroge lui aussi une noblesse vacillante, à travers le personnage du comte Almaviva, que le valet Figaro domine.

Titre d'œuvre souligné

45. Se préparer à la dissertation

OUTILS POUR LA DISSERTATION

COMMENT S'ASSURER D'AVOIR LES CONNAISSANCES NÉCESSAIRES ?

- La dissertation est un **exercice d'argumentation**. Il s'agit d'envisager **différents aspects d'un problème** posé à propos d'une **œuvre littéraire étudiée durant l'année** ainsi que du parcours associé.
- La réflexion doit se nourrir d'une **connaissance solide de cette œuvre,** acquise par le **travail réalisé en cours,** mais aussi par un **travail personnel** et une **lecture attentive et renouvelée** de l'œuvre.

COMMENT LIRE EFFICACEMENT LES ŒUVRES ÉTUDIÉES ?

- La première lecture doit être une **découverte** : on lit l'œuvre sans lire de résumé au préalable, sans chercher d'informations à son propos ou à propos de son auteur. On note brièvement, au fur et à mesure, **ses réflexions, ses réactions, ses émotions ou ses interrogations** : elles pourront servir pour poser des questions en classe et nourrir des écrits d'appropriation.
- On discute de cette première lecture avec ses camarades, ses proches ; **en échangeant ses impressions**, on sollicite sa mémoire, on vérifie sa capacité à faire des références et on justifie sa manière de comprendre et de recevoir l'œuvre.

COMMENT RELIRE LES ŒUVRES ÉTUDIÉES ?

CONSEIL

On privilégie un résumé manuscrit : lorsque l'on écrit manuellement, la mémorisation est plus efficace. Mais rien n'empêche ensuite de le saisir sur traitement de texte.

La relecture d'une œuvre relève d'un **travail** : elle est l'occasion de rédiger un **résumé** plus détaillé de chaque partie, de chaque section. Le résumé doit être conçu comme un outil de révision efficace : on l'écrit sur un support déplaçable (fiche cartonnée, par exemple) et **on ne le développe pas au-delà de cinq ou six pages**. On proportionne l'ampleur du résumé avec celle de l'œuvre.

COMMENT ORGANISER DES FICHES DE RÉVISION ?

- Établir des fiches qui parcourent les œuvres selon la structure d'ensemble, les personnages, les thèmes principaux, les caractéristiques qui la rapprochent d'un mouvement littéraire...
- Relever dans le cours les **notions principales** à connaître à propos de l'œuvre, et les recopier avec leurs définitions. On peut les présenter sous forme de **carte mentale** ou les classer dans un **tableau**.

> Pour la pièce *Polyeucte* (1641) de Corneille : les notions de **tragédie**, de **classicisme**, d'**héroïsme**, de **bienséances**, de **gloire**, de **dilemme**, de **zèle**...

- Pour pouvoir illustrer son raisonnement par des **citations** de l'œuvre : recopier, sur une **fiche dédiée**, cinq à dix citations, de longueur raisonnable, importantes à retenir. Noter la page du livre où elles apparaissent pour retrouver facilement leur contexte.
- On apprend **par cœur** ces citations durant l'année, et on les révise quelques jours avant l'examen.

CONSEIL

Comment choisir les citations à mémoriser ?

- Prêter attention aux citations (phrases ou vers) que le professeur commente à plusieurs reprises.
- Repérer les passages-clés de l'œuvre (premières et dernières phrases d'un roman, monologue du personnage principal d'une pièce, chute d'un sonnet...), et en chercher les phrases éclairantes

COMMENT S'ENTRAÎNER À LA DISSERTATION ?

- On s'**entraîne** à l'épreuve durant l'année grâce aux devoirs à la maison et aux examens blancs.
- On peut aussi se demander si telle ou telle question abordée en cours, ou si telle ou telle citation de l'œuvre ou à propos de l'œuvre, ne constituerait pas un bon énoncé de dissertation.

S'ENTRAÎNER

EXERCICE 1

Pour préparer une dissertation sur *Candide ou l'Optimisme* (1759) de Voltaire, vous voulez rassembler une documentation complémentaire. Voici la liste des points sur lesquels vous souhaitez vous informer et la liste des sources documentaires dont vous disposez.

Dites quelle(s) source(s) fiables vous pouvez utiliser pour chaque élément recherché.

A. Éléments à rechercher

- Informations sur le mouvement littéraire et culturel des Lumières
- Informations sur la biographie de l'auteur
- Informations sur le philosophe Leibniz, dont les idées sont contestées par Voltaire dans *Candide*
- Définition du genre du conte philosophique
- Éclaircissements sur la notion d'« optimisme », qui figure dans le sous-titre
- Caractéristiques du personnage de Candide
- Citations célèbres issues de *Candide*
- Titres d'autres œuvres de Voltaire pouvant être lues en complément de *Candide*

B. Sources documentaires

- Votre manuel de français de 1re
- Un dictionnaire des noms propres
- Un dictionnaire de langue française
- Un dictionnaire des personnages
- Un manuel de philosophie pour les classes de terminale
- Une encyclopédie en ligne
- Des blogs personnels ou des forums participatifs sur Internet
- Un dictionnaire des citations
- Votre édition scolaire de *Candide*
- Des sites de librairies en ligne

EXERCICE 2

Voici une fiche de révision établie par un élève sur le recueil poétique *Les Fleurs du mal* (1861) de Baudelaire.

a. Quels éléments vous semblent inutiles, peu pertinents ou encore maladroitement répétés ? Quelles informations importantes seraient, au contraire, à préciser ou à développer davantage ?

b. Observez les citations choisies. Lesquelles paraissent peu exploitables en dissertation ? Pourquoi ?

c. Comment pourrait-on améliorer la présentation de cette fiche pour la rendre plus aisément mémorisable ?

d. Proposez une fiche corrigée et mieux présentée, en tenant compte de vos réponses précédentes.

Baudelaire, Charles (XIXe siècle), LES FLEURS DU MAL

Recueil de poèmes. Ce sont des poèmes en vers. Bcp de sonnets, mais pas seulement. Livre structuré en plusieurs parties.

Publié en 1857 → Procès. Qq poèmes condamnés ; nouvelle publication avec bcp d'ajouts en 1861. Dédié à Théophile Gautier, auteur du Roman de la momie (1858), du Capitaine Fracasse (1863) et de la nouvelle fantastique « La Morte amoureuse » (1839).

Mouvement littéraire : recueil qui se situe entre romantisme et symbolisme.

Connaissances à mémoriser

- Modernité poétique = poésie de la grande ville (1861 : ajouts des « Tableaux parisiens » qui évoquent les transformations de Paris décidées par le baron Georges Haussmann, 1809-1891, qd il était préfet de Paris).
- « Spleen et idéal » : tension entre désespoir sans cause identifiable et regret de l'idéal. Poèmes oscillent entre ces deux pôles, sans que la tension soit résolue, ni dépassée. Spleen associé à l'ennui.
- Correspondances : le spleen entraîne le désir et la quête de l'Idéal ; les correspondances sont des liens d'équivalence, d'analogie, entre des éléments du réel et ceux de l'au-delà de l'idéal, où se trouve notamment la beauté.
- Paradis artificiels : la femme, le vin, l'opium.
- Complexité du rapport de Baudelaire à la morale et à la religion catholique : satanisme, érotisme (et même évocation des amours lesbiennes), mais en même temps affirmation de l'ancrage catholique du recueil.
- Plusieurs « muses » : Jeanne Duval, Mme Sabatier, Marie Daubrun.
- Titre *Fleurs du mal* = polysémique, plusieurs sens possibles.

FÉLIX NADAR, *Portrait de Charles Baudelaire*, vers 1865.

Notions principales
- Sonnet : poème de quatorze vers.
- « Spleen » : terme emprunté à l'anglais. Désigne une profonde tristesse, liée au mal de vivre, qui fait résonner à la fois la mélancolie, la nostalgie, l'ennui, l'angoisse du temps qui passe...
- Synesthésie : trouble de la perception qui superpose à une sensation donnée une sensation venue d'un autre sens. Ex. : « Il est des parfums frais comme des chairs d'enfants, / Doux comme des hautbois, verts comme des prairies » (dans le sonnet « Correspondances »).

Citations à retenir
- « Hypocrite lecteur, mon semblable, mon frère ! » (« Au lecteur »)
- « Paris change ! mais rien dans ma mélancolie/N'a bougé ! [...] » (« Le Cygne »)
- « Le Démon, dans ma chambre haute » (« Tout entière »)
- « Le Poète est semblable au prince des nuées » (« L'Albatros »)
- « La Nature est un temple où de vivants piliers / Laissent parfois sortir de confuses paroles » (« Correspondances »)
- « C'était l'heure où l'essaim des rêves malfaisants / Tord sur leurs oreillers les bruns adolescents » (« Le Crépuscule du matin »)
- « Où l'humanité grouille en ferments orageux » (« Le Vin des chiffonniers »)
- « Et le Temps m'engloutit minute par minute, / Comme la neige immense un corps pris de roideur » (« Le Goût du néant »)
- « Ô femme dangereuse, ô séduisants climats ! » (« Ciel brouillé »)

EXERCICE 3

Un élève a relevé dans son cours sur la pièce *Fin de partie* (1957) de Samuel Beckett les mots suivants, qui lui semblent importants à retenir.

absurde, antiphrase, aposiopèse, cliché, didascalie, métonymie, nouveau théâtre, sadisme, satire, théâtre dans le théâtre.

a. Cherchez-en la définition exacte dans un ouvrage de référence (manuel, dictionnaire...).

SAMUEL BECKETT,
Fin de partie, mise en scène d'Alain Françon au théâtre de l'Europe (Odéon), 2013.

b. Quel classement (autre qu'alphabétique), pourrait-il adopter pour organiser ces définitions sur sa fiche de révision ?

EXERCICE 4

Des élèves ont étudié en classe de seconde un roman réaliste. Afin de les préparer à la dissertation, ils doivent chercher la définition de l'« effet de réel ».

a. Au CDI, un élève trouve dans un livre la définition suivante :

L'EFFET DE RÉEL. L'expression a été consacrée par R. Barthes dans un article de *Communications* (n° 11, 1968). À partir de la définition linguistique et sémiotique du signe (référent, signifié, signifiant), il montrait que les détails accumulés par le texte réaliste ne servent pas simplement à désigner, à dénoter le réel, mais le signifient, et par conséquent signifient la catégorie même du réel. (G. Gengembre, *Réalisme et naturalisme*, 1997)

Dites pourquoi cette définition ne lui sera pas utile, en justifiant votre réponse par des éléments précis.

b. Un autre élève trouve dans un autre livre la définition suivante :

La critique contemporaine a appelé « effet de réel » l'usage d'une notation qui ne joue aucun rôle repérable dans l'agencement d'une œuvre (expliquer un fait ou une situation, préparer une suite...), mais par sa précision ne fait que renvoyer à la réalité, sans autre justification. (J. Milly, *Poétique des textes*, 1992)

Montrez que cette définition reprend les mêmes informations que la précédente, mais de façon plus simple.

EXERCICE 5

Créez une carte mentale sur une œuvre narrative que vous avez lue et étudiée cette année, en distinguant quatre grandes catégories : le contexte historique et culturel ; les thèmes ; l'écriture, le style ; les personnages.

EXERCICE 6

Réalisez par petits groupes un quiz sur l'une des œuvres que vous avez lues et étudiées cette année. Tous les éléments de réponse doivent se trouver dans votre prise de notes du cours. Votre quiz comportera vingt questions :

- cinq questions porteront sur le contexte littéraire de l'œuvre ;

- cinq questions porteront sur des thèmes abordés dans l'œuvre ;

- cinq questions porteront sur les personnages de l'œuvre ;

- enfin, vous relèverez cinq citations dans les passages que vous avez commentés en classe, et vous demanderez de les resituer dans l'œuvre.

46. Lire et analyser un sujet de dissertation

OUTILS POUR LA DISSERTATION

COMMENT UN SUJET DE DISSERTATION EST-IL COMPOSÉ ?

Le sujet de dissertation peut prendre **trois formes différentes** :
- une **question** à propos d'une œuvre et du parcours associé. Cette question peut porter sur le genre littéraire et le mouvement littéraire auxquels on rattache l'œuvre et son parcours ;
- une **affirmation** (qui amène un débat) à propos d'une œuvre ou de son contexte littéraire ;
- une **citation** d'auteur (écrivain, critique) qu'il faut mettre en rapport avec une œuvre ou son contexte culturel pour en évaluer la pertinence.

COMMENT ANALYSER LE SUJET ?

- **Encadrer les mots-clés** du sujet. Identifier les **notions abstraites** : trouver leurs significations et leurs différentes valeurs. Définir les notions vues en cours.
- **Repérer les verbes de modalité** (comme *pouvoir* ou *devoir*) :
  - *pouvoir* signifie-t-il « être capable de » ou « avoir le droit de » ?
  - *devoir* signifie-t-il « obéir à une nécessité inéluctable » ou « avoir une obligation morale » ?

> La comédie doit-elle chercher à corriger les mœurs ? Vous répondrez à partir de votre lecture de *L'École des femmes* de Molière et de vos connaissances sur la comédie au XVIIe siècle. → *Devoir* a ici le sens d'« obéir à une obligation morale fixée par la société ».

- **Faire attention aux adverbes employés** : *seulement, uniquement, essentiellement* indiquent des limitations dont la pertinence doit être mise en question.
- **Observer les modalisations, les connecteurs logiques et les nuances** (*malgré…, même si…, dans la mesure où…, peut-être…*).
- Un sujet de dissertation repose souvent sur un **paradoxe** (une idée qui va à l'encontre de nos habitudes de pensée) ou sur une **tension** (une apparente contradiction, par exemple).
- **Essayer de reformuler le sujet** avec ses propres mots pour vérifier qu'on le comprend.

ASTUCE

Expliciter les mots interrogatifs du sujet. *Dans quelle mesure…* = dans quelles limites ; *en quoi…* = par quels moyens et jusqu'à quel point.

COMMENT TRANSFORMER LE SUJET EN PROBLÉMATIQUE ?

- **Le sujet n'est pas une problématique.** C'est une formulation générale, qui peut amener plusieurs problématiques différentes acceptables.
- Le sujet contient des **présupposés** (des informations que l'on peut déduire de tel ou tel mot) et des **sous-entendus** (des éléments que le lecteur du sujet doit reconstruire par lui-même). Ceux-ci aident à trouver les **enjeux** du sujet.

> Dans *Le Roman expérimental*, Émile Zola écrit à propos de certains romanciers : « Ils sont grands parce qu'ils ont peint leur époque, et non parce qu'ils ont inventé des contes. » En quoi cette remarque peut-elle s'appliquer à *Au Bonheur des dames* ? → L'un des présupposés du sujet est que le genre du conte renvoie à la pure fiction et à l'invraisemblable. Le sous-entendu est que le naturalisme privilégie l'observation du réel sur le recours à l'imagination.

- La **problématique** est la question à poser pour **mettre en évidence un enjeu du sujet**. Une fois votre problématique formulée, vérifiez si elle fait bien écho aux mots-clés du sujet.

> Dans quelle mesure peut-on affirmer que le mouvement surréaliste est révolutionnaire ? Vous répondrez en vous appuyant sur votre lecture de *Nadja* d'A. Breton. → On pourrait dégager la problématique suivante : la rupture du surréalisme avec les mouvements artistiques qui l'ont précédé a-t-elle été totale ?

COMMENT ÉVITER LE HORS SUJET ?

- Prenez le temps de bien analyser le sujet, ce n'est jamais du temps perdu.
- Évitez de vouloir à tout prix ramener le sujet à des savoirs acquis en cours : la dissertation n'est jamais un contrôle de connaissances.

S'ENTRAÎNER

EXERCICE 1

Analysez les sujets ci-dessous à l'aide d'un tableau où vous relèverez et classerez les éléments suivants : mots-clés (notions) / verbes de modalité / adverbes, modalisateurs / connecteurs logiques.

1. La poésie doit-elle nécessairement peindre des sentiments ? Vous proposerez une réponse à partir de votre lecture des *Châtiments* de Victor Hugo.

2. Le roman suscite souvent l'intérêt en présentant des personnages extraordinaires, mais il doit aussi permettre au lecteur de s'identifier aux personnages. Pensez-vous que *Manon Lescaut* (1731) de l'abbé Prévost parvienne à atteindre les deux objectifs à la fois ?

3. L'écrivain voyageur Nicolas Bouvier a écrit : « C'est le propre des longs voyages que d'en ramener tout autre chose que ce qu'on y est allé chercher » (*Chronique japonaise*, 1975). Faudrait-il lire dans cette perspective, selon vous, l'*Histoire d'un voyage fait en terre du Brésil* (1578) de Jean de Léry, afin de mieux en comprendre l'intérêt ?

EXERCICE 2

Analysez les implicites (présupposés et sous-entendus) des sujets suivants.

1. « Les chants désespérés sont les chants les plus beaux, / Et j'en sais d'immortels qui sont de purs sanglots » dit la Muse dans « La Nuit de mai » d'Alfred de Musset (1810-1857). Votre lecture de « Pauca Meae » (livre IV des *Contemplations*, 1856) de Victor Hugo confirme-t-elle ce jugement ?

2. Selon vous, les *Fables* de La Fontaine parviennent-elles vraiment à la fois à « plaire » et à « instruire » ?

3. Doit-on considérer la pièce *Rhinocéros* (1959) d'Eugène Ionesco seulement comme une réflexion sur le nazisme ?

4. Dans quelle mesure *L'Étranger* (1942) d'Albert Camus est-il un récit original ?

EXERCICE 3

Analysez les sujets suivants, puis proposez-en une reformulation claire et précise à la fois.

1. Dans quelle mesure la littérature peut-elle être un moyen de combat ? Vous répondrez à cette question en vous appuyant sur votre lecture des recueils *Au rendez-vous allemand* (1945) et *Poésie et vérité 1942* (1942) de Paul Eluard.

2. Pour se faire « voyant », selon Arthur Rimbaud, le poète doit opérer « un long, immense et raisonné dérèglement de tous les sens » (lettre à Paul Demeny du 15 mai 1871). Cette formule éclaire-t-elle, selon vous, son recueil intitulé *Illuminations* (1886) ?

3. Dans *Mes haines* (1866), Émile Zola a rassemblé ses chroniques littéraires et artistiques, d'abord parues dans la presse. Après avoir lu ce recueil, pensez-vous qu'on doive le considérer comme une œuvre littéraire ?

4. « Chaque lecteur est, quand il lit, le propre lecteur de soi-même. L'ouvrage de l'écrivain n'est qu'une espèce d'instrument optique qu'il offre au lecteur afin de lui permettre de discerner ce que, sans ce livre, il n'eût peut-être pas vu en soi-même. La reconnaissance en soi-même, par le lecteur, de ce que dit le livre, est la preuve de la vérité de celui-ci », écrit Marcel Proust (*Le Temps retrouvé*, 1927). Cette opinion peut-elle rendre compte de votre lecture de *La Peste* (1947) d'Albert Camus ?

EXERCICE 4

Voici un sujet de dissertation reposant sur une citation longue. Analysez-le, puis résumez-le en deux ou trois phrases.

Dans *En lisant en écrivant* (Éd. Corti, 1980) l'écrivain Julien Gracq écrit, à propos du roman *Madame Bovary* (1857) de Gustave Flaubert : « En relisant le roman, ce qui m'a frappé, ce n'est pas le ratage misérable des amours et des fantasmes d'Emma, sur lequel Flaubert s'appesantit, c'est l'intensité de flamme vive qui plante son héroïne, au milieu du sommeil épais d'un trou de Normandie, comme une torche allumée. Je suis plus sensible, à cette relecture, au beau combat d'Emma qu'à sa défaite, qui n'est nullement dérisoire, comme on le dit trop souvent. [...] C'est cette fureur d'un vouloir-vivre effréné, lent à s'éveiller, couvant et finalement explosant dans la torpeur d'une bourgade comme une bombe à retardement, qui en définitive assure pour beaucoup la grandeur du livre. » Partagez-vous cet avis sur le personnage central du roman de Flaubert ?

VINCENTE MINELLI, *Madame Bovary*, avec Jennifer Jones (Emma Bovary) et Van Heflin (Charles Bovary), 1949.

EXERCICE 5

Inventez un sujet de dissertation sur une œuvre que vous avez lue et étudiée cette année. Puis proposez à l'un(e) de vos camarades de classe de l'analyser et de formuler au moins deux problématiques différentes qui pourraient en découler.

47. Bâtir le plan d'une dissertation

OUTILS POUR LA DISSERTATION

QU'EST-CE QU'UN PLAN ?

- Le plan est la structure, le **squelette** de la dissertation. Il permet d'**organiser ses idées** et d'en vérifier d'un coup d'œil la logique.
- L'élaboration du plan est une **étape nécessaire à la préparation du devoir** puisque celui-ci sera en grande partie évalué sur sa valeur argumentative (clarté, progression, pertinence, cohérence).

⚠ **Attention !** Cette phase doit être réalisée **au brouillon** ! Le plan ne devra pas apparaître dans la version rédigée, finale, de la dissertation. Aucune numérotation des parties, aucun titre de partie ou de sous-partie ne doivent figurer sur la copie.

DIFFICULTÉ À SURMONTER

Pour être sûr que les idées directrices des parties sont bien des arguments généraux, et non de simples thèmes, il convient de les formuler au brouillon en commençant par : « Je veux montrer dans cette partie que... ». Dans le cas contraire, on risque de faire un catalogue de thèmes.

La composition d'un plan

- Le plan le plus traditionnel comporte, outre l'**introduction** et la **conclusion**, **trois grandes parties** de développement (chaque partie étant **composée d'au moins deux sous-parties**, c'est-à-dire deux paragraphes).
- Un plan en deux ou en quatre parties peut parfois se justifier au vu des sujets.
- En revanche, une seule partie de développement est inacceptable (on n'envisage pas les différents aspects de la problématique) et un plan en plus de quatre parties donne inévitablement l'impression que la pensée s'éparpille.

Pour un sujet sur le tragique dans *Phèdre* de Racine :

Plan maladroit	Plan convaincant
I- Les fautes de Phèdre II- La fatalité tragique III- La catastrophe finale	I- Je veux montrer que Phèdre est une héroïne coupable d'aimer son beau-fils. II- Mais je veux aussi montrer que la fatalité tragique qui pèse sur les personnages et sur Phèdre dépasse cette culpabilité de Phèdre ; elle renvoie aux rapports des humains avec les dieux. III- Je souhaite donc montrer enfin que la catastrophe finale est à la fois inévitable et nécessaire pour résorber le cycle de la fatalité.

Les règles d'or d'un plan

- **Cohérence :** il ne faut pas se contredire.
- **Progression :** les idées doivent s'enchaîner logiquement et aller vers une complexité croissante.
- **Équilibre :** les parties doivent être autant argumentées les unes que les autres.

QUELS SONT LES TYPES DE PLANS POSSIBLES ?

- Le plan **explicatif** présente différents aspects qui valident l'opinion ou la thèse formulée dans le sujet ou impliquée par le sujet.
- Le plan **dialectique** montre d'abord en quoi la thèse présentée par le sujet est valide, puis en indique les limites (on présente les arguments que l'on pourrait lui opposer pour la contester) ; enfin, il dépasse la tension entre la thèse et ses restrictions en proposant un moyen de voir les choses autrement, de déplacer le problème à un autre niveau.
- Le choix du type de plan dépend de la formulation du sujet. Qu'il soit explicatif ou dialectique, le plan sera toujours **plus convaincant** si on progresse **du plus évident au plus complexe**.

COMMENT SE PRÉSENTE LE PLAN DIALECTIQUE ?

- Le **plan dialectique** est le plus attendu, mais c'est aussi **le plus exigeant**.
- On appelle parfois ses trois parties **« thèse / antithèse / synthèse »**, mais ces dénominations sont trompeuses.
- Il ne faut surtout pas croire que l'antithèse doit « contredire » la thèse, cela engendrerait une incohérence logique. **L'antithèse vient limiter, restreindre la validité de la thèse** ; elle la met en question en montrant que cette validité n'est pas extensible à tous les aspects du problème posé ou de l'œuvre étudiée. Elle s'oppose à la thèse sans l'annuler, sans la contredire : elle propose un autre point de vue également justifié.

ASTUCE

Le plan dialectique ne se résume pas en : « OUI/NON/DONC », mais en « OUI/MAIS/DONC ». Cette dernière formulation permet de mémoriser facilement la démarche intellectuelle à suivre.

- De même, il ne faut pas comprendre le terme « synthèse » comme un bilan des deux premières parties, mais comme un dépassement, une proposition de sortie d'une impasse entre la reconnaissance de la validité relative de la thèse et la reconnaissance de la validité relative de l'antithèse. **La synthèse tente de trouver un regard surplombant sur la thèse et l'antithèse**, de les dépasser en inventant une opinion plus large, dont la validité sera moins limitée ou moins contestable.

DIFFICULTÉ À SURMONTER

La synthèse étant plus difficile à rédiger, un plan « thèse / antithèse » suffit souvent. Il vaut mieux se passer de synthèse que d'en rédiger une mauvaise !

Soit le sujet suivant, sur la comédie *Le Barbier de Séville* (1775) de Beaumarchais : « Dans quelle mesure la pièce donne-t-elle l'exemple, selon vous, d'un comique efficace ? »

Plan incohérent	Plan dialectique convaincant
I- La comédie de Beaumarchais fait rire le spectateur. II- La pièce n'est pas vraiment drôle. III- La pièce peut être comique pour certains spectateurs.	I- La comédie de Beaumarchais use des procédés comiques les plus variés. II- Mais l'efficacité de la pièce ne se réduit pas au comique. III- La pièce invente une nouvelle dramaturgie qui fait du théâtre un spectacle à plusieurs dimensions.

Si le sujet était formulé ainsi : « Comment Beaumarchais assure-t-il l'efficacité du comique dans sa pièce ? », un **plan explicatif** serait plus approprié. Il pourrait se présenter ainsi :
I- Un comique qui exploite les ressources traditionnelles de la comédie.
II- Un comique fondé sur un enchaînement rythmé et rigoureux des scènes.
III- Un comique qui repose en partie sur l'originalité du personnage de Figaro.

COMMENT TROUVER UN PLAN ?

- L'invention du plan découle en grande partie de l'**analyse du sujet** et de sa transformation en **problématique** (voir p. 176).
- En effet, la **mise en lumière des présupposés et des sous-entendus du sujet** conduit à entrevoir des contestations possibles de la thèse (ce qui fournit les matériaux pour **formuler et argumenter l'antithèse**) et d'autres idées possibles pour aller plus loin que la thèse impliquée par le sujet (ce qui permet de **construire la synthèse**).
- Ce travail ne peut être effectué que si l'on a engrangé des **connaissances** sur la littérature et son histoire (par les cours, mais aussi par les recherches et lectures personnelles).

S'ENTRAÎNER

EXERCICE 1

Lisez la dissertation sur *Les Liaisons dangereuses* de Pierre Choderlos de Laclos, donnée en exemple (voir p. 168). Recomposez le plan qui vous semble avoir été suivi par l'auteur de cette dissertation dans le développement, en formulant vous-même les intitulés des parties et sous-parties, sur le modèle suivant :

I. ...
a)- ...
b)-...
II. ...
a)-...
b)-...
Et ainsi de suite.

EXERCICE 2

Soit le sujet de dissertation suivant, donné après une étude en classe du recueil poétique *Alcools* (1913) de Guillaume Apollinaire :
« Le thème de la ville est-il, selon vous, le seul aspect qui rattache le recueil d'Apollinaire à la modernité ? »

Voici un plan élaboré par un élève. Quels en sont les défauts et les qualités, d'après vous ?

I. La ville est un thème important du recueil, et cela marque bien la modernité du livre.
II. Mais il y a aussi le thème du voyage et de la vitesse, qui se rattache aussi à la modernité.
III. On voit bien la modernité d'Apollinaire dans ce recueil par la mise en question de sa propre identité.
IV. L'écriture d'Apollinaire est moderne parce qu'il n'y a plus de ponctuation dans les poèmes.

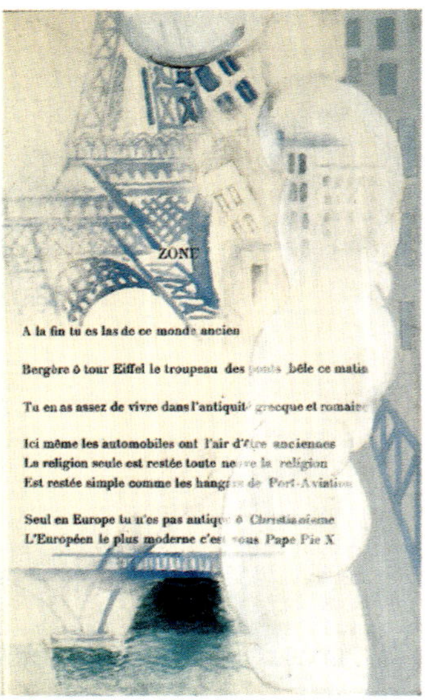

Louis Marcoussis, illustration pour *Alcools* de Guillaume Apollinaire.

EXERCICE 3

Voici les éléments de réflexion qu'un élève a notés au brouillon pour sa dissertation à propos du récit *Un amour de Swann* (1913) de Marcel Proust. Le sujet est : « *Un amour de Swann* n'est-il qu'une analyse psychologique de la jalousie ? ». Construisez un plan en deux parties (thèse/antithèse) en intégrant l'ensemble de ces éléments.

– La jalousie de Swann est analysée dans le récit dans les différentes étapes de son développement.
– L'humour du narrateur est manifeste : le clan des Verdurin et Swann lui-même sont montrés à travers leurs ridicules, et le récit effectue une satire de la bourgeoisie.
– Le snobisme est un défaut social que le récit met en évidence, notamment à travers les dialogues.
– La jalousie de Swann, parce qu'elle lui fait déformer la réalité, révèle l'importance de l'imaginaire dans la relation aux autres.
– La relation fluctuante, instable, entre Odette et Swann montre les incohérences, voire les contradictions, de l'amour.
– La demi-mondaine qu'est Odette complète la série de portraits qu'*Un amour de Swann* propose d'un certain « monde ».

EXERCICE 4

Lisez les trois plans proposés ci-dessous. Ils répondent tous trois à ce sujet : « En quoi le roman *Les Faux-Monnayeurs* (1925) d'André Gide peut-il être tenu pour original *?* »

Lequel des trois plans jugez-vous le plus approprié ? Justifiez votre jugement par plusieurs arguments.

Plan 1
I. Le nombre impressionnant de personnages.
II. La présence d'un récit dans le récit : le « journal d'Édouard ».
III. Les discussions intellectuelles qui interrompent l'intrigue.

Plan 2
I. *Les Faux-Monnayeurs* est un roman original parce que sa structure est complexe.
II. Mais le roman reste peu original parce que les personnages demeurent vraisemblables et que le cadre spatio-temporel est réaliste.
III. En fin de compte, le roman a marqué l'histoire littéraire surtout parce qu'il y a une mise en abyme du récit (un récit dans le récit).

Plan 3
I. Le roman de Gide rompt avec le réalisme qui dominait le roman du XIXe siècle et du début du XXe siècle.
II. Mais André Gide vise précisément à faire des *Faux-Monnayeurs* un roman total.
III. Le roman de Gide est original parce qu'il oblige à redéfinir le genre romanesque.

48. Développer le plan d'une dissertation

OUTILS POUR LA DISSERTATION

QU'EST-CE QUE DÉVELOPPER LE PLAN ?

• Développer le plan au brouillon est une étape nécessaire avant de rédiger la dissertation. Il s'agit de :
– **détailler le plan** en trouvant les arguments qui, dans chaque partie de la dissertation, constitueront les **sous-parties** (= paragraphes) ;
– associer à ces arguments des **exemples** (références à l'œuvre étudiée ou citations à analyser).

• Un plan détaillé au brouillon permet de **mettre en ordre ses idées**, de vérifier que l'on a de quoi les **justifier**, et de contrôler la logique et la cohérence d'ensemble de son argumentation. Il permet aussi de **ne pas perdre le fil** de ses idées.

⚠ **Attention !** Cela n'empêche pas de changer un argument si on s'aperçoit en rédigeant qu'il est moins convaincant qu'un autre auquel on n'avait pas pensé.

COMMENT DÉTAILLER LE PLAN ?

• Faire d'abord **un point sur les arguments attendus pour justifier les idées directrices**, les « axes » de réflexion qui constituent les intitulés des deux ou trois parties de développement.

> Pour une dissertation portant sur *Ubu roi* (1897) d'Alfred Jarry, dans laquelle on veut montrer, dans une première partie, que cette pièce met en œuvre un comique très varié, on peut s'appuyer *a priori* sur trois ou quatre arguments tels que :
> a) le recours à des personnages grotesques, caricaturaux ;
> b) l'emploi des registres de langue qui se heurtent (du langage soutenu jusqu'à la grossièreté) ;
> c) la mise en scène de situations excessives et répétitives ;
> d) la parodie de la tragédie et en particulier de *Macbeth* de William Shakespeare.
> On peut juger ces idées *a priori* pertinentes au vu de ses connaissances sur le comique théâtral (les quatre types : comique de mots, de gestes, de situation et de caractère) et sur *Ubu roi* (le modèle shakespearien détourné par Jarry).

• Établir ensuite une **liste rapide**, sur une autre feuille de brouillon, **de ses connaissances** sur l'œuvre et son contexte, **et des citations** que l'on connaît sur le sujet.

• **En confrontant les deux**, en faisant des allers-retours de l'un à l'autre, valider, privilégier ou rejeter tel ou tel argument, en vérifiant qu'un exemple solide peut l'étayer, pour le justifier, ou non.

> Toujours pour *Ubu roi*, on trouve des exemples pour mettre en évidence le grotesque de Père Ubu (le costume imaginé par Jarry, sa poltronnerie, son aspect tyrannique, sa soumission initiale à Mère Ubu...), les contrastes de niveaux de langue (dans la scène 1, avec le « Merdre ! » d'Ubu, qui par ailleurs peut dire : « Le roi Venceslas est encore bien vivant ; et même en admettant qu'il meure, n'a-t-il pas des légions d'enfants ? ») et les situations répétitives et excessives (le massacre des nobles et des magistrats, (acte III, scène 2), où Ubu condamne tous les personnages à « la trappe »). Si l'on ne trouve aucun exemple précis pour justifier la reprise parodique de *Macbeth*, dans ce cas, on écarte ce dernier argument du plan.

• **Équilibrer**, dans la mesure du possible, le nombre de sous-parties dans chaque partie : un trop grand déséquilibre est souvent le signe qu'une des parties sera plus faible que les autres.

COMMENT S'ASSURER DE LA COHÉRENCE DU PLAN ?

• Au brouillon, on rédige le moins possible. Mais lorsqu'on élabore le plan détaillé, **on rédige les transitions** entre les parties.

• Les **transitions** sont de courts paragraphes (pas plus de deux ou trois phrases) qui font le lien entre les différentes parties. Elles enchaînent les parties les unes aux autres, en mettant en valeur la **cohérence** et la logique du raisonnement.

S'ENTRAÎNER

EXERCICE 1

Voici deux plans détaillés qui correspondent au sujet de l'exercice 4 de la fiche « Bâtir le plan d'une dissertation » (p. 176). Quels défauts les sous-parties font-elles apparaître dans le plan 1 ? Quelles qualités reconnaîtriez-vous au plan 2 ?

Plan 1

I. *Les Faux-Monnayeurs* est un roman original parce que sa structure est complexe.

a. Multiplication des personnages

b. Une temporalité perturbée

c. De multiples insertions de textes au sein du récit : citations en épigraphes, lettres de personnages, « journal d'Édouard »...

d. Un entrelacement d'intrigues différentes

II. Mais le roman reste peu original parce que les personnages demeurent vraisemblables et que le cadre spatio-temporel est réaliste.

a. Un monde de bourgeois de la fin du XIXe siècle ou de la Belle Époque.

b. Paris et la Suisse : des lieux réels connus de Gide lui-même.

III. En fin de compte, le roman a marqué l'histoire littéraire surtout parce qu'il y a une mise en abyme du récit (un récit dans le récit).

a. Le « journal d'Édouard » raconte les mêmes événements mais selon le point de vue du personnage.

b. Mais ce récit dans le récit est surtout là pour rendre plus difficile la lecture du roman.

Plan 2

I. Le roman de Gide rompt avec le réalisme qui dominait le roman du XIXe siècle et du début du XXe siècle.

a. L'intrigue est sans cesse coupée par des débats intellectuels, des intrusions du narrateur et par le « journal d'Édouard ». Le lecteur ne peut se laisser porter par le récit.

b. La vraisemblance est mise à mal par une temporalité flottante et par l'irruption du surnaturel (la lutte de Bernard avec l'ange)

Transition : une rupture manifeste avec le réalisme à la manière de Balzac ou de Flaubert, mais qui répond à une ambition littéraire précise.

II. Mais Gide vise précisément à faire des *Faux-Monnayeurs* un roman total.

a. Il dépasse les genres conventionnels : intrigue policière (l'affaire des faux-monnayeurs avec Strouvilhou), récit amoureux (ex. : liaison entre Laura et Vincent), roman psychologique (ex. : la personnalité complexe de Boris) sont tous à la fois utilisés et détournés.

b. Il dépasse les définitions du roman selon les différents mouvements littéraires : le roman ne se limite ni au roman réaliste (le monde bourgeois critiqué à travers la famille de Bernard), ni au roman symboliste (les débats intellectuels sur l'écriture, la lutte de Bernard avec l'ange...).

Transition : le roman transcende les catégories du roman traditionnel, mais ce n'est pas un vain jeu avec des codes ; il s'agit plutôt d'inventer un roman moderne.

André Dignimont, illustration pour le roman *Les Faux-Monnayeurs*, d'André Gide, 1948.

III. Le roman de Gide est original parce qu'il oblige à redéfinir le genre romanesque.

a. La frontière entre le roman et le texte de réflexion (l'essai) est brouillée (ex. : discussion sur la psychanalyse, dans la IIe partie).

b. Le roman n'est plus un divertissement du lecteur, il oblige le lecteur à une réflexion constante (ex. : les citations de moralistes placées en tête de chapitres), il refuse le « lecteur paresseux », comme l'affirme Gide lui-même (dans son *Journal des Faux-Monnayeurs*, 1927).

Coup de pouce

Les transitions sont **composées en deux temps** : une phrase résume succinctement la partie qui s'achève en en reformulant l'idée directrice, qui est désormais présentée comme validée ; une phrase ou deux relancent la réflexion en amenant l'idée directrice de la partie suivante.

EXERCICE 2

Reportez-vous à la dissertation rédigée sur *Les Liaisons dangereuses* de Laclos (p. 168).

a. Repérez les transitions entre la première et la deuxième partie, et entre la deuxième et la troisième partie. Quels connecteurs logiques sont employés pour résumer l'idée directrice de la partie qui s'achève ?

b. Quels connecteurs logiques permettent de marquer une relance de la réflexion ?

c. Quels autres connecteurs logiques auraient pu convenir pour assurer ces deux rôles ?

EXERCICE 3

Soit le sujet suivant :

« D'après Stéphane Mallarmé, il faut que le poète "cède l'initiative aux mots" (« Crise de vers », 1895, repris dans *Divagations*, 1897). »

a. Votre expérience de lecteur de poésie confirme-t-elle ce privilège du langage sur les idées ?

b. Proposez un plan détaillé en vous appuyant sur une œuvre poétique de votre choix.

49. Rédiger un paragraphe de dissertation

OUTILS POUR LA DISSERTATION

COMMENT STRUCTURER UN PARAGRAPHE ?

- Un paragraphe est l'unité de base qui détermine l'avancée du raisonnement, sa **progression**. Il correspond à une **unité de sens** puisqu'il se concentre sur une seule idée, **un seul argument**, par souci de clarté.
- Séparé des autres paragraphes par un **alinéa** (ou par un saut de ligne lorsqu'il ouvre ou termine une partie du développement), il gagne à être rigoureusement construit pour être plus convaincant.
- Il se compose de quatre éléments principaux (généralement dans l'ordre ci-dessous) :

– la **formulation de l'argument**, de l'idée principale qu'il présente, qu'il expose ;
– le développement de cet argument par son **explicitation** (l'apport de précisions qui le complètent et clarifient son sens) ;
– sa **justification** (l'illustration concrète de sa pertinence par un exemple analysé – ou plusieurs –, souvent appuyé sur une citation de l'œuvre étudiée) ;
– une **phrase finale qui synthétise** la réflexion.

> Exemple concernant les *Fables* (1668) de La Fontaine :
>
> Le fabuliste critique parfois sévèrement le monde de la Cour, où les plus flatteurs parviennent à obtenir la faveur ou l'indulgence du roi, au détriment des plus naïfs. L'éloquence et la flagornerie sont les armes auxquelles les plus habiles courtisans ont recours pour s'assurer de leur emprise sur les autres, et sur le roi. Par exemple, dans « Les Animaux malades de la peste », le Renard, loin de chercher à avouer ses propres fautes, ne fait que justifier celles du roi Lion : « Sire, dit le Renard, vous êtes trop bon roi ; / Vos scrupules font voir trop de délicatesse. » La répétition de l'adverbe « trop » trahit ici une volonté excessive de flatter. Si le Lion retire de cet éloge du plaisir, le lecteur est quant à lui invité à percevoir, par l'excès de son discours, l'insincérité du courtisan.

COMMENT ENRICHIR UN PARAGRAPHE ?

- L'explicitation de l'argument amène fréquemment à recourir à des **notions littéraires** qu'il faut **définir** rapidement mais précisément.

> Voici le début d'un paragraphe sur la tragédie *Phèdre* (1677) de Jean Racine, où la notion de bienséance appelle une définition :
>
> La tragédie de Racine respecte la contrainte classique de la bienséance. Celle-ci consiste à ne pas transgresser les limites que le public (noble) de l'époque donne à ce qui lui paraît acceptable sur une scène de théâtre, c'est-à-dire à éviter tout excès de violence ou toute obscénité qui pourrait heurter sa sensibilité ou ses valeurs morales. La mort d'Hippolyte, traîné au sol par ses chevaux qu'un monstre marin a effrayés, est ainsi racontée par Théramène, qui en fut le témoin, à l'acte V, mais n'est pas montrée sur scène.

⚠ **Attention :** Il ne faut pas surcharger son devoir de définitions : les figures de style, les termes de versification peuvent être utilisés sans être systématiquement définis.

- Veiller à faire régulièrement référence à l'œuvre sur laquelle porte la dissertation, à faire des citations assez fréquentes.

ASTUCE

Il faut que le paragraphe soit **clair et précis pour convaincre**.
On explicite son argument : il convient de s'adresser au correcteur comme s'il n'avait pas les savoirs nécessaires pour comprendre le devoir ! C'est une **convention** liée à l'exercice.

- La phrase de fin de paragraphe ne doit pas être une simple répétition de l'argument annoncé au début, au risque de donner l'impression que le raisonnement n'avance pas. Elle doit **confirmer cet argument et le rendre plus fort**, le reformuler de manière plus frappante ou **le relier plus fermement à la problématique** pour relancer la réflexion.

Exemple à propos d'un roman de Stendhal paru en 1839 :

La Chartreuse de Parme est un roman qui permet au lecteur de s'évader. Nous suivons en effet le héros, Fabrice del Dongo, dans des aventures multiples qui le mènent notamment à Waterloo, où il découvre, avec une grande naïveté, la réalité de la guerre. Mais c'est surtout l'Italie qui est au cœur du récit, et que le lecteur parcourt à la suite de Fabrice, depuis Milan, Ferrare et Bologne jusqu'à Parme, où le héros finit par se retirer à la chartreuse.

En dernière phrase, il ne faut pas écrire...	mais écrire...
Le roman fait donc s'évader le lecteur en le faisant voyager.	Ce trajet à travers une Italie encore méconnue de nombreux lecteurs français en 1839 exerce un pouvoir de séduction indéniable : dépaysant, le récit stimule la capacité à imaginer.

QUEL NIVEAU DE LANGUE DOIT-ON EMPLOYER ?

- Le paragraphe doit être **entièrement rédigé** : éviter les abréviations, les phrases sans verbe.
- Le niveau de langue doit être **soutenu**, et jamais relâché ni familier. Le vocabulaire spécialisé de l'analyse littéraire doit être employé fréquemment et avec précision.
- On ne rédige jamais une dissertation avec le pronom *je*. Même si le raisonnement est personnel, on le présente en tant que lecteur parmi d'autres de l'œuvre dont on parle. Le **« nous » de modestie** est donc obligatoire. On peut aussi employer le pronom indéfini *on* ou des tournures impersonnelles (*Il apparaît..., Il est évident que...*, etc.).

COMMENT RELIER LES PARAGRAPHES ENTRE EUX ?

Un paragraphe est un moment du raisonnement : il doit être relié, **articulé** aux paragraphes qui le précèdent ou qui le suivent. On doit penser à utiliser des connecteurs qui organisent le propos :
– *tout d'abord, en premier lieu, pour commencer, premièrement, d'une part...* ;
– *ensuite, en second lieu, puis, de plus, deuxièmement, de surcroît, par ailleurs, d'autre part...* ;
– *enfin, par conséquent, pour finir, ainsi, il s'ensuit que...*

EXEMPLE DE PARAGRAPHE RÉDIGÉ

Voici un paragraphe de dissertation à propos du *Roi se meurt* (1962) d'Eugène Ionesco.

Connecteur pour relier le paragraphe à ce qui précède

Vocabulaire spécialisé de l'analyse littéraire

Phrase finale qui synthétise la réflexion

Tout d'abord, le tragique de la pièce repose en partie sur un cheminement du personnage principal qui le mène à la déchéance et à la mort. Bérenger, de fait, effectue un parcours qui le fait passer d'une extrême affirmation de soi (dans la célébration hyperbolique de son propre pouvoir, dans le rêve d'être toujours présent dans la conscience des autres) à la certitude de son anéantissement absolu, comme il le formule lui-même : « Je n'aurai jamais existé. » Le futur antérieur montre la lucidité du personnage, capable de prophétiser son devenir posthume. Si l'action tragique peut se définir, en premier lieu, comme la prise de conscience par le personnage d'une irréversible avancée vers la catastrophe, alors *Le Roi se meurt* se présente d'emblée comme une pièce tragique.

argument

explication

justification

S'ENTRAÎNER

EXERCICE 1

Voici un extrait de dissertation concernant le recueil des *Villes tentaculaires* (1895) d'Émile Verhaeren. Il s'agit ici de montrer que le recueil valorise le progrès et la confiance en l'avenir.

a. Complétez les lacunes par les connecteurs logiques qui conviennent.

b. L'adverbe « comme » est trop souvent répété : choisissez deux phrases où il apparaît et proposez-en des reformulations qui permettent d'éviter cette lourdeur de style.

Bien qu'il montre la monstruosité de la ville qui dévore la campagne, le poète ne condamne pas entièrement la modernité urbaine. Les derniers poèmes du recueil, ..., révèlent une espérance sincère dans le progrès de l'humanité, qui passe par l'avancée des connaissances scientifiques, **comme** en témoignent les derniers vers de « La Recherche », qui définissent l'observatoire **comme** « la maison de la science au loin dardée, / Vers l'unité de toutes les idées ». La science est ..., **comme** le souligne le participe « dardée », ce qui pointe vers un avenir prometteur. Pour le poète, ces connaissances scientifiques iront nécessairement de pair avec le règne de « l'équité » sociale et surtout avec l'avènement de la « beauté », **comme** le proclame le poème suivant, « Les Idées ». Une périphrase définit ... la beauté **comme** « la clef du cycle humain », ... **comme** ultime révélation de l'humanité. La foi dans le progrès scientifique se révèle ... inséparable chez Verhaeren d'une espérance sociale (le triomphe de la justice) et esthétique (le triomphe de la poésie).

EXERCICE 2

Le paragraphe suivant traite de la représentation du roi Louis XIV dans le roman épistolaire *Lettres persanes* (1721) de Montesquieu, mais il est très maladroit. Réécrivez-le pour le rendre plus pertinent.

« Le roi de France est le plus puissant prince de l'Europe » : on voit ici une hyperbole qu'emploie Rica dans sa lettre XXIV pour désigner Louis XIV. Ça paraît mettre en valeur le roi Louis XIV. Mais, par la voix de ses personnages, Montesquieu critique le pouvoir absolu de ce monarque. Par exemple, lettre XCIX : « Les Français changent de mœurs selon l'âge de leur roi [...]. Le Prince imprime le caractère de son esprit à la Cour ; la Cour, à la Ville ; la Ville, aux provinces. L'âme du souverain est un moule qui donne la forme à toutes les autres. » C'est une lettre sur les caprices de la mode. Donc le roi impose ses caprices à tous ses sujets, à tout son royaume. Le pouvoir absolu est critiqué parce qu'un seul homme peut tout décider. L'arbitraire devient la loi. C'est contre ça que Montesquieu proposera dans son ouvrage politique De l'esprit des lois (1748) la séparation des pouvoirs juridique, législatif et exécutif.

EXERCICE 3

Le paragraphe suivant est extrait d'une dissertation sur le roman *Un barrage contre le Pacifique* (1950) de Marguerite Duras. Il s'agit de mettre au jour les caractéristiques du personnage de Suzanne dans le roman. Mais le paragraphe est bavard, dérive sur des éléments inutiles ou se répète sans raison. Réécrivez-le pour le rendre plus efficace.

Suzanne, dans le roman, paraît inspirée de la vie de M. Duras elle-même, puisque, comme son personnage, M. Duras est née en Indochine, alors colonie française (ce qu'elle restera jusqu'en 1954, date des accords d'Évian). Suzanne est une adolescente au caractère affirmé : à plusieurs reprises elle marque son indépendance vis-à-vis de sa mère comme vis-à-vis de son frère, même si le trio familial est présenté comme très uni, dès l'incipit où la formule « à tous les trois » revient souvent. Suzanne incarne en quelque sorte la jeune fille moderne : le féminisme prend son essor à la même époque puisque Le Deuxième Sexe de Simone de Beauvoir est publié en 1949. On pourrait rapprocher Suzanne de l'héroïne adolescente du roman Bonjour tristesse, paru en 1954 et signé Françoise Sagan, car Cécile, dans ce roman, est aussi une adolescente séductrice et déterminée. Cécile est si attachée à son père qu'elle fera tout pour éloigner de lui la belle Anne Larsen, dont elle ne veut pas pour belle-mère parce qu'elle la juge froide et sévère.

René Clément, *Barrage contre le Pacifique* (This angry age), 1958, avec Silvana Mangano et Anthony Perkins, d'après le roman de Marguerite Duras.

EXERCICE 4 : ÉCRITURE

Rédigez un paragraphe de dissertation à propos d'une pièce de théâtre que vous avez lue cette année, et qui mettra en évidence son lien avec le mouvement littéraire auquel on la rattache traditionnellement.

50. Intégrer des citations et des références

OUTILS POUR LA DISSERTATION

POURQUOI FAIRE DES RÉFÉRENCES À L'ŒUVRE ?

- Chaque **argument** doit s'appuyer sur des **exemples**, qui sont des citations ou des références précises à l'œuvre sur laquelle porte le sujet. Sans exemple, aucun argument n'est pleinement convaincant.

Il ne faut pas écrire...	Mais...
On voit bien que, dans la pièce, Antigone résiste au roi Créon et qu'elle est prête à se sacrifier.	Antigone incarne le refus d'obéir à Créon, comme elle le souligne elle-même en affirmant à celui-ci : « Je suis là pour vous dire non et pour mourir. »

- Toute référence à l'œuvre doit être analysée. Éviter de multiplier les citations ou de faire un catalogue d'exemples : cela ne fait pas avancer la réflexion !

LES ALTERNATIVES À LA CITATION POUR FAIRE RÉFÉRENCE À L'ŒUVRE

- **Le résumé d'un passage** de l'œuvre.

L'ouverture d'*Antigone* est originale. En effet, Anouilh fait parler un « Prologue » qui présente tour à tour au spectateur les onze personnages de la tragédie, qui quittent au fur et à mesure la scène pour la laisser vide au moment où la tragédie va commencer.

- **La référence précise à une partie** de l'œuvre sans analyser en détail une formulation.

Le personnage de Charles Bovary apparaît souvent comme ridicule. C'est le cas, par exemple, dans le premier chapitre, lorsque, jeune garçon, il entre dans sa nouvelle classe affublé d'une extravagante casquette.

- **L'allusion à une œuvre de manière globale** quand on établit des rapprochements entre différentes œuvres, par exemple pour montrer les caractéristiques d'un mouvement littéraire.

Le réalisme du XIXe siècle prend volontiers pour personnages des gens du peuple, comme le font Balzac dans *Les Paysans* (1844) et Zola dans son roman sur les mineurs de charbon, *Germinal* (1885).

INTÉGRER UNE CITATION DANS UN PARAGRAPHE

- La citation doit apparaître entre guillemets pour signaler que l'on emprunte les mots à l'auteur. Le texte doit être recopié exactement tel qu'il est. Si vous citez des vers, vous pouvez reproduire la mise en page du texte. Mais vous pouvez également écrire tous les vers en continu sur la ligne, à condition de les séparer par un trait oblique « La cigale, ayant chanté/Tout l'été,/Se trouva fort dépourvue [...] ».
- Pour insérer une citation courte, on peut adapter légèrement la citation (au niveau des temps verbaux, des accords, des marques de personne). La modification doit être signalée entre crochets.

Le poète, dans le sonnet « À une passante », se met en scène comme un flâneur au sein de la grande ville, puisqu'il indique dès le début que « La rue assourdissante autour de [lui] hurlait ».

- Pour citer un extrait dont une partie ne concerne pas l'analyse, on supprime ce passage du texte en signalant la coupe par : [...]. Attention cependant à ce que la citation reste compréhensible !

Il ne faut pas écrire...	Mais...
Anouilh fait décrire la tragédie par le chœur en employant la métaphore filée de la mécanique : « [...] ressort est bandé [...] roule [...] bien huilé depuis toujours. »	Anouilh fait décrire la tragédie par le chœur en employant la métaphore filée de la mécanique : « Maintenant, le ressort est bandé. [...] Cela roule tout seul. C'est minutieux, bien huilé depuis toujours. »

- Varier le plus possible la façon d'insérer la citation, éviter d'isoler systématiquement les citations par l'emploi des deux-points. Choisir des verbes adaptés au contenu de la citation.

Il ne faut pas écrire...	Mais...
Baudelaire, dans « Le Cygne », se réjouit que « la forme d'une ville/Change plus vite, hélas ! que le cœur d'un mortel ».	Baudelaire, dans « Le Cygne », regrette que « la forme d'une ville/Change plus vite, hélas ! que le cœur d'un mortel ».

S'ENTRAÎNER

EXERCICE 1

Voici un paragraphe extrait d'une dissertation sur les poèmes des *Cahiers de Douai* (1870-1871) d'Arthur Rimbaud. Corrigez les erreurs commises dans l'insertion des citations.

On peut voir en effet que le jeune poète, loin de proposer des poèmes uniformes, varie le ton de ses poèmes. On peut ainsi remarquer que l'éventail des registres qu'il met en œuvre va du lyrisme qui célèbre l'accord de l'âme et de la nature, comme dans « Sensation », où il dit que « Par les soirs bleus d'été, j'irai dans les sentiers,/Picoter par les blés, fouler l'herbe menue », jusqu'à la satire ironique dans « L'éclatante victoire de Sarrebrück » où il se moque de Napoléon III en le montrant comme un « Empereur, dans une apothéose/Bleue et jaune, s'en va, raide, sur son dada ». De l'exaltation à la raillerie, le poète semble faire ses gammes.

EXERCICE 2

Le paragraphe suivant se rapporte à la pièce de théâtre *C'est beau* (1975) de Nathalie Sarraute. Insérez les citations données (en entier ou en les coupant) à la place indiquée, en inventant les formules introductives et en adaptant les citations si besoin.

Nous avons vu que la pièce se concentrait autour de trois personnages – le père (« LUI »), la mère (« ELLE ») et le fils – qui échangent leurs impressions sur une gravure ; ce trio met en valeur les difficultés de communication dans une famille moderne. Ce qui fait obstacle au dialogue réside d'abord dans l'apparente censure, imposée par la seule présence du fils, de certains mots [1]. Mais ces mots interdits sont aussi le symptôme d'un certain malaise des parents, qui prennent conscience de la différence des générations à travers le caractère périmé de certains termes et le côté moderne de certains autres [2]. Enfin, les parents semblent culpabilisés dans leur rôle éducatif : il leur semble percevoir dans l'attitude de leur fils une remise en cause de la culture traditionnelle qu'ils ont voulu lui transmettre [3]. Les échanges au sein du trio, ainsi gênés, voire entravés, amènent les personnages à une sorte de rivalité au sein de la parole et à une lutte au moyen du langage.

Citations à insérer :

[1] « LE FILS. – Tu l'as senti... tu recules. Tu n'oses pas. Le mot te reste dans la gorge... C'est beau. Beau. Beau. Comme c'est beau. Impossible, hein ? tu ne peux pas... »

[2] « LUI, *ravi*. – Chouette. Chouette. Chouette. J'aurais dû y penser. Chouette. Maintenant je le saurai. Il peut suffire d'un mot !... »

[3] « LUI – Moi à cet âge-là, j'étais idiot... Un peu arriéré... Toujours dans les livres... Dans les musées... Mais lui... ah oui, pour ça oui, lui, ces choses-là, ça l'ennuie... il n'aime pas ça... lui, c'est les bandes dessinées... la télé... »

Gerd Hartung, illustration pour *C'est beau*, de Nathalie Sarraute, 1975, au théâtre de Berlin, 1980.

EXERCICE 3

Le paragraphe de dissertation suivant sur le roman *L'Éducation sentimentale* (1869) de Gustave Flaubert n'utilise que des citations placées après les deux points. Réinsérez les citations dans le propos de manière plus variée et plus directe, en les adaptant si besoin.

Le personnage principal du roman, Frédéric Moreau, est un jeune homme qui incarne la rêverie. On le voit dès le premier chapitre, quand il est présenté au lecteur alors qu'il prend le bateau : « À travers le brouillard, il contemplait des clochers, des édifices dont il ne savait pas les noms ». Mais la fin du roman le confirme aussi : « Celui qui avait rêvé l'amour ». Au début du roman, on voit que son imagination est encline à s'emballer comme celle d'un écrivain ou d'un artiste : « Frédéric pensait à la chambre qu'il occuperait là-bas, au plan d'un drame, à des sujets de tableaux, à des passions futures ». L'amour qu'il ressent pour Mme Arnoux ne cesse de lui faire envisager une liaison passionnée, mais toujours au conditionnel : « Elle serait là, quelque part, au milieu des autres, cachant sous son voile ses pleurs d'enthousiasme ; ils se retrouveraient ensuite » (chapitre 5 de la première partie). Le narrateur souligne la faiblesse de son personnage : « incapable d'action, maudissant Dieu et s'accusant d'être lâche ». Ses échecs professionnels le poussent à la passivité : « se considérant comme un homme mort, il ne faisait plus rien, absolument ». Jeune romantique, Frédéric Moreau est par conséquent l'incarnation dérisoire de l'homme inaccompli.

51. Introduire une dissertation

OUTILS POUR LA DISSERTATION

L'introduction donne les repères pour suivre le raisonnement. Elle procède en **quatre étapes**.

ÉTAPE 1 : L'ENTRÉE EN MATIÈRE

L'entrée en matière (ou amorce) doit amener progressivement le sujet, en poser le cadre, le contexte. On part d'une **vision plus large** pour montrer en quoi le sujet renvoie à un problème qui a son importance. L'entrée en matière opère un **resserrement progressif** vers le sujet. **Attention** à ne partir ni de trop près, ni de trop loin !

CONSEIL

- Il ne faut jamais présenter le sujet comme s'il était déjà connu du lecteur : proscrire les tournures du type : *Ce sujet…, Cette question…, Le problème qui nous est posé…*
- De manière générale, bannir les formules stéréotypées telles que : *De tout temps…, Depuis que l'homme existe…, Depuis toujours…*, qui sont souvent fausses et creuses.

Soit le sujet suivant : « Peut-on, selon vous, considérer *Le Rouge et le Noir* (1830) de Stendhal uniquement comme un roman réaliste ? »

Amorce partant de trop loin	Amorce partant de trop près
De tout temps, les hommes ont représenté la réalité qui les entourait dans les romans qu'ils inventaient. → Cette amorce part des origines de l'humanité ! De plus, c'est faux : le roman est une forme littéraire qui s'est progressivement construite depuis la fin de l'Antiquité.	Au début de son roman *Le Rouge et le Noir*, publié en 1830, Stendhal présente Verrières, une petite ville industrielle qu'il a imaginée mais qui paraît conforme aux petites villes de son époque. → Cette amorce ferme d'emblée le sujet : elle le réduit à la question de la topographie réaliste et analyse déjà un passage précis du roman.

ÉTAPE 2 : LA REPRISE DE L'ÉNONCÉ DU SUJET

On reprend l'énoncé du sujet grâce à des tournures du type : *C'est pourquoi on pourra se demander…, C'est ainsi qu'Untel a pu affirmer que…*

Publié en 1830, le roman *Le Rouge et le Noir* de Stendhal a la particularité de se présenter par son sous-titre comme une « Chronique du XIXe siècle ». Le cadre historique est en effet celui de la société de la Restauration, dont le roman brosse un tableau d'ensemble. Il est donc légitime de se demander si l'on doit considérer cette œuvre de Stendhal « uniquement comme un roman réaliste ».

ÉTAPE 3 : LA PROBLÉMATISATION DU SUJET

La suite de l'introduction fait **passer du sujet à la problématique** (voir p. 174).

On peut pourtant juger les personnages du *Rouge et le Noir* bien romanesques, voire excessifs dans leurs passions, au point de ne pas toujours respecter les exigences d'une stricte vraisemblance et de tendre par là vers les caractéristiques des personnages romantiques. Le roman se réduit-il alors vraiment à une esthétique réaliste, comme le suggère l'adverbe « uniquement » ?

CONSEIL

- Ne pas hésiter à **annoncer clairement** les différentes étapes de son propos par des connecteurs comme : *En premier lieu…, Tout d'abord, Ensuite…*, etc. On pourra par la suite adopter des formulations plus légères.
- Ne jamais nommer les éléments du devoir lui-même. Il ne faut jamais dire : *Dans cette dissertation…, Notre problématique sera…, Le premier axe montrera que…*

ÉTAPE 4 : L'ANNONCE DU PLAN

- Il faut annoncer (sans tout dévoiler) les **grandes étapes** du plan : le correcteur doit comprendre la démarche. Mais ne dévoilez pas tout, sinon tout le plaisir de la lecture du devoir est gâché !

Nous verrons dans un premier temps … Nous pourrons alors envisager …

S'ENTRAÎNER

EXERCICE 1

Quels sont les défauts des introductions suivantes ? Corrigez-les de manière à les rendre plus méthodiques.

Première introduction

Avec Cyrano de Bergerac (1897), Edmond Rostand a écrit l'un des succès théâtraux les plus retentissants du XIXe siècle. Rédigée en alexandrins, elle plaît principalement au public par la verve comique mais aussi par l'émouvante sensibilité de la parole du protagoniste, Cyrano. Mais si, comme l'affirme Antonin Artaud, « Le théâtre, art indépendant et autonome, se doit [...] pour vivre, de bien marquer ce qui le différencie d'avec le texte, d'avec la parole pure, d'avec la littérature » (Le Théâtre et son double, 1938), on peut se demander dans quelle mesure la pièce de Rostand peut avoir une véritable efficacité théâtrale. Nous traiterons ce sujet de dissertation en trois parties : I. La parole de Cyrano au cœur de la pièce. II. Les aspects spectaculaires de la pièce. III. Une théâtralité efficace malgré ses traits anachroniques.

Seconde introduction

Ce recueil est paru en 1857, mais a été modifié suite à un procès en 1861. On se demandera si Baudelaire dans cette œuvre met bien en question la modernité urbaine, comme l'affirme le sujet donné. Notre première partie portera sur la représentation de la ville. Puis notre seconde partie montrera qu'il y a aussi une critique de la ville comme nous le verrons à travers les poèmes du « Cygne » et du « Crépuscule du matin », avant de conclure.

EXERCICE 2

Voici une introduction très maladroite dans sa structure comme dans son expression. Réécrivez-la de manière à la rendre plus efficace et plus élégante.

La poésie surréaliste n'est-elle qu'un jeu avec le langage ? Voilà la problématique que nous devons examiner en la confrontant au recueil Corps et biens (1930) de Robert Desnos, qui rassemble des poèmes écrits entre 1919 et 1929. C'est précisément un recueil de poèmes surréalistes. Robert Desnos fut un grand poète surréaliste. Il est mort en camp de concentration en 1945. Certes le recueil comporte des sections intitulées « L'Aumonyme » et « Langage cuit » qui peuvent faire penser que la poésie se réduit à un jeu avec le langage ; mais le recueil s'achève sur les sections « À la mystérieuse » et « Les Ténèbres » qui se rapportent à la souffrance amoureuse et à la confrontation avec la mort. Donc on voit que la poésie peut aussi être sérieuse et avoir un sens plus profond. La poésie de Desnos n'a-t-elle pour but que de s'amuser avec le langage ? Nous verrons d'abord qu'effectivement Desnos explore les limites du langage ; mais nous montrerons que le recueil se rapporte également à des thèmes existentiels. Nous ferons enfin une conclusion.

EXERCICE 3

Soit le sujet de dissertation suivant : « Le récit est-il un bon moyen pour faire passer des idées ? Vous répondrez en vous appuyant sur le roman de Malraux que vous avez lu cette année. »

Un élève a noté au brouillon, sous forme de prise de notes, tous les éléments nécessaires pour son introduction. Remettez-les dans l'ordre et rédigez cette introduction.

Problématique : Le récit L'Espoir (1937) de Malraux n'est-il destiné qu'à soutenir la thèse d'un engagement nécessaire contre le fascisme ?

- Lorsqu'il écrit L'Espoir, André Malraux (1901-1976) = romancier déjà reconnu pour son roman La Condition humaine (1933), prix Goncourt.
- Engagement politique au cœur œuvre romanesque de Malraux : quest° communisme (Les Conquérants, 1928), critique du colonialisme (La Voie royale, 1930), quest° de la révolut° chinoise (La Condition humaine). De même, L'Espoir : quest° de l'engagement contre le fascisme franquiste en Espagne.

Plan :

I. Un récit engagé contre le franquisme

II. Mais roman qui impose moins une thèse qu'il ne met en débat des idées politiques et la question de l'engagement.

III. Un roman humaniste, qui met en valeur les diverses formes de courage

Militant antifasciste, Malraux lui-même engagé : a combattu aux côtés des républicains espagnols. Donc a pris parti clairement : écriture L'Espoir peut refléter cette prise de posit°...

EXERCICE 4

Choisissez une œuvre poétique ou narrative que vous avez lue et étudiée cette année. Puis, en vous appuyant sur cette œuvre, rédigez une introduction qui répondra au sujet suivant, en allant jusqu'à l'annonce du plan (ce qui suppose que vous réfléchissiez d'abord au brouillon au plan que vous adopteriez) :

« Comment peut-on comprendre ce mot de la romancière Marguerite Yourcenar (1903-1987) : “Le public qui cherche des confidences personnelles dans le livre d'un écrivain est un public qui ne sait pas lire.” (*Les Yeux ouverts, entretiens avec Matthieu Galey,* 1980) ?

52. Conclure une dissertation

OUTILS POUR LA DISSERTATION

SOIGNER SA CONCLUSION

• La conclusion est la dernière chose que le correcteur lira : il faut donc la soigner pour qu'il finisse sur une bonne impression.

• Elle ne doit pas être beaucoup plus courte que l'introduction, au risque de laisser penser que l'on a bâclé la fin de sa réflexion.

• Elle s'écrit traditionnellement en deux étapes (en deux paragraphes, la plupart du temps) :
– un **bilan relativement précis** de l'ensemble du raisonnement ;
– un **élargissement de la réflexion**.

ÉTAPE 1 : LE BILAN

• Le bilan est une sorte de **résumé de l'argumentation** que l'on a tenue.

⚠ **Attention !** Il ne faut pas répéter platement les étapes que l'on a déjà indiquées à la fin de l'introduction.

• Il s'agit d'avancer dans le problème en proposant des **formulations nouvelles, si possible plus fermes et plus vigoureuses** (plus frappantes, mais sans slogans, sans tournures de type publicitaire ou journalistique, souvent trop « faciles »). Il convient de prendre de la hauteur, de tendre vers une plus grande **abstraction** de la pensée !

Reprenons le sujet déjà abordé (voir p. 186) :

N'écrivez pas...	Écrivez
En conclusion, ce roman brosse un tableau de la société de son temps. Mais les personnages relèvent par certains aspects du romantisme. Donc, c'est un roman charnière entre deux mouvements littéraires : le romantisme et le réalisme.	*Le Rouge et le Noir* de Stendhal est donc probablement l'une des analyses les plus fines de la société de la Restauration puisque non seulement le roman peint différents milieux qui la composent, mais en outre, par l'itinéraire de Julien Sorel, il met en évidence son dysfonctionnement : l'ambition ne peut y être satisfaite que par la stratégie de l'hypocrisie, qui régit toute la société. Mais le roman suscite surtout notre intérêt par la densité et la force des passions (ambition, amour, orgueil) qui animent des personnages hautement romanesques, et romantiques dans leurs excès. Ainsi, le roman, au croisement de deux esthétiques, invente-t-il sa profondeur propre, aussi bien dans l'analyse psychologique que dans l'observation sociopolitique.

CONSEIL

Éviter les lourdeurs du type : *En conclusion…*, *Pour conclure…* ; préférer rappeler le titre et l'auteur de l'œuvre dont on a parlé.

• Le bilan ne doit jamais revenir sur un point précis du raisonnement, sur une analyse de détail. Ce n'est plus le moment de faire des citations (sauf si on veut répéter la citation qui était dans le sujet, ou faire une citation qui éclaire l'ensemble du propos).

ÉTAPE 2 : L'ÉLARGISSEMENT

• L'**élargissement** est la démarche inverse de l'introduction. Désormais, on propose de replacer le sujet dans une perspective plus large : on évoque une **autre problématique** que le sujet pouvait soulever, ou on montre que la problématique que l'on a traitée pourrait s'inscrire **dans un débat plus général** (concernant, par exemple, tout un genre ou tout un mouvement littéraire, voire toute la littérature, par-delà l'œuvre sur laquelle portait l'argumentation). On peut même citer d'autres œuvres (y compris dans d'autres arts : peinture, cinéma...) qui poseraient un problème proche.

Ces qualités du *Rouge et le Noir* ne sont-elles pas celles qui font la réussite de toute œuvre romanesque ? Les plus grands romans paraissent en effet conjuguer, depuis *La Princesse de Clèves* (1678) de Mme de Lafayette tout au moins, un regard aiguisé sur la réalité sociale et une pénétration psychologique souvent exceptionnelle.

• Il faut s'interdire, en revanche, toute ouverture vers un élément dont le lien avec la problématique de la dissertation paraîtrait insolite, voire injustifié !

S'ENTRAÎNER

EXERCICE 1

Lisez la conclusion de dissertation suivante.

a. Quelles qualités pourraient être relevées par le correcteur ?

b. Quels défauts pourrait-il au contraire blâmer ? Justifiez vos remarques.

Nous allons donc conclure. La question qui nous était posée était : « Dans quelle mesure le recueil Clair de terre (1923) d'André Breton est-il une défense et illustration du surréalisme ? » On a vu d'abord que c'était bien le cas parce qu'on trouve dans ce recueil une illustration des principaux thèmes surréalistes (le rêve, l'érotisme, la ville transfigurée) et des principes d'écriture qui fondent le surréalisme (écrire automatiquement, jouer sur la polysémie, jouer sur les stéréotypes, proposer des images neuves et saisissantes). Mais dans la deuxième partie de notre dissertation, nous avons montré que le recueil ne cherche pas, précisément, à enfermer le lecteur dans une théorie, mais bien plutôt à libérer son regard sur le monde, comme l'indique le titre lui-même qui est un renversement de l'expression courante « clair de lune ». On a donc pu souligner, dans une troisième partie, que le recueil emploie tous les moyens (poétiques et typographiques) pour amener le lecteur à voir autrement les choses.

Mais est-ce aussi le cas des autres recueils de Breton ?

EXERCICE 2

Soit un sujet de dissertation sur le roman naturaliste *La Bête humaine* (1890) d'Émile Zola qui raconte de sombres histoires criminelles dans le monde des chemins de fer : « Le roman *La Bête humaine* est-il, selon vous, une œuvre tragique ? ». Parmi les ouvertures de conclusion suivantes, lesquelles vous paraissent à éviter ? Justifiez vos choix.

1. Le roman de Zola se rapproche donc d'une tragédie, mais est-ce volontaire de la part du romancier ?
2. Si le roman de Zola possède une dimension tragique, c'est sans doute d'abord parce que l'ensemble du cycle des Rougon-Macquart dont il fait partie s'interroge sur le poids de l'hérédité.
3. On pourrait comparer ce roman de Zola à la tragédie Andromaque (1667) de Jean Racine, qui se déroule à l'issue de la guerre de Troie.
4. La brutalité et les pulsions criminelles qui caractérisent les personnages de La Bête humaine, et qui les mène inéluctablement à la catastrophe, ne sont pas sans rappeler certains autres personnages de l'auteur, tel Laurent, l'amant meurtrier, dans Thérèse Raquin (1867).
5. Cette œuvre de Zola nous interroge sur le tragique destin de personnages emportés par des pulsions meurtrières, comme le fait également le roman Crime et Châtiment (1866) de l'écrivain russe Dostoïevski, dans lequel Raskolnikov commet un double meurtre dont un seul était prémédité.
6. L'œuvre de Zola fait aussi penser au roman naturaliste Les Sœurs Vatard (1879) de Huysmans.
7. Le roman de Zola nous pousse à nous demander si tous les romans ne sont pas, au fond, tragiques.
8. La Bête humaine de Zola est donc, en fin de compte, une tragédie au même titre que Phèdre de Racine.
9. On pourrait aussi se poser la question du tragique dans Le Père Goriot (1835) de Balzac.

EXERCICE 3

Rédigez une conclusion possible à partir du sujet et du plan suivant.

Sujet :
Pensez-vous que les *Contes* de Charles Perrault (1628-1703) doivent n'être tenus que pour des récits pour enfants ?

Plan adopté par l'élève :
I. Certes, les contes de Perrault peuvent plaire aux enfants.
a. Les situations des personnages facilitent l'identification des enfants aux héros.
b. Les étapes du récit sont claires.
c. La « moralité » délivre un message pédagogique compréhensible.
II. Mais ils sont beaucoup plus complexes que de simples récits pour enfants.
a. La « moralité » n'épuise jamais le sens du récit.
b. Les personnages sont souvent plus ambivalents qu'il ne paraît.
c. Les contes abordent des questions profondes et complexes, comme le désir sexuel ou la légitimité de la violence.
III. Donc les Contes de Perrault appartiennent pleinement à la littérature.
a. On peut les lire selon différents niveaux de sens.
b. L'imaginaire qu'ils mettent en œuvre est séduisant.
c. Leur qualité poétique est évidente.

Illustration du conte *Le Petit Poucet*, de Charles Perrault, 1697.

53. Pourquoi et comment se relire ?

OUTILS POUR LA DISSERTATION

QUAND ET POURQUOI FAUT-IL SE RELIRE ?

● La **relecture** de ce que l'on vient d'écrire est une étape importante dans un **examen** : une copie est évaluée sur la qualité du raisonnement et de l'expression, il faut donc **vérifier** que, durant le travail de réflexion et de rédaction du devoir, on n'a pas négligé certains aspects du propos.

● **Relire d'abord le brouillon** avant de passer à la « mise au propre », à l'écriture sur la copie finale. Cette relecture sert à **avoir une vue sur l'ensemble de la réflexion** : on vérifie la **cohérence** de son propos, la logique qui en unit les différentes phases. On doit se demander si le plan de son développement est clair et précis, si l'introduction et la conclusion se répondent bien...

● La **deuxième relecture**, cruciale, est celle qui **suit la rédaction complète du devoir** : elle vise à **contrôler**, notamment :
– la présentation de la copie, la mise en page ;
– la **clarté** du propos (il arrive qu'au fil de la plume, on oublie des mots dans la phrase, qu'on redouble le même mot, qu'on se perde dans de longues phrases sans ponctuation ou à la syntaxe incorrecte) ;
– la **qualité de l'expression écrite** (on ne s'exprime pas à l'écrit comme à l'oral : une dissertation doit relever d'un niveau de langue soutenu ou au moins courant, et le respect de l'orthographe y est fondamental).

COMMENT SE RELIRE EFFICACEMENT ?

● Une relecture finale efficace est d'abord liée à un état d'esprit adapté : il faut **se mettre à distance** de ce que l'on vient d'écrire, pour lire la dissertation produite avec le regard neuf qui sera celui de l'examinateur. On doit se laisser un **temps de repos** entre le moment où on finit d'écrire et celui où on relit sa copie : deux à trois minutes peuvent suffire, mais il faut prendre un temps pour penser à autre chose, se détendre.

● La relecture prenant en elle-même au moins dix minutes, prévoir que le **dernier quart d'heure de l'épreuve** est consacré à cette tâche.

● La mise en page (aérée) de la copie, sa **propreté** et la **lisibilité** de la graphie sont essentielles : elles participent à faciliter le travail du correcteur, qui en sera reconnaissant. Quand on relit la copie, les corrections apportées doivent donc être nettes : on use du **blanc correcteur avec modération** ou on fait des ratures à la règle ; les **ajouts** en marge ou en fin de paragraphe, appelés par des astérisques, doivent être **en nombre très limité**.

CONSEILS Quelques questions pour guider sa relecture

1. Ai-je respecté les étapes attendues d'une introduction ?
2. Les étapes du devoir apparaissent-elles clairement, y compris par la mise en page ?
3. La conclusion est-elle structurée et claire ?
4. Ai-je respecté les codes de la dissertation : titres d'œuvres soulignés, citations entre guillemets, effacement des marques de première personne du singulier ?
5. L'orthographe est-elle satisfaisante :
– au niveau des accords sujet/verbe ?
– au niveau des accords dans les groupes nominaux (déterminants/adjectifs/noms) ?
– au niveau des accords des participes passés ?
– au niveau des homophones (distinction entre *et* et *est*, *son* et *sont*, *peut* et *peu*, *à* et *a*, *ou* et *où*, *on* et *ont*...) ?

S'ENTRAÎNER

EXERCICE 1

Recopiez cette introduction et rétablissez-y les codes de présentation d'usage dans la dissertation.

Dans ses « grandes comédies », en cinq actes et en vers, Molière développe des situations plus complexes que dans ses comédies plus réduites et dans ses farces. Ainsi dans Le Misanthrope ou l'Atrabilaire amoureux (1666), si les personnages sont à l'évidence comiques, à commencer par l'excessif et intransigeant Alceste, la situation tourne peu à peu à une défaite des personnages d'Alceste et de Célimène qui semble prendre une dimension sérieuse, voire grave. Un critique a même pu écrire que dans le Misanthrope, Molière porte la comédie aux limites du drame. Faut-il alors considérer la pièce comme un dépassement de la comédie ? Je verrai d'abord que les aspects comiques de la pièce dominent, avant d'envisager les éléments de la pièce qui autorisent à la rapprocher du drame. Je serai ainsi amené à montrer en quoi Le Misanthrope interroge les ambiguïtés du genre de la comédie.

EXERCICE 2

Le paragraphe suivant n'est pas ponctué correctement et ne fait pas toujours apparaître les majuscules de début de phrase. Rétablissez la ponctuation et les majuscules qui conviennent.

Le roman Notre-Dame de Paris (1831) de Victor Hugo recourt en effet au grotesque dont Hugo définit les caractéristiques dans la fameuse « Préface » de *Cromwell* (1827) dès le début du roman le concours de grimaces permet à l'auteur non seulement de faire apparaître d'une manière très théâtrale le personnage principal le sonneur de cloches bossu et hideux Quasimodo mais également de faire réfléchir le lecteur sur la laideur ou plus exactement sur la grandeur du laid car le laid certes Quasimodo par sa monstruosité comique s'oppose durant tout le récit à la fois à la belle Esmeralda et à Phœbus le séduisant capitaine de la garde mais dans la démesure de sa hideur il conserve selon Hugo une certaine dignité si donc la grotesque alliance du bouffon et du bizarre s'incarne en ce personnage qui prête d'abord à rire le lecteur découvre au fur et à mesure du récit que Quasimodo par son âme pure peut s'élever jusqu'au sublime on voit ainsi que le roman montre que les catégories esthétiques du grotesque et du sublime loin d'être rigidement antithétiques se répondent et se dépassent l'une l'autre

Valentin Foulquier, illustration pour *Notre Dame de Paris*, de Victor Hugo

EXERCICE 3

Dans les paragraphes suivants, l'élève hésite sur l'orthographe de certains mots. Recopiez les paragraphes en faisant les bons choix.

1. On comprend par conséquent que cette rhétorique / réthorique ne convaint /convainc le lecteur que s'il n'a pas perçu l'ironie de Montesquieu. L'esclavage est dénoncé à travers l'argumentation même qui l'a présenté / présentée comme justifier / justifié. Le procédé et / est donc risqué de la part de l'auteur : il paris / parie non seulement sur la bienveillance du lecteur, mais aussi sur sa compétence.

2. Le fameux oximore / oxymore « Cette obscure clarté qui tombe des étoiles » marque nécessairement / necéssairement l'esprit du lecteur en frappant son imagination. Le récit de Rodrigue emploie en outre le registre épique / épicque : les vers « Nous partimes cinq cent / cents ; mais par un prompt renfort, Nous nous vîmes trois mille en arrivant au port » font en effet apparaître une hyperbole / hyperbaule caractéristique, figure de style dont on pourrait trouver d'autres occurrences / occurences dans la même tirade de la scène 3 de l'acte IV.

EXERCICE 4

Les pléonasmes consistent à employer des termes superflus, souvent parce qu'ils créent une répétition inutile. Relevez les pléonasmes qui alourdissent les phrases suivantes.

1. Le lecteur peut donc prévoir d'avance que la vie d'Emma Bovary finira mal.

2. En deux heures de temps, le personnage passe donc d'une situation apparemment sans issue à un dénouement heureux.

3. L'auteur de *L'Espèce humaine,* Robert Antelme, a donc vu de ses propres yeux les atrocités des camps nazis.

4. Dans *Germinal*, on voit que Maheu et Lantier s'entraident mutuellement au début de la grève.

5. Beaucoup de poètes publient d'abord leurs poèmes dans des revues, puis ensuite ils les rassemblent dans des recueils.

6. C'est pourquoi sur ce point on peut, sans difficulté aucune, comparer ensemble les œuvres d'Honoré de Balzac et celles d'Émile Zola.

7. On conclura donc par conséquent que le théâtre de Musset refuse de se plier aux conditions matérielles de la représentation théâtrale telles qu'elles étaient à son époque.

54. Qu'est-ce qu'une contraction de texte (résumé) ?

Définition : la **contraction** consiste à réécrire un texte plus **brièvement**, en respectant un **nombre imposé de mots**, tout en retenant les informations essentielles. Cet exercice porte sur un texte argumentatif (d'environ 1 000 mots au baccalauréat) qu'il s'agit de réduire au quart de sa longueur.

Objectif : la contraction permet de faire **comprendre les idées principales** du texte et sa **stratégie argumentative**.

EXERCICE ÉVALUÉ À L'ÉCRIT DU BACCALAURÉAT POUR LES SÉRIES TECHNOLOGIQUES

COMMENT FAIRE ?

1. On observe le **paratexte** : la date, l'auteur et le titre apportent-ils des informations sur le sens du texte ?
2. On procède à une **lecture intégrale** du texte, au cours de laquelle on peut déjà souligner des liens logiques, faire apparaître des effets d'insistance (répétitions, champs lexicaux).
3. On s'interroge ensuite : **quelle est la thèse** défendue par l'auteur ? Dans quelle(s) partie(s) du texte apparaît-elle ? Quels sont les arguments principaux que l'on peut retenir ?
4. On peut **reformuler** les idées du texte en opérant des regroupements de paragraphes si nécessaire. On parvient à un plan détaillé.
5. On décide du **plan final** de la contraction et on procède à une reformulation qui vise à atteindre le calibrage attendu.
6. On **recopie avec soin** la contraction en procédant à des allègements ou à des précisions en fonction du nombre de mots auxquels on est parvenu.
7. On précise le nombre de mots de la contraction.

EXEMPLE : UNE CONTRACTION DE TEXTE PAS À PAS

Consigne : Résumez ce texte de 550 mots au quart de sa longueur, soit 140 mots (+ ou – 10 %).

Idée 1
Aujourd'hui, on peut atteindre n'importe quelle destination. On s'interroge sur ce qui conduit un individu à choisir le lieu vers lequel il va voyager.

[…] Les lieux **anciennement** les plus éloignés — *l'Inde de Marco Polo, l'Afrique de René Caillié, l'Orient de Nerval, l'Océanie de Bougainville* — s'atteignent **maintenant** par des voies d'accès tracées sur les cartes définitivement débarrassées de leurs taches blanches. Toutes les destinations sont devenues possibles - question de temps. Dans ce champ des possibles, comment élire un lieu ? Que choisir ? À quoi renoncer ? Et pour quelles raisons ? Dans les combinaisons pensables, laquelle préférer, et pourquoi ?

Idée 2
Or, c'est le lieu qui nous choisit, selon un lien particulier tissé avec notre personnalité.

Là encore le déterminisme généalogique s'impose. On ne choisit pas ses lieux de prédilection, on est requis par eux. Dans le registre élémentaire des philosophes présocratiques, chacun peut se découvrir porteur d'une passion pour l'eau, la terre ou l'air - le feu circulant dans le corps même du voyageur. Les nomades forcenés procèdent d'un élément qui les ramasse, les contient, les anime et fédère leurs enthousiasmes : *la mer et les vagues des navigateurs, les montagnes et les plaines des marcheurs, l'éther et l'azur des aviateurs*, ces trois points cardinaux orientent un mouvement sur le globe en rotation sous les doigts ou sur les cartes parcourues dans l'ensemble et scrutées dans le détail.

Idée 3
Parmi l'eau, la terre et l'air, on se tourne plutôt vers un élément plutôt qu'un autre ou plus précisément vers certaines particularités de ces éléments.

Ensuite, des combinaisons s'agencent entre les éléments : l'un veut l'eau froide de l'Arctique, l'autre les atolls et les courants chauds du Pacifique ; ici on aspire aux terres grasses, tièdes et humides de la forêt tropicale, là on veut les sols brûlés et calcinés du désert saharien, le passionné d'air glacé des sommets himalayens ne s'emballe pas pour les paysages du furieux de moussons asiatiques ou les bleus et ocres du fils viscéral de la Méditerranée. Chaque corps aspire à retrouver l'élément dans lequel il se sent le plus à l'aise et qui fut jadis, aux heures placentaires ou premières, le pourvoyeur de sensations et de plaisirs confus, mais mémorables. Il existe toujours une géographie qui correspond à un tempérament. Reste à la trouver.

Les indices de l'organisation logique du texte

Le champ lexical du choix qui traverse le premier paragraphe.

Répétition du mot « possibles »

Une opposition à visée argumentative

Succession de questions : la thèse va répondre à ces questions.

Les exemples

Idée 4

C'est aussi le nom qui nous attire car il fait écho à des images enfouies et constitutives de notre histoire.

Idée 5

Le voyage consiste alors à se réaliser : c'est-à-dire à écouter cette affinité entre tel lieu et nous pour céder à un fantasme que l'on porte depuis notre naissance.

Un mot, un nom, un lieu, un endroit lisibles sur la carte retiennent alors l'attention. Celui d'un pays, d'un cours d'eau, d'une montagne, d'un volcan, celui d'un continent, d'une île ou d'une ville. L'indistinct, le viscéral se retrouvent dans une émotion déclenchée soudain par un nom fiché dans la mémoire : aller au Tibet, voir le fleuve Amour, gravir le mont Fuji, escalader l'Etna, cheminer sur les collines de N'Gong, nager dans l'océan Pacifique, aborder Guernesey, visiter Addis-Abeba, marcher dans les rues de Cyrène, naviguer dans la baie d'Along – chacun dispose d'une mythologie ancienne fabriquée avec des lectures d'enfance, des souvenirs de famille, des films, des photos, des images scolaires mémorisées sur une carte du monde un jour de mélancolie en fond de classe. Puis on passe à l'acte pour réaliser son rêve avant de mourir : stationner en silence à l'endroit où se rejoignent l'Orient et l'Occident, dans le détroit du Bosphore, marquer un temps d'arrêt devant la naissance d'une piste africaine en latérite rouge, se sentir interdit dans une rue de New York devant les jets de vapeur puisés par les mufles de bouches d'égout, retenir son souffle en survolant les lagons de l'océan Indien, constater que son cœur bat en franchissant l'équateur ou en passant le tropique du Capricorne, frissonner d'émotion au-delà du Cercle polaire.

Michel ONFRAY, *Théorie du voyage, poétique de la géographie*, éd. Le Livre de poche, 2006

Il s'agit d'un texte du XXIe siècle écrit par un intellectuel français que l'on place dans la catégorie des « philosophes ». Le titre nous guide : l'auteur cherche à faire émerger des principes qui permettent de comprendre ce qu'est le voyage.

Étape 3 : Thèse défendue par l'auteur

Elle est exprimée dans le début du deuxième paragraphe, elle répond à la succession de questions du premier paragraphe : « Là encore le déterminisme généalogique s'impose ». Pour l'auteur, on ne choisit pas une destination de voyage, on est « appelé » vers elle.

On s'interroge sur la thèse défendue par l'auteur et les arguments principaux.

Étape 5 : Proposition de plan

Paragraphe 1 : introduction de la thèse : Comment s'effectue le choix d'une destination ? Il ne s'agit pas d'un choix : chacun ressent un appel vers une destination particulière. (§ 1 et § 2).
Paragraphe 2 : explication de la thèse. Les justifications de ce lien particulier entre une personne et un lieu de voyage. (fin § 2 et § 3)
Paragraphe 3 : conclusion : voyager c'est répondre à une aspiration profonde. (§ 4)

On reformule les idées du texte en opérant des regroupements de paragraphes si nécessaire.

Proposition de contraction de texte en 140 mots (+ ou – 10 mots)

Toutes les destinations, même celles qui relevaient naguère d'une véritable expédition sont aujourd'hui accessibles et tous les territoires sont connus. Il pourrait alors sembler difficile de se déterminer pour une destination. En réalité, il n'en est rien car chacun est appelé – selon une aspiration profonde – vers un type de lieu donné.
Ainsi tout individu ressent une affinité avec l'un des trois éléments : l'eau, la terre et l'air. Plus précisément encore, il se sent attiré vers telle particularité associée à cet élément. Aussi notre personnalité semble-t-elle aimantée vers une destination précise. Les noms de lieux ont également un pouvoir évocateur, ils réveillent notre mémoire et peuvent nous inviter au voyage pour retrouver des images enfouies en nous.
Le voyage permet alors de concrétiser une aspiration profonde et de vivre, en un lieu d'élection, des émotions dont on rêvait depuis toujours. 146 mots

On procède à des allègements ou à des précisions en fonction du nombre de mots auquel on doit parvenir.

55. Comprendre le fonctionnement du texte

OUTILS POUR LA CONTRACTION

On donne le nom de **leviers** aux éléments d'un texte d'idées, de nature différente, qui facilitent la compréhension du fonctionnement de l'argumentation. Être attentif à ces leviers permet de mieux comprendre le texte et ses articulations, et facilite le travail de contraction du texte.

COMPRENDRE LA SITUATION D'ÉNONCIATION

- **Quelles sont les « voix » du texte ?** Pour définir la situation d'énonciation, on précise qui est l'énonciateur, à qui il s'adresse et, le cas échéant, le moment et le lieu de l'énonciation.
- **Y a-t-il une seule thèse en présence ou y en a-t-il plusieurs ?** Certains auteurs font apparaître une thèse qu'ils contestent dans leur argumentation. Il faut veiller à la présence de citations pour repérer une autre « voix » que celle de l'auteur dans le texte.
- L'**étude des types de discours** est également utile car la thèse présentée ou contestée peut aussi être restituée grâce au discours indirect ou au discours indirect libre.

S'INTÉRESSER AUX PROCÉDÉS D'ÉCRITURE

- Les procédés d'écriture permettent de repérer des lignes de force dans le texte. Lors du résumé, il faudra hiérarchiser les idées du texte et décider quelles sont les idées essentielles et les idées secondaires à laisser de côté.
- **Trouve-t-on des répétitions ou des figures d'insistance (répétition, anaphore) ?**
- **Peut-on repérer des champs lexicaux qui montrent qu'une thématique est prégnante ?**
- **L'auteur s'appuie-t-il sur des images pour argumenter ? Sont-elles valorisantes ou, au contraire, relèvent-elles du blâme ?**

REPÉRER LES MODALISATEURS

- **Trouve-t-on des modalisateurs montrant comment l'auteur se situe par rapport à son énoncé ?** La modalisation désigne les différents moyens par lesquels on introduit de la subjectivité dans un énoncé. Repérer les modalisateurs permet donc de comprendre l'opinion de l'auteur.
- Voici quelques exemples de modalisateurs :

Moyens lexicaux	– Verbes d'opinion, de jugement ou verbes indiquant l'obligation, la possibilité, la volonté. – Adverbes de doute, d'intensité, de certitude. – Noms et adjectifs mélioratifs ou péjoratifs. – Interjections qui expriment une émotion. – Pronom indéfini « on ».
Moyens syntaxiques	– Phrases interrogatives ou exclamatives. – Tournures impersonnelles introduisant une distance vis-à-vis de l'énoncé. – Degrés de l'adjectif : le comparatif, le superlatif.
Moyens stylistiques	– Hyperboles et images.
Modes et temps verbaux	– Le subjonctif et le conditionnel nuancent la pensée et introduisent l'idée de doute.

ÉTUDIER LES LIENS LOGIQUES

- En étudiant les liens logiques présents dans le texte, on fait apparaître sa progression (voir pages 40-45 et 196).
- **Quelles sont les relations logiques qui articulent le texte ?**
- **Quels sont les principaux temps du texte ? Y a-t-il une opposition entre le passé et le présent ?**

S'ENTRAÎNER

EXERCICE 1

a. Définissez la situation d'énonciation du texte ci-dessous.

b. Montrez quelles sont les deux voix en présence. Quelle est la thèse défendue par l'auteur ? Justifiez votre réponse.

c. Quels sont les deux champs lexicaux dominants ? Que nous révèlent-ils sur la thématique du texte ?

d. Quelle figure stylistique permet à l'auteur de mettre en évidence sa thèse dans la dernière phrase du texte ?

J'ai honte de voir nos hommes enivrés de cette sotte humeur de s'effaroucher des formes contraires aux leurs : il leur semble être hors de leur élément quand ils sont hors de leur village. Où qu'ils aillent, ils se tiennent à leurs façons et abominent les étrangères. Retrouvent-ils un compatriote en Hongrie, ils festoient cette aventure : les voilà à se rallier et à se recoudre ensemble, à condamner tant de mœurs barbares qu'ils voient. Pourquoi non barbares, puisqu'elles ne sont françaises ? Encore sont-ce les plus habiles qui les ont reconnues, pour en médire. La plupart ne prennent l'aller que pour le venir. Ils voyagent couverts et resserrés d'une prudence taciturne et incommunicable, se défendant de la contagion d'un air inconnu.

MICHEL DE MONTAIGNE, *Les Essais*, « De la vanité », 1580.

EXERCICE 2

Dans l'extrait suivant, repérez les modalisateurs. Comment se positionne l'auteur sur l'opinion qu'il exprime ?

Il n'y a pas longtemps que l'on agitait dans une compagnie célèbre cette question usée et frivole, quel était le plus grand homme, de César, d'Alexandre, de Tamerlan, ou de Cromwell. Quelqu'un répondit que c'était sans contredit Isaac Newton. Cet homme avait raison, car, si la vraie grandeur consiste à avoir reçu du ciel un puissant génie, et à s'en être servi pour s'éclairer soi-même et les autres, un homme comme M. Newton, tel qu'il s'en trouve à peine en dix siècles, est véritablement le grand homme ; et ces politiques et ces conquérants, dont aucun siècle n'a manqué, ne sont d'ordinaire que d'illustres méchants. C'est à celui qui domine sur les esprits par la force de la vérité, non à ceux qui font des esclaves par violence, c'est à celui qui connaît l'univers, non à ceux qui le défigurent, que nous devons nos respects.

VOLTAIRE, *Lettres philosophiques*, 1733.

EXERCICE 3 : ÉCRITURE

Rédigez un paragraphe d'analyse de cette photographie qui a reçu le prix Pulitzer en 2016, en utilisant les liens logiques exprimant les relations de cause, de conséquence, d'addition, d'opposition.

SERGEY PONOMAREV, Migrants arrivant sur l'île de Lesbos en Grèce, *The New York Times*, 2015.

EXERCICE 4

a. Relevez cinq liens logiques dans le texte suivant. Quelle est leur fonction ?

b. Proposez un plan détaillé du texte.

Par une froide journée d'hiver un troupeau de porcs-épics s'était mis en groupe serré pour se garantir mutuellement contre la gelée par leur propre chaleur. Mais tout aussitôt ils ressentirent les atteintes de leurs piquants, ce qui les fit s'écarter les uns des autres. Quand le besoin de se réchauffer les eut rapprochés de nouveau, le même inconvénient se renouvela, de sorte qu'ils étaient ballottés de çà et de là entre les deux maux jusqu'à ce qu'ils eussent fini par trouver une distance moyenne qui leur rendît la situation supportable. Ainsi, le besoin de société, né du vide et de la monotonie de leur vie intérieure, pousse les hommes les uns vers les autres ; mais leurs nombreuses manières d'être antipathiques et leurs insupportables défauts les dispersent de nouveau. La distance moyenne qu'ils finissent par découvrir et à laquelle la vie en commun devient possible, c'est la politesse et les belles manières. En Angleterre on crie à celui qui ne se tient pas à cette distance : *Keep your distance* ! Par ce moyen le besoin de se réchauffer n'est, à la vérité, satisfait qu'à moitié, mais, en revanche, on ne ressent pas la blessure des piquants. Cependant celui qui possède assez de chaleur intérieure propre préfère rester en dehors de la société pour ne pas éprouver de désagréments, ni en causer.

ARTHUR SCHOPENHAUER, *Parerga et Paralipomena*, 1851.

56. Comprendre un parcours argumentatif

OUTILS POUR LA CONTRACTION

L'exercice de la contraction porte toujours sur un **texte d'idées**. On doit donc être attentif à la **stratégie argumentative** de l'auteur. On va, d'une part, se poser des questions ayant trait aux idées de l'auteur, et, d'autre part, réfléchir à la **construction** de l'argumentation pour comprendre la stratégie argumentative retenue.

DISTINGUER LA THÈSE, LES ARGUMENTS ET LES EXEMPLES

• **Quelle est la thèse défendue par l'auteur ? Sur quels arguments s'appuie-t-elle ? Quels sont les exemples proposés par l'auteur ?**

• La **thèse** est l'opinion que l'on défend, le point de vue en faveur duquel on va argumenter.

• L'**argument** est une justification de la thèse défendue, une des raisons pour laquelle on veut faire partager son point de vue. L'argument est général et abstrait.

• L'**exemple** est une illustration de cet argument. Il est particulier et concret.
Dans une contraction, on ne conserve pas les exemples, sauf s'ils ont un rôle pleinement argumentatif et qu'ils ne se contentent pas d'illustrer.

DÉGAGER LA STRATÉGIE ARGUMENTATIVE DU TEXTE

Les stratégies argumentatives s'organisent le plus souvent autour de quatre relations logiques qui peuvent s'instaurer entre les arguments :
– la **cause** : l'auteur procède par justification de son opinion ;
– la **conséquence** : l'auteur exprime les implications de son opinion ;
– l'**opposition** : l'auteur nuance ou réfute sa thèse en lui opposant des arguments ;
– l'**addition** : l'auteur enchaîne les arguments les uns aux autres.

Relations logiques	Connecteurs
L'addition	*et, de plus, d'ailleurs, d'autre part, en outre, puis…*
La cause	*car, parce que, puisque, grâce à, en effet, en raison de, dans la mesure où…*
L'opposition	*mais, cependant, en revanche, alors que, pourtant, tandis que, néanmoins, or…*
La conséquence	*ainsi, c'est pourquoi, en conséquence, si bien que, de sorte que, donc, par conséquent…*
L'illustration	*ainsi, c'est ainsi que, c'est le cas de, comme, d'ailleurs, en particulier, notamment, par exemple…*
La concession	*malgré, en dépit de, quoique, bien que, même si, certes, il est vrai que…*
La conclusion	*bref, ainsi, en somme, donc, par conséquent, en guise de conclusion, en définitive, enfin…*

IDENTIFIER LES PRINCIPAUX TYPES DE RAISONNEMENT

• **Le raisonnement inductif/le raisonnement déductif :** dans le raisonnement inductif, on part d'un fait particulier et on généralise la réflexion. Dans le raisonnement déductif, la démarche est inverse : on part d'une idée générale pour voir comment elle s'applique dans un cas particulier.

• **Le raisonnement concessif :** l'auteur admet un aspect de la thèse adverse, et concède qu'elle peut se justifier pour ensuite balayer cette concession en lui opposant des arguments afin de réaffirmer la pertinence de sa thèse.

• **Le raisonnement par analogie :** l'auteur défend sa thèse en proposant un rapprochement avec un autre domaine.

• **Le raisonnement dialectique** : l'auteur oppose les conséquences négatives et positives d'une thèse.

• **Le raisonnement critique :** l'auteur dénonce la thèse contraire à celle qu'il soutient.

S'ENTRAÎNER

EXERCICE 1

Quelle est la thèse défendue dans les extraits suivants ? Sur quels arguments s'appuie-t-elle ? Proposez un exemple actuel.

Extrait 1

Lorsque dans la même personne ou dans le même corps de magistrature, la puissance législative est réunie à la puissance exécutrice, il n'y a point de liberté ; parce qu'on ne peut craindre que le même monarque ou le même sénat fasse des lois tyranniques pour les exécuter tyranniquement.

Il n'y a point encore de liberté si la puissance de juger n'est pas séparée de la puissance législative et de l'exécutrice. Si elle était jointe à la puissance législative, le pouvoir sur la vie et la liberté des citoyens serait arbitraire : car le juge serait législateur. Si elle était jointe à la puissance exécutrice, le juge pourrait avoir la force d'un oppresseur.

Tout serait perdu si le même homme, ou le même corps des principaux, ou des nobles, ou du peuple, exerçaient ces trois pouvoirs : celui de faire des lois, celui d'exécuter les résolutions publiques, et celui de juger les crimes ou les différends des particuliers.

MONTESQUIEU, *De l'esprit des lois*, 1748.

Extrait 2

Les autres hommes sont déterminés à agir sans sentir ni connaître les causes qui les font mouvoir, sans même songer qu'il y en ait. Le philosophe au contraire démêle les causes autant qu'il est en lui, et souvent même les prévient, et se livre à elles avec connaissance : c'est une horloge qui se monte, pour ainsi dire, quelquefois elle-même. Ainsi il évite les objets qui peuvent lui causer des sentiments qui ne conviennent ni au bien-être, ni à l'être raisonnable, et cherche ceux qui peuvent exciter en lui des affections convenables à l'état où il se trouve. La raison est à l'égard du philosophe ce que la grâce est à l'égard du chrétien. La grâce détermine le chrétien à agir ; la raison détermine le philosophe.

CÉSAR CHESNEAU DUMARSAIS, article « Philosophe », *Encyclopédie*, 1751-1772.

EXERCICE 2

Rédigez un court article pour accompagner cette photographie qui présente l'artiste dissident chinois Ai Weiwei dans un camp de migrants en Grèce, au moment du tournage de son documentaire *Human Flow* (2017). Ce dernier réagit aux conditions d'accueil qui sont faites aux migrants. Vous développerez deux de ses arguments.

L'artiste chinois Ai Weiwei visite le camp de réfugiés grec Idomeni, 9 mars 2016

EXERCICE 3

a. Dans le texte suivant, repérez :

– la situation d'énonciation : qui s'adresse à qui ?

– la modalisation : étudiez les marques de ponctuation pour comprendre l'implication de l'auteur dans son exposé.

– le vocabulaire dépréciatif : qui est critiqué ?

b. Reformulez la thèse de l'auteur ainsi que l'un de ses arguments.

c. Si vous résumez ce texte, conviendra-t-il d'adopter un ton mesuré ou, au contraire, de manifester la colère de l'auteur ?

Pauvres gens misérables, peuples insensés, nations opiniâtres[1] à votre mal et aveugles à votre bien ! Vous vous laissez enlever sous vos yeux le plus beau et le plus clair de votre revenu, vous laissez piller vos champs, voler et dépouiller vos maisons des vieux meubles de vos ancêtres ! Vous vivez de telle sorte que rien n'est plus à vous. Il semble que vous regarderiez désormais comme un grand bonheur qu'on vous laissât seulement la moitié de vos biens, de vos familles, de vos vies. Et tous ces dégâts, ces malheurs, cette ruine, ne vous viennent pas des ennemis, mais certes bien de l'ennemi, de celui-là même que vous avez fait ce qu'il est, de celui pour qui vous allez si courageusement à la guerre, et pour la grandeur duquel vous ne refusez pas de vous offrir vous-mêmes à la mort. Ce maître n'a pourtant que deux yeux, deux mains, un corps, et rien de plus que n'a le dernier des habitants du nombre infini de nos villes. Ce qu'il a de plus, ce sont les moyens que vous lui fournissez pour vous détruire. D'où tire-t-il tous ces yeux qui vous épient, si ce n'est de vous ? Comment a-t-il tant de mains pour vous frapper, s'il ne vous les emprunte ? Les pieds dont il foule vos cités ne sont-ils pas aussi les vôtres ? A-t-il pouvoir sur vous, qui ne soit de vous-mêmes ? Comment oserait-il vous assaillir, s'il n'était d'intelligence avec vous ? Quel mal pourrait-il vous faire, si vous n'étiez les receleurs du larron qui vous pille, les complices du meurtrier qui vous tue et les traîtres de vous-mêmes ? Vous semez vos champs pour qu'il les dévaste, vous meublez et remplissez vos maisons pour fournir ses pilleries, vous élevez vos filles afin qu'il puisse assouvir sa luxure[2], vous nourrissez vos enfants pour qu'il en fasse des soldats dans le meilleur des cas, pour qu'il les mène à la guerre, à la boucherie, qu'il les rende ministres de ses convoitises et exécuteurs de ses vengeances. Vous vous usez à la peine afin qu'il puisse se mignarder[3] dans ses délices et se vautrer dans ses sales plaisirs. Vous vous affaiblissez afin qu'il soit plus fort, et qu'il vous tienne plus rudement la bride plus courte. Et de tant d'indignités que les bêtes elles-mêmes ne supporteraient pas si elles les sentaient, vous pourriez vous délivrer si vous essayiez, même pas de vous délivrer, seulement de le vouloir.

Soyez résolus à ne plus servir, et vous voilà libres. Je ne vous demande pas de le pousser, de l'ébranler, mais seulement de ne plus le soutenir, et vous le verrez, tel un grand colosse dont on a brisé la base, fondre sous son poids et se rompre.

ÉTIENNE DE LA BOÉTIE, *Discours de la servitude volontaire*, 1576.

1. Opiniâtre : qui est tenace dans sa volonté.
2. Luxure : comportement de celui qui se livre sans retenue aux plaisirs sexuels.
3. Mignarder : se comporter avec trop de délicatesse.

EXERCICE 4

Dans l'extrait précédent, à quel élément de l'argumentation correspond la phrase soulignée ? Devrez-vous chercher à en restituer le contenu au moment de la reformulation du résumé.

EXERCICE 5

Rédigez une courte réponse pour prendre position dans le débat suivant en proposant un raisonnement concessif : « Le virtuel est-il un enrichissement du réel ? »

Coup de pouce
La concession peut être introduite par des connecteurs logiques tels que *certes*, *mais*.

EXERCICE 6

Dans les extraits suivants, quels raisonnements reconnaissez-vous ? Justifiez votre réponse en vous appuyant sur des indices.

Texte 1

Or je trouve, pour revenir à mon propos, qu'il n'y a rien de barbare et de sauvage en cette nation, à ce qu'on m'en a rapporté, sinon que chacun appelle barbarie ce qui n'est pas de son usage ; comme de vrai, il semble que nous n'avons autre mire de la vérité et de la raison que l'exemple et idée des opinions et usances du pays où nous sommes. Là est toujours la parfaite religion, la parfaite police, parfait et accompli usage de toutes choses. Ils sont sauvages, de même que nous appelons sauvages les fruits que nature, de soi et de son progrès ordinaire, a produits : là où, à la vérité, ce sont ceux que nous avons altérés par notre artifice et détournés de l'ordre commun, que nous devrions appeler plutôt sauvages. En ceux-là sont vives et vigoureuses les vraies et plus utiles et naturelles vertus et propriétés, lesquelles nous avons abâtardies en ceux-ci, et les avons seulement accommodées au plaisir de notre goût corrompu. Et si pourtant, la saveur même et délicatesse se trouve à notre goût excellente, à l'envi des nôtres, en divers fruits de ces contrées-là sans culture.

MICHEL DE MONTAIGNE, *Essais*, livre I, chap. 31, 1580.

Texte 2

Le roi de France est le plus puissant prince de l'Europe. Il n'a point de mines d'or comme le roi d'Espagne son voisin ; mais il a plus de richesses que lui, parce qu'il les tire de la vanité de ses sujets, plus inépuisable que les mines. On lui a vu entreprendre ou soutenir de grandes guerres, n'ayant d'autres fonds que des titres d'honneur à vendre ; et, par un prodige de l'orgueil humain, ses troupes se trouvaient payées, ses places munies, et ses flottes équipées.

D'ailleurs ce roi est un grand magicien : il exerce son empire sur l'esprit même de ses sujets ; il les fait penser comme il veut. S'il n'a qu'un million d'écus dans son trésor et qu'il en ait besoin de deux, il n'a qu'à leur persuader qu'un écu en vaut deux, et ils le croient. S'il a une guerre difficile à soutenir, et qu'il n'ait point d'argent, il n'a qu'à leur mettre dans la tête qu'un morceau de papier est de l'argent, et ils en sont aussitôt convaincus. Il va même jusqu'à leur faire croire qu'il les guérit de toutes sortes de maux en les touchant, tant est grande la force et la puissance qu'il a sur les esprits.

MONTESQUIEU, *Lettres persanes*, « Lettre XXIV », 1721.

Atelier de **LOUIS MICHEL VAN LOO**, *Portrait de Louis XV, roi de France*, 1,30 x 0,98 m, XVIIIe siècle.

57. Hiérarchiser les idées du texte

OUTILS POUR LA CONTRACTION

Lorsqu'on a compris et fait apparaître la thèse du texte, une étape consiste à décider **quelles sont les idées que l'on va conserver** et celles que l'on ne mentionnera pas car elles sont accessoires.

IDENTIFIER LES EXEMPLES ET LES CITATIONS POUR LES SUPPRIMER

- Les exemples qui ont une fonction d'illustration et les citations qui servent de références pour appuyer la thèse ne figurent pas dans la contraction finale.
- Lors de la lecture du texte à résumer, on peut donc **supprimer les exemples, les citations, les éléments répétés** ou qui constituent des digressions. Cette première étape permet de ne garder que les idées les plus importantes. Ce travail aboutit à une première contraction.

DISTINGUER IDÉES PRINCIPALES ET IDÉES SECONDAIRES

CONSEIL

Il faut restituer l'ensemble des idées que l'auteur défend. On ne peut pas en choisir deux si le raisonnement s'appuie sur trois points.

- L'objectif de la contraction consiste à distinguer idées principales et idées secondaires.
- **On doit donc repérer les arguments principaux de l'argumentation et opérer un choix.** Si on a identifié le type de raisonnement que suit le texte, on peut s'appuyer sur les éléments constitutifs de ce raisonnement pour savoir ce qu'il faut conserver.

ÉLABORER LA STRUCTURE DE LA CONTRACTION

ASTUCE

Si l'on demande un texte d'une centaine de mots, on ne peut dépasser quatre paragraphes sous peine qu'un paragraphe soit réduit à une seule phrase.

- Certaines idées du texte source ayant été supprimées, il faut réfléchir à la **progression** de la contraction.
- La contraction se présente sous la forme d'un **texte constitué de paragraphes** qui commencent tous par un alinéa. Il faut organiser la reformulation des idées de l'auteur en **deux ou trois mouvements**.
- Après avoir mis en place le plan détaillé du texte à résumer, **on procède à des rapprochements entre les idées directrices** pour construire une contraction structurée, claire dans sa progression.
- À partir des idées directrices retenues dans le plan détaillé, on propose une contraction construite dont **le nombre de paragraphes ne correspond pas nécessairement à ceux du texte source**.

Voici un exemple emprunté au texte résumé p. 192.

> Ensuite, des combinaisons s'agencent entre les éléments : l'un veut l'eau froide de l'Arctique, l'autre les atolls et les courants chauds du Pacifique ; ici on aspire aux terres grasses, tièdes et humides de la forêt tropicale, là on veut les sols brûlés et calcinés du désert saharien, le passionné d'air glacé des sommets himalayens ne s'emballe pas pour les paysages du furieux de moussons asiatiques ou les bleus et ocres du fils viscéral de la Méditerranée. Chaque corps aspire à retrouver l'élément dans lequel il se sent le plus à l'aise et qui fut jadis, aux heures placentaires ou premières, le pourvoyeur de sensations et de plaisirs confus, mais mémorables. Il existe toujours une géographie qui correspond à un tempérament. Reste à la trouver.

Exemples illustratifs à supprimer

Idées essentielles

Idée secondaire

→ On peut réunir ces idées essentielles en deux phrases, la seconde ayant une valeur conclusive : « L'air, l'eau et la terre peuvent aussi être déclinés en associations complexes, chacune d'elles étant en mesure de satisfaire un individu déterminé. Un lieu épouse donc une personnalité. »

S'ENTRAÎNER

EXERCICE 1

Lisez ce court extrait deux fois, puis fermez le manuel. Quelle est la thèse ? Quelles sont les idées qui vous restent en mémoire ?

Ce que nous reprochons aux bourreaux hitlériens et staliniens n'est pas qu'ils retiennent certains éléments du passé plutôt que tous – nous-mêmes ne comptons pas procéder autrement – mais qu'ils s'arrogent le droit de contrôler le choix des éléments à retenir. Aucune instance supérieure dans l'État ne devrait pouvoir dire : vous n'avez pas le droit de chercher par vous-même la vérité des faits, ceux qui n'acceptent pas la version officielle du passé seront punis. Il y va de la définition même de la vie en démocratie : les individus comme les groupes ont le droit de savoir, donc aussi de connaître leur propre histoire ; ce n'est pas au pouvoir central de le leur interdire ou permettre.

TZVETAN TODOROV, *Les Abus de la Mémoire*, éd. Arléa, 1992.

EXERCICE 2

Voici le brouillon de la contraction d'un élève qui a travaillé sur le texte de Todorov. Doit-il conserver le point 1 ? Montrez que le point 3 exprime une idée principale et une idée secondaire.

1. Dans un état totalitaire, ce n'est pas tant la lecture sélective de l'histoire qui est dangereuse que le fait de s'en arroger le monopole.
2. Aucune instance politique ne doit interdire ni sanctionner la quête de vérité.
3. C'est la condition de l'exercice de la démocratie car elle garantit le droit de savoir et de connaître sa propre histoire.

Coup de pouce

Si vous avez identifié le type de raisonnement que suit le texte, vous pouvez vous appuyer sur les éléments constitutifs de ce raisonnement pour savoir ce qu'il faut conserver.

- Pour un raisonnement de type concessif, il faut faire apparaître la thèse adverse, l'élément sur lequel portent la concession et la thèse défendue.
- Dans un raisonnement dialectique, il faut conserver les deux thèses en présence.

EXERCICE 3

Dans l'extrait suivant, on a encadré des connecteurs logiques pour faire apparaître la structure du texte.

a. Commencez par rappeler les relations logiques que ces connecteurs introduisent.

b. Appuyez-vous sur cette structure pour proposer le plan détaillé du texte.

On n'est pas encore habitué à parler de la mémoire d'un groupe, même par métaphore. *Il semble qu'une telle faculté ne puisse exister et durer que dans la mesure où elle est liée à un corps ou à un cerveau individuel.* Admettons cependant, qu'il y ait, pour les souvenirs, deux manières de s'organiser et qu'ils puissent tantôt se grouper autour d'une personne définie, qui les envisage de son point de vue, tantôt se distribuer à l'intérieur d'une société grande ou petite dont ils sont autant d'images partielles. Il y aurait donc des mémoires individuelles et, si l'on veut des mémoires collectives. En d'autres termes, l'individu participerait à deux sortes de mémoire mais, suivant qu'il participe à l'une ou à l'autre, il adopterait deux attitudes très différentes et même contraires. D'une part, c'est dans le cadre de sa personnalité ou de sa vie personnelle que viendraient prendre place ses souvenirs : ceux-là même qui lui sont communs avec d'autres ne seraient envisagés par lui que sous l'aspect qui l'intéresse en tant qu'il se distingue d'eux. D'autre part, il serait capable à certains moments de se comporter comme le membre d'un groupe qui contribue à évoquer et entretenir des souvenirs impersonnels dans la mesure où ceux-ci intéressent le groupe. Si ces deux mémoires se pénètrent souvent, **en particulier si la mémoire individuelle** peut, pour confirmer tels de ses souvenirs, pour les préciser, et même pour combler quelques-unes de ses lacunes, s'appuyer sur la mémoire collective, se replacer en elle, se confondre momentanément avec elle, elle n'en suit pas moins sa voie propre et tout cet apport extérieur est assimilé et incorporé progressivement à sa substance. **La mémoire collective, d'autre part,** enveloppe les mémoires individuelles mais ne se confond pas avec elles. Elle évolue suivant ses lois et si certains souvenirs individuels pénètrent aussi quelques fois en elle, ils changent de figure dès qu'ils sont replacés dans un ensemble qui n'est plus une conscience personnelle.

MAURICE HALBWACHS, *La Mémoire collective*, éd. Albin Michel, 1950.

Mémorial de la Shoah, le mur des noms, 2014.

EXERCICE 4

Dans le texte de l'exercice 3, étudiez la phrase en italique. Pourquoi peut-on dire qu'il s'agit d'une idée secondaire ?

EXERCICE 5

En vous appuyant sur les passages soulignés du texte de l'exercice 3, montrez pourquoi la phrase : « Si elles se nourrissent l'une de l'autre, les deux types de mémoire obéissent à des règles de fonctionnement différentes » pourrait être une bonne reformulation de la dernière idée directrice du texte.

EXERCICE 6

En vous appuyant sur la structure du texte, et sur d'autres leviers, proposez un plan détaillé du texte.

L'une des caractéristiques les plus étonnantes du texte théâtral, la moins visible mais peut-être la plus importante, c'est son caractère incomplet. Les autres textes de fiction doivent, dans une certaine mesure, combler l'imagination du lecteur : la mansarde de Lucien de Rubempré, le jardin enchanté de *La Faute de l'abbé Mouret*, le champ de bataille de *Guerre et paix* sont des lieux sur lesquels le lecteur reçoit assez de renseignements pour se les figurer à loisir, même si ces figurations sont individuellement assez différentes. De même, les personnages sont décrits assez fidèlement pour que le lecteur puisse vivre imaginairement avec eux. Ce travail de détermination irait contre les possibilités de la scène : il faut que la représentation puisse avoir lieu n'importe où et que n'importe qui puisse jouer le personnage. Un exemple frappant, le début du *Misanthrope*, qui ne souffle mot des rapports entre les personnages, ni entre les personnages et les lieux. Comment ces personnages arrivent-ils ? En courant, au pas ? Lequel va devant ? Ou sont-ils déjà là, debout, assis ? Le texte n'en dit rien. Rien non plus sur l'âge des personnages.

MOLIÈRE, *Le Misanthrope,* mise en scène de Clément Hervieu-Léger à la Comédie française, 2016.

Est-ce le même ? Y en a-t-il un qui paraisse l'aîné ? Lequel ? Autant d'éléments sur lesquels le texte reste resolument muet. Ce sera le travail du metteur en scène de donner les réponses. Réponses absolument nécessaires : il faut bien que les personnages se présentent de telle ou telle façon. En outre, ni l'aspect ni la présentation ne sont neutres : le rapport Alceste-Philinte et, par là, le sens même du personnage d'Alceste et de toute la pièce seront fixés dans le premier instant. Quelles que soient les modifications ultérieures apportées à ces premières images, elles devront s'inscrire en différence par rapport à elles. Ainsi dans la mise en scène de Jean-Pierre Vincent (Théâtre national de Strasbourg, 1977), Alceste est assis dans une sorte de certitude boudeuse, côté cour, et Philinte, debout auprès de lui, a l'air de s'excuser comme un jeune garçon pris en faute. Tout le développement ultérieur est déterminé par ce départ ; or il est une pure création du metteur en scène : l'incomplétude du texte oblige le metteur en scène à prendre parti.

ANNE UBERSFELD, « Le texte dramatique », dans *Lire le Théâtre*, éd. Belin, 1977.

EXERCICE 7

Voici deux structures de contraction du texte d'Anne Ubersfeld proposées par deux élèves différents à partir du plan détaillé. Laquelle choisiriez-vous et pourquoi ?

Structure 1

– Le texte théâtral a un caractère incomplet, à l'inverse d'autres textes de fiction qui apportent au lecteur de quoi nourrir son imaginaire, qu'il s'agisse des lieux ou des personnages.

– Or cette caractérisation est impossible au théâtre : les lieux et les personnages sont ouverts à tous les possibles.

– Il revient au metteur en scène de combler ces « blancs » du texte théâtral et, ce faisant, il en donnera une interprétation.

Structure 2

– Le texte théâtral a un caractère incomplet, à l'inverse d'autres textes de fiction qui apportent au lecteur de quoi nourrir son imaginaire, qu'il s'agisse des lieux ou des personnages.

– Comme cette caractérisation est impossible au théâtre, les lieux et les personnages étant ouverts à tous les possibles, il revient au metteur en scène de combler ces « blancs » du texte théâtral. Il en donne alors une interprétation.

58. Reformuler avec concision

OUTILS POUR LA CONTRACTION

L'exercice de la contraction de texte requiert des qualités d'analyse et des qualités de rédaction puisqu'il faut proposer une reformulation concise et efficace. On doit être précis tout en ayant recours à des tournures concises pour respecter le nombre de mots demandé.

LES PRINCIPES D'UNE REFORMULATION CONCISE

- Pour reformuler un texte, il faut souvent **modifier la syntaxe des phrases en opérant des regroupements d'idées** qui permettent de gagner en concision.
- Une phrase complexe peut englober plusieurs phrases simples si elles constituent une seule unité de sens.

LES ERREURS À ÉVITER

- **La reprise de mots du texte :** seuls les concepts impossibles à reformuler ou assez communément employés peuvent être repris.
- **Le commentaire subjectif sur le texte :** on ne doit pas donner son opinion sur le texte à résumer.
- **La reformulation erronée du sens du texte :**
  - si on dit le contraire de ce que dit le texte, c'est un contresens ;
  - si on dit autre chose que ce que dit le texte, c'est un faux-sens.
- **Le dépassement du nombre de mots :** il sera demandé d'indiquer le nombre de mots du résumé.

LE LEXIQUE, LA CLÉ POUR REFORMULER AVEC PRÉCISION

CONSEIL

Attention : il ne s'agit pas de prélever certains passages du texte en calquant la syntaxe de celui-ci grâce à des synonymes. Il faut montrer comment le raisonnement progresse.

- C'est souvent la richesse et la précision du vocabulaire employé qui permettent de réussir l'exercice de la contraction. Grâce à une attention régulière portée au vocabulaire, les connaissances en ce domaine peuvent s'enrichir. Pour cela, il faut à la fois collecter les mots nouveaux et les réemployer.
- La contraction de texte est un exercice qui exige une expression maîtrisée : le lexique doit être précis, la syntaxe doit permettre de faire passer les idées du texte avec concision et clarté. L'orthographe doit également être soignée.

QUELQUES SUBSTITUTIONS POUR « ÉCONOMISER LES MOTS »

Substitution	Exemple	Économie de mots
Le remplacement des verbes pronominaux par des verbes simples.	Il s'aperçoit qu'il est en retard.	→ Il constate son retard.
Le remplacement d'un groupe prépositionnel par un adjectif.	Une idée de génie.	→ Une idée géniale.
Le remplacement d'un groupe prépositionnel par un adverbe.	Il travaille avec sérieux.	→ Il travaille sérieusement.
Le remplacement du positif par le négatif.	Il n'aime pas lire à haute voix.	→ Il déteste lire à haute voix.
Le remplacement du passif par l'actif.	Son erreur a été découverte par son professeur.	→ Son professeur a découvert son erreur.
Le remplacement des subordonnées.	J'acceptai bien qu'il n'en ait aucune envie.	→ J'acceptai à son grand désespoir.

S'ENTRAÎNER

EXERCICE 1

Voici un extrait d'une conférence de Paul Valéry à la fin de la Première Guerre mondiale. Vous décidez de supprimer trois passages : expliquez pourquoi.

« Personne ne peut dire ce qui demain sera mort ou vivant en littérature, en philosophie, en esthétique. Nul ne sait encore quelles idées et quels modes d'expression seront inscrits sur la liste des pertes, quelles nouveautés seront proclamées.

L'espoir, certes, demeure et chante à demi-voix :

"Et cum vorandi vicerit libidinem
Late triumphet imperator spiritus"

Mais l'espoir n'est que la méfiance de l'être à l'égard des prévisions précises de son esprit. Il suggère que toute conclusion défavorable à l'être doit être une erreur de son esprit. Les faits, pourtant, sont clairs et impitoyables. Il y a des milliers de jeunes écrivains et de jeunes artistes qui sont morts. Il y a l'illusion perdue d'une culture européenne et la démonstration de l'impuissance de la connaissance à sauver quoi que ce soit ; il y a la science, atteinte mortellement dans ses ambitions morales, et comme déshonorée par la cruauté de ses applications ; il y a l'idéalisme, difficilement vainqueur, profondément meurtri, responsable de ses rêves ; le réalisme déçu, battu, accablé de crimes et de fautes ; la convoitise et le renoncement également bafoués ; les croyances confondues dans les camps, croix contre croix, croissant contre croissant ; il y a les sceptiques eux-mêmes désarçonnés par des événements si soudains, si violents, si émouvants, et qui jouent avec nos pensées comme le chat avec la souris, – les sceptiques perdent leurs doutes, les retrouvent, les reperdent, et ne savent plus se servir des mouvements de leur esprit. L'oscillation du navire a été si forte que les lampes les mieux suspendues se sont à la fin renversées. »

PAUL VALÉRY, *La Crise de l'Esprit*, première lettre, 1919.

Le bureau de Paul Valéry.

EXERCICE 2

Voici des énumérations. Quel mot unique permettrait de réduire ces listes ?

1. La gloire, la fougue, le courage et le sens de l'honneur distinguent ce personnage.
2. Le tri sélectif, le choix d'acheter des objets de seconde main, la décision de donner des vêtements usagers à des associations sont des comportements typiques du développement durable.
3. L'accident de Tchernobyl, la crise de la vache folle, les attentats du 11-Septembre et le séisme de Fukushima auront marqué plusieurs générations.
4. Les OGM, le clonage humain, la dépendance aux nouvelles technologies sont reprochés au milieu scientifique aujourd'hui.
5. Les syndicalistes, les membres des partis politiques et les responsables d'une association peuvent être les interlocuteurs du président de la République.

Coup de pouce

On peut « réduire » des passages d'un texte en passant d'une énumération à un terme générique ou du champ lexical au mot-clé.

EXERCICE 3

On a relevé des passages énumératifs dans l'extrait de Paul Valéry. Proposez des reformulations qui les réduisent à un adjectif unique.

1. « il y a l'idéalisme, difficilement vainqueur, profondément meurtri, responsable de ses rêves »
2. « le réalisme déçu, battu, accablé de crimes et de fautes »
3. « des événements si soudains, si violents, si émouvants »

EXERCICE 4

Voici une proposition de contraction pour le texte de Paul Valéry, support de l'exercice 1.

a. Commentez le choix des reformulations opérées dans les passages soulignés.

b. En vous appuyant sur les conseils qui précèdent, supprimez une dizaine de mots à cette proposition de contraction.

On ignore encore aujourd'hui ce qui disparaîtra demain dans la culture comme ce qui va émerger. L'espoir reste tel un refus d'accepter un avenir insatisfaisant. Cependant, il est démenti par la réalité : par les pertes qui ont touché le domaine des arts, par l'échec de la culture et du savoir européens à s'imposer, par les errements de la science devenue immorale et dangereuse dans ses innovations. S'ajoute aussi la perte de nos idéaux, mais également la déception face à certains de nos actes, qu'ils relèvent de nos désirs comme de nos refus, ainsi que la ruine de nos croyances toutes religions confondues, jusqu'à nos doutes qui vacillent devant toutes ces catastrophes. Tous nos repères et nos valeurs sont bouleversés.

EXERCICE 5

Voici un extrait d'un article que Laurent Mauvignier a écrit au lendemain des attentats de 2015.

a. Montrez que ces trois paragraphes développent une seule idée directrice.

b. Repérez la reprise du verbe *répondre* dans le deuxième paragraphe. Comment pourriez-vous condenser les deux propositions de la première phrase en une seule (en italique) ?

c. Repérez les répétitions du verbe *devoir* dans le troisième paragraphe.

d. Quel mot pouvez-vous proposer pour remplacer « ni celle de la philosophie, ni celle de la sociologie, de la psychologie, etc. » ?

e. Faites une proposition de contraction pour le troisième paragraphe en une vingtaine de mots.

2,00 € Première édition. N° 10813 LUNDI 15 FÉVRIER 2016 www.liberation.fr

Libération

Trois mois après les attentats, les survivants tentent de surmonter l'épreuve. Mardi, nombre d'entre eux seront au concert parisien d'Eagles of Death Metal.

13 NOVEMBRE
VIVRE AVEC

Hip-hop
Les mystères de West
Le rappeur américain, qui se voit comme un génial trait d'union entre Jésus Christ, Shakespeare et Steve Jobs, sort le très attendu «The Life of Pablo», album inclassable à la gestation épique qui brouille encore les cartes de l'insaisissable Kanye. PROFIL ET CRITIQUE PAGES 24-27

Sarkozy manque d'air à LR
Le chef du parti Les Républicains espérait reprendre la main ce week-end, lors du conseil national de la formation. Mais ses rivaux ne se sont pas privés de contester son autorité. RÉCIT, PAGES 16-17

PSG: Aurier jacte et jarte
Le défenseur du club a été écarté du groupe, dimanche, après avoir traité Laurent Blanc de «flotte» lors d'un échange vidéo avec des fans. DÉCRYPTAGE, PAGES 18-19

Je ne vois pas comment les attentats qui nous frappent, à force d'habiter nos pensées, pourraient ne pas habiter nos livres.

Voilà en quoi revient, pour moi, cette question d'écrire avec la mort, avec le réel, avec la violence qui nous entoure et nous concerne. *On peut y répondre en écrivant des livres, certains le feront ; on peut aussi y répondre en refusant aux terroristes le pouvoir de coloniser notre esprit et notre travail.* C'est une question qu'il faut se poser, qu'on se pose toujours : comment ramener ce qui nous ébranle dans le champ de nos interrogations, sans rien céder de ce que nous sommes.

Car la littérature doit prendre le temps de mesurer l'impact de ce que notre vie subit. Elle ne doit pas se laisser corrompre – comme l'acidité corrompt – par l'émotion et la sidération. L'écrivain doit prendre le temps de la mise en perspective, et, dans le cas des romanciers, prendre le temps d'interroger la violence par le prisme de sa pratique, qui n'est ni celle de la philosophie, ni celle de la sociologie, de la psychologie, etc., mais qui pourtant les enveloppe et les concentre dans ces expériences simulées qu'on appelle fictions.

LAURENT MAUVIGNIER, « Regarder la mort en face »,
Le Monde des Livres, 19 novembre 2015.

Coup de pouce
Repérez, à l'échelle du paragraphe, les reprises, les répétitions pour réunir plusieurs phrases simples en une seule phrase complexe.

EXERCICE 6

Dans un carnet de type répertoire, collectez chaque jour un mot nouveau – ainsi que sa définition – qui vous sera utile dans vos exercices de reformulation. Rédigez une phrase de votre invention pour vous approprier ce mot nouveau.

EXERCICE 7

Entraînez-vous à employer un vocabulaire varié et précis en cherchant des synonymes. Proposez entre deux et quatre synonymes pour les mots suivants.

auteur – critiquer – texte – progrès – règles

EXERCICE 8

Barrez les intrus dans les listes de mots suivantes.

Liste 1 : satire, caricature, ironie, ridicule, critique.

Liste 2 : développement, croissance, progrès, innovation, effort.

Liste 3 : arrêt, pause, rupture, interruption, fossé.

EXERCICE 9

Classez les mots suivants en précisant le critère que vous avez choisi pour réorganiser chaque liste.

Liste 1 : rire, s'amuser, se marrer, rigoler, ressentir la dimension comique.

Liste 2 : peur, frayeur, terreur, inquiétude, angoisse.

Liste 3 : travail, labeur, servitude, exercice.

59. Relire pour améliorer sa contraction de texte

L'étape de la relecture porte dans deux directions : la vérification que les points clés de la contraction ont été respectés et une vigilance portée à l'expression et à l'orthographe.

LA CONTRACTION EN 8 POINTS CLÉS

1. **Elle fait apparaître les idées directrices du texte :** sa thèse et ses principaux arguments.
2. **Elle fait apparaître l'enchaînement** des idées et leur hiérarchie.
3. **Elle reformule les idées** sans reprendre les mots ou expressions du texte.
4. **Elle respecte la situation énonciative** : on prend à son compte les idées de l'auteur sans porter de jugement.
5. **Elle restitue le registre** du texte pour faire apparaître son intention.
6. **Elle conserve l'ordre** du texte, c'est-à-dire sa progression.
7. **Elle respecte le nombre de mots** imparti : il faut le faire apparaître à la fin de la contraction.
8. **L'expression est soignée et l'orthographe est respectée.**

RESPECTER LE NOMBRE DE MOTS EXIGÉS

En fonction du nombre de mots atteint – en tenant compte de la tolérance affichée –, on peut :
- **procéder à de nouveaux allègements** si on est au-dessus du nombre de mots attendu. Soit on reformule en visant à plus de concision, soit on décide de supprimer une idée secondaire ;
- **reformuler plus précisément** si on est en dessous du nombre de mots attendu. On va alors ajouter une idée supplémentaire pour que le résumé soit plus riche.

COMMENT COMPTER LES MOTS ?

- La **règle** pour compter les mots repose sur une définition visuelle : un mot est une unité typographique isolée par deux blancs. Exemple : le texte à résumer = 4 mots.
Tous les « petits mots » (articles, conjonctions, pronoms) comptent pour un mot.

Cas particuliers :

- Les **dates** comptent pour un mot (ex. : 2019 = 1 mot).
- Le signe des **pourcentages** compte pour un mot (ex. : 50 % = 2 mots).
- Les **acronymes** comptent pour un mot (ex. : ONU = 1 mot)
- Les **mots composés :** on considère que le tiret sépare deux mots au même titre qu'un espace. Par exemple, « c'est-à-dire » compte pour quatre mots. En revanche, « aujourd'hui » ne compte que pour un mot puisque les deux unités typographiques n'ont pas de sens à elles seules.
- Les **lettres euphoniques** ne comptent pas. Ainsi, « a-t-il » compte pour deux mots.

SOIGNER SON EXPRESSION ET VÉRIFIER SON ORTHOGRAPHE

- **La construction des phrases :** l'exercice de la contraction de texte peut inciter à rédiger des phrases complexes dont il faut maîtriser la structure.
– Il doit y avoir un verbe principal qui commande toute subordonnée. (voir p. 36)
– Il faut être vigilant à l'usage du pronom relatif « dont ». On l'utilise pour tous les verbes ou locutions verbales construisant leur complément avec « de ». (voir p. 36)
- **La reprise pronominale :** vérifier que l'on a bien associé le nom et le pronom qui lui correspond.
- **Relire paragraphe par paragraphe :** cela permet de soigner les enchaînements.
- **Procéder à plusieurs relectures sélectives :** une première fois pour les verbes et l'accord avec le sujet, une deuxième fois pour l'accord nom/adjectif…

S'ENTRAÎNER

EXERCICE 1

L'extrait suivant a fait l'objet de deux propositions de contraction. Analysez-les et expliquez quel type d'erreur elles illustrent parmi les erreurs listées page 202.

Le deuxième pilier sur lequel s'est fondée, pendant quatre siècles, la modernité occidentale, c'est la science expérimentale et ses applications. On sait de quelle façon elle a contribué, au fil des siècles, à infléchir l'histoire des hommes, à transformer la terre, à changer la vie. Que reste-t-il de cette suprématie ? Pas grand-chose. Dévoyée en « technoscience » et soumise aux impératifs prioritaires du marché, l'ancienne quête de connaissance a changé de nature. Elle n'obéit plus aux règles anciennes de la gratuité imaginative et de la validation académique. Elle procède d'un utilitarisme à courte vue. Le gain escompté l'emporte sur la soif de découverte. Ce qu'on trouve n'est plus vraiment destiné à l'ensemble de la communauté des hommes. La mise sous brevet de chaque « trouvaille » aboutit à privatiser la recherche scientifique, tout en formatant ses programmes, afin qu'ils conviennent aux calculs des financiers. Une découverte n'a de sens que si elle trouve un marché. La « connaissance » devient strictement instrumentale, partie prenante de cette dictature sans dictateur qui régit la marche du monde.

JEAN-CLAUDE GUILLEBAUD, *Le Commencement d'un monde*, Éd. du Seuil, 2008.

Proposition 1 : La science en Occident a participé à l'amélioration de la condition humaine. Aujourd'hui, elle a changé de nature et c'est bien dommage. Elle est tournée vers le profit et ne sert plus qu'à enrichir certains. Elle n'existe que pour servir la finance : quel scandale !

Proposition 2 : La science en Occident a été un facteur important de progrès. Désormais dénaturée, elle s'est éloignée de ses valeurs fondatrices. Les scientifiques cherchent à réaliser toujours plus de profit dans le but de s'enrichir.

EXERCICE 2

Proposez à votre tour une contraction de l'extrait de l'exercice 1.

EXERCICE 3

Comptez les mots des phrases et extraits suivants.

1. Il s'interroge sur les moyens d'action de l'ONU en 2019.

2. La science en Occident a participé à l'amélioration de la condition humaine. Aujourd'hui, elle a changé de nature et c'est bien dommage. Elle est tournée vers le profit et ne sert plus qu'à enrichir certains. Elle n'existe que pour servir la finance : quel scandale !

EXERCICE 4

Voici un texte dont on vous propose une contraction en 75 mots.

a. Procédez à un allégement en éliminant une quinzaine de mots.

b. Proposez une autre version, plus précise que la première.

En définitive, à quelle distance exacte se tient un romancier ? En marge de la vie pour la décrire, car si vous êtes plongé en elle – dans l'action – vous en avez une image confuse. Mais cette légère distance n'empêche pas le pouvoir d'identification qui est le sien vis-à-vis de ses personnages et celles et ceux qui les ont inspirés dans la vie réelle. Flaubert a dit : « Madame Bovary, c'est moi. » Et Tolstoï s'est identifié tout de suite à celle qu'il avait vue se jeter sous un train une nuit, dans une gare de Russie. Et ce don d'identification allait si loin que Tolstoï se confondait avec le ciel et le paysage qu'il décrivait et qu'il absorbait tout, jusqu'au plus léger battement de cils d'Anna Karénine. Cet état second est le contraire du narcissisme car il suppose à la fois un oubli de soi-même et une très forte concentration, afin d'être réceptif au moindre détail. Cela suppose aussi une certaine solitude. Elle n'est pas un repli sur soi-même, mais elle permet d'atteindre à un degré d'attention et d'hyper-lucidité vis-à-vis du monde extérieur pour le transposer dans un roman. »

PATRICK MODIANO, Discours lors de la remise du prix Nobel, 2014.

Proposition de contraction à retravailler
Le romancier entretient à la fois une relation distanciée au réel pour pouvoir l'observer mais aussi un lien de proximité avec les différents éléments de sa création dont il semble parfois partager l'existence. Cette posture refuse tout nombrilisme et exige en revanche une attention extrême au moindre événement du monde. Elle ne peut s'atteindre que dans un certain isolement favorable à la compréhension du réel et à son inscription dans le roman.

EXERCICE 5

Caractérisez le registre des extraits suivants.

Extrait 1

Rien n'était si beau, si leste, si brillant, si bien ordonné que les deux armées. Les trompettes, les fifres, les hautbois, les tambours, les canons, formaient une harmonie telle qu'il n'y en eut jamais en enfer. Les canons renversèrent d'abord à peu près six mille hommes de chaque côté ; ensuite la mousqueterie ôta du meilleur des mondes environ neuf à dix mille coquins qui en infectaient la surface.

VOLTAIRE, *Candide*, 1759.

Extrait 2

Où vont tous ces enfants dont pas un seul ne rit ?
Ces doux êtres pensifs que la fièvre maigrit ?
Ces filles de huit ans qu'on voit cheminer seules ?
Ils s'en vont travailler quinze heures sous des meules
Ils vont, de l'aube au soir, faire éternellement
Dans la même prison le même mouvement.

VICTOR HUGO, « Melancholia », *Les Contemplations*, 1856.

Extrait 3

Si vous faites des lois qui changent la nature des actions et en font des crimes, faites-en contre les célibataires dont le nombre augmente tous les jours, qui portent la séduction et l'opprobre dans les familles, qui trompent les jeunes filles comme je l'ai été, et qui les forcent à vivre dans l'état honteux dans lequel je vis au milieu d'une société qui les repousse et les méprise. Ce sont eux qui troublent la tranquillité publique ; voilà des crimes qui méritent plus que le mien l'animadversion[1] des lois.

DENIS DIDEROT, *Supplément au Voyage de Bougainville*, 1772.

1. **Animadversion** : réprobation.

Coup de pouce

La version finale de la contraction doit aussi s'efforcer de restituer l'intention de l'auteur et le registre du texte. Reportez-vous aux pages 76 et 78 pour réviser les différentes tonalités.

EXERCICE 6

Lisez les textes de l'exercice 1 et de l'exercice 2.

a. Quel texte cherche, au-delà des idées qu'il exprime, à produire une impression particulière chez le lecteur ?

b. Caractérisez son registre en vous appuyant sur un indice.

c. Proposez deux pistes pour restituer ce registre.

EXERCICE 7

Voici une grille inachevée d'évaluation de contraction de texte. Reportez-vous à la première leçon sur la contraction (p. 192-193) pour la compléter, puis relisez vos travaux pour la remplir.

Ma contraction	Non fait	Non acquis	En cours d'acquisition	Acquis / maîtrisé
J'ai reformulé la thèse de l'auteur.				
Ma contraction respecte le nombre de mots demandé.				
J'ai essayé de restituer le registre du texte.				

EXERCICE 8

Reprenez chacune de vos copies d'entraînement à la contraction et remplissez au fur et à mesure la fiche suivante, qui va vous permettre de mesurer vos progrès au fil de l'année.

Références de la contraction (auteur, titre, date)	Commentaire de l'enseignant(e)	Éléments positifs de la copie	Que faut-il améliorer ?	Remarques sur l'expression

60. Qu'est-ce qu'un essai ?

→ **Définition :** un essai **répond de manière construite et argumentée à une question** ou à une opinion sur une thématique donnée.

→ **Objectif** : **emporter l'adhésion** d'un lecteur en manifestant des **capacités de réflexion**, de **construction de l'argumentation** et en sollicitant avec pertinence et précision des connaissances et des illustrations.

EXERCICE ÉVALUÉ À L'ÉCRIT DU BACCALAURÉAT POUR LES SÉRIES TECHNOLOGIQUES

L'ESSAI EN 6 ÉTAPES CLÉS

Cet exercice met en œuvre une compétence qui va être fréquemment sollicitée lors de vos études et dans votre vie professionnelle, tant à l'écrit qu'à l'oral : la **formulation construite et développée d'une opinion.** En rédigeant un essai, vous devez **examiner la pensée d'autrui** et **délibérer** à partir d'une question. C'est un exercice formateur : il développe des compétences pour **analyser une opinion** et pour y **répondre de façon argumentée**.

ÉTAPE 1 **Comprendre l'opinion d'autrui et formuler le problème auquel elle répond.**

- Il s'agit de vérifier que l'on a bien compris l'opinion proposée et de poser le problème.
- On reformule avec précision et rigueur l'opinion de l'auteur pour se l'approprier.
- On s'interroge : à quelle question répond cette opinion ? Face à quel problème l'auteur a-t-il pris position ?

ÉTAPE 2 **Étudier un texte pour dégager des arguments et illustrations.**

- On procède à une lecture du texte.
- On recherche les informations (arguments et exemples) qui permettront de l'exploiter.

ÉTAPE 3 **Chercher des arguments et des exemples dans l'œuvre au programme, les textes étudiés en lien avec l'œuvre et dans ses connaissances personnelles.**

- En quoi la question posée et le texte à résumer croisent-ils l'œuvre relevant de la littérature d'idées et le parcours associé étudiés en cours ? Quelles réponses peut-on trouver à la question dans les textes travaillés au lycée ? Quelles sont les illustrations dont on dispose pour formuler une opinion ?
- Il s'agit de trouver des arguments et des exemples en dehors du texte. On peut proposer plusieurs pistes issues de l'œuvre au programme et des textes étudiés dans son prolongement. On fait aussi appel à ses connaissances personnelles : lecture, cinéma, série, actualité, cours d'autres matières.

ÉTAPE 4 **Construire une réflexion progressive et critique à partir d'un problème.**

- On rassemble l'ensemble des arguments – ceux trouvés grâce au texte de la contraction, ceux trouvés grâce à l'étude de l'œuvre au programme, ceux puisés dans les connaissances personnelles.
- On associe ensuite une illustration à chaque argument. On parvient à un plan détaillé.

ÉTAPE 5 **Rédiger l'essai.**

- Il est constitué d'une introduction, d'un développement, et se termine par une conclusion.
- Le développement comporte une partie qui valide l'opinion de l'auteur, une transition et une partie critique qui vise à dépasser l'opinion proposée.
- L'objectif est d'emporter l'adhésion – convaincre et persuader – du lecteur.

ÉTAPE 6 **Relire son travail.**

- On le relit avec soin pour améliorer son travail.

EXEMPLE DE SUJET

Sujet : Partagez-vous l'opinion de Rousseau à propos de l'héroïsme : « C'est la collection d'un grand nombre de vertus sublimes, rares dans leur assemblage, plus rares dans leur énergie » (*Discours sur la vertu du héros*, 1752) ? Vous vous appuierez sur le texte support du résumé ainsi que sur l'œuvre de littérature d'idées et le parcours associé que vous avez étudiés cette année ainsi que sur vos connaissances personnelles pour répondre.

TEXTE SUPPORT DE LA CONTRACTION ACCOMPAGNANT L'ESSAI

Qu'en est-il enfin de la notion de héros aujourd'hui ? [...] le héros est né avec la civilisation et ne peut disparaître entièrement. Pas plus que ne le peuvent les mythes, les religions, et tous les chemins de l'imaginaire. Gracián[1] proposait à l'homme de cour vivant au Siècle d'or espagnol de «se proposer quelque héros, non pas tant à imiter qu'à surpasser». Sans doute le héros appartient-il aux «images ancestrales» de l'humanité, identifiées par Carl Jung[2]. La plasticité[3] du concept, son évolution au cours des siècles montrent bien son utilité, née du besoin de l'enfant, de la jeunesse, du groupe, de l'être humain en général de se projeter dans un modèle, de modeler son imaginaire en le tendant vers un horizon d'excellence, un dépassement, une transcendance.

L'approche morale des héros est forcément marquée idéologiquement mais les sociétés, comme les individus, ne peuvent en faire l'économie. Faut-il se fixer des garde-fous ? Dissocier le concept de ses incarnations actuelles et garder une fraîcheur d'admiration suffisante pour constituer son propre panthéon personnel ? Prendre conscience du syncrétisme[4] du héros : artefact né et véhiculé par la parole, il s'adapte et se modifie aujourd'hui par l'image et évoluera encore ? Ne pas confondre héroïsme et héros ? Toute personne peut accomplir un acte héroïque, fruit d'un choix et de valeurs assumées, d'où la multitude de héros discrets, inconnus, morts ; le héros en revanche n'acquiert son statut que par le discours, le culte, après l'événement, réel ou construit. Un tricheur ou une crapule peuvent être érigés en héros, des héros de papier peuplent les affiches de propagande ou de publicité.

La réflexion critique et l'analyse seraient-elles garantes d'une lecture consciente de la fabrique héroïque et d'un jugement serein conduisant à reconnaître le véritable héros, à condamner le salaud et mépriser l'imposteur ? Par sa violence et sa résilience[5] aristocratique, l'héroïsme est mêlé au sang et à la mort. De saint Georges à l'icône de Che Guevara, en passant par Julien Sorel ou Spider-Man, l'histoire des héros s'écrit en rouge et noir, dans une alliance de la guerre et du sacré.

L'époque contemporaine peine à conduire l'héroïsme vers d'autres horizons plus pacifiques et moins phallocrates. En procédant, par exemple, à une lecture humaniste des épopées anciennes, ou en favorisant l'émergence de héros à la gloire discrète qui engagent leur destinée pour défendre ce qu'il y a de plus précieux et de plus digne : la vie humaine.

On peut se réjouir de cette «inscutenable légèreté» des héros modernes dont on n'exige plus nécessairement la mort sacrificielle. Entre le talon d'Achille et la talonnade de Zidane, il y a tout ce qui sépare le héros qui meurt du héros qui feinte !

Pourtant dans cette édulcoration[6] *récente des héros se profile un double risque* : celui de leur patrimonialisation et celui de leur négation. Le héros, en effet, est à la fois le déserteur de l'histoire et l'amant de la mémoire. Il est alors manipulé, décontextualisé, débarrassé des enjeux politiques qui ont présidé à son élaboration. Il entre dans une grande famille qui défend une pseudo-morale abstraite et universelle. On le sait, les usages politiques de la mémoire, mythifiant le souvenir, vont souvent à l'encontre de l'écriture de l'histoire. Par son discours critique, cette dernière cherche tout autant à construire qu'à déconstruire les hommes célèbres. D'autre part, la sacralisation des victimes conduit à ostraciser les héros. Un tel comportement est illusoire, voire inquiétant, dans la mesure où une société, trop rationalisée et aseptisée[7], évacuant la violence et la mort, évoque les univers totalitaires – réels ou fictifs – qui confient à un État le soin de gérer le côté obscur de la vie humaine. Dans cette ardeur, cette folie parfois, réside l'excès, le dépassement, la part d'ombre... et l'histoire de l'imaginaire nous montre qu'assumer les héros, c'est accepter l'homme dans ses rêves, comme dans ses cauchemars.

Odile Faliu, Marc Tourret, « Le héros de demain », *Héros, de Achille à Zidane*, éd. de la BNF, 2007.

1. **Gracian :** écrivain et philosophe du siècle d'or (1601-1658)
2. **Carl Jung :** psychiatre suisse (1875-1961)
3. **Plasticité :** capacité à changer de forme
4. **Syncrétisme :** mélange d'influences
5. **Résilience :** capacité à se reconstruire après des épreuves.
6. **Édulcoration :** atténuation.
7. **Aseptisée :** rendue neutre

LA MÉTHODE PAS À PAS

ÉTAPE 1

• On reformule avec précision et rigueur l'opinion de Rousseau pour se l'approprier : « Le héros est un être d'exception à la fois dans les qualités qu'il détient, dans la façon dont elles sont combinées et dans la force qu'elles sont capables de lui donner. ».

• On s'interroge :
- À quelle question répond cette opinion ?
- Face à quel problème Rousseau a-t-il pris position ?
- Cette opinion répond à la question suivante : qu'est-ce qu'un héros ?

ÉTAPE 2

• On procède à une lecture du texte support de la contraction et on recherche les informations (arguments et exemples) qui permettront de l'exploiter.

• On constate qu'Odile Faliu et Marc Tourret réfléchissent à la façon dont on considère le héros aujourd'hui. Ils s'intéressent notamment au culte médiatique qui est fait de certains des héros et au cheminement de la mémoire qui peut conduire à rejeter des figures héroïques.

• Ce texte rejoint celui de Rousseau, en montrant que le héros a une dimension exemplaire.

• Contrairement à ce qu'avance Rousseau, selon ces critiques, le héros peut être un homme ordinaire : « Toute personne peut accomplir un acte héroïque, fruit d'un choix et de valeurs assumées, d'où la multitude de héros discrets, inconnus, morts ».

• Enfin, ces critiques s'interrogent sur l'existence de héros mauvais, que l'Histoire et la tradition aimeraient ignorer.

ÉTAPE 3

• On s'interroge ensuite :
- Le problème posé accepte-t-il d'autres réponses que l'opinion de Rousseau ?
- Quelles sont les illustrations dont je dispose pour formuler une opinion ?

• Il s'agit de trouver des arguments et des exemples dans l'œuvre de littérature d'idées au programme de première et dans le parcours associé. On peut aussi proposer plusieurs pistes issues des connaissances personnelles :
- en français, référence aux héros de la mythologie, aux récits antiques de L'*Illiade* et de L'*Odyssée*, ou aux héros des tragédies grecques. Pour critiquer l'opinion de Rousseau, on peut aussi s'appuyer sur les romans du XXe siècle qui redéfinissent la figure du héros, comme peuvent le faire *Ne tirez pas sur l'oiseau moqueur* ou *La Peste* ;
- en histoire, la référence aux actes des Justes pendant la Seconde Guerre mondiale : des gens ordinaires ont caché des juifs en risquant leur vie ;
- au cinéma, les films sur les superhéros montrent bien que ce sont des justiciers pourvus de qualités surhumaines.

ÉTAPES 4, 5 ET 6

On peut désormais rassembler les arguments relevés dans le texte à résumer et les arguments personnels pour construire le plan de l'essai. On associe ensuite une illustration à chaque argument. On parvient à un plan détaillé. On rédige l'essai. Et on le relit avec soin.

EXEMPLE D'ESSAI RÉDIGÉ

Introduction

Accroche

Spiderman, Captain Marvel, Hulk…, le succès des superhéros des comics dans les adaptations cinématographiques ne se dément pas, preuve qu'ils fascinent toujours autant. Au XVIIIe siècle, Rousseau, dans Discours sur la vertu du héros, caractérisait l'héroïsme en ces termes : « C'est la collection d'un grand nombre de vertus sublimes, rares dans leur assemblage, plus rares dans leur énergie. » Cette définition insiste sur l'abondance des qualités du héros, la façon dont elles s'équilibrent et la puissance qui se dégage de cette créature, elle nous conduit à nous interroger : doit-on considérer que le héros est un être exceptionnel ? On observera que cette définition prévaut car elle est inscrite dans une longue tradition ; on notera, toutefois, qu'elle n'épuise pas toutes les manifestations de l'héroïsme aujourd'hui.

Formulation du sujet

Portée du sujet et problématisation
Annonce des grands axes

Développement

Si l'on ne peut que souscrire à la définition que propose Rousseau c'est parce qu'elle coïncide avec l'histoire de cette notion, et correspond même à son origine. Dans la mythologie grecque, le héros est un personnage considéré comme fabuleux car il est issu de l'union d'une figure divine et d'une figure humaine. C'est donc un être exceptionnel dont les qualités dépassent celles du simple mortel car il peut rivaliser – ou presque – avec les dieux. De nombreux mythes ont popularisé certaines de ces figures et ont contribué à inscrire ce modèle dans la culture commune. C'est pour cette raison que Fénelon choisit d'écrire Les aventures de Télémaque en 1699, un roman dans lequel il propose pour l'éducation des futurs rois de France, dont il est le précepteur, l'exemple des exploits d'Ulysse et ceux de son fils Télémaque. Ces figures héroïques antiques jointes à la figure de Mentor qui guide les pas du jeune héros, en quête d'exploits mais aussi de conseils pour bien gouverner, servent de modèles aux futurs souverains de France. Cet exemple montre bien comment nos références culturelles font du héros un être qui sort du commun et dont la conduite est un modèle qui traverse les époques.

Partie qui valide l'opinion de l'auteur

Toutefois, le héros n'est pas exclusivement un être de fiction, certains hommes ont marqué l'histoire parce qu'ils ont accompli de grandes actions en mettant leurs qualités personnelles au service de l'intérêt commun. L'« énergie » que souligne Rousseau, c'est cette volonté extrême qu'ont déployée certains individus pour défendre leurs peuples. Ces hommes et femmes qui ont tenu les destins des nations entre leurs mains sont qualifiés de « héros » car leurs vertus ont nourri un idéal qu'ils sont parvenus à atteindre. Dans Discours sur le vertu du héros, en 1752, Rousseau nous propose l'exemple d'Alexandre qui a mené son peuple à la victoire face à l'adversité. On pourrait aujourd'hui qualifier certains chefs de la Résistance – tels Charles de Gaulle ou Jean Moulin – de « héros » selon cette acception car ils ont fait preuve de courage et de détermination pour défendre les valeurs de liberté alors que la France était occupée. Le héros est donc celui qui consacre les ressources de sa personnalité à une mission qui le dépasse et sert une communauté entière.

Arguments relevés dans l'œuvre au programme

Transition

Cependant, cette définition qui accorde un crédit important à la force et à l'extraordinaire n'occulte-t-elle pas d'autres dimensions du héros tout aussi légitimes aujourd'hui ?

La représentation du héros que nous propose Rousseau repose sur des vertus exceptionnelles qui seraient le propre de certains, mais ne peut-on pas penser que tout homme porte en lui des potentialités qui peuvent faire de lui un héros ? Même les hommes ordinaires peuvent se comporter en héros parce qu'ils peuvent oser s'opposer à l'injustice ou défendre des valeurs humanistes avec les moyens simples dont ils disposent. Les personnages d'Albert Camus dans La Peste constituent de bons exemples d'individus qui choisissent de ne pas abdiquer dans le contexte extrême auquel ils sont confrontés. Cette terrible maladie, qui est ici une image pour désigner toutes les guerres, oblige les hommes à choisir leur attitude face au destin. Cet exemple suggère que chacun peut se comporter en héros quelles que soient ses qualités personnelles.

Arguments puisés dans des lectures personnelles

Partie critique qui vise à dépasser l'opinion proposée

Par ailleurs, on peut aussi critiquer la définition de Rousseau en soulignant qu'elle porte en elle des risques de dérives : elle met l'accent sur l'idée d'énergie qui peut se muer en force, et elle valorise aussi le caractère sublime du héros dont il peut user pour manipuler un groupe. Aujourd'hui, après les traumatismes que furent les régimes totalitaires, on aurait tendance à prôner le fait que l'héroïsme consisterait, au contraire, à dominer cette énergie, à renoncer à se poster sur un piédestal pour garder la mesure de ce qui fait l'humain. C'est sur cette ambivalence du héros, à l'œuvre dans la définition de Rousseau, qu'insistent les auteurs qui ont consacré à la figure du héros une exposition à la BNF. Selon eux, « l'histoire de l'imaginaire nous montre qu'assumer les héros, c'est accepter l'homme dans ses rêves, comme dans ses cauchemars » c'est-à-dire que l'héroïsme comporte une face sombre qui s'oppose à une vision humaniste que l'on préfère d'ordinaire privilégier.

Conclusion

On a réfléchi aux critères qui permettent d'établir une définition pertinente du héros. Inscrite dans une tradition littéraire et artistique, cette figure possède des invariants qui font écho à la définition que propose Rousseau dans son Discours sur la vertu du héros : qualités morales, dispositions physiques, détermination qui sortent du commun. Comme le montre le philosophe des Lumières, le héros peut être reconnu également comme celui qui sert les intérêts de tous grâce à des qualités extrêmes. Toutefois, les crises que le monde a connues au XXe siècle ont montré que l'héroïsme ne se mesure pas nécessairement à des vertus exceptionnelles : ce sont parfois des hommes fragiles qui ont risqué leur vie pour les autres. Les tyrannies et totalitarismes de cette époque nous ont également appris à nous montrer critiques vis-à-vis des personnalités charismatiques que décrit Rousseau. Les héros d'aujourd'hui continuent à défendre les intérêts de tous en prenant des risques, on peut penser aux lanceurs d'alerte qui n'hésitent pas à mettre leur vie professionnelle en péril pour que les valeurs d'équité et d'honnêteté qu'ils portent puissent être entendues. Si ce modèle-là est prégnant aujourd'hui, alors il faudrait s'interroger sur les rapports qu'entretiennent ces nouveaux héros avec la loi et l'ordre établi.

Récapitulation et synthèse

Prise de position claire et engagée

Ouverture de la réflexion

61. Exploiter le texte de la contraction pour l'essai

OUTILS POUR L'ESSAI

LE TEXTE SUPPORT DE LA CONTRACTION, UN APPUI POUR L'ESSAI

- L'essai est rédigé en réponse à une opinion qui est **extraite du texte à résumer.** Il peut aussi répondre à une question qui relève d'un des thèmes traités dans ce texte. Par ailleurs, cette opinion ou cette question face à laquelle on va prendre position **fait écho à l'une des œuvres traitées en première** dans l'objet d'étude **« La littérature d'idées du XVIe au XVIIIe siècle ».** Le texte à résumer, quant à lui, appartient à la **littérature d'idées contemporaine.**
- L'opinion est éclairée par l'ensemble du texte auquel elle appartient : celui-ci permet de **mieux saisir le contexte** dans lequel elle a été formulée.
- Elle peut être développée dans d'autres passages du texte qui permettront de la **comprendre**.
- Le point de vue défendu par l'auteur s'appuie sur **différents arguments** et des **illustrations** que l'on peut relever dans le texte.

LES AUTRES TEXTES SUR LESQUELS S'APPUYER

- L'œuvre étudiée dans l'objet d'étude « la littérature d'idées » ainsi que le parcours associé constituent également un appui pour l'essai.
- Le texte à résumer et l'œuvre de littérature d'idées partagent une thématique commune sur laquelle porte la question de l'essai.
- Le texte à résumer, l'œuvre étudiée ainsi que le parcours associé constituent **un ensemble cohérent**, dont le **dialogue est fécond** :
  - soit ils apportent une **réponse convergente** à la question de l'essai ;
  - soit ils se positionnent différemment sur ce débat et certains de leurs arguments vont **alimenter la partie critique** de l'essai ou vont permettre de **le dépasser**.

EXPLOITER LE DOCUMENT D'OÙ EST EXTRAITE L'OPINION

L'analyse du contexte

- Le contexte désigne tout ce qui apporte un **éclairage sur le sens d'un texte**.
- On s'intéresse au **paratexte** :
  - le **titre** exprime parfois le point de vue de l'auteur ;
  - les **notes** de bas de page doivent être étudiées ;
  - la **date de publication** et l'**auteur** permettent d'inscrire l'œuvre dans une situation historique particulière et de comprendre sa résonance à une époque donnée.
- Les textes eux-mêmes contiennent parfois des références à un contexte particulier : ils peuvent mentionner des événements historiques ou politiques, citer des dates...

Les 4 questions à se poser

Pour disposer d'une première grille de lecture d'un texte, voici les questions indispensables à se poser :
- Sur quoi porte le document ?
- Quelle position défend-il ?
- Pour quelles raisons ?
- Quels exemples propose-t-il ?

CONSEIL

Peut-on écrire sur les textes ?

Le corpus vous appartient : il n'est pas relevé et il est considéré comme un outil de travail.
Pour s'approprier les textes, il est souvent utile d'écrire, d'annoter, de souligner, d'entourer les exemples...

S'ENTRAÎNER

EXERCICE 1

Reprenez le texte de Michel Onfray, *Théorie du voyage*, qui sert de support à la contraction rédigée de la fiche 54 (page 192).

a. Posez à ce texte les quatre questions qui vous permettent d'en avoir une première grille de lecture : Sur quoi porte ce texte ? Quelle position défend-il ? Pour quelles raisons ? Quels exemples proposent-ils ?

b. Parmi les citations suivantes quelle est celle que vous choisiriez pour formuler un sujet d'essai ? Pourquoi ?

1. « Toutes les destinations sont devenues possibles – question de temps. »

2. « On ne choisit pas ses lieux de prédilection, on est requis par eux. »

3. « L'un veut l'eau froide de l'Arctique, l'autre les atolls et les courants chauds du Pacifique ».

c. Avec quelles œuvres du XVIIIe siècle, ce texte partage-t-il une thématique ? Proposez deux exemples.

EXERCICE 2

Reprenez le texte à résumer d'Odile Faliu, Marc Tourret, « Le héros de demain », *Héros, de Achille à Zidane*, qui accompagne le sujet rédigé dans la fiche 60 (page 209).

a. Dressez la liste de quatre figures héroïques que ce texte propose et qui pourraient illustrer votre essai.

b. Sélectionnez dans ce texte, une citation, qui pourrait servir de sujet d'essai et présentez-la comme elle le serait le jour de l'examen.

c. Quel passage, dans ce texte, permettrait d'éclairer la citation que vous avez choisie ?

EXERCICE 3

Lisez l'extrait suivant.

a. Indiquez dans quel contexte (époque, lieu, conditions sociales) l'opinion de l'auteur s'exprime.

b. Dégagez la thèse de l'auteur, un argument sur laquelle elle s'appuie et une illustration.

c. Dans ce texte, sélectionnez une phrase qui pourrait servir de sujet d'essai et justifiez votre choix.

La femme est faite spécialement pour plaire à l'homme ; si l'homme doit lui plaire à son tour, c'est d'une nécessité moins directe, son mérite est dans sa puissance, il plaît par cela seul qu'il est fort. Ce n'est pas ici la loi de l'amour, j'en conviens ; mais c'est celle de la nature, antérieure à l'amour même. Cultiver dans les femmes les qualités de l'homme et négliger celles qui leur sont propres, c'est donc visiblement travailler à leur préjudice : les rusées le voient trop bien pour en être les dupes ; en tâchant d'usurper nos avantages elles n'abandonnent pas les leurs ; mais il arrive de là que, ne pouvant bien ménager les uns et les autres, parce qu'ils sont incompatibles, elles restent au-dessous de leur portée, sans se mettre à la nôtre, et perdent la moitié de leur prix. Croyez-moi, mère judicieuse, ne faites point de votre fille un honnête homme, comme pour donner un démenti à la nature ; faites-en une honnête femme, et soyez sûre qu'elle en vaudra mieux pour elle et pour nous.

Jean-Jacques Rousseau, *Émile*, 1762.

EXERCICE 4

Associez les œuvres et les parcours les accompagnant avec l'opinion/question sur laquelle elles pourraient contribuer à faire réfléchir.

1. Montaigne, *Essais*, « Des Cannibales », I, 31 ; « Des Coches », III, 6 ; parcours : Notre monde vient d'en trouver un autre.

2. Jean de La Fontaine, *Fables* (livres VII à XI) ; parcours : Imagination et pensée au XVIIe siècle.

3. Montesquieu, *Lettres persanes* ; parcours : Le regard éloigné.

4. Voltaire, *L'Ingénu* ; parcours : Voltaire, esprit des Lumières.

A. A-t-on besoin de prendre de la distance pour mieux comprendre notre monde ?

B. En quoi la connaissance d'autrui nous permet-elle de progresser ?

C. Le progrès dans la connaissance conduit-il au progrès moral ?

D. Le détour par l'imagination est-il un moyen de réflexion ?

EXERCICE 5

Vous avez travaillé sur un parcours intitulé « Vanité des apparences » et vous disposez des extraits suivants des *Caractères* de La Bruyère et de la photographie de Charles Fréger.

a. Pour chacun des deux extraits de La Bruyère, expliquez en trois phrases, comment il s'inscrit dans la thématique « Vanités des apparences ».

b. Lisez la présentation que fait Charles Fréger sur son site de la série de photographies à laquelle appartient celle qui vous est proposée. (http://www.charlesfreger.com/fr/portfolio/opera/) . Expliquez en cinq phrases en quoi cette photographie s'inscrit, elle aussi, dans la thématique « vanité des apparences ».

c. Montrez que les textes de La Bruyère et la photographie de Fréger offrent un éclairage différent sur le parcours « Vanité des apparences ».

d. On vous propose le sujet d'essai suivant : « La beauté de l'apparence est seulement un charme de l'instant ; l'apparence du corps n'est pas toujours le reflet de l'âme. » (George Sand, *Le Beau Laurence*, 1870). Exploitez les documents et proposez trois arguments pour prendre position face à cette citation.

Extrait 1

N… est riche, elle mange bien, elle dort bien ; mais les coiffures changent, et lorsqu'elle y pense le moins, et qu'elle se croit heureuse, la sienne est hors de mode.

Jean de La Bruyère, *Les Caractères*, 1688.

Extrait 2

Iphis voit à l'église un soulier d'une nouvelle mode ; il regarde le sien et en rougit ; il ne se croit plus habillé. Il était venu à la messe pour s'y montrer, et il se cache ; le voilà retenu par le pied dans sa chambre tout le reste du jour. Il a la main douce, et il l'entretient avec une pâte de senteur ; il a soin de rire pour montrer ses dents ; il fait la petite bouche, et il n'y a guère de moments où il ne veuille sourire ; il regarde ses jambes, et se voit au miroir : l'on ne peut être plus content de personne qu'il l'est de lui-même ; il s'est acquis une voix claire et délicate, et heureusement il parle gras ; il a un mouvement de tête, et je ne sais quel adoucissement dans les yeux, dont il n'oublie pas de s'embellir ; il a une démarche molle et le plus joli maintien qu'il est capable de se procurer ; il met du rouge, mais rarement, il n'en fait pas habitude. Il est vrai aussi qu'il porte des chausses et un chapeau, et qu'il n'a ni boucles d'oreilles ni collier de perles ; aussi ne l'ai-je pas mis dans le chapitre des femmes.

Ces mêmes modes que les hommes suivent si volontiers pour leurs personnes, ils affectent de les négliger dans leurs portraits, comme s'ils sentaient ou qu'ils prévissent l'indécence et le ridicule où elles peuvent tomber dès qu'elles auront perdu ce qu'on appelle la fleur ou l'agrément de la nouveauté ; ils leur préfèrent une parure arbitraire, une draperie indifférente, fantaisie du peintre qui ne sont prises ni sur l'air ni sur le visage, qui ne rappellent ni les mœurs ni la personne. Ils aiment des attitudes forcées ou immodestes, une manière dure, sauvage, étrangère, qui font un capitan d'un jeune abbé, et un matamore d'un homme de robe ; une Diane d'une femme de ville ; comme d'une femme simple et timide une amazone ou une Pallas ; une Laïs d'une honnête fille ; un Scythe, un Attila, d'un prince qui est bon et magnanime.

Une mode a à peine détruit une autre mode, qu'elle est abolie par une plus nouvelle, qui cède elle-même à celle qui la suit, et qui ne sera pas la dernière : telle est notre légèreté.

Jean de La Bruyere, *Les Caractères*, 1688.

Document 3

Charles Fréger, *Opéra*, 2005.

62. Construire une réflexion dialectique

OUTILS POUR L'ESSAI

LES CARACTÉRISTIQUES D'UN ESSAI

● L'essai relève du **genre rhétorique délibératif : il confronte des opinions**. On attend une discussion qui examine **différents points de vue,** voire **des points de vue opposés**. À partir de l'opinion proposée, il convient, à l'aide d'arguments, **de la confirmer et de la réfuter**.

● L'essai est aussi un écrit **où l'on s'engage,** c'est-à-dire que l'on attend une **prise de position** sur le thème traité. Cette prise de position apparaît tout au long du travail ainsi que dans la conclusion. On organise le devoir en fonction de ce que l'on cherche à défendre. La construction choisie contribue donc à affirmer le point de vue de l'élève.

● L'essai appartient aussi au **registre didactique : il cherche à partager des connaissances à travers les arguments et les exemples** qu'il met en avant. C'est pourquoi cet écrit est **très clair et structuré**.

COMPRENDRE L'OPINION QUE L'ON PROPOSE DE DISCUTER

● La question est : « partagez-vous le point de vue de l'auteur ? » On doit expliciter une prise de position et se positionner face à elle. Il faut donc vérifier que l'on a compris le point de vue de l'auteur.

● Commencer par recopier l'opinion, puis entourer les mots-clés et expliciter le(s) sens des mots importants. Enfin, reformuler la citation avec ses propres mots pour se l'approprier.

DÉGAGER LE DÉBAT À PARTIR DE L'OPINION PROPOSÉE

● L'essai part d'une opinion et s'intéresse à un problème qu'il faut expliciter.

● Pour cela, il faut dégager le problème auquel répond l'opinion. Cela doit être un **vrai problème** que l'on ne peut résoudre de façon directe et **qui nécessite donc la rédaction d'un essai.**

● S'il est difficile de répondre, c'est parce que les enjeux – c'est-à-dire les conséquences – sont complexes et cela peut être bon de les faire apparaître.

● Cette étape est cruciale car elle permet de **se fixer une « mission »**, que l'on va accomplir en réalisant régulièrement un **bilan d'étape pour montrer la progression de sa réflexion.**

CONSEIL

Demandez-vous face à quel problème l'auteur s'est positionné : quelle question lui a-t-on posé pour qu'il formule cette opinion ? Le point de vue que l'on vous demande de discuter est une réponse possible à un problème, à vous de dégager les autres.

CONSTRUIRE LE PLAN À PARTIR DU PROBLÈME POSÉ

● L'organisation de l'essai consiste le plus souvent à **confirmer l'opinion proposée** puis à en montrer les limites, voire à la réfuter.

● On peut, la plupart du temps, construire son essai **en deux grandes parties** :
– la première consiste à défendre l'opinion proposée autour de deux arguments ;
– la seconde s'attache à soutenir une opinion différente.

CRITIQUER L'OPINION

● Comment critiquer un point de vue ?
– En montrant ses limites.
– En lui apportant des nuances.
– En critiquant ses présupposés.
– En le dépassant : soit en proposant d'autres solutions ou des alternatives, soit en envisageant le problème sous un autre angle.

S'ENTRAÎNER

EXERCICE 1

Quelles reformulations vous paraissent les plus intéressantes pour les opinions suivantes ? Expliquez pourquoi vous n'en avez pas retenu certaines.

Opinion 1

« Une femme judicieuse, appliquée, et pleine de religion, est l'âme de toute une grande maison. » (Fénelon, *De l'éducation des filles*, 1687.)

Reformulation 1 : Le fonctionnement du foyer repose sur la femme.

Reformulation 2 : Plus la femme sera instruite et plus son foyer rayonnera.

Reformulation 3 : Les qualités de la maîtresse de maison se reflètent dans son foyer.

Opinion 2

« Pauvres gens misérables, peuples insensés, nations opiniâtres à votre mal et aveugles à votre bien ! Vous vous laissez enlever sous vos yeux le plus beau et le plus clair de votre revenu, vous laissez piller vos champs, voler et dépouiller vos maisons des vieux meubles de vos ancêtres ! Vous vivez de telle sorte que rien n'est plus à vous. » (Étienne de La Boétie, *Discours de la servitude volontaire*, 1576.)

Reformulation 1 : Le peuple est dominé par un tyran.

Reformulation 2 : Le peuple ne possède rien.

Reformulation 3 : Le peuple participe à sa propre aliénation.

EXERCICE 2

Reformulez à votre tour les opinions suivantes.

Opinion 1

« Selon que vous serez puissant ou misérable,
Les jugements de cour vous rendront blanc ou noir. »
(Jean de La Fontaine, « Les animaux malades de la peste », *Fables*, 1678.)

Opinion 2

« C'est n'estimer rien que d'estimer tout le monde. » (Molière, *Le Misanthrope*, 1667.)

EXERCICE 3

Parmi les propositions, quel problème associeriez-vous à l'opinion suivante ? Expliquez pourquoi vous n'avez pas retenu certaines propositions.

Opinion

« Sans la liberté de blâmer, il n'est point d'éloge flatteur. » (Pierre-Augustin Caron de Beaumarchais, *Le Mariage de Figaro*, 1784.)

Problème 1 : Quelle est la fonction de la critique ?

Problème 2 : En quoi consiste la liberté d'expression ?

Problème 3 : Toutes les critiques sont-elles légitimes ?

EXERCICE 4

Posez le problème soulevé par les opinions suivantes.

Opinion 1 : « Aucun homme n'a reçu de la nature le droit de commander aux autres. » (Denis Diderot, article « Autorité politique », *Encyclopédie*, 1751.)

Opinion 2 : « Certainement la nature ne l'a pas dit ; elle nous a fait des organes différents de ceux des hommes ; mais en nous rendant nécessaires les uns aux autres, elle n'a pas prétendu que l'union formât un esclavage. » (Voltaire, *Femmes, soyez soumises à vos maris !*, 1765.)

EXERCICE 5

Organisez les arguments suivants de façon à construire une réflexion progressive en deux parties et deux sous-parties.

Opinion défendue : « On voyage pour que les choses surviennent et changent ; sans quoi on resterait chez soi. » (Nicolas Bouvier, *L'Usage du monde*, 1963.)

Débat associé : Quelles sont les motivations du voyage ?

Arguments à sélectionner et à ordonner :

- Le voyage est une aventure car on se lance à la découverte de l'inconnu.
- Le voyage nous permet de nous connaître mieux car il peut nous libérer des contraintes du quotidien.
- Le voyage nous conduit à la découverte de peuples différents et nous contraint à évoluer dans ce dialogue.
- Le voyage est une continuité de notre personnalité, il ne nous fait pas changer mais révèle nos goûts et nos aspirations.
- Le voyage nous oblige à nous remettre en question car nous perdons nos repères dans un rythme nouveau.

EXERCICE 6

On vous propose une opinion et le débat auquel on peut la relier. Proposez un parcours argumentatif en quatre étapes : deux viseront à confirmer l'opinion proposée, et deux à défendre une opinion différente.

Opinion proposée : « L'enfer, c'est les Autres. » (Jean-Paul Sartre, *Huis clos*, 1944.)

Débat associé : Doit-on rechercher la compagnie des autres ?

EXERCICE 7

Deux critiques ont été émises vis-à-vis de l'opinion suivante. Dites de quelle démarche elles relèvent.

Opinion proposée : « Aujourd'hui la démocratie antique reste un réservoir où puiser, avec intérêt et circonspection. » (Gil Delannoi, « L'Origine grecque de la démocratie », *La Démocratie. Histoire, théories, pratiques*, 2010.)

Critique 1 : La démocratie antique avait une vision très restreinte de la citoyenneté, elle ne peut donc passer pour un modèle.

Critique 2 : Il conviendrait de trouver un fonctionnement démocratique à l'échelle de plusieurs États.

63. Rédiger un paragraphe argumenté

OUTILS POUR L'ESSAI

EN QUOI CONSISTE UN PARAGRAPHE ?

- Le paragraphe argumenté constitue l'**unité** à partir de laquelle se construit le parcours réflexif de l'essai.
- Un paragraphe comporte un seul argument qui assure sa cohérence.
- Il commence par un alinéa et se présente comme une unité graphique.
- Il s'inscrit dans une réflexion d'ensemble et constitue une **étape dans un raisonnement global**.

LES ÉTAPES DU PARAGRAPHE

- Il se décompose en quatre étapes essentielles :
- la **reformulation de la thèse** que l'on défend et la **formulation de l'argument** qui justifie cette thèse ;
- l'**explication de cet argument** et son développement donnant les implications afin d'approfondir la réflexion ;
- l'**exemple**, relié de façon explicite à l'argument, et qui doit être expliqué et analysé dans le détail ;
- la **conclusion du paragraphe** rappelant l'argument initial. On veillera à ne pas répéter la phrase d'introduction afin de montrer que la réflexion s'est précisée et consolidée.

LES ATTENTES : COHÉRENCE ET RICHESSE

- On doit veiller à n'étudier qu'un seul argument et à ne pas multiplier les idées dans le paragraphe sous prétexte qu'elles seraient liées les unes aux autres.
- L'argument est général et abstrait tandis que l'exemple est particulier et concret. Il faut distinguer les deux et ne pas se contenter de proposer un exemple pour argumenter. Il est donc important de soigner particulièrement les deux premières étapes de la rédaction.

LIER LES PARAGRAPHES EN UN PARCOURS RÉFLEXIF

- S'il est nécessaire de concevoir le paragraphe argumenté comme une unité de pensée très cohérente, il faut aussi veiller à l'inscrire dans un ensemble réflexif. Pour cette raison, il faut le relier au reste du développement.
- Il est nécessaire de montrer que la pensée progresse au cours de l'essai. Pour cela, on peut recourir à des connecteurs logiques. On peut aussi faire dialoguer les paragraphes les uns avec les autres en ménageant la reprise de certains mots.

Le paragraphe suivant répond à la question : « Doit-on faire évoluer la place de la science dans la société aujourd'hui ? »

Annonce de l'argument

Il est souhaitable que les relations entre la science et le public évoluent car elles sont marquées aujourd'hui par le rejet, la méfiance, manifestations de ce que l'on nomme la « technophobie ».

Développement de l'argument

Cette technophobie relève d'une rupture de contrat entre la science et la société : cette dernière, selon l'idéal des Lumières, relayé ensuite par le positivisme, concevait le savant comme celui qui apporterait une amélioration des conditions de vie, une maîtrise des forces de la nature hostiles, et mènerait l'homme vers plus de bonheur. Or, le savant, au cours du XXe siècle a mis son savoir au service de « catastrophes » de l'Histoire :

Formulation et analyse de l'exemple

citons le développement des gaz chimiques au cours de la Première Guerre mondiale, puis l'utilisation des connaissances sur l'atome pour bombarder Hiroshima en août 1945. Aujourd'hui, on sait que l'œuvre du chercheur peut être dévoyée ou lui échapper, et cette conviction n'a cessé d'être nourrie par les accidents technologiques plus récents, on peut citer dans le secteur du nucléaire Tchernobyl en 1986 et Fukushima en 2011.

Conclusion du paragraphe

L'analyse historique des liens entre la science et la société souligne donc la rupture entre ces deux instances, ce qui produit des préjudices politiques, scientifiques et culturels.

S'ENTRAÎNER

EXERCICE 1

Ordonnez les quatre étapes présentées ci-dessous de façon à respecter la progression du paragraphe argumenté proposé par un élève. La réflexion porte sur la place des citoyens dans les débats scientifiques.

1. Par exemple, on remarque que les citoyens n'ont pas voulu se faire vacciner contre la grippe H1N1 en 2008 car ils n'avaient pas confiance dans le discours du ministère de la Santé. Cette défiance aurait pu causer une crise sanitaire grave.

2. Cela montre que la psychose avance vite et que les citoyens doivent pouvoir participer aux décisions pour éviter cela.

3. En effet, à force de mensonges et de manipulations, la population ne sait plus qui croire, elle en vient à rejeter l'autorité.

4. Comme le préconise Jacques Testart, il faut combler le fossé entre la science et la loi car il est en train d'entraîner une crise de confiance de la population envers les experts.

EXERCICE 2

À partir de l'exemple suivant, proposez un argument puis son explicitation. L'opinion dont vous devez débattre est formulée ainsi : « Nous n'héritons pas de la terre de nos parents, nous l'empruntons à nos enfants. »

Exemple : « Si l'humanité vivait comme les Français, elle aurait consommé dès samedi [début mai] toutes les ressources que la planète peut renouveler en un an, a annoncé WWF, appelant à "inverser la tendance" alors que cette journée arrive plus tôt chaque année depuis 2014. »

Dépêche AFP, 4 mai 2018.

EXERCICE 3

Rédigez un paragraphe argumenté qui défende la thèse suivante : « Le virtuel est un enrichissement du réel. »

Coup de pouce

Vous pouvez trouver des exemples en réfléchissant aux secteurs qui ont été révolutionnés par l'apparition du virtuel : par exemple, la médecine. Pour montrer les limites de l'apport du virtuel, envisagez les domaines où il est décrié. Que pensez-vous, par exemple, des musées virtuels ?

EXERCICE 4

Rédigez un paragraphe argumenté qui montre les limites de la thèse défendue dans l'exercice 3.

EXERCICE 5

Observez comment le texte suivant parvient à rendre explicite la progression de sa réflexion. Commentez les passages en gras et expliquez pourquoi ils explicitent la progression du texte.

« Il ou elle n'a plus le même corps, la même espérance de vie, n'habite plus le même espace, ne communique plus de la même façon, ne perçoit plus le même monde extérieur, ne vit plus dans la même nature ; né sous péridurale et de naissance programmée, ne redoute plus la même mort, sous soins palliatifs. N'ayant plus la même tête que celle de ses parents, il ou elle connaît autrement.

– Il ou elle écrit **autrement**. Pour l'observer, avec admiration, envoyer, plus rapidement que je ne saurai jamais le faire de mes doigts gourds, envoyer, dis-je, des SMS avec les deux pouces, je les ai baptisés, avec la plus grande tendresse que puisse exprimer un grand-père, Petite Poucette et Petit Poucet. Voilà leur nom, plus joli que le vieux mot, pseudo-savant, de dactylo.

– Ils ne parlent **plus la même langue**. Depuis Richelieu, l'Académie française publie, à peu près tous les quarante ans, pour référence, le dictionnaire de la nôtre. Aux siècles précédents, la différence entre deux publications s'établissait autour de quatre à cinq mille mots, chiffres à peu près constants ; entre la précédente et la prochaine, elle sera d'environ trente mille.

À ce rythme linguistique, on peut deviner que, dans peu de générations, nos successeurs pourraient se trouver aussi séparés de nous que nous le sommes de l'ancien français de Chrétien de Troyes ou de Joinville. Ce gradient donne une indication quasi photographique des changements majeurs que je décris.

Cette immense différence, qui touche toutes les langues, tient, en partie, à la rupture entre les métiers des années cinquante et ceux d'aujourd'hui. Petite Poucette et son frère ne s'évertueront plus aux mêmes travaux. »

MICHEL SERRES, Séance solennelle « Les nouveaux défis de l'éducation », mardi 1er mars 2011.

64. Illustrer par des exemples

OUTILS POUR L'ESSAI

QU'EST-CE QU'UN EXEMPLE ?

- L'exemple permet d'**illustrer un argument**. À l'inverse de ce dernier qui a une portée générale, l'exemple atteste d'**un fait particulier**.
- Sa fonction dans l'argumentation consiste à apporter un témoignage de la réalisation de l'argument, auquel il donne un aspect plus concret.
- Le plus souvent, **l'exemple suit l'explicitation de l'argument** : il a une fonction illustrative. On peut parfois choisir de commencer par la mise en évidence de l'exemple, ce qui permet ensuite d'exprimer le cas général à partir de son application particulière.
- Dans certains cas, l'exemple contredit l'opinion défendue, on parle de **contre-exemple**.

OÙ PEUT-ON PUISER DES EXEMPLES ?

- En premier lieu, on peut exploiter les exemples du texte à résumer et de l'œuvre au programme. Mais on peut aussi se servir d'illustrations d'une matière pour nourrir la réflexion dans une autre. Il faut envisager les apprentissages de façon **transversale**.
- Dans le **domaine culturel et artistique** : noter avec précision les références de ses lectures, les films que l'on a vus, prendre des notes lors d'une sortie au théâtre ou au musée.
- Dans le **domaine de l'histoire** : retenir les dates, les lieux et le nom des acteurs de certains événements historiques.
- Dans le **domaine de l'actualité** : essayer d'écouter, de lire ou de regarder les informations. Choisir une forme qui vous convient, être fidèle à une émission qui vous plaît, et, dans un cahier, noter tout ce qui étonne ou qui scandalise : données chiffrées, faits historiques, évolution économique...
- Dans le domaine **de vos goûts et de vos expériences** : vos références vous ressemblent et vous les avez retenues parce qu'elles correspondent à vos centres d'intérêt. Réfléchissez à ce que peut vous apporter un voyage en famille, les connaissances que vous avez d'autres régions, d'autres cultures. Vous pouvez vous appuyer sur vos lectures, sur des films ou des séries que vous aimez pour prendre du recul et analyser ce qu'ils reflètent du monde dans lequel vous évoluez.

COMMENT SE CONSTITUER UNE RÉSERVE D'EXEMPLES ?

- On peut utiliser **un cahier ou un fichier numérique**. Le **cahier de lecture** est aussi un outil intéressant pour consigner des références à l'œuvre au programme et aux textes étudiés en prolongement.
- À chaque période de vacances, prendre un moment pour remplir ce cahier, pour le relire, et pour le mémoriser.
- Veiller à ce que les références soient notées avec précision : il faut renseigner l'auteur, la date, le titre de l'œuvre...

RÉDIGER ET EXPLOITER L'EXEMPLE DANS L'ESSAI

Pour exploiter de façon efficace un exemple dans l'essai, il faut se fixer deux objectifs :
- tout d'abord, il faut **donner à comprendre** l'exemple pour ceux qui ne le connaissent pas. Ainsi, s'il s'agit d'une référence à une œuvre, il faut nommer l'auteur, donner son titre, sa date de publication ;
- ensuite, il faut **analyser l'exemple** pour montrer comment il se rapporte à l'argument présenté dans le paragraphe. Ce lien doit être explicite.

CONSEIL

Les formules qui permettent d'introduire un exemple

par exemple, ainsi, comme en témoigne, c'est notamment le cas de, comme on peut le voir dans, on peut citer l'exemple de, on peut illustrer cette idée par...

S'ENTRAÎNER

EXERCICE 1

a. Soulignez les exemples dans l'extrait suivant. À quel domaine appartiennent-ils ?

b. Ces exemples apparaissent-ils sur le mode de l'allusion ou sont-ils développés ?

« Ils » désignent la génération des jeunes nés à l'heure des nouvelles technologies que l'auteur nomme « Petite Poucette » et « Petit Poucet » car ces jeunes savent utiliser leurs pouces à une vitesse impressionnante.

« Ils sont formatés par les médias, diffusés par des adultes qui ont méticuleusement détruit leur faculté d'attention en réduisant la durée des images à sept secondes et le temps des réponses aux questions à quinze secondes, chiffres officiels ; dont le mot le plus répété est "mort" et l'image la plus reprise celle des cadavres. Dès l'âge de douze ans, ces adultes-là les forcèrent à voir plus de vingt mille meurtres. »

MICHEL SERRES, Séance solennelle « Les nouveaux défis de l'éducation », 1er mars 2011.

EXERCICE 2

Dans ce paragraphe, l'exemple pourrait être mieux exploité. Pourquoi ? Essayez d'améliorer la proposition de l'élève.

Je pense que vouloir faire passer un message dans un récit est efficace car tout est clair dès que l'on lit le conte puisqu'il suffit de chercher des phrases clés dans le conte qui est un texte assez court présentant peu de péripéties où l'on se repère donc facilement. Dans Les Fées, lorsque la jeune fille donne l'eau à la fée gentiment et sans bougonner on comprend que la fée sera clémente avec elle. Alors que sa sœur lui donne l'eau en ronchonnant puis on comprend très simplement que si on est gentil on obtient tout avec un peu de politesse. Donc on en conclut que la morale de l'histoire est très claire même auprès d'un public très jeune : la politesse est primordiale pour notre société.

EXERCICE 3

Classez les exemples suivants selon leurs domaines et donnez deux thèmes auxquels ils permettent de réfléchir.

Exemples	Domaines de référence	Thématiques / Opinions soutenues
Le manga *A Silent Voice*		
La série *Black Mirror,* épisode « Nosedive »		
L'Organisation internationale pour les migrations (OIM) recense près de 17 000 morts et disparus en Méditerranée depuis 2014.		
Edmond, film d'Alexis Michalik, 2018.		

EXERCICE 4

Voici deux problématiques. Proposez, pour les illustrer, deux exemples venant de domaines différents.

Problématique 1 : La ville déshumanise-t-elle ses habitants ?

Problématique 2 : La société de consommation est-elle destinée à perdurer ?

STÉPHANE COUTURIER, *Effet graphique, Logements pour étudiants,* Paris. Architecture Studio, 1996.

EXERCICE 5

Pour varier le mode d'insertion des exemples, réécrivez le début du texte de Michel Serres de l'exercice 1 et insérez les exemples en utilisant trois formules proposées dans l'encadré « Conseil » de la page 220. Veillez à rédiger des phrases courtes.

EXERCICE 6

Rédigez un paragraphe argumenté en observant les conseils mis en place dans le cours (p. 220) pour exploiter avec efficacité un exemple. Choisissez l'une des deux problématiques proposées dans l'exercice 4.

65. L'introduction, la conclusion, la transition

OUTILS POUR L'ESSAI

L'INTRODUCTION

L'introduction se présente sous la forme d'un paragraphe qui répond à plusieurs fonctions :
- elle doit **accrocher le lecteur** et donner envie de lire l'essai. On doit expliquer en deux ou trois phrases maximum pourquoi le sujet que l'on va traiter mérite de l'être. Il faut ensuite expliciter le lien entre cette amorce qui capte l'attention du lecteur et le sujet en lui-même. ;
- elle **formule le sujet** en le réécrivant en entier entre guillemets, et en donnant sa source : auteur, titre et date. Elle introduit l'opinion de l'auteur avec un verbe qui montre comment cette opinion se positionne face à l'accroche utilisée ;
- elle **donne à comprendre la portée du sujet et en propose une problématisation.** On doit expliquer les mots importants du sujet et rappeler le contexte dans lequel l'opinion a été formulée. On formule un problème et on **annonce les grands axes que l'on va suivre pour le traiter.**

CONSEIL

• Pour rappeler le contexte d'une opinion, posez-vous les questions suivantes :
- Quand a-t-elle été formulée ?
- Où a-t-elle été formulée ?
- Pourquoi ?
- En réponse à quel événement ?
- Par qui ?

• Observez bien le titre et la date du texte source.

LA TRANSITION

La transition rend évident le passage d'une partie à une autre. Elle permet à la fois de faire un bilan de ce qui vient d'être vu et de relancer l'intérêt du lecteur vers une deuxième étape de la réflexion.

LA CONCLUSION

● Comme l'introduction, avec laquelle elle construit un dialogue, la conclusion se présente sous la forme d'un paragraphe. Elle remplit trois fonctions principales ;
- elle **récapitule et synthétise** ce qui a été dit. Elle rappelle les étapes de confirmation et de réfutation de l'opinion. Elle restitue le bilan de la réflexion menée dans l'essai ;
- elle répond à l'opinion en y faisant référence explicitement pour terminer et **prend position de façon claire et engagée** face au problème posé dans l'introduction ;
- elle **peut ouvrir la réflexion** par une thématique qui pourrait poursuivre et enrichir la réflexion.

● La conclusion doit être l'**occasion d'une vraie prise de position.** Le correcteur doit comprendre quelle est la position du rédacteur sur le problème.

DIFFICULTÉS À SURMONTER

Lorsque vous récapitulez les étapes de la réflexion dans la conclusion, il faut éviter de répéter la transition ou les conclusions des paragraphes pour bien montrer que votre réflexion a progressé.

AMÉLIORER L'ESSAI ET SE RELIRE

● Vérifier que **l'on a bien défini le sujet.** Pour éviter le hors sujet, le temps passé à délimiter et à problématiser est crucial. S'obliger à écrire le sujet et à bien définir chacun de ces termes.

● Vérifier la **construction du sujet** : il faut bien faire dialoguer les phrases d'amorce de chacun des paragraphes avec l'opinion et le problème auquel on tente de répondre. Dans la première phrase de chaque paragraphe, on peut reprendre des mots de l'opinion ou rappeler la thèse défendue dans la partie pour être certain de bien traiter le sujet proposé.

● Veiller à **argumenter et à ne pas proposer un exposé.** S'efforcer d'expliciter les arguments, d'en montrer les implications et d'expliquer comment les exemples éclairent l'argument.

● Comme pour tout écrit, **le travail sur la syntaxe et l'orthographe est primordial.** Il convient de se relire à la fin de chaque paragraphe. Cela évitera une relecture globale fastidieuse.

S'ENTRAÎNER

EXERCICE 1

Proposez deux accroches pour les sujets suivants en vous servant des pistes proposées.

Sujet 1 : Le rire est-il un phénomène culturel ou universel ?

Pistes proposées :

A. Les films comiques muets

B. L'humour anglais (Documentez-vous.)

Sujet 2 : Les outils numériques contraignent-ils la parole ou la libèrent-ils ?

Pistes proposées :

A. Tweet en 140 caractères (ou en 280)

B. Les réseaux sociaux constituent une caisse de résonance de chaque information.

> **Coup de pouce**
>
> **Où trouver une accroche ?**
>
> Il s'agit de pointer l'**intérêt du problème posé**. On peut indiquer qu'il fait écho à l'actualité, qu'il a été envisagé au cinéma ou dans une série télévisée. On peut le mettre en perspective avec des faits historiques plus anciens.

EXERCICE 2

Écrivez une phrase pour présenter les références suivantes en veillant à respecter les codes de mise en page.

A. La nouvelle intitulée Aux champs extraite du recueil Les contes de la Bécasse écrit par Maupassant en 1883.

B. Le roman Frère d'âme de David Diop écrit en 2018.

> **Coup de pouce**
>
> Le titre des œuvres doit être souligné. En revanche, s'il s'agit d'un poème, d'une nouvelle, d'un article, alors ce titre s'écrit entre guillemets.

EXERCICE 3

Exposez le contexte dans lequel la citation soulignée a été formulée.

L'attitude la plus ancienne, et qui repose sans doute sur des fondements psychologiques solides puisqu'elle tend à réapparaître chez chacun de nous quand nous sommes placés dans une situation inattendue, consiste à répudier purement et simplement les formes culturelles : morales, religieuses, sociales, esthétiques, qui sont les plus éloignées de celles auxquelles nous nous identifions. […]

En refusant l'humanité à ceux qui apparaissent comme les plus « sauvages » ou « barbares » de ses représentants, on ne fait que leur emprunter une de leurs attitudes typiques. Le barbare, c'est d'abord l'homme qui croit à la barbarie.

Claude Lévi-Strauss, *Race et histoire*, éd. Gallimard, 1952.

Couverture de *Tristes tropiques*, 1955.

EXERCICE 4

a. Formulez l'annonce du plan à partir des titres de parties suivants.

b. À partir du plan proposé, rédigez une transition.

Opinion proposée : « On peut accomplir un devoir sérieux […] en se communiquant à eux sans symbole, sans auréole, et sans piédestal. » George Sand, *Histoire de ma vie*, 1847-1854.

Partie 1 : La nature introspective de l'écriture de soi la rend utile au lecteur

Partie 2 : L'utilité de la lecture d'œuvres autobiographiques ne s'exprime qu'à certaines conditions.

EXERCICE 5

Réécrivez ces phrases de façon à rendre plus efficace la prise de position de deux élèves face à la problématique de l'exercice 3.

Formulation 1 : C'est la tolérance et l'ouverture vers autrui qui s'acquièrent par exemple par la fréquentation des œuvres d'art qui peuvent permettre de ne plus refuser la différence.

Formulation 2 : L'enseignement des sciences humaines semble être une voie de connaissance des autres cultures et pourrait permettre d'éviter l'ethnocentrisme.

> **Coup de pouce**
>
> Vous pouvez utiliser des modalisateurs comme : *il est nécessaire, absolument, il est temps…*

66. Se préparer à l'épreuve orale

OUTILS POUR L'ORAL

L'ÉPREUVE ORALE DU BACCALAURÉAT

- L'épreuve de français du baccalauréat se compose d'un devoir écrit et d'un examen oral.
- À l'oral, l'épreuve se divise en **deux temps**. La **présentation d'une explication de texte** et la réponse à une **question de grammaire** occupent 12 minutes ; elles sont suivies d'un **entretien avec le jury** de 8 minutes. Auparavant, le candidat bénéficie d'un **temps de préparation** de 30 minutes.

LE SUPPORT DE L'ÉPREUVE ORALE

- L'épreuve se fonde sur le « descriptif des activités » remis à l'élève, signé par l'enseignant et portant le cachet de l'établissement. Ce descriptif a été communiqué à l'examinateur en amont des épreuves mais le candidat doit tout de même lui en présenter une copie au début de l'épreuve.
- Ce descriptif récapitule les **œuvres et textes étudiés durant l'année** de première, **classés par objet d'étude**. Il indique ceux qui ont fait l'objet d'une étude détaillée, car c'est sur eux seulement que le candidat peut être interrogé pendant la première partie de l'épreuve (explication de texte et grammaire).
- Le descriptif comporte également une **partie individuelle** : le candidat y indique quelle œuvre il choisit parmi celles étudiées en classe ou proposées en lectures cursives obligatoires par son enseignant. **C'est sur cette œuvre que porte la seconde partie de l'oral, l'entretien.**
- L'élève dispose des documents nécessaires (textes assortis éventuellement de notes, œuvres) pour la préparation et au moment de la passation de l'épreuve, mais d'aucun autre document (pas de son cours, par exemple !)

LA PREMIÈRE PARTIE DE L'ÉPREUVE

- L'examinateur indique au candidat le texte et le passage à expliquer, ainsi que la question de grammaire portant sur ce même texte. Cette question porte sur l'analyse de la syntaxe d'une phrase ou d'une partie de phrase.
- Pendant le temps de l'exposé, le candidat livre une **brève introduction** situant le texte dans l'œuvre ou le parcours associé puis propose une **lecture du texte** à voix haute, pertinente et expressive (2 points).
- Ensuite, il procède à l'**explication linéaire** du texte (8 points).
- Enfin, il répond à la **question de grammaire** (2 points).

L'étape de préparation

- Pendant l'étape de préparation, il faut prendre le temps de relire le texte afin de préparer la lecture : au crayon, on peut indiquer par des barres obliques (/) les pauses que l'on va ménager, ou souligner ce que l'on va accentuer. En effet, la lecture est un indice de compréhension du texte : c'est pourquoi elle est évaluée.
- Quand on prépare son explication, on **surligne** en différentes couleurs : une couleur pour les points de repère (lignes, vers, expressions recopiées), une autre pour les termes clés du commentaire.
- On ne rédige pas tout, mais il peut être efficace de rédiger intégralement les moments les plus stressants ou ceux que l'on considère comme plus difficiles : l'introduction, la conclusion générale, les passages de l'analyse qui réclament un raisonnement complexe.
- **Bien gérer son temps de préparation** : on ne doit pas oublier la question de grammaire ! Il peut être intéressant de l'examiner en premier, car elle est destinée à attirer l'attention sur un aspect important du texte, et l'explication pourra en tirer parti. On veille à employer un vocabulaire précis.
- On pense à sauter des lignes dans son écrit de préparation, qui marqueront des pauses (silences) à l'oral. Ces pauses permettent au jury de bien comprendre le déroulé du propos.

Au moment du passage

- **Respecter les étapes** attendues : introduction, lecture, explication, grammaire.
- **Parler sans précipitation**. On garde un rythme mais on ménage des pauses. On veille à maîtriser le volume de sa voix : ni trop faible, ni trop fort !
- Faire des allers-retours entre l'explication et le texte : on n'hésite pas à relire à voix haute les passages (phrase, morceau de phrase) que l'on va commenter, on indique les lignes ou les vers à l'examinateur afin qu'il puisse suivre le propos et mieux comprendre l'analyse.
- **Respecter le temps imparti** : 12 minutes. Rester en deçà ne permettra pas d'ajouter une analyse supplémentaire, de se rattraper ; si on dépasse ce temps, l'examinateur interrompra l'explication pour passer à l'entretien, et on ne pourra pas dire tout ce que l'on voulait sur le texte.

S'entraîner pendant l'année

- Il convient de s'entraîner à dire son explication à haute voix, en s'enregistrant, ou en se filmant. En se réécoutant ou en visionnant sa performance, on repérera ses défauts et on parviendra à les corriger très rapidement.
- En binôme, on peut se distribuer les rôles du candidat et de l'examinateur. L'élève qui joue le rôle de l'examinateur fera un retour à l'autre sur sa prestation orale, sa gestion du temps…

DIFFICULTÉS À SURMONTER La gestion du temps

- Entraînez-vous à préparer une explication en 30 minutes : vous verrez ce que vous avez le temps de rédiger, ou non.
- Entraînez-vous à prononcer vos explications de texte à haute voix seul(e) et minutez-vous.
- Évaluez le temps passé en fonction du nombre de pages sur lesquelles est rédigée votre explication : vous aurez une idée du nombre de pages à rédiger pour tenir dans le temps imparti.

L'ENTRETIEN

- Cet entretien de 8 minutes se déroule en deux temps. Dans un premier temps, le candidat présente l'œuvre qu'il a retenue et explique les **raisons de son choix**. Dans un deuxième temps, il répond aux **questions de l'examinateur**, qui porte sur les éléments qui viennent d'être exposés.
- On a le temps de préparer cette partie de l'épreuve. C'est un avantage, à certaines conditions seulement :
  – la présentation est orale, ce qui signifie qu'on ne lit pas son papier ;
  – l'exposé doit être bref et synthétique, car l'examinateur va évaluer par des questions le degré d'investissement du candidat dans cette présentation (Est-ce un travail personnel ?), sa capacité à justifier, nuancer, approfondir, prolonger ses remarques (Ce travail est-il le fruit d'une véritable réflexion ?), ainsi que sa connaissance de l'œuvre (L'avez-vous bien lue et comprise ?)
- Les questions posées par l'examinateur ne sont pas destinées à piéger le candidat sur des aspects ponctuels, mais à **engager un dialogue sur l'œuvre** et à lui permettre de **justifier son choix**, de défendre son point de vue, ou de le nuancer. Il faut veiller à rester détendu : si l'on a travaillé de façon personnelle et sérieuse, on sait forcément répondre.
- Si on ne comprend pas une question, on n'hésite pas à le dire à l'examinateur, en lui demandant poliment de la reformuler.

CONSEIL

Adopter la bonne attitude face à un jury

Codes de politesse à respecter lorsqu'on est interrogé par un jury :
– ne pas couper la parole ;
– écouter l'interlocuteur jusqu'au bout ;
– être habillé correctement ;
– se tenir droit et être bien assis ;
– regarder son interlocuteur dans les yeux ;
– adopter un bon niveau de langage.

S'ENTRAÎNER

EXERCICE 1

Vous disposez de 30 minutes de préparation et de 12 minutes d'exposé pour l'épreuve sur texte : la lecture du texte, qui est notée, ne doit pas être bâclée. Entraînez-vous à préparer et à faire la lecture en suivant les étapes.

a. Parmi les textes que vous avez étudiés en classe, choisissez-en un par genre, d'une vingtaine de lignes ou de vers formant une unité : poésie, théâtre, récit, littérature d'idées.

b. Relisez-le silencieusement mais en imaginant comment le lire de façon expressive. Au crayon, inscrivez sur le texte des signes destinés à guider votre lecture orale : créez votre propre code (barre simple ou double, soulignement...).

c. Vérifiez le temps que cela vous prend pour chaque texte. Est-ce le même ? En fonction de la difficulté du texte, il est normal qu'il y ait des variations. Cette étape peut vous prendre 5 minutes environ. Vous mesurerez ainsi le temps dont vous disposez pour préparer l'explication et la question de grammaire.

d. Lisez le texte à haute voix (voir p. 138) comme vous devrez le faire le jour de l'épreuve, sans vous précipiter. Vérifiez le temps que cela vous prend et appréciez le temps qu'il vous reste pour procéder à l'explication du texte.

e. Vous pouvez enregistrer votre lecture et vous réécouter pour améliorer la prononciation, le rythme, l'expressivité.

EXERCICE 2

Travaillez en binôme pour améliorer la lecture.

a. Avec un(e) camarade, préparez chacun(e) la lecture d'un texte différent.

b. Lisez chacun(e) à votre tour : adressez votre lecture à l'autre, sans qu'il ou elle ait le texte sous les yeux. Après cette lecture, est-il/elle capable de résumer le texte et d'en donner l'intention principale (faire rire, émouvoir, analyser, surprendre, argumenter...) ? Si oui, la lecture est réussie, si non, il faut la retravailler.

c. Préparez chacun(e) de votre côté la lecture d'un même texte. Comparez vos lectures : durée, intelligibilité, expressivité.

EXERCICE 3

Dans votre manuel de littérature, une question de grammaire est posée sur chaque texte.

a. Entraînez-vous à y répondre en employant un vocabulaire grammatical précis.

b. Vérifiez le temps que cela vous demande pour préparer la réponse et l'énoncer.

EXERCICE 4

a. Lisez l'extrait suivant de « Melancholia », daté de juillet 1838.

b. Évaluez l'introduction proposée : quels sont ses défauts ? Que manque-t-il ? Qu'est-ce qui est superflu ?

c. Reformulez-en une autre qui présentera et situera correctement le texte, indiquant tout ce qui est nécessaire, mais se concentrant sur l'essentiel. Prononcez-la : elle doit occuper entre 30 secondes et une minute maximum !

Où vont tous ces enfants dont pas un seul ne rit ?
Ces doux êtres pensifs que la fièvre maigrit ?
Ces filles de huit ans qu'on voit cheminer seules ?
Ils s'en vont travailler quinze heures sous des meules
Ils vont, de l'aube au soir, faire éternellement
Dans la même prison le même mouvement.
Accroupis sous les dents d'une machine sombre,
Monstre hideux qui mâche on ne sait quoi dans l'ombre,
Innocents dans un bagne, anges dans un enfer,
Ils travaillent. Tout est d'airain, tout est de fer.
Jamais on ne s'arrête et jamais on ne joue.
Aussi quelle pâleur ! la cendre est sur leur joue.
Il fait à peine jour, ils sont déjà bien las.
Ils ne comprennent rien à leur destin, hélas !
Ils semblent dire à Dieu : – Petits comme nous sommes,
Notre père, voyez ce que nous font les hommes !
Ô servitude infâme imposée à l'enfant !
Rachitisme ! travail dont le souffle étouffant
Défait ce qu'a fait Dieu ; qui tue, œuvre insensée,
La beauté sur les fronts, dans les cœurs la pensée,
Et qui ferait – c'est là son fruit le plus certain ! –
D'Apollon un bossu, de Voltaire un crétin !

VICTOR HUGO, « Melancholia », *Les Contemplations*, Livre III, « Les luttes et les rêves », 1856.

Introduction proposée

Victor Hugo est un poète romantique français du XIXe siècle. Il a écrit de nombreux recueils de poèmes, mais il a aussi été romancier, dramaturge, homme politique. Il a écrit des discours. Il était contre la peine de mort. Il publie en 1856 le recueil *Les Contemplations* qu'il présente comme « les mémoires d'une âme ». En effet le recueil est organisé en 6 livres, regroupés en 2 sections de 3 livres chacune, « Autrefois » et « Aujourd'hui », que sépare la date de la mort de sa fille Léopoldine, le 4 septembre 1843. Il a composé de célèbres poèmes sur la mort de sa fille, le plus connu étant « Demain, dès l'aube ». Dans le poème intitulé « Melancholia », il dénonce le travail des enfants. Ce poème fait partie du livre III, intitulé « Les luttes et les rêves », dans lequel le poète retrace sa prise de conscience des souffrances humaines, en particulier celles du peuple. Dans son parcours personnel, cela correspond au moment où il s'ouvre aux autres.

EXERCICE 5

Vous devez procéder à une explication linéaire du texte : cela signifie que votre explication suivra le mouvement du texte, expliquera le développement des idées et commentera la façon dont l'écriture les met en valeur. Mais vous n'êtes pas obligé(e) de faire du « mot à mot » et votre explication doit être orientée par une idée directrice.

a. Travaillez en binôme sur un même texte étudié pendant l'année : chacun(e) élabore une explication linéaire de ce texte en suivant les indications ci-dessus.

b. Présentez à tour de rôle votre travail l'un(e) devant l'autre. N'oubliez pas de vous reporter régulièrement au texte au cours de l'explication. Chronométrez-vous pour respecter le temps imparti.

c. Améliorez chacun(e) votre prestation : clarifiez votre explication, enrichissez-la...

> **Coup de pouce**
> Avant de commencer le détail de l'explication, présentez les grandes étapes du texte puis formulez l'idée directrice de votre explication.

EXERCICE 6

a. Choisissez l'œuvre étudiée en classe ou la lecture cursive que vous souhaitez présenter lors de l'entretien.

b. Présentez-la et justifiez les raisons de votre choix : votre exposé ne doit pas dépasser 2 à 3 minutes car c'est le dialogue avec l'examinateur qui constitue l'essentiel de l'entretien.

c. Anticipez les questions de l'examinateur : celles que vous souhaiteriez qu'il vous pose et celles que vous redoutez qu'il vous pose.

d. Préparez les réponses aux deux sortes de questions.

EXERCICE 7

Travaillez en binôme en vous distribuant alternativement le rôle du candidat/de la candidate et celui de l'examinateur/l'examinatrice.

a. Le/la candidat(e) présente à l'oral l'œuvre choisie et l'examinateur(-trice) lui pose des questions pendant 5 minutes.

b. L'élève qui tient le rôle de l'examinateur(-trice) doit préparer ses questions par avance. Mais il/elle peut également improviser une ou deux questions au cours de l'entretien.

Attention ! L'exercice doit se faire en se vouvoyant !

EXERCICE 8

a. Rappelez-vous le code de politesse qu'il faut respecter lorsque l'on est interrogé par un jury (voir p. 224).

b. Imaginez et visualisez votre attitude le jour de votre entretien. Notez l'émotion que vous ressentez à cette idée : est-ce de la crainte ? de l'embarras ? de l'ennui ? Comment pensez-vous pouvoir vaincre cette émotion le jour J ?

EXERCICE 9

a. En binôme, distribuez-vous les rôles du/de la candidat(e) et de l'examinateur(-trice). Chacun des élèves joue ces rôles en enfreignant les règles de bonne attitude listées dans le cours. Quelle impression en retirez-vous ?

b. Refaites le même exercice : cette fois, seul(e) le/la candidat(e) enfreint ces règles. Que pensez-vous du déroulé de l'entretien ?

c. Refaites une dernière fois cet exercice en respectant tou(te)s deux ces règles.

SÉRIES GÉNÉRALES ET TECHNOLOGIQUES

SUJET DE COMMENTAIRE

Vous ferez un commentaire du texte ci-dessous.

L'abbé de La Croix-Jugan, prêtre normand, a pris les armes, lors de la Révolution française, pour participer à la Chouannerie. Après une terrible défaite de ses troupes, il commet un « péché » : il tente de se suicider en se tirant une balle dans la tête. Mais il n'est que blessé et défiguré ; recueilli et soigné par une vieille femme, il est retrouvé chez elle encore agonisant par l'armée des révolutionnaires, qui lui rouvrent ses plaies au visage et lui brûlent la peau, accentuant encore son atroce défiguration. Quelques années plus tard, le prêtre sans visage reparaît dans le village de Blanchelande, lors d'une messe à laquelle assiste une jeune femme, Jeanne Le Hardouey.

Jeanne regardait passer tous ces prêtres le long de son banc et attendait, avec une impatience dont elle n'avait pas le secret, l'étranger qui l'avait tant frappée. Probablement, en sa qualité d'étranger, on avait voulu lui faire honneur, car il marchait le dernier de tous, un peu avant les diacres en dalmatique[1] qui précédaient immédiatement l'officiant chargé du Saint-Sacrement[2] et abrité sous le dais[3]. Seul de tous ces prêtres splendides, il n'avait pas changé de costume, les vêpres[4] finies. Il avait gardé son manteau et son austère capuchon noir, et il s'en venait, silencieux parmi ceux qui chantaient, avec cette majesté presque profane, tant elle était hautaine ! qui se déployait dans son port impérieux. Il avait un livre dans sa main gauche, tombant négligemment vers la terre, le long des plis de son manteau, et de la droite il tenait un cierge, presque à bras tendu, comme s'il eût essayé d'écarter la lumière de son visage. Dieu du ciel ! avait-il la conscience de son horreur ? Seulement s'il l'avait, cette conscience, ce n'était pas pour lui, c'était pour les autres. Lui, sous ce masque de cicatrices, il gardait une âme dans laquelle, comme dans cette face labourée, on ne pouvait marquer une blessure de plus. Jeanne eut peur, elle l'a avoué depuis, en voyant la terrible tête encadrée dans ce capuchon noir, ou plutôt non, elle n'eut pas peur ; elle eut un frisson, elle eut une espèce de vertige, un étonnement cruel qui lui fit mal comme la morsure de l'acier. Elle eut enfin une sensation sans nom, produite par ce visage qui était aussi une chose sans nom.

Du reste, ce qu'elle sentit plus que personne, dans cette église de Blanchelande, parce que son *âme n'était pas une âme comme les autres,* toute l'assistance l'éprouva à des degrés différents, et l'impression fut si profonde que, sans la présence du Saint-Sacrement qui jetait ses rayons comme un soleil sur ces fronts courbés et les accablait de sa gloire, elle fût allée jusqu'aux murmures. La procession mit longtemps à tourner ses splendeurs mobiles autour de l'église, laissant derrière elle un sillage d'ombre plus noire que celle qu'elle chassait devant ses flambeaux. Quand elle descendit dans la grande allée pour rentrer au chœur[5], Jeanne-Madeleine voulut se raidir et s'affermir contre la sensation que lui avait faite l'effroyable prêtre au capuchon, elle se détourna aux trois quarts pour le revoir passer… Il repassa avec le cortège, muet, impassible dans sa pose de marbre, et le second regard qu'elle lui jeta enfonça dans son âme l'impression d'épouvante qu'y avait laissée le premier. Malgré la solennité de la cérémonie, malgré les chants de fête et les gerbes de lumière qui jaillissaient du chœur, le recueillement ou l'émotion des pensées édifiantes ne put rentrer dans l'âme troublée de Jeanne Le Hardouey. Au lieu de s'unir aux chants des fidèles ou de se réfugier dans une prière, elle cherchait par-dessus les épaules chaperonnées d'écarlate[6] des confrères du Saint-Sacrement qui suivaient le dais et qui envahissaient le chœur, par-dessus les feux fumants de leurs cierges tors de cire jaune qui vibraient comme des feux de torches dans l'air ému par les voix, le prêtre inconnu, au capuchon noir, alors à genoux, près de l'officiant, sur les marches du maître-autel, toujours rigide comme la statue du Mépris de la vie taillée pour mettre sur un tombeau. Aux yeux d'une âme faite comme celle de Jeanne, ce prêtre inouï semblait se venger de l'horreur de ses blessures par une physionomie de fierté si sublime qu'on en restait anéanti comme s'il avait été beau ! Jeanne ne savait pas ce qu'elle avait, mais elle succombait à une fascination pleine d'angoisse. Quand l'officiant monta les degrés et, prenant le Saint-Sacrement de ses mains gantées, se tourna vers l'assistance pour la bénir, à cette minute suprême, Jeanne oublia de baisser la tête. Elle rêvait ! Elle se demandait ce qu'il pouvait être arrivé à une créature humaine pour avoir sur sa face l'empreinte d'un pareil martyre, et ce qu'il avait dans son âme pour la porter avec un pareil orgueil. Elle resta si absorbée dans sa fixe rêverie, après la bénédiction, qu'elle ne s'aperçut pas que le salut était fini. Elle n'entendit pas les sabots de la foule qui s'écoulait, en diminuant, par les deux portes latérales, et ne vit point l'église vidée qui s'enfonçait peu à peu dans la fumée des cierges éteints et les cintres effacés des voûtes, comme dans une mer de silence et d'obscurité.

JULES BARBEY D'AUREVILLY, *L'Ensorcelée,* 1855, chapitre IV.

1. **Diacres en dalmatique :** assistants des prêtres ayant revêtu leur habit liturgique.
2. **Saint-Sacrement :** dans la religion catholique, les espèces (pain et vin) qui contiennent le corps, le sang et la divinité du Christ.
3. **Dais :** pièce d'étoffe tendue, soutenue par des montants, sous laquelle on porte parfois le Saint-Sacrement en procession.
4. **Vêpres :** messe du soir.
5. **Chœur :** partie de l'église où se trouve l'autel et où se tiennent les officiants de la messe.
6. **Chaperonnées d'écarlate :** couvertes d'une capuche d'étoffe teinte en un rouge éclatant.

SÉRIES GÉNÉRALES

SUJET DE DISSERTATION

Dans un poème de son recueil *L'Hirondelle rouge* (Éd. Mercure de France, 2017), Jean-Michel Maulpoix définit le poète de la manière suivante :
« Poète : celui qui lance des fusées de détresse dans le ciel vide de l'époque ! Et celui qui se penche longuement sur la langue comme au chevet d'un grand malade. Il lui parle doucement, dans le creux de l'oreille. Elle ouvre un œil, se relève, ose un pas. Qui disait qu'elle était perdue ? »

Vous vous demanderez dans quelle mesure cette définition convient à l'œuvre poétique inscrite à votre programme, ainsi qu'au parcours qui lui est associé.

Sujets de Bac

SÉRIES TECHNOLOGIQUES

SUJET POUR LA CONTRACTION ET L'ESSAI

Texte 1

Dans ce texte, Claude Lévi-Strauss met en évidence une illusion d'optique de la pensée : l'ethnocentrisme. Tout individu juge en effet les autres cultures par rapport à la sienne, faussant ainsi son jugement et lui faisant croire en sa propre supériorité, d'où le rejet des cultures différentes de la sienne.

On voit donc que la notion de la diversité des cultures humaines ne doit pas être conçue d'une manière statique. Cette diversité n'est pas celle d'un échantillonnage inerte ou d'un catalogue desséché. Sans doute les hommes ont-ils élaboré des cultures différentes en raison de l'éloignement géographique, des propriétés particulières du milieu et de l'ignorance où ils étaient du reste de l'humanité ; mais cela ne serait rigoureusement vrai que si chaque culture ou chaque société était liée et s'était développée dans l'isolement de toutes les autres. Or cela n'est jamais le cas, sauf peut-être dans des exemples exceptionnels comme celui des Tasmaniens (et là encore, pour une période limitée). Les sociétés humaines ne sont jamais seules ; quand elles semblent le plus séparées, c'est encore sous forme de groupes ou de paquets. Ainsi, il n'est pas exagéré de supposer que les cultures nord-américaines et sud-américaines ont été coupées de presque tout contact avec le reste du monde pendant une période dont la durée se situe entre dix mille et vingt-cinq mille années. Mais ce gros fragment d'humanité détachée consistait en une multitude de sociétés, grandes et petites, qui avaient entre elles des contacts fort étroits. Et à côté des différences dues à l'isolement, il y a celles tout aussi importantes, dues à la proximité : désir de s'opposer, de se distinguer, d'être soi. Beaucoup de coutumes sont nées, non de quelque nécessité interne ou accident favorable, mais de la seule volonté de ne pas demeurer en reste par rapport à un groupe voisin qui soumettait à un usage précis un domaine où l'on n'avait pas pensé soi-même à édicter des règles. Par conséquent, la diversité des cultures humaines ne doit pas nous inviter à une observation morcelante ou morcelée. Elle est moins fonction de l'isolement des groupes que des relations qui les unissent.

L'auteur commence ici le chapitre trois de son essai, ce chapitre s'intitule « Ethnocentrisme ».

Et pourtant, il semble que la diversité des cultures soit rarement apparue aux hommes pour ce qu'elle est : un phénomène naturel, résultant des rapports directs ou indirects entre les sociétés ; ils y ont plutôt vu une sorte de monstruosité ou de scandale ; dans ces matières, le progrès de la connaissance n'a pas tellement consisté à dissiper cette illusion au profit d'une vue plus exacte qu'à l'accepter ou à trouver le moyen de s'y résigner.

L'attitude la plus ancienne, et qui repose sans doute sur des fondements psychologiques solides puisqu'elle tend à réapparaître chez chacun de nous quand nous sommes placés dans une situation inattendue, consiste à répudier purement et simplement les formes culturelles : morales, religieuses, sociales, esthétiques, qui sont les plus éloignées de celles auxquelles nous nous identifions. « Habitudes de sauvages », « cela n'est pas de chez nous », « on ne devrait pas permettre cela », etc., autant de réactions grossières qui traduisent ce même frisson, cette même répulsion, en présence de manières de vivre, de croire ou de penser qui nous sont étrangères. Ainsi l'Antiquité confondait-elle tout ce qui ne participait pas de la culture grecque (puis gréco-romaine) sous le même nom de barbare ; la civilisation occidentale a ensuite utilisé le terme de sauvage dans le même sens. Or derrière ces épithètes se dissimule un même jugement : il est probable que le mot *barbare* se réfère étymologiquement à la confusion et à l'inarticulation du chant des oiseaux, opposées à la valeur signifiante du langage humain ; et *sauvage*, qui veut dire « de la forêt », évoque aussi un genre de vie animale, par opposition à la culture humaine. Dans les deux cas, on refuse d'admettre le fait même de la diversité culturelle ; on préfère rejeter hors de la culture, dans la nature, tout ce qui ne se conforme pas à la norme sous laquelle on vit.

[...] Cette attitude de pensée, au nom de laquelle on rejette les « sauvages » (ou tous ceux qu'on choisit de considérer comme tels) hors de l'humanité, est justement l'attitude la plus marquante et la plus distinctive de ces sauvages mêmes. On sait, en effet, que la notion d'humanité, englobant, sans distinction de race ou de civilisation, toutes les formes de l'espèce humaine, est d'apparition fort tardive et d'expansion limitée. Là même où elle semble avoir atteint son plus haut développement, il n'est nullement certain – l'histoire récente le prouve – qu'elle soit établie à l'abri des équivoques ou des régressions. Mais, pour de vastes fractions de l'espèce humaine et pendant des dizaines de millénaires, cette notion paraît être totalement absente. L'humanité cesse aux frontières de la tribu, du groupe linguistique, parfois même du village ; à tel point qu'un grand nombre de populations dites primitives se désignent d'un nom qui signifie les « hommes » (ou parfois – dirons-nous avec plus de discrétion – les « bons », les « excellents », les « complets »), impliquant ainsi que les autres tribus, groupes ou villages ne participent pas des vertus – ou même de la nature – humaines, mais sont tout au plus composés de « mauvais », de « méchants », de « singes de terre » ou d'« œufs de pou ». On va souvent jusqu'à priver l'étranger de ce dernier degré de réalité en en faisant un « fantôme » ou une « apparition ». Ainsi se réalisent de curieuses situations où deux interlocuteurs se donnent cruellement la réplique. Dans les Grandes Antilles[2], quelques années après la découverte de l'Amérique, pendant que les Espagnols envoyaient des commissions d'enquête pour rechercher si les indigènes possédaient ou non une âme, ces derniers s'employaient à immerger des Blancs prisonniers afin de vérifier par une surveillance prolongée si leur cadavre était, ou non, sujet à la putréfaction.

Cette anecdote à la fois baroque et tragique illustre bien le paradoxe[3] du relativisme culturel[4] (que nous retrouverons ailleurs sous d'autres formes) : c'est dans la mesure même où l'on prétend établir une discrimination entre les cultures et les coutumes que l'on s'identifie le plus complètement avec celles qu'on essaye de nier. En refusant l'humanité à ceux qui apparaissent comme les plus « sauvages » ou « barbares » de ses représentants, on ne fait que leur emprunter une de leurs attitudes typiques. Le barbare, c'est d'abord l'homme qui croit à la barbarie.

CLAUDE LÉVI-STRAUSS, *Race et histoire*, chapitres 2 et 3, éd. UNESCO, 1952.

1. **Répudier :** rejeter, repousser.
2. **Grandes Antilles :** les quatre grandes îles de l'arc antillais (Cuba, Hispaniola, la Jamaïque et Porto Rico).
3. **Paradoxe :** opinion à l'opposé de celle communément admise.
4. **Relativisme culturel :** doctrine selon laquelle les croyances et les démarches mentales d'un individu dépendent de la culture à laquelle il appartient.

SUJET

1. Vous commencerez par résumer le texte de Claude Lévi-Strauss au quart de sa longueur, soit 270 mots (+ ou – 10 %).

2. Relisez la phrase soulignée. Partagez-vous l'opinion de Claude Lévi-Strauss ? Rédigez un essai pour prendre position face à cette opinion en vous appuyant sur votre lecture des « Cannibales » de Montaigne et des lectures que vous avez faites dans le parcours « Notre monde vient d'en trouver un autre ».

Sont regroupés ici les mots ou les notions du manuel. Les définitions sont issues du dictionnaire *Le Grand Robert*.

A

Abyme (mise en abyme) : procédé qui consiste à représenter, dans l'œuvre, une image de l'œuvre elle-même, ou d'une situation propre à l'œuvre. La mise en abyme de *Phèdre* dans *La Curée* de Zola.

Accumulation : figure par laquelle on accumule dans une période un grand nombre de détails qui développent l'idée principale et la rendent plus frappante.

Alexandrin : vers de douze syllabes.

Allégorie : représentation d'une notion abstraite sous les traits d'une personne vivante portant vêtements ou objets symboliques.

Allitération : répétition des consonnes (notamment des consonnes initiales) dans une suite de mots rapprochés.

Anacoluthe : rupture ou discontinuité dans la construction d'une phrase par rapport à la syntaxe courante.

Analepse : dans une narration, retour en arrière sur des événements antérieurs au récit en cours (*flash-back*).

Analogie : ressemblance établie par l'imagination entre deux ou plusieurs objets de pensée essentiellement différents mais qui font penser l'un à l'autre par certaines similitudes. Le raisonnement par analogie conclut d'une ressemblance partielle à partir de cette mise en relation.

Anaphore : répétition d'un mot en tête de plusieurs membres de phrase, pour obtenir un effet de renforcement ou de symétrie.

Antihéros : personnage n'ayant aucune des caractéristiques remarquables du héros traditionnel.

Antiphrase : figure de style qui consiste à dire le contraire de ce qu'on veut faire entendre sans laisser de doute sur ce qu'on pense, souvent par ironie ou par euphémisme.

Antithèse : opposition de deux pensées, de deux expressions que l'on rapproche dans le discours pour en faire mieux ressortir le contraste.

Antonyme : mot qui, par le sens, s'oppose directement à un autre (contraire).

Aparté : mot ou parole que l'acteur dit à part soi (et que le spectateur seul est censé entendre).

Aphorisme : proposition énoncée sous une forme très concise, formule ou prescription, qui résume une théorie, une série d'observations ou renferme un précepte.

Apologie : discours oral ou écrit visant à défendre, à justifier une personne, une doctrine.

Apologue : court récit exposé sous une forme allégorique et qui comporte un enseignement, une leçon de morale pratique.

Apostrophe : figure de rhétorique par laquelle un orateur interpelle tout à coup une personne ou même une chose qu'il personnifie.

Argument : raisonnement destiné à prouver ou à réfuter une proposition, et, par extension, preuve à l'appui ou à l'encontre d'une proposition.

Argumentation : ensemble d'arguments tendant à une même conclusion.

Assonance : répétition du même son, spécialement de la même voyelle accentuée à la fin de chaque vers (par ex. *belle* et *rêve*).

B

Ballade : petit poème de forme régulière, composé de trois couplets ou plus, avec un refrain et un envoi.

Bienséance : ce qui convient, ce qui est conforme à la règle ; en littérature (spécialement en parlant du classicisme), qualité par laquelle une œuvre respecte les formes canoniques particulières à son époque et répond exactement, dans son genre, aux critères du goût.

Blâme : opinion défavorable, jugement de désapprobation sur quelqu'un ou quelque chose.

Blason : poésie décrivant de manière détaillée, sur le mode de l'éloge ou de la satire, les caractères et qualités d'un être ou d'un objet.

Bucolique : terme littéraire pour évoquer un poème pastoral où la vie de berger est idéalisée.

C

Calligramme : poème où les vers sont composés typographiquement de manière à former un dessin (illustrant le plus souvent le sujet du poème).

Caractérisation : (d'un personnage) ensemble des caractéristiques données à un personnage par l'auteur.

Caricature : représentation graphique (dessin, peinture...) qui, par le trait et par le choix des détails, accentue ou révèle les aspects humoristiques ou déplaisants du sujet.

Catharsis : effet de libération des passions produit sur les spectateurs lors d'une représentation dramatique (selon Aristote).

Césure : en poésie française, coupe à l'intérieur d'un vers après une syllabe accentuée, et en harmonie avec le déroulement de la pensée.

Champ : portion d'espace dont l'image est enregistrée par une caméra, un appareil de photo (en photographie, au cinéma, etc.).

Champ lexical : ensemble structuré de mots apparentés par la forme et le sens.

Glossaire

Champ sémantique : ensemble de mots et de notions qui se rapportent à un même domaine conceptuel ou psychologique.

Chanson de geste : ensemble de poèmes épiques du Moyen Âge, relatant les exploits d'un même héros.

Chiasme : figure de style formée de deux groupes de mots dont l'ordre est inverse (ex. : Blanc bonnet et bonnet blanc ; Il faut manger pour vivre et non pas vivre pour manger).

Chute : élément de surprise par lequel on termine un texte.

Citation : action de citer, de prélever et de réutiliser un fragment de texte ; fragment emprunté à un texte authentifié, utilisé dans un autre texte, dans une intention didactique ou esthétique, pour illustrer ou appuyer ce qui est écrit.

Comparaison : figure de style par laquelle sont rapprochées deux réalités au moyen d'un outil de comparaison.

Concession : fait d'abandonner à son adversaire un point de discussion (reconnaitre que la thèse adverse se justifie). Le raisonnement s'attache ensuite à exposer une antithèse.

Connecteur : terme qui établit un lien logique entre deux énoncés.

Connotation : sens ou valeur secondaire d'un mot, propre au contexte donné. (voir *Dénotation*)

Conte : récit de faits, d'aventures imaginaires, destiné à distraire.

Contrechamp : prise de vue dans le sens opposé au champ ; plan ainsi filmé.

Contre-plongée : prise de vue faite de bas en haut (à l'inverse de la plongée).

Contre-rejet : fait de commencer un groupe syntaxique à la fin d'un vers pour le continuer au vers suivant.

Controverse : discussion suivie (sur une question, autour d'une opinion).

Coup de théâtre : rebondissement, retournement brutal d'une situation dans une pièce, destiné à accroître l'intérêt de l'action.

Coupe : pause du vers, après chaque syllabe accentuée.

D

Dénotation : signification stable et objective d'un mot dans un dictionnaire. (voir *Connotation*)

Dénouement : ce qui termine, dénoue une intrigue, une action théâtrale.

Destinataire : personne à qui le message est destiné.

Destinateur : dans un récit, personnage qui communique au héros sa mission, ainsi que les valeurs en jeu.

Dialectique : ensemble des moyens mis en œuvre dans la discussion en vue de démontrer, réfuter, emporter la conviction (art de raisonner).

Dialogue : ensemble des paroles qu'échangent les personnages (d'une pièce de théâtre, d'un film, d'un récit) ; manière dont l'auteur fait parler ses personnages.

Diatribe : exposé critique (sur un ouvrage, un point théorique). Critique amère, violente, souvent faite sur un ton injurieux.

Didactique : qui vise à instruire, qui a rapport à l'enseignement.

Didascalie : indication de jeu dans une œuvre théâtrale, un scénario.

Diérèse : prononciation en deux syllabes de deux voyelles consécutives (ex. : pli-er). (voir *Synérèse*)

Digression : développement oral ou écrit, qui s'écarte du sujet.

Dilemme : alternative contenant deux propositions contraires ou contradictoires et entre lesquelles on est mis en demeure de choisir.

Discours : énoncé d'idées, de commentaire, d'argumentation. S'oppose au récit.

Discours indirect libre : qui comporte des propriétés du discours direct avec des transpositions propres au discours indirect (ex. il l'avait vu là, assurait-il), et permet de manifester le discours du personnage par l'intermédiaire du discours du narrateur.

Discours rapporté : reprise ou transcription par un premier locuteur des paroles, écrits ou pensées d'un second locuteur. Le discours peut être reproduit tel (direct), retranscrit dans un système de subordination (indirect) ou intermédiaire (indirect libre).

Distique : groupe de deux vers rimant ensemble et renfermant un énoncé complet.

Dithyrambe : poème lyrique enthousiaste.

Dizain : pièce de poésie de dix vers.

Double énonciation : au théâtre, lorsqu'un personnage s'adresse à deux interlocuteurs à la fois, un autre personnage ou au public.

Dramatique : qui concerne l'action théâtrale, l'intérêt dramatique d'une scène. Signifie également ce qui présente un caractère de gravité, propre à émouvoir le spectateur.

Dramaturgie : art de la composition dramatique.

Drame : à l'origine désigne l'action théâtrale, c'est aussi un genre théâtral illustré par les grands écrivains baroques et inauguré en France au XVIIIe siècle sous la forme du drame bourgeois (Diderot) puis du drame romantique (Hugo) au XIXe siècle.

E

Ellipse : se dit de procédés de style tendant à raccourcir le discours, de l'art de sous-entendre, l'écrivain faisant appel à l'esprit et à l'imagination du lecteur.

Éloge : discours pour célébrer quelqu'un ou quelque chose. Éloge funèbre, louant les mérites d'un défunt.

Éloquence : manière de s'exprimer par le langage avec aisance et habileté, capacité à toucher, à émouvoir, à persuader, par le discours.

Emphase : énergie, force expressive (dans la manière de s'exprimer, dans le ton).

Enjambement : procédé rythmique consistant à reporter sur le vers suivant un ou plusieurs mots nécessaires au sens du vers précédent.

Énonciation : acte par lequel est produit un énoncé dans une situation précise par un locuteur (qui parle ou qui écrit) pour un destinataire (qui écoute ou lit). L'énoncé peut porter les marques de son énonciation et de son énonciateur (le pronom personnel de la 1re personne).

Énumération : procédé de développement et de description. Bossuet a fait, au début de l'*Oraison funèbre* d'Henriette de France, l'énumération des vicissitudes que connut cette princesse.

Épigramme : petit poème satirique terminé par un trait piquant, un mot d'esprit.

Épilogue : résumé à la fin d'un discours, d'un poème (opposé à prologue).

Épique : qui raconte en vers une action héroïque. L'*Iliade, La Chanson de Roland, Le Paradis perdu* sont des poèmes épiques.

Épistolaire : roman dont l'action se développe dans une correspondance échangée par les personnages. *Les Liaisons dangereuses* de Choderlos de Laclos est un roman épistolaire du XVIIIe siècle.

Épître : lettre en vers sur des sujets variés.

Épopée : long poème (et plus tard, parfois, récit en prose de style élevé) où le merveilleux se mêle au vrai, la légende à l'histoire et dont le but est de célébrer un héros ou un grand fait.

Essai : ouvrage littéraire en prose, de facture très libre, traitant d'un sujet qu'il n'épuise pas ou réunissant des articles divers. Les *Essais*, de Montaigne.

Éthique : science qui étudie en quoi consistent le bien et le mal.

Étymologie : origine et évolution historique d'un mot ; science qui fait des recherches sur l'origine des mots.

Euphémisme : expression atténuée d'une notion dont l'expression directe aurait quelque chose de déplaisant, de choquant. « Non-voyant » pour « aveugle » est un euphémisme.

Euphonie : harmonie des sons qui se succèdent dans le mot ou la phrase.

Exorde : en rhétorique, la première partie d'un discours oratoire. Introduction, préambule, prologue.

F

Fable : petit récit en vers ou en prose, destiné à illustrer un précepte, une vérité morale.

Fabliau : petit récit en vers octosyllabes, plaisant ou édifiant, propre à la littérature « bourgeoise » du Moyen Âge, et à l'opposé du genre courtois.

Farce : petite pièce bouffonne destinée à susciter le rire. Genre littéraire comique.

Fiction : ce qui, dans l'œuvre littéraire, est inventé.

Focalisation : point de vue adopté par le narrateur. *Interne*, le narrateur se glisse dans la conscience du personnage ; *externe*, il n'a pas accès à la conscience du personnage ; *omniscient* : il connaît les tenants et les aboutissants de l'histoire.

G

Genre : catégorie d'œuvres littéraires définies par des caractères communs : genre poétique (lyrisme, épopée, drame) ; épistolaire (correspondance) , en prose (éloquence, histoire, critique, roman, nouvelle, essai), en vers (lyrisme, épopée, drame, poèsie).

H

Harmonie imitative : répétition de sons pour imiter un bruit de ce qui est évoqué dans le texte.

Hémistiche : moitié d'un vers (spécialement de l'alexandrin).

Héros : personnage principal d'une œuvre littéraire, dramatique, cinématographique...

Hiatus : rencontre de deux voyelles, de deux éléments vocaliques, soit à l'intérieur d'un mot (ex. : aérer, géant) soit entre deux mots énoncés sans pause (ex. : il a été).

Homonyme : se dit des mots de prononciation identique et de sens différents, qu'ils soient de même orthographe ou non.

Hors champ : prise de vue hors du champ prévu.

Hymne : chant, poème lyrique exprimant la joie, l'enthousiasme, célébrant une personne, une chose.

Hyperbole : figure de style qui consiste à employer une expression exagérée, emphatique, dépassant l'idée qu'elle est chargée de mettre en relief.

Hypotypose : description animée et frappante.

I

Image : expression figurée (comparaison, métaphore, allégorie...).

Implicite : qui est virtuellement contenu dans une proposition, un fait, sans être formellement exprimé, et dont le sens peut en être tiré par déduction, induction.

Incipit : premiers mots d'un manuscrit, d'un livre qui servent d'introduction dans une œuvre.

Incise : proposition généralement courte, tantôt insérée dans le corps de la phrase, tantôt rejetée à la fin, pour indiquer qu'on rapporte les paroles de quelqu'un ou pour exprimer une sorte de parenthèse. Ex. : « Bonsoir, dit-elle. »

Induction : type de raisonnement qui part de propositions particulières pour arriver à une conclusion générale.

Intermède : divertissement, représentation entre les actes d'une pièce de théâtre, les parties d'un spectacle.

Intertextualité : ensemble des relations existant entre un texte (notamment littéraire) et un ou plusieurs autres avec lesquels le lecteur établit des rapprochements. Intertextualité entre les fables de La Fontaine et celles d'Ésope.

Intimiste : poète, écrivain qui prend pour sujet des sentiments délicats, intimes.

Intonation : ton que l'on prend en parlant, en lisant.

Ironie : manière de se moquer (de quelqu'un ou de quelque chose) en disant le contraire de ce qu'on veut faire entendre.

Itératif : se dit des formes propres à l'énoncé qui se répète.

J

Juxtaposition : rapprochement de deux ou plusieurs termes.

L

Lexique : ensemble des mots employés par un écrivain dans ses œuvres.

Libertinage : fait de refuser de croire à la révélation surnaturelle et de ne vouloir être dirigé que par la raison, en suivant la nature.

Lieu commun : arguments, développements et preuves applicables à tous les sujets.

Litote : figure de rhétorique qui consiste à atténuer l'expression de sa pensée pour faire entendre le plus en disant le moins (ex. : *Ce n'est pas fameux* pour *C'est mauvais*.)

Lyrisme : style élevé, inspiré ; manière passionnée, poétique de sentir, de vivre.

M

Madrigal : courte pièce de vers exprimant une pensée ingénieuse et galante.

Manifeste : déclaration écrite, publique et solennelle, par laquelle un gouvernement, une personnalité ou un groupement politique, etc., justifie son attitude, expose ses vues, son programme.

Marivaudage : préciosité, recherche dans le langage et le style, et, spécialement, dans la stratégie des rapports sentimentaux (comme dans les pièces de Marivaux).

Maxime : formule lapidaire énonçant une règle morale ou une vérité générale.

Mélodrame : drame populaire dont, à l'origine, un accompagnement musical soulignait certains passages et que caractérisent l'invraisemblance de l'intrigue et des situations, la multiplicité des épisodes violents, l'outrance des caractères et du ton.

Mémoires : récit autobiographique où un auteur raconte des faits historiques dont il a été témoin.

Métaphore : figure de rhétorique, procédé de langage qui consiste dans un transfert de sens (terme concret dans un contexte abstrait) par substitution analogique.

Métonymie : figure de mots, procédé rhétorique par lequel on exprime un concept au moyen d'un terme désignant un autre concept qui lui est uni par une relation nécessaire (la cause pour l'effet, le contenant pour le contenu, le lieu ou le producteur pour la production, le signe pour la chose signifiée...). *Boire un verre* (le contenu d'un verre), *ameuter la ville* (les habitants de la ville), sont des métonymies.

Métrique : ensemble des règles relatives à la mesure du vers.

Mise en scène : organisation matérielle de la représentation d'une pièce, d'un opéra (choix des décors, places, mouvements et jeu des acteurs, etc.).

Modalisation : fait de modaliser un énoncé, de produire une marque ou un ensemble de marques formelles par lesquelles le sujet de l'énonciation exprime sa plus ou moins grande adhésion au contenu de l'énoncé. Les modalités d'énoncé concernent les marques (modalisateurs) d'émotion, de sentiment, de jugement de l'énonciateur par rapport au contenu de son énoncé. Les modalités de la phrase inscrivent dans la forme de celle-ci la position de l'énonciateur par rapport à son destinataire : assertion, interrogation, ordre.

Monologue : dans une pièce de théâtre, scène où un personnage parle seul ; long discours d'une personne qui ne laisse pas parler ses interlocuteurs, ou à qui ses interlocuteurs ne donnent pas la repartie.

Monologue intérieur : longue suite de réflexions; en littérature, transcription à la première personne d'une suite d'états de conscience que le personnage est censé éprouver.

Moraliste : écrivain qui observe et peint les mœurs, auteur de réflexions sur les mœurs de l'homme et, en général, sur la nature et la condition humaines. (ex. : La Bruyère.)

Moralité : au Moyen Âge, courte pièce de théâtre, souvent allégorique, à l'intention édifiante.

Mythe : récit fabuleux, anonyme ; représentation de faits ou de personnages dont l'existence historique est réelle ou admise, mais qui ont été déformés ou amplifiés par l'imagination collective, par une longue tradition littéraire.

N

Narrateur : dans un texte, la première personne du récit, celle qui dit « je », spécialement quand ce n'est pas l'auteur.

Néologisme : emploi d'un mot ou d'une expression dont la forme est soit créée, soit obtenue par déformation, dérivation, composition, emprunt, etc.

Nouveau roman : tendance du roman français des années 1960-1970, se réclamant d'une description objective, récusant l'analyse psychologique et la narration traditionnelles.

Nouvelle : récit généralement bref, de construction dramatique, et présentant des personnages peu nombreux.

O

Objection : argument que l'on oppose à une opinion, à une affirmation pour la réfuter.

Octosyllabe : vers de huit syllabes.

Ode : poème lyrique d'inspiration généralement élevée, le plus souvent constitué de strophes symétriques.

Omniscient : qui sait tout. Le narrateur sait tout de l'intrigue et des personnages. (voir *Focalisation*)

Onirique : relatif aux rêves. Caractère d'un texte où abondent les visions de rêve ou de délire.

Onomatopée : création de mot suggérant ou prétendant suggérer par imitation phonétique la chose dénommée.

Opposition : confrontation d'idées contradictoires.

Oraison funèbre : discours religieux prononcé à l'occasion des obsèques d'un personnage illustre.

Oxymore : figure qui consiste à allier deux mots de sens contradictoires pour leur donner plus de force expressive (ex. : Une douce violence ; hâte-toi lentement).

P

Pamphlet : court écrit satirique, qui attaque avec violence le gouvernement, les institutions, la religion, un personnage connu.

Parabole : récit allégorique sous lequel se cache un enseignement moral ou religieux.

Paradoxe : opinion qui va à l'encontre de l'opinion communément admise pour provoquer la réflexion par l'alliance de termes contraires.

Parallélisme : procédé poétique qui consiste à reprendre une même construction dans deux groupes de mots qui soulignent correspondance ou opposition.

Parataxe : construction par juxtaposition, sans qu'un mot de liaison indique la nature du rapport entre les propositions (ex. Ici, il est interdit de manger, je pense).

Paratexte : ensemble des éléments éditoriaux qui accompagnent un texte publié et qui orientent la lecture (titre, dédicace, préface, notes, etc.).

Parodie : œuvre qui reprend certains caractères d'une autre œuvre, généralement de façon plaisante ou dérisoire.

Paronomase : figure qui consiste à rapprocher dans une phrase des mots de sonorité voisine (ex. : Qui s'excuse s'accuse).

Paronyme : se dit de mots presque homonymes qui peuvent être confondus (ex. : conjecture, conjoncture; éminent, imminent).

Paroxysme : extrême intensité (d'un sentiment...) ; le plus haut degré.

Pastiche : imitation ou évocation du style, de la manière d'un écrivain, d'un artiste, d'une école.

Pastorale : ouvrage littéraire dont les personnages sont des bergers, souvent dépeints d'une manière conventionnelle et raffinée.

Pathétique : qui émeut vivement, qui excite les passions et les émotions vives (douleur, pitié, horreur, terreur, tristesse...).

Période : phrase ample et structurée, comportant une phase montante et une phase descendante, héritée de la prose latine.

Péripétie : changement subit de situation dans une action dramatique, un récit. Événement qui amène la crise d'où sort le dénouement.

Périphrase : figure, procédé qui consiste à exprimer une notion unique par un groupe de plusieurs mots.

Péroraison : conclusion d'un discours. Dernière partie.

Personnification : action de personnifier, de représenter sous les traits d'une personne.

Plaidoyer : discours prononcé à l'audience pour défendre le droit d'une partie.

Pléonasme : terme ou expression qui ne fait qu'ajouter une répétition à ce qui vient d'être énoncé. (ex. : prévoir à l'avance; monter en haut).

Polémique : qui suppose une attitude critique; qui vise à une discussion vive ou agressive.

Polysémie : caractère d'un mot qui possède plusieurs contenus, plusieurs sens. (ex. : *pompe* « appareil » et *pompe* « chaussure ».)

Prétérition : figure par laquelle on attire l'attention sur une chose en déclarant n'en pas parler (ex.: Je ne dirai rien de son dévouement, qui... ; pour ne pas parler de... ; X pour ne pas le nommer).

Prolepse : figure de rhétorique par laquelle on prévient une objection, en la réfutant d'avance.

Prosodie : étude de la durée et des sons dans un poème.

Prosopopée : figure par laquelle on fait parler et agir une personne que l'on évoque, un absent, un mort, un animal, une chose personnifiée.

Q

Quatrain : strophe de quatre vers.

Quintil : strophe de cinq vers, sur deux rimes.

Quiproquo : méprise, malentendu qui fait qu'on prend une personne ou une chose pour une autre ; dans une comédie, il permet à l'action de rebondir.

R

Raisonnement déductif : qui présente un caractère rigoureux et aboutit à une conclusion nécessaire.

Redondance : manière de s'exprimer où l'on dit plusieurs fois la même chose sous des formes et des aspects variés.

Réfutation : partie du discours où l'on démonte les arguments de la thèse adverse.

Registre : niveau de langue ; mode d'expression d'un texte marquant son appartenance à un genre ou, plus généralement, une attitude par rapport au monde, et visant à susciter une émotion chez le destinataire.

Règle : contrainte que l'écrivain est tenu de respecter, particulièrement au théâtre.

Rejet : groupe syntaxique qui s'achève, non à la rime, mais au vers suivant.

Réquisitoire : discours (ou écrit) par lequel on accuse quelqu'un en énumérant ses fautes, ses torts, en accumulant de graves reproches contre lui.

Reverdie : dans la poésie lyrique du Moyen Âge, chanson à personnages évoquant un décor printanier.

Rhétorique : ensemble des techniques de l'argumentation et de la persuasion.

Rime : répétition du même son à la fin de deux ou plusieurs vers.

Rondeau : poème à forme fixe du Moyen Âge (repris et transformé au XVIIe s.), sur deux rimes avec des vers répétés.

Rythme : mouvement général (de la phrase, du poème, de la strophe), qui est perceptible et qui résulte de l'agencement des membres de la phrase, de l'emploi des rejets, de la répartition des accents, etc.

S

Satire : genre poétique qui critique, sur le mode plaisant, les vices et les travers d'une société dans des vers à rimes plates.

Satirique : qui dénonce les défauts d'un individu ou d'une société.

Scène (théâtre) : partie, division d'un acte, définie conventionnellement.

Scénographie : étude des aménagements matériels du théâtre, technique de leur utilisation.

Schéma narratif : succession logique d'actions qui explique le décalage entre la situation initiale et la situation finale dans un récit.

Sens figuré : qui comporte le transfert sémantique d'une image concrète à des relations abstraites.

Sens propre : sens d'un mot considéré comme antérieur aux autres (logiquement ou historiquement).

Sizain : strophe composée de six vers et construite sur deux ou trois rimes.

Soliloque : discours d'une personne qui se parle à elle-même; monologue intérieur.

Sonnet : poème de quatorze vers en deux quatrains sur deux rimes (embrassées), et deux tercets. Les deux quatrains comportent les mêmes rimes : le dernier vers crée un effet de surprise.

Sophisme : argument, raisonnement faux malgré une apparence de vérité et généralement fait avec mauvaise foi.

Stance : poème ou fragment lyrique d'inspiration grave (religieuse, morale, élégiaque) composé d'un nombre variable de strophes habituellement du même type.

Stéréotype : opinion toute faite, cliché.

Stichomythie : au théâtre, débat tragique où les interlocuteurs se répondent d'une façon symétrique (vers pour vers, distique pour distique, etc.).

Strophe : ensemble formé par plusieurs vers, avec une disposition déterminée de mètres et de rimes qui assure la cohésion d'un poème.

Syllogisme : raisonnement déductif rigoureux qui ne suppose aucune proposition étrangère sous-entendue. Les syllogismes obéissent à des règles rigoureuses étudiées dès l'Antiquité par les philosophes (Aristote).

Symbole : signe figuratif représentant une notion abstraite.

Synecdoque : figure de rhétorique qui consiste à prendre le plus pour le moins, la matière pour l'objet, l'espèce pour le genre, la partie pour le tout, le singulier pour le pluriel ou inversement (ex. : les *mortels* pour les hommes ; un *fer* pour une épée ; une *voile* pour un navire).

Synérèse : prononciation de deux voyelles contiguës d'un même mot en une seule syllabe (ex. : violon, lion). Contraire de la diérèse.

Synonyme : se dit de mots ou d'expressions qui ont le même sens (ou une signification voisine).

Synopsis : récit très bref qui constitue un schéma de scénario.

Syntaxe : étude des relations entre les formes élémentaires du discours ; étude des règles qui président à « l'arrangement des mots », à « la construction des propositions ».

T

Tercet : strophe de trois vers.

Thème : idée, pensée qui constitue le sujet à l'intérieur d'une œuvre.

Thèse : proposition ou théorie particulière qu'on tient pour vraie et qu'on s'engage à défendre par des arguments.

Tirade : longue suite de phrases, de vers, récitée sans interruption par un personnage de théâtre.

Tragique : qui est propre à la tragédie, évoque une situation où l'homme prend douloureusement conscience d'un destin ou d'une fatalité qui pèse sur sa vie, sa nature ou sa condition même.

Type : (personnage) qui incarne une qualité, un défaut ou qui représente un groupe social.

U

Utopie : en grec, lieu qui n'existe pas ; idéal, vue politique ou sociale qui ne tient pas compte de la réalité.

V

Vaudeville : pièce de théâtre mêlée de chansons et de ballets. Comédie légère, divertissante, fertile en intrigues et rebondissements.

Vers libres : se dit depuis la fin du XIXe siècle d'un vers libéré de la rime et du compte des syllabes.

Verset : phrase ou suite de phrases rythmées d'une seule respiration, découpées dans un texte poétique à la façon des versets des psaumes. Les versets de Claudel.

Versification : technique du vers propre à un poète. La versification de Verlaine.

Table des illustrations

Achevé d'imprimé en mai 2019 par La Tipografica Varese Srl - Varese - Italie
N° éditeur : 10253938-10253937 – Dépôl légal : juin 2019